정서 제대로 다루기

과정-경험적 접근방식

Leslie S. Greenberg · Laura N. Rice · Robert Elliott 공저
홍지선 · 김희숙 · 백은영 · 이준선 · 임인혜 공역

Facilitating Emotional Change

The Moment-by-Moment Process

학지사

Facilitating Emotional Change: The Moment-by-Moment Process
by Leslie S. Greenberg, PhD, Laura N. Rice, and Robert Elliott

역자 서문

정서는 내 인생의 난제이다. 평생 풀어야 할 숙제 같은 존재이다. 내가 지금 경험하고 있는 이 정서는 늘 낯설고 어렵다. 정서를 어떻게 받아들이고 이해하고 설명해야 할지 늘 고민이다. 한때는 정서가 내 삶에 없었으면 하는 순간들이 있었다. 스스로 감당하기 어려웠던 어둡고 차가운, 그리고 아팠던 순간들이 많았기 때문이다. 그 순간마다 '내가 아무것도 경험하지 않는다면, 정말 아무렇지 않게 아무것도 느끼지 않고 그 순간들을 넘어갈 수 있기'를 수 없이 바라고 원하였다. 아무것도 느낄 수 없는 존재가 된다면 나는 상처받지 않는, 흠이 없는 온전한 사람이 될 거라고 믿었던 시절이었다.

긍정적이고 따뜻하고 에너지 넘치는 느낌보다는 늘 위축되고 불안하고 우울감이 정서적 기저선이었던 삶을 살아온 나는 스스로에 대한 부정적인 느낌을 벗어내고 싶어서 안간힘을 써 왔다. 남들이 보기에 부러울 법한 학업적 성취를 이루거나 주변 사람들이 인정할 법한 신앙생활, 친구들이 좋아할 법한 친절함과 배려 등을 가면 삼아 내면에 똬리를 틀고 있는 스스로에 대한 부정적 느낌, 시선, 생각들을 없애 보려고 발버둥을 쳤다. 가정 형편이 좋지 않았고 부모님의 관계가 평탄치 않았으며, 형제들 간의 관계도 그다지 평온치 않았던 환경 속에서 성장한 나는 늘 자신에 대한 의구심과 이질감, 그리고 공허함, 혹은 심리적 허기짐 속에서 허덕였다. 자신을 혐오하고 나와 다른 삶을 사는 남을 부러워하며 그들처럼 되고 싶었다. 남들 눈에 들기 위해 나는 없어져야 했고, 나의 욕구와 원함보다는 나와 다른 그들이 원하는 '내'가 되려고 노력하였다. 그러면 그들이 나를 그들과 같은 존재로 인정하고 받아 주지 않을까 하는, 어쩌면 나도 그들처럼 살 수 있지 않을까 하는 막연한 희망 속에 나를 지우고 남이 원하는 모습이 되기 위해 애썼다. 그럼에도 원하는 결과는 오지 않았고 오히려 지독한 외로움과 부적절감, 공허감의 더 깊은 괴로움이 찾아왔다. 해소되지 않는 괴로운 부정적 정서의 휘몰아침은 결국 '상담'이라는 영역에 들어오게 하는 발판이 되었고 자기 소외에서 벗어나 나를 되찾는 길목이 되어 주었다.

내가 처음 Emotion-Focused Therapy를 접한 시기는 2008년 미국 유학 시절이었다. 미국 캘리포니아주 Pasadena에 있는 Fuller Theological Seminary에서 Graduate of Psychology의 Marital and Family Therapy 과정을 이수할 때, Emotion-Focused Couple Therapy 수업이 정서-중심 상담과의 첫 조우이었다. 그때 Emotion-Focused Therapy를 가르쳐 주셨던 faculty member가 Greenberg 및 Sue Johnson과 인연이 깊었고 상담에서 정서를 어떻게 다루는지 시연을 통해 몸소 보여 주었으며, 상담 과정의 모니터링을 통해 실질적인 학습이 이루어지도록 하였다. 그 수업을 통해 내가 가지고 있었던 정서에 대한 오해를 풀어내고 정서를 다시 배우는 계기가 되었다. 정서는 우리가 피하거나 무서워해야 하는 무언가가 아니며, 환경과의 상호작용 속에서 자기가 무엇을 경험하고 있는지를 알려 주는 신호 체계이며 의사소통임을 깨닫게 되었다. 하지만 정서를 스스로 담아내고 정서와 소통하는 법을 배우는 데에는 많은 시간과 노력이 필요했으며, 또한 이 과정의 초기에는 정서를 오롯이 담아내 주고 반영해 주는 누군가가 필요하다는 사실도 알게 되었다. 공교롭게도 나에게는 내 정서를 오롯이 담아내 주는 대상이 없었다. 그래서 스스로 자신에게 공감적인 부모의 역할을 의도적이고 고의적인 애씀을 통해 내 정서를 수용하고 받아들이는 연습을 해 왔다. 이를 통해 어떠한 정서적 경험을 한다 해도 내 가치는 변함이 없으며, 온전히 '내'가 되어도 평온한, 그리고 자유로운 내면의 힘을 갖게 되었다. 이러한 과정과 변화의 결과는 한순간에 이루어지지 않았고 지지부진한 과정과 홀로 치열하게 치러 낸 나 자신과의 씨름 속에서 획득된 것들이다.

상담가로 활동하면서 나와 같은 정서적 어려움을 가지고 있는 사람들이 많음을 보게 된다. 겉으로 드러나는 모습은 유쾌하고 에너지 넘치며 사회적으로도 많은 성취를 이룬, 남들이 보기에 부러워할 만한 인생을 사는 것 같지만, 속으로는 자기에 대한 부적절한 느낌 속에 허우적거리는 사람들이 많다. 또한 평온한 일상을 사는, 그럭저럭 별문제 없이 살고 있는 것 같은 사람들마저도 불안과 무기력감, 자기를 갉아 먹는 비합리적인 신념 속에서 사투를 벌이고 있음을 보게 된다. 반대로 정서적 학대인 상황이나 지독하고 끈질긴 괴롭힘과 이용당함 속에서도 적응하며 살아가는 사람들도 본다. 자신을 속여 가면서 그 상황을 버텨내고 살아내야 하는 이들의 아픔이다. 정직하게 자기의 경험을 들여다보지 못하고 회피하고 부인해서 당장의 아픔에서는 벗어나지만 정작 자신은 돌보지 못하는 슬픔을 가진 이들을 보게 된다.

어떤 연유이든 간에 우리 각자는 그 누구에게도 이해받지 못한 깊은 상처와 아픔, 혼자만의 고통을 가지고 있다. 나 혼자 불행하고 힘든 삶을 살고 있으며 남들은 나와 달리 평온하고 행복한 삶을 만끽하고 있을 거라는 추측과 달리, 대다수 사람은 각자만의 삶의 무게를 감당하고 있다. 이들 대다수는 자신의 정서를 있는 그대로 받아들이지 못하고, 정서에 대한 왜곡된 시각을 가지고 있다. '정서적' 혹은 '감정적'이라는 표현은 매우 미숙한 사람들의 특성이며 자신의 정서, 특히 부정적인 정서를 겉으로 드러내면 관계가 훼손되거나 손상된다는 암묵적인 두려움에 휩싸여 있다. 따라서 정서가 자신의 것임에도 불구하고 이를 온전히 보유하지 못한다.

하지만 우리가 성장기 때 주변 사람들의 미숙하고 건강하지 못한 미러링을 통해 학습하거나 배운 바와 달리, 정서 그 자체는 삶의 적응력과 유연함, 그리고 풍성함과 다양함을 선사하는 지혜의 보고이다. 정서를 통해 내가 지향하는 가치와 선호도 및 중요도를 알 수 있으며 이를 기반으로 선택하고 그 결과를 의미 있게 받아들일 수 있는 현명함을 얻을 수 있다. 정서가 없는 삶은 마치 연필로 스케치한 밑그림 상태와 같다. 정서는 그런 밑그림에 형형색색의 색깔을 더함으로 인해 그 그림이 더욱 생동감 있고 풍성하며 다채롭게 보이는 것과 같다. 따라서 더 이상 우리는 정서를 삶의 영역에서 밀어내거나 삭제하려고 하지 말고, 회피하거나 미숙한 사람의 특성으로 치부하지 말고, 온전한 나의 것으로 받아들이고 정서가 주는 의미와 지혜를 통해 더욱 풍성한 삶을 살아가기를 선택해야 한다. 비록 삶의 현장이 너무 참혹하고 힘들고 아팠더라도 그것을 직면하고 소유하여 재해석해 나가면, 우리는 삶의 희생자가 아니라 삶을 살아낸 자들이 되는 것이다. 부정적 정서들을 회피하고 억압한다고 해서 내면이 커지거나 단단해지지 않는다. 부정적인 정서일지라도 내 정서로 오롯이 받아들이고 그것 역시 나임을 인정할 때 우리의 자기가 확장되고 확장된 자기는 더욱 큰 내면의 힘으로 작용하여 자신에게 더 큰 자유를 선사하게 된다. 이 역설을 우리는 기억해야 한다.

공교롭게도 상담에서 정서를 다루는 것은 생각보다 쉽지 않다. 개념적으로 그리고 체험적으로 정서가 얼마나 중요한지를 알지만, 내담자들이 오랫동안 묵혀 온 혹은 억압하고 회피해 온 정서적 경험을 제대로 다루기란 생각보다 쉽지 않다. 상담에서 정서를 제대로 다루는 방법을 알려 주는 안내서가 있으면 좋겠다는 생각을 오래전부터 하였다. 정서 관련 워크숍을 다녀 보고 정서 관련 저서들을 읽으며 나름대로 공부해 왔지만 풀리지 않는 막막함과 답답함이 가시지 않았다. 보이지 않는 내담자의 마음의 결을 따라 정서를 풀어내고 건강한 정서로 대체할 수 있도록 돕는 것은 마치 알 수 없는 망망대해 속에서 홀로 목적지를 향해 항해하는 것과 같았다. 길이 보이지 않는 곳에서 길을 안내하는 지도가 도움이 되는 것처럼, 3평 남짓 되는 작은 공간에 상담자와 내담자로 만나 보이지 않는 마음의 길을 따라가며 지금 이 길이 다음의 길 어디와 연결되는지, 이 길을 따라가면 어디에 도달하는지를 알려 주는 지도와 같은 역할을 이 책이 해 줄 것이라 믿는다. 무엇보다도 반가운 것은 정서를 다루는 여러 기법과 기술들을 개념적으로만 설명한 것이 아니라 상담자와 내담자가 그 길을 어떻게 걸어가면 좋은지 과정-중심적 설명들로 구성된 점이다. 실제 내담자와 함께한 기록을 중심으로 본 책에서는 두 의자 기법이나 빈 의자 기법 등 경험 촉진적인 상담 기술의 적용법을 구체적이고 상세하게 다루고 있다. 이를 통해 상담자의 각 반응이 다음의 어떤 반응과 연결되며 그러한 작업은 다음의 무엇을 촉발하는지 등의 과정을 안내한다. 마치 우리 앞에 본 책의 저자들이 직접 내담자와의 시연을 보여 주는 것 같은 느낌이다. 내담자의 정서를 다루기 위해 경험을 촉진하고 그 안에 담긴 정서를 다루는데 필요한 작업의 과정적 실체를 본 저서가 담고 있는 점은 매 순간 내담자와 이를 놓고 씨름하는 상담가로서 실로 반가운 일이다. 역자가 발견한 기쁨이 이 책을 읽는 상담자 모두에게도 전달되기를 진심 어린 마음으로 기도한다.

비록 살아온 삶의 모습은 달라도 그 경험으로부터 형성된 내면의 모습은 어쩌면 닮아 있는 너와 나로서 서로를 위로하고 수용할 수 있지 않을까, 비록 서로를 온전히 알지는 못해도 서로의 아픔과 상실, 상처를 오롯이 담아낼 수 있는 마음의 그릇이 되어 줄 수 있지 않을까, 비록 상대를 향한 내 마음이 크지 못해도 오해나 평가, 비난이나 비판이 아닌, 진심 어린 마음과 애정 어린 눈빛으로 상대를 볼 수는 있지 않을까 하는 마음으로 서로가 서로에게 치료적 현존이 되길 소망하는 모든 상담가에게 이 책을 추천한다.

방배동 3평 남짓한 연구실 한 모퉁이에서
대표 역자 홍지선

저자 서문

이 책은 임상가이자 연구가로서 수년간의 경험의 산물이며, 치료에서 변화가 어떻게 일어나는지에 대한 우리의 암묵적인 이해를 설명하려는 시도이다. 우리의 접근방식은 무엇보다도 정서적 과정과 이를 촉진함으로써 일어나는 변화에 관한 것이다. 우리의 접근법이 무수히 많은 다른 치료 접근법과 차별적인 측면은 순간순간의 경험과정과 그와 연관된 다음 단계의 촉진을 강조하는 점이다. 심리적인 특정 내용을 강조 혹은 기술을 사용하여 가르치거나 교정하려는 것과 달리, 우리는 의미의 전환을 촉진하기 위해 내담자의 매 순간 정서적·인지적 과정을 잘 촉진하기를 강조한다. 치료자로서 우리가 가장 중요하게 생각하는 것은 내담자의 순간순간 경험과 표현의 세부 사항들이다. 반복되는 부적응 패턴을 이해하거나 미리 결정된 행동 변화 목표를 달성하려는 시도보다는 그 과정과 다음 단계를 촉진하는 방법에 집중한다. 우리의 관점에서 치료자는 내담자가 경험하고 있는 것이 무엇인지 아는 것보다 특정 종류의 경험적 탐색을 촉진하는 방법의 전문가이다.

이 책의 접근방식은 기능의 선천적인 생물학적 기반 측면을 강조하는 인간 기능에 대한 '유기체적' 관점과 기능적 심리구조가 행동 생성에 어떻게 관여하는지를 강조하는 '과정 구조적' 관점 모두를 통합하는 접근방식이다(Pascual Leone, 1976c, 1984, 1987). 변화가 어떻게 일어나는지를 설명하면서 정서적·진화적 측면과 성장을 향한 유기체적 경향의 생물학적 역할을 강조한다. 우리는 순간순간의 경험과 행동 생성에 관여하는 내부 인지·정서 구조(도식)와 프로세스(경험에 주의를 기울이고, 상징하고, 반영하는)의 역할도 강조한다.

정서에 대한 우리의 견해는 이 책의 접근방식을 이해하는 데 매우 중요하다. 우리는 치료의 중요한 목표가 사람들이 자신의 정서와 욕구를 명확히 표현할 수 있도록 돕는 것이라고 믿는다. 왜냐하면 이를 통해 사람들이 자신에게 정서적으로 중요한 것에 접근할 수 있기 때문이다. 치료의 중요한 측면은 경험과 행동을 안내하는 암묵적인 정서 체계를 인식하는 것이다. 우리는 정서를 고조된 흥분이나 강렬한 표현과 동의어로 보지 않는다. 우리는 정서를 인지나 행동을 방해한다고 보지도 않는다. 또한 우리는 정서를 단지 내적인 감정으로만 여기지도 않는다. 오히려 우리는 정서가 조직화되고, 의미 있고, 일반적으로 적응적인 행동 시스템을 구성한다고 믿는다. 정서의 생물학적 기능은 적응과 문제 해결을 위해 상황에 대한 반응을 통해 피드백을 제공함으로써 유기체의 생존과 번식을 보장하는 것이다. 하지만 '너무 감정적'이며, '감정을 통제'해야 하는 것으로 여겨진다. 정서를 표현하는 것은 부끄러운 일이며 미성숙하다고 생각하는 경우가 많다.

때로는 부적응적인 정서 경험으로 인해 정서가 기능장애와 연결되기도 하지만, 일반적으로 정서는 긍정적이고 적응적이다. 일반적으로 정서는 사람들이 중요한 요구사항을 충족하고 효과적인 행동에 동기를 부여하도록 안내한다. 또한 정서는 파괴적인 것이 아니라, 우리에게 중요한 것과 우리가 중요한 것을 얻을 수 있는지 등을 평가하는 복잡한 정보 처리 시스템의 출력물이다. 사물이 우리에게 갖는 중요성에 대한 지식은 우리의 정서와 욕구를 인식하고 표현함으로써 획득된다. 따라서 자신의 정서를 인식함으로써 진정으로 작기 자신에게 중요한 것이 무엇인지를 깨닫게 된다.

우리는 책 전반에 걸쳐 scheme(체계) 개념과 emotional scheme(정서 도식) 개념 사용에 대해 논의할 것이다. 이는 이 구조적 구성체를 현존하는 실체로 명료화하려는 것이 아니다. 우리는 내부 조직 프로세스가 존재한다는 관점을 포착하기 위한 도구로 emotional scheme(정서 도식) 개념을 사용하였다. 우리의 관점이 이 개념, scheme(체계)의 사용에 좌지우지되지는 않는다. scheme(체계)가 분배 처리, 신경망 또는 기타 복잡한 패턴화된 프로세스와 같은 다른 개념으로 대체된다면, 이는 경험의 모듈식 내부 조직 개념에 의존하는 우리의 이론을 혼란에 빠뜨리지는 않을 것이다.

경험치료에 대해 우리가 관심을 기울이는 부분은 심리치료에 대한 다양한 접근방식 분야의 최근 공통된 교집합이다. 이러한 교집합은 심리치료 통합 탐구 협회의 발전과 통합에 관한 출판물 증가에서 가장 극명하게 드러나고 있다. 서로 다른 접근방식을 통합하고 접근방식 간의 공통점을 식별하는 방법도 접근방식의 차이점에 대한 존중과 학습을 촉진하였다. 공통점을 식별하고 차이점을 인식하는 것은 이러한 발전의 중요한 측면이다.

이러한 정신에서, 우리는 이 책에서 경험적 관점의 측면과 인지 및 대인관계 관점의 측면에서 나타나는 공통된 내용에 주목하고자 한다. 이러한 교집합은 특히 내부 표현이나 계획, 감정의 역할이 모든 영역에서 강력하게 작동한다고 보는 이론들에서 일어나고 있다. 우리의 이론은 사람들의 행동을 안내하는 핵심으로서 핵심 신념과 의미 구성의 중요성을 강조하는 인지적 접근방식과 확실하게 유사한 점이 있으며, 인간을 정서적 기반의 초기 상호작용에 대한 내부 표현을 구성하는 주체자로 보는 대상관계 이론과도 매우 유사한 면을 지닌다. 자기심리학과의 유사점은 자기에 대한 중요성과 자존감 조절, 그리고 자기 강화에 있어서 공감의 역할, 이 모두에서 매우 분명하게 드러난다. 이러한 이유로, 우리는 이 책이 인지치료사, 정신역동을 지향하는 치료사 모두에게 도움이 될 것이라고 믿는다.

하지만 이 책을 집필하는 우리의 일차적인 목표는 다양한 경험적 이론을 통합한 책이라기보다는 경험치료의 틀 안에서 접근방식을 명확히 하는 것에 있다. 우리는 이러한 유형의 책이 이 전통적인 경험치료에서 제공하고 있는 바에 관한 관심을 되살리고 거기에 우리가 개발한 접근방식의 독특한 특징을 제시함이 중요하다고 믿는다. 이 책에서 우리는 다양한 유형의 정서 처리 어려움 해결에 도움이 되는 다양한 정서적·인지적 과정을 차별적으로 촉진하는 방법에 대한 관점을 제공하고자 한다. 우리는 우리의 접근방식이 다른 접근방식과 어떻게 다른지를 명확하게 정의하고, 경험적 관점이 통합 노력에 제공할 수 있는 것을 명학하게 명시하기 때문에 이러한 프로세스와 우리 접근방식의 특징에 대한 명시가 장기적으로 통합을 촉진하는 데 도움이 될 것이라고 믿는다.

그리고 축어록 사용에 대해 언급하고자 한다. 축어록 내용은 식별 기능을 제거하고 기밀을 유지하며 명확성을 높이기 위해 다소 변경되었다. 하지만 우리는 각 에피소드에서 발생한 필수적인 내담자 과정을 유지하고 실제로 발생한 상호작용을 최대한 충실하게 전달하기 위해 치료사의 개입을 가능한 한 적게 변경하려고 하였다.

마지막으로, 우리의 생각과 이 책에 직간접적으로 기여한 모든 동료와 학생들에게 감사의 말씀을 전한다. 보다 구체적으로 말하자면, Art Bohart, Irene Elkin, Germain, Lietar, Tracy Mayne 및 Bill Stiles의 피드백으로부터 큰 도움을 받았다. 또한 인간 기능에 대한 우리의 이론적 견해에 큰 영향을 준 Juan Pascual-Leone과의 대화는 큰 유익을 가져다주었다. 그리고 많은 동료와 학생들이 이 책의 아이디어를 발전시키는 데 직간접적으로 기여하였다. 우리는 동료 Sue Johnson, David Rennie, Shake Toukmanian과 수많은 학생들, 특히 현재 Claudia Clark, Florence Foerster, Rhonda Goldman, Ruth Roihn, Hadas Wiseman, Sandra Pavio, Renee Rhodes 및 Jean Watson의 의견에 감사를 표한다. 마지막으로, 우리의 끊임없는 개선을 끊임없이 타이핑하고 다시 타이핑해 준 항상 도움이 되는 비서인 Zehra Bandhu에게 진심으로 감사의 말씀을 전하고 싶다. 우리가 치료에 관해 아는 것을 배우고 그 지식을 다른 사람들에게 전할 수 있도록 도운 모든 사람들과 내담자에게 감사를 표한다.

차례

Part II
이론: 변화에서의 정서와 인지

Part III 매뉴얼: 기본 원칙 및 과제별 개입

Part IV 결론

Part I

서론

제1장 과정-경험적 접근 소개

이 책에서는 정서를 초점화하고 촉진하는 과정을 중심으로 새로운 정서적 의미를 구축하는 치료적 접근법과 이론을 소개하고자 한다. 이 접근법은 치료자가 순간순간의 경험에 주의를 기울이도록 내담자를 안내함으로써 자신만의 새로운 의미를 구성할 수 있도록 돕는다. 따라서 이 책의 목적은, ① 정보 처리 구성 방식과 정서의 적응적 역할에 관한 현대 치료 이론의 경험적 접근법을 제공하고, ② 정서 변화를 촉진하기 위한 인지적 · 정서적 과정을 재활성하는 치료적 개입 매뉴얼을 제공하는 데 있다.

정서 변화를 촉진하기 위한 경험적 접근에서의 가장 중요한 점은 내담자의 정보 처리 과정이 지금-여기에서 이루어지고 있으며, 치료자는 내담자가 지금-여기에서 체험하고 있는 경험과 표현에 온전히 몰입하고 집중해야 함을 잊지 않는 것이다. 치료자는 내담자의 내적 역동에 대한 가설을 세우거나 그의 인지 · 행동을 수정하고 바꾸려고 노력하기보다는 현재 있는 그대로의 모습으로 내담자를 듣고 보고 이해하려고 애써야 한다. 현재 내담자가 떠올리는 기억이나 특정 사건의 장면에 주의를 기울이고, 그 과정을 촉진하는 것 외에도 치료자는 내담자가 자신의 인지 · 정서적 과정을 잘 풀어낼 수 있도록 최적의 환경을 제공하기 위해 끊임없이 노력할 필요가 있다. 내담자를 평가하기보다는 내담자의 경험을 잘 살피고 존중하며 공감적으로 잘 조율되는 치료적 관계를 제공할 때 내담자는 치료자에 대한 신뢰를 더욱더 강하게 갖게 된다.

치료적 관계를 형성하는 것 외에도 내담자가 자신의 정서적 어려움을 해결하도록 돕는 데 효과적인 다양한 치료 작업들을 활용할 필요가 있다. 일반적으로 내담자들은 특정 유형의 정서적 문제를 가지고 상담실에 온다. 이러한 정서적 문제들은 내담자들이 지속적으로 그리고 적극적으로 해결해 보고자 노력해 온 작업적 성격을 지녔다. 내담자가 언제 이러한 정서적 문제 중 하나를 해결하기 위해 심리적 싸움을 벌이는지 치료자가 알 수 있다면 아마도 가장 적절한 개입 방법과 시기 또한 알게 될 것이다. 따라서 치료적 개입에는 내담자가 현재 빠져 있는 정서적 문제를 어떻게 해결하려고 애쓰는지를 자각하는 것도 포함된다.

이 책에서는 6가지 유형의 정서적 문제에 대한 6가지 유형의 치료적 개입 전략을 전반적으로 소개하고자 한다. 하지만 서로 다른 정서적 문제 유형에 대한 각각의 다른 중재 개입을 제시한다고 해서 한 가지 문제에 한 가지 정답이 존재하는 수학 공식적인 설명은 결코 아니다. 오히려 이러한 개입들은 고도로 복잡한 대인관계 촉진 방법들이며, 이 책에서 제시하는 개입은 다음과 같다.

분열을 해결하기 위한 두 의자 대화 기법, 불명확한 감각을 상징화하기, 미해결 과제를 풀기 위한 빈 의자 기법, 그리고 심각한 취약성에 대한 공감적 지지 등이다. 결국 치료란 내담자가 새로운 정서적 의미를 창출해 내도록 촉진하는 것이며, 이를 위해 다양한 치료적 개입 및 과제를 잘 이해하고 활용하는 것이 중요하다.

앞에서 언급된 문제들을 정서 정보 처리 문제로 볼 때, 이 문제의 해결책 역시 다양한 방식으로 이해될 수 있다. 이 책 전반에 걸쳐 언급되는 '정서 정보 처리(affective information processing)' 혹은 '경험적 처리(experiential processing)'와 같은 용어는 컴퓨터처럼 미리 정해진 산출물을 생산하기 위한 정보의 수동적 처리가 아니라 정서적 의미를 창출하는 적극적인 변증법적 구성 과정을 일컫는다. '정보 처리(information processing)'라는 용어는 정서적 의미 형성을 위해 정서가 묻어나는 정보를 창출하고 주의를 기울이는 과정을 뜻한다.

순간순간 내담자의 인지적 · 정서적 과정 방식을 토대로 치료 작업을 하는 목적은 내담자가 자기 감각을 구성하는 방식에 변화를 주고 근본적으로 자기에 관한 인지 변화를 달성하도록 하기 위함에 있다. 이 책에서는 이를 정서 도식(emotion schemes)[1]이라고 부를 것이다. 정서 도식은 복잡한 내부 모델로서 정서적 의미 감각을 자동으로 드러내어 보여 주며, 치료적 변화는 기존 정서 체계의 재구성과 새로운 정서 체계

1) 순전히 표상적 구조라기보다는 행위를 낳는 구조임을 강조하기 위해 schema(체계)보다는 scheme(도식)이라는 용어를 사용하고자 한다. 또한 scheme가 정서를 핵심으로 형성된 체계임을 강조하기 위함이며, 이에 대해서는 제3장에서 충분히 논의하겠다.

의 생성을 통해 이루어진다.

정서 도식은 개인적 의미를 제공하는 다양한 인지적 · 정서적 · 감각적 정보들이 자각되기 전에 미리 처리하는 개인 내적 구조이다. 이는 정서 · 인지 · 동기 및 행동 등이 서로 연결된 통합적이고 전체적인 유기체적 존재로서 내담자를 보도록 돕는다. 정서는 자신과 세계에 대한 자기의식의 복잡하고 통합적인 유기체적 반응이며 인간 기능의 전체성을 이해하는 데 중요한 요소이다. 또한 정서는 인지적 · 동기적 · 생리적일 뿐만 아니라 사회적 · 생물학적 등의 여러 수준의 정보를 종합하고 처리하는 하나의 복합 반응이다.

정서 도식은 인지(평가, 기대, 신념의 형태)와 동기(욕구, 관심, 의도 및 목표의 형태)와 정서(표현-운동 반응 및 행동 경향의 형태)를 통합하는 복잡한 구조물이다. 또한 정서 도식은 세계 내 자기(self-in-the-world) 경험의 복잡한 내부 구조를 형성한다. 비록 정서 도식이 다양한 요소로 구성된 내적 모델이지만, 정서적 반응을 개인적 의미로 자동 처리하도록 안내하는 데 가장 영향력 있는 요인으로 간주하는 내적 모델이기 때문에 이를 정서 도식이라 명명하였다. 자기에 대한 체험된 '감각' 또는 '느낌'을 형성하기 위해 명제적 · 감각적 · 고유 수용적 정보를 무의식적으로 통합하는 것은 순전히 생각이나 아이디어만을 생산하는 인지적 구조가 아닌 정서 기반의 도식적 구조이다. 따라서 '세상의 정상에 있는 듯한', '바닥을 치고 있는' 또는 '자신이 없는' 등의 정서는 모두 이러한 복잡한 정서 도식으로 인해 생성된다. 그런 다음 정서 도식은 세계 내 자기(self-in-the-world)의 전체적 경험(wholistic experience)을 결정하는 상위의 정서적 의미/행동 구조를 형성한다. 정서 도식은 초기의 일시적 정서 반응을 자동으로 조직화하고 안정화해 끊임없이 세계 내 자기로의 감각을 제공한다. 이러한 구조는 개인적으로 의미 있는 것이 무엇인지를 결정하여 세계 내 자기의 즉각적인 정서 체험으로 이끈다. 따라서 정서 반응을 통해 각 개인에게 무엇이 중요한지, 세상을 어떻게 평가하고 있고 이에 대해 어떻게 대처하고 있는지를 알 수 있다(Oatley, 1992 참조; Lazarus, 1991b; Teasdale, in press).

그러므로 치료란 이러한 도식에 기반을 두어 정서를 활성화하고 재구성하는 과정이다. 정서 도식을 변화시키는 치료 방법의 두 가지 주요 특징은, ① 내담자의 그 순간 정서 경험에 대한 치료자의 공감적 접근과 ② 정서 도식의 활성화와 재구성을 위해 특정 순간과 특정 유형의 경험 처리를 활성화하는 것이다. 정서적 변화가 일어나기 위해서는 정서적 경험을 생성하는 의미 구조가 현재 경험을 지배하도록 치료에서 활성화될 필요가 있다. 그래야 새로운 입력과 변화에 접근할 수 있다. 치료 장면에서 정서적 활성화를 경험하며 이야기하는 것은 그것과 관련된 의미 구조가 활성화되었고 새롭게 정보 처리를 할 수 있는 적합한 순간이라는 표식이다.

이 접근법을 사용하여 치료자는 내담자에게 새로운 의미를 제공하기보다는 내담자의 인지적 · 정서적 과정을 활성화하여 경험을 재구성하고 새로운 정서적 의미를 구성할 수 있도록 도울 수 있다. 여기서 치료자는 새로운 경험과 경험적 탐색 및 재구성의 촉진자이자 자극자이다. 재구성과 새로운 의미 구성은 내담자에게서 나온다.

앞서 언급했듯이, 정서 도식을 변화시키는 이 접근법의 핵심은 내담자의 주의를 체계적으로 촉진하는 것이다. 이를 통해 내담자는 새로운 경험 요소를 의식하고 이를 처리할 수 있게 된다. 사람들은 주의를 기울일 때 그것이 그들의 의식의 기초가 되기 때문에, 특정한 순간에 특정한 방식으로 주의를 할당하는 것이 현재 의식을 바꾸게 한다. 따라서 문제에 관해 이야기하거나 해결하려고 노력하기보다는 자신의 속이 가라앉은 느낌에 주의를 기울이거나 그 느낌을 발생시키는 자극에 주의를 기울이거나 그 자체로 '실패처럼 느껴지는' 느낌에 주의를 기울이고 집중함으로써 현재의 경험을 재구성할 수 있다. 주의 초점의 변화는 새로운 의식을 촉진하기 때문에 경험과 행동 모두의 변화와 밀접하게 관련되어 있다. 상실에 대한 실망이나 학대받음에 대한 분노 등의 새로운 자각은 의미적 · 의식적 재구성과 새로운 선택 및 선택의 가능성으로 이어질 수 있다. 행동은 일반적으로 상황에 대한 새로운 자각 또는 이해와 새롭게 알게 된 대안들에 대한 반응으로 발생한다. 따라서 의식의 변화는 행동 변화의 핵심이며, 주의의 선택적 재배치는 의식 변화의 핵심이다.

정서적 자각은 끊임없이 변화하는 환경 속에서 현재 우리에게 무엇이 중요한지에 대한 현재의 반응이다. 따라서 자각은 무엇에 선택적 주의를 기울이는지, 그리고 이것이 사적인 의미로 어떻게 조직되는지에 따라 달라진다. 현재 의식에서 주의를 기울인 요소 중 하나라도 바뀌거나 해석을 변경하면 새로운 관점과 새로운 정서적 의미가 생성된다.

따라서 내부 정서 구조의 활성화, 정보의 재처리 및 재부호화는 궁극적으로 정서 구조의 변화 또는 새로운 도식의 생성으로 이어진다. 치료자는 내담자 경험의 의미를 해석하거나 혹은 정서 체계를 수정하거나 이에 도전하기보다는 정서 도식 재구성을 촉진하는 데 가장 적극적인 역할을 한다. 이는 현재의 초점 의식보다 자기의 경험 일부 요소에 내담자의 관심을 집중시켜 이를 상징화하고 정서 도식을 활성화하여 정보를 추가로 처리하는 것이다. 이는 결과적으로 경험의 자기 재구성과 세계 내 자기에 대한 새로운 관점을 구축하도록 촉진한다.

이 접근법의 발전

이 책에서 설명하는 정서 과정 촉진 접근법은 과정 중심의 경험적 치료에 대한 두 가지 주요 발전의 산물이다. 한 가지 발전은 치료 개입 수준에서 실제 치료 실행의 변화와 관련이 있고, 다른 하나는 변화가 어떻게 발생하는지에 대한 설명 수준에서 실천 이론의 변화와 관련이 있다.

공감 중심의 경험 치료를 활용한 임상 경험을 통해 내담자의 개인적 관심사와 관련된 정서적 의미에 중요한 변화가 일어남을 여러 차례 확인하게 되었고, 이러한 변화는 곧 긍정적인 변화로 이어졌다. 이는 비록 내담자의 내면에서 일어나는 일이지만 눈으로 확인이 될 만큼 내담자가 특정한 정신적 과정에 있음이 분명해 보였다. 치료자가 이를 의식하고 촉진한다면, 이는 종종 새로운 것, 즉 세계 내 자기에 대한 새로운 관점을 형성하게 된다. 자기에 대한 새로운 관점으로 인해 정서적 재구성이 일어나거나 정서적 어려움이 해소될 때, 내담자와 치료자 모두에게 중요한 자각 및 의식 일부에 변화가 일어났다.

내담자의 호기심을 자극하고 새로움에 대한 탐색과 자각을 촉진하는 것은 매우 중요하며 치료적 개입의 핵심 목표 중 하나이다. 이는 임상 현장에서의 적용에 있어 크게 두 가지 의미가 있다. 하나는 정서의 공감적 반영은 그 경험의 의미에 대한 이해를 전달하는 중요한 중재적 도구가 된다는 점이다. 다른 한편으로는 그것이 경험의 순간을 새롭고 다르게 경험할 수 있도록 촉진하는 도구가 된다는 점이다. 특정 유형의 반영은 특정 순간에 더 생산적으로 작용하는 것으로 보인다(Rice, 1974). 또한 공감적 반영은 특정 방식으로 내담자 의미에 선택적으로 초점 맞추거나 강조한다는 점에서 공감적 선택(Greenberg & Goldman, 1988)이라는 특성을 지닌다. 공감적 선택은 탐색과 정보 처리 과정, 이 모두를 향상시키는 도구이다. Rice(1974)는 처음에 정보 처리 모델(information-processing model)이 내담자 중심 치료의 변화 메커니즘을 이해하기 위한 최고의 이론적 기반이라고 보았다. 이러한 관점은 치료자를 내담자가 치료에서 새로운 경험을 탐색하고 창조하도록 돕는 일종의 정보 처리 촉진자로 본다. 치료자가 순간순간의 정보 처리를 촉진하는 것에 초점을 맞추는 것 외에도, 치료자는 다른 개입을 통해 특정 성질의 내담자 문제를 해결하는 데 좀 더 순조롭게 접근할 수 있음을 발견하였다. 이러한 작업을 잠재적 변화 사건으로 분류하고 집중적으로 연구하기 시작하였다.

Rice(1974)는 치료에 대한 내담자 중심 접근법의 맥락에서 첫 번째 변화 사건을 식별하였다. 여기에는 특정 형태의 연상 반응을 통해 문제 반응을 해결하는 것이 포함되어 있다. 문제 반응은 내담자가 어떤 상황에서 겪었던 경험적 반응으로 인해 당황하거나 괴로움을 호소하며 상담실을 방문하게 만든 상태를 말한다. Rice는 이러한 상황에서 골칫거리가 되는 것은 내담자들의 '각 경험 이면에 있는 도식 혹은 구조'라고 제안하였다. 또한 그녀는 치료의 목표는 '내담자가 불만족스러운 방식으로 반응하는 반복적인 상황과 일련의 신념 체계'라고 보았다. 치료적 개입은 문제 상황에서 상대적으로 왜곡되지 않는 방식으로 내담자의 신념 체계와 관련된 경험을 불러일으키고 그 경험을 재처리하도록 촉진하는 것이다.

도식적 과정 체계(schematic processing framework)를 연구해 오던 Greenberg(1975)는 두 번째 변화 사건을 게슈탈트 치료 방법으로부터 도출하였다. 이것은 두 의자 대화 기법을 통해 성격의 분열을 해결하는 것과 관련이 있다. 분열은 자기의 두 측면 사이의 의식적 갈등을 의미한다. 이를 해결하는 과정에는 반대 도식의 통합을 촉진하기 위해 두 개의 반대되는 생각 또는 자기의 일부에 접근하고 접촉하는 것이 포함된다. 특정 유형의 개입이 필요한 정서적 문제의 표식으로, 문제 반응 지점과 분열을 식별하는 것은 경험 지향적 개입에 대한 보다 차별화된 접근법을 개발하는 첫 단계였다. 이는 치료에서 반복되는 변화 사건의 개념을 명확히 하고 다양한 변화 사건과 관련된 과정을 식별하는 연구들로 이어졌다(Rice & Greenberg, 1984).

이러한 치료 중 변화 사건은 이를 식별할 수 있는 구조를 갖는 것으로 보인다. 사건은 치료 회기 중 내담자가 특정 유형의 문제 경험을 표현하는 것으로 시작되며, 이를 근본적인 정서 처리 문제와 특정 유형의 치료 탐색을 위한 내담자의 준비 상태 모두에 대한 '표식(marker)'으로 명칭하였다. 특정 문제를 순조롭게 해결하기에 적합한 특정 개입들과 표식들은 특정 유형의 정서적 탐색으로 이어진다. 이러한 탐색은 일련의 중요한 내담자 중심의 처리 과정을 거치면서 이루어졌고, 이는 결국 정서적 문제의 해결로도 이어졌다. 성공적인 치료의 '전체성(wholeness)' 안에서 식별할 수 있는 변화 사건, 즉 특정 개입으로 대체로 효과적으로 활성화될 수 있는 사건들이 많다는 점이 더욱 분명해졌다. 이러한 변화 사건에 관한 연구는 내담자가 어떻게 하면 보다 생산적으로 치료에 참여할 수 있는지 그 유형들을 식별해 내는 모형을 제시하였다. 사건의 각 단계에서 내담자의 참여를 촉진하는 데 필요한 치료자의 참여 특성들도 제시되었다.

이 접근법의 두 번째 발전은 기능 이론과 관련 있다. 정서적 경험을 역동적으로 조직하고 의미를 구성하는 인간의 능력과 내담자의 변화하는 현실 의식은 이러한 과정적 측면의 중요성을 더욱 도드라지게 하였다. 사람들이 자신과 자신의 세계를 어떻게 바라보는지는 그들에게 탄탄하게 유지되고 있는 인지적 · 정동적 구조에 매우 분명하게 의거하는 것처럼 보였다. 사람들은 의미 구성물 자체를 소유하기보다는 끊임없이 의미를 구성해 내고 있다. 내담자의 현재 정서가 묻어나는 의미 구성 과정과 이들의 근본적인 정서 도식이 치료적 개입의 궁극적인 목표로 파악되었다.

시작부터 정서 처리 문제의 표식을 내담자가 현재 참여하고 있고 변화가 필요한 암묵적인 도식적 처리의 표현으로 보았다. 우리의 관점에서 볼 때, 궁극적으로 치료적 변화를 가져온 것은 내담자의 인지 · 정서 처리의 변화(정서적 의미 변화를 초래)였다. 또한 치료 회기에서 내담자가 치료에 참여하는 방식이나 형태는 변화가 필요한 내담자의 내적 구조의 반증이었다. 내담자의 정서에 기반한 자기와 현실 구성의 변화가 우리의 궁극적인 관심사였기 때문에, 우리는 치료 변화 과정과 관련된 내부 작동을 조명할 수 있는 인지과학 및 정서 이론의 발전(Greenberg & Safran, 1987)에 크게 관심을 두었다.

우리의 연구로 도출한 심리치료의 경험적 이론(Rogers, 1951, 1957, 1959; Perls, Hefferline, & Goodman, 1951; Perls, 1969)에 대한 내용은 인간의 기능과 관련된 인지 및 정서 과정 유형에 대한 적절한 이해가 없었던 시대에 개발되었음을 알게 되었다. 그 당시에는 정신분석학과 행동주의가 지배적인 이론이었다. 한쪽에서는 인간의 기능은 무의식적인 본능적 추동으로 강력하게 지배된다고 가정하였다. 또 다른 한쪽에서 행동은 학습된 자극-반응 연계로 조절된다고 보았다. 정서적 의미 구성에서 내적 모델의 역할과 자동 처리, 인간의 기능에서의 정서 본질과 역할은 심리학의 이론적 영역에서는 관심 밖의 저개발 영역이었다. Rogers와 Perls가 설명한 치료 현상에 대한 적절한 모델이 존재하지 않았다. 그들은 인간의 자기성찰적 의식에 대한 인간의 역량과 행동을 결정하는 데 있어서 자각, 정서적 경험, 의미 및 선택의 역할의 중요성을 예리하게 인식하고 있었다. 하지만 그 당시에는 실제 인간 기능의 복잡성을 정당화할 수 있는 인지적 · 정서적 처리 이론이 드물었다. 따라서 Rogers와 Perls는 내담자 중심 치료와 게슈탈트 치료에 대한 공식적인 이론 진술에서 인간의 주체성과 변화 능력에 대한 믿음을 정당하게 설명할 기능, 역기능 및 치료 변화에 대한 이론적 구축을 위해 노력하였다. 이 모든 것은 심리학의 현대적 발전의 도움 없이 이루어졌다.

이 책을 어떻게 읽을 것인가

이 책은 인지과학과 정서 이론에서 도출된 이 접근법의 이론적 틀과 변화를 유발하고 촉진하기 위한 다양한 방법과 기술을 담은 매뉴얼을 제시하고자 한다. 제1부는 전반적으로 이 책의 접근법을 소개하고, 그 접근법이 어떻게 개발되었는지는 이미 앞서 언급하였다. 치료에 대한 전반적인 접근법은 다음 장에서 설명하고자 한다.

제2부에서는 과정-경험적 접근의 이론적 근간을 제시하겠다. 이 부분에서는 심리치료의 심리적 과정에 대한 이해에 인지과학과 정서 이론을 어떻게 적용할지 논의하고 정서 기능 이론 및 역기능과 관련된 이슈들을 제시하려고 한다. 이 부분은 매우 이론적이며 주로 성격에 있어서 정서와 인지의 역할에 관심이 있는 심리학자들과 역기능 이론에 관심이 있는 사람들이 주목할 만한 내용이 될 것이다.

제3부에서는 이 접근법의 구현을 위한 매뉴얼을 상세하게 제시하고자 한다. 접근법의 이론보다는 실제에 더 관심이 있는 독자들은 제1부에서 제3부로 이동하여 치료 접근법에 관한 매뉴얼과 그에 따른 치료 기법 및 작업 부분이 상세하게 설명된 내용을 읽기를 권한다. 제4부에서는 접근법의 적용에 관한 문제를 논의하고 마무리하려고 한다.

제2장

심리치료에서의 과정 촉진적 접근

이 장에서는 심리치료에 대한 과정-경험적 접근의 핵심적 특징을 설명하고자 한다. 이 치료 접근법의 기본 가정은 현재 내담자가 건강하게 기능하지 못하는 이유가 자기의 경험을 상징화하지 못하고 역기능적이며 정서가 가미된 경험적 처리 도식에서 비롯되었다고 본다. 따라서 치료 과정 목표는 도식 변화를 촉진할 수 있는 치료적 환경 속에서 내담자가 자신의 역기능적 도식에 접근할 수 있도록 돕는 것이다. 치료의 타깃은 의미 구성 과정과 각 내담자가 치료에 가져온 문제 및 상황과 관련된 일련의 정서 체계이다. 이 접근법의 목표는 치료 중인 내담자가 자신의 정서 체계에 접근할 수 있고, 그들의 경험을 보다 더 적절하게 상징화할 수 있으며, 역기능적 도식과 관련된 중요한 경험을 재처리할 수 있도록 돕는 것이다. 이러한 성격의 정서 처리는 오래된 도식 구조의 재구성과 새로운 도식의 창출로 이어진다.

치료에서 내담자의 처리 방식은 내담자-치료자 상호작용의 두 가지 다른 측면에서 중요하다. 첫 번째는 각 치료자의 반응이 내담자의 다음 반응에 미치는 순간적 효과에 관한 것이다. 내담자의 메시지에 정확하고 공감적인 이해를 전달하는 치료자의 반응은 내담자에게 이해되고 진정으로 수용된 느낌을 제공한다. 치료자의 긍정적이고 이해하는 반응을 통해 내담자는 자신의 어려운 문제들을 마주하고 이를 더 깊이 탐색할 수 있게 된다. 덜 분명하지만 중요한 또 다른 점은 치료자가 그 순간에 보이는 반영적 반응으로 치료자가 내담자의 진술 어디에 초점을 두고 있는지와 관련이 있다. 그 순간 내담자에게 가장 생생하고 뼈아픈 느낌을 주는 진술에 초점이 맞춰졌다면, 이는 내담자가 이 부분에 초점을 유지토록 하여 자유롭게 이를 수정하거나 더 나아갈 수 있도록 한다(이러한 문제에 대해서는 제7장에서 더 자세히 설명하겠다).

내담자-치료자 상호작용을 살펴보아야 하는 두 번째 측면은 치료자가 치료 회기 중 내담자의 치료 과제로 등장한, 더 큰 정서적 문제를 해결하도록 시도하는 더 높은 수준의 차원과 관련이 있다. 우리는 치료 과정을 연구해 오면서 내담자를 자신의 당혹스럽고 혼란스러운 경험을 해결하려는 적극적인 문제 해결자로 보고 내담자가 어려움을 겪는 것처럼 보이는 다양한 유형의 문제들을 식별하였다. 이런 프레임 안에서, 서로 다른 방식으로 서로 다른 도식에 접촉하기 위해 서로 다른 유형의 내담자 과정 처리 작업이 서로 다른 상황에서 유용한 것으로 보였다. 이후에 '참여 방식'이라고 명명하는 이 작업을 위해 다양한 내담자들의 치료 참여가 필요하였다. 다양한 내담자들의 참여 방식은 치료자의 다양한 유형의 개입 방식으로 인해 촉진될 수 있음이 분명해 보였다. 이러한 사건들을 조사하면서 우리는 치료자가 내담자로 하여금 어려움을 겪고 있는 문제 처리 과정에 선택적으로 참여하도록 촉진함으로써 그 문제를 해결하도록 도울 수 있다고 결론지었다.

치료 회기 내 내담자의 작업 수준은 내담자가 겪고 있는 특정 어려움에 대한 처리 문제의 특성을 나타내며, 이를 해결하기 위한 내담자의 현재 준비 상태를 보여 주는 '표식'의 발현에 근거하여 판단할 수 있다. 이러한 '준비도(readiness)'는 내담자가 현재 어려움을 겪고 있으며, 이를 해결하기 위한 나름의 노력을 기울임을 의미한다. 이는 곧 내담자의 치료 참여를 촉진하며 문제를 해결하기 위한 치료적 개입을 조금 더 적극적으로 받아들이게 한다. 우리는 확인 가능한 준비도와 표식을 중심으로 한 개입이 내담자의 특정 문제를 해결하는 데 도움이 되는 유용한 전략이라고 결론지었다.

이러한 점에서 치료자는 내담자의 시시각각 변화하는 상태와 과정에 매우 민감해야 한다. 치료자는 치료 회기 중 현재 개입이 가능할 것으로 보이는 문제를 식별해 내는 '과정 진단(process diagnosis)'의 방식으로 치료에 임해야 한다. 아래에 언급한 바와 같이 과정 진단은 내담자의 순간적인 방식과 표현 방식에 근거하여 현재 상태를 평가하는 것을 중요하게 여긴다. 따라서 안정적인 상태나 특성에 대한 진단이 아니라 그 순간의 정서적 상태와 문제 해결을 향한 내담자의 노력에 대한 공감적 조율이 중요하다.

과정-중심 접근

세분화되고 차별적인 처리를 촉진하도록 고안된 과정-중심적 경험 접근에서는 치료적 행동이 내담자와 치료자 간의 순간적 상호작용에서 기인한다고 본다. 내담자는 자신을 더 잘 이해하고 설명하기 위해 끊임없이 자기의 경험을 조직하고 새로운 정서적 의미를 형성해 나간다. 이러한 경험/의미 형성 과정은 감각, 정서, 지각, 기억, 개념 등의 다양한 유형의 정보원들을 통해 이루어진다. 이 모든 과정의 종합적인 결과물은 세계 내 자기의 의식적 경험이 된다. 이것은 치료자에게 항상 참고할 만한 자료가 된다. 치료자의 지속적인 관심은 내담자의 경험과 그에 대한 처리 방식이 시시각각 어떻게 변화하는지에 집중되어 있다.

따라서 "너무 마음이 아팠고, 그냥 뒤로 물러나고 싶었어요. 그 경험을 직면하고 싶지 않아요. 나는 나를 보호할 필요가 있어요"라는 내담자의 진술은 자신과 상황을 무의식적으로 평가하고 상징화한 결과이며, 상황에 대한 수많은 정보와 이에 대한 의식적 처리 반응이 연결되어 의미가 구성되고 통합된 결과물이다. 치료자는 "당신은 내면에 상처를 입었다고 느꼈고, 상처에서 벗어나기 위해 그것으로부터 물러나고 싶었네요"와 같은 말로 반응함으로써 내담자 경험 처리에 특정 방식과 의도를 가지고 참여한다. 이때 치료자의 태도는 공감적이며 존중이 묻어난다. 이러한 반응의 의도는 치료자가 내담자를 이해하고 있음을 느끼도록 돕고, 동시에 내담자 경험의 가장 신랄한 측면, 즉 내담자가 자신을 보호하기 위해 물러나는 경향에 초점을 맞추도록 돕는 데 있다. 이 외의 다른 보완적 대처 반응도 내담자가 가장 생생하게 체험하고 있는 자기의 경험에 참여하고 이를 상징화하는 데 도움이 되는 특정 과정을 활성화하도록 고안되었다. 이를 통해 그 경험 이면에 있는 정서, 욕구 및 기타 복잡한 암묵적 정보에 접근할 수 있다. 결과적으로 내담자가 새로운 정서적 의미를 구성하고 새로운 방식으로 세상을 보는 데 도움이 될 것이다.

우리는 변화를 위한 정서적 경험을 촉진하기 위해 치료자가 반드시 다루어야 하는 특정한 내용이 있다고 생각하지 않는다. 다만 내담자의 현재 상태에 귀를 기울이고, 이 순간의 경험에 새로운 의미를 형성하는 데 가장 도움이 될 만한 인지적·정서적 과정이 무엇인지를 자각하는 데 초점을 둔다. 성공적인 치료 결과를 위해 어떠한 특정 경험을 다루어야 한다는 확고하게 정해진 지침은 없다. 즉, 치료 변화가 일어나기 위해 비합리적인 신념이나 무의식적인 동기와 같은 특정한 내용이 꼭 다루어져야만 하는 것은 아니다. 우리의 주장에 근간이 되는 이론은 내담자의 현재 가장 두드러진 경험에 대한 내담자의 인지 · 정서 처리 방식과 관련된 과정 이론이다. 적절한 개입에 대한 치료자의 결정은 내담자가 현재 자기의 경험을 어떻게 조직화하는지에 기반한다. 우리가 촉진하려는 것은 특정 내용을 수정하거나 이해하는 것이 아니라 사람들이 정보를 처리하는 방식, 관심과 상징화하는 방식, 이 모두에서의 변화이다.

변화의 대상이 되는 것은 항상 현재의 정서적 의미 구성 과정이지, 장애의 특성이나 광범위하게 평가되는 병인 과정이 아니라는 점을 다시 한번 강조하고자 한다. 우리는 우울증의 부정적인 사고나 과잉 일반화, 불안장애의 초조함, 경계 증상 등 장애와 관련된 처리 문제들을 수정하려 들지 않는다. 대신에 우리는 내담자가 경험의 일부 측면에 주의를 기울이고, 상징화하며, 성찰하도록 돕기 위해 치료자가 현재 치료에서 드러난 내담자의 정서적 의미 구성 과정 일부를 활성화하려고 시도하며, 이러한 과정의 변화가 장애의 변화로 이어질 거라고 믿는다. 따라서 만약 내담자가 현재 절망감이나 위협감을 경험하고 있다면, 치료자는 내담자가 내면화된 평가에 주의를 기울이거나 탐색하도록, 또한 내면화된 정서를 표현하고 충족되지 않는 욕구들을 인정하도록 돕는다. 이는 내담자가 새로운 정서적 의미를 구성하는 데 도움이 되며, 이는 곧 우울증이나 불안과 같은 장애들의 변화로 이어질 것이다.

그러므로 치료자는 내담자가 자신의 세계를 어떻게 경험하고 보는지를 확인하기 위해 내담자의 내적 준거 틀에 공감적으로 들어가 개방적이고 과정 중심적인 자세로 치료를 시작해야 한다. 내담자에게 이론적 준거 틀이나 다루어야 할 특정 내용을 강요하지 않는다. 목표는 내담자가 자기의 경험을 상징화하고 필요한 경우 도식을 바꿀 수 있도록 자신의 자동화된 정서 체계를 자각하도록 돕는다.

핵심은 내담자가 이러한 변화 과정에 적극적으로 협업하는 것이며 협업 없이는 변화는 발생하지 않는다. 이 책의 접근법은 내담자 중심의 공감적 반영과 경험적 치료 및 게슈탈트 치료에서의 치료 과정 지침 간의 조합과 균형을 포함한다. 이 접근법에서 치료자는 내담자의 그 순간의 정서와 존재 경험에 매우 공감적으로 조율한다. 또한 치료자는 내담자가 문제 해결력을 높이고 정서적 처리 과정에 적극적으로 참여하도록 안내하면서 치료 과정을 주도한다. 따라서 치료자는 내담자의 경험에 공감적으로 반응하고 과정적 접근을 촉진하기 위해 현재 내담자가 할 수 있는 행동이나 심리적 작업에 대한 지침이나 의견 등을 제안함으로써 이를 촉진할 수 있다. 목표는 통찰력을 제공하거나 인지를 수정하는 것이 아니라 새로운 자각, 경험, 의미 구성을 자극하는 것이다. 치료적 작업에 참여하는 것과 관계적 유대 형성 간의 균형을 맞추는 부분에 대해서는 제3부에서 좀 더 자세히 설명하고, 여기서는 관계적 성격을 명시하는 치료적 원칙과 작업을 어떻게 보다 더 직접적으로 촉진하는지를 식별하는 치료 원칙 간의 구분을 설명하고자 한다.

이 책의 제8장부터 제13장까지는 치료적 작업을 수행하는 과정의 다양한 유형들이 설명되어 있다. 예를 들어, 때때로 치료자는 내담자가 '상향식' 경험 감각을 구축하기 위해 신체 감각이나 몸의 감각에 주의를 집중할 수 있도록 도울 수 있다. 또 다른 경우에는 내담자가 반응하고 있는 특정 자극의 특성을 기억에서 상징화하거나 정서적 표현과 관련된 욕구 혹은 필요들을 자각하는 등의 다양한 유형의 심리적 활동에 내담자가 참여하도록 촉진할 수 있다.

이러한 과정 촉진적 틀 안에서 치료자는 새로운 경험 구축과 특정 정서적 문제 해결과 관련된 과정을 촉진하는 전문가로 여겨진다. 이에 반해 내담자는 자기의 경험에 대한 전문가이며 변화 과정의 적극적인 주체자로 본다. 치료 전반에 걸쳐 치료자는 치료 과정을 주도할 때도 '모르는 자세(not-knowing attitude)'의 태도로 접근한다. 이는 전문가로서 자신이 다 알고 있다는 식의 권위주의적인 태도가 아니라 내담자를 향한 호기심과 의견의 자세를 취하는 것을 의미한다. 치료자의 행동과 태도는 내담자의 경험에 더 알고자 하는 열망을 표현하며, 치료자가 내담자보다 더 많이 알고 있어서 숨겨진 무언가를 밝히려는 의도를 전달하기보다는 암묵적인 것들을 설명하는 데 도움이 되도록 한다. 과정-경험적 관점에서 치료자들의 이 '덜 아는' 입장은 치료자가 이론적 근거나 지식에 기초한 내담자의 경험에 대한 전문가로서 그들의 경험을 해석해 내는 '더 아는' 태도를 보이는 것과는 대조적이다. 치료자는 과정 주도적이기에 내담자에게 의미를 부여하거나 패턴을 식별하지 않으며 숨겨진 것을 찾아내지 않고 자신과 세상을 보는 더 나은 방식을 제안하지 않는 방식의 치료 관계를 맺는다. 오히려 치료자는 내담자가 경험을 재구성하고 자신에게 문제가 되는 부분에서 새로운 의미를 창출하는 데 도움이 될 도식이 활성화되도록 특정 처리 과정에 내담자가 참여하도록 안내하거나 자극한다. 변화를 원하는 부분에서 내담자가 스스로 생성한 의미의 재구성은 새로운 방식으로 자기 또는 자기의 세계를 볼 수 있도록 가장 잘 도울 수 있다. 이러한 변화를 강화하기 위해 치료자는 내담자의 그 순간 전개되는 경험적 과정에 집중해야 한다. 이를 통해 치료자는 특정 경험 상태의 변화를 의식하고 촉진할 수 있다. 현재 내담자 참여의 두 가지 측면, 즉 진술한 과거를 재경험하고 그 순간을 경험하는 것은 내담자가 내적 경험의 재구성과 새로운 의미의 구성 촉진 과정에 참여할 중요한 기회이다. 이 두 가지의 내담자 현재성 경험은 치료자 관심의 주요 초점이 되어야 한다.

치료 회기 중 내담자의 과거 재경험은 현재에서 과거의 사건을 재경험하고 이를 재구성하는 것을 포함한다. 내담자들이 최근 또는 더 먼 과거의 중요 사건을 이야기할 때, 치료자는 과거의 느낌을 현재로 불러일으키려고 시도한다. 치료자는 이 사건에서 내담자에게 가장 생생하고 고통스러워 보이는 것에 주의를 기울이고 즉각적인 자극 상황과 그로 인해 유발된 정서를 생동감 있게 재경험할 수 있도록 개입한다. 이러한 체험적 맥락에서 내담자는 현재에서 이 경험을 자각하고 재처리할 수 있다.

치료자가 주목해야 할 두 번째 초점은 과거의 경험을 재경험하는 것과 관련 없이 치료 장면에서 발생하는 내담자의 현재 경험이다. 여기서 내담자와 치료자는 내담자의 삶에서 이전의 관계나 사건을 탐색하는 것이 아니라 오히려 내담자의 현재 경험과 그 순간의 의미 구성에 초점을 맞춘다. 여기서 초점은 내담자의 현재 경험이다. 이것은 때때로 과거에 대한 느낌이나 미래 사건에 대한 정서를 기억하는 것이 포함될 수 있지만 여전히 초점은 과거를 회상하거나 미래를 예측하기보다는 현재 경험에 있다.

과정 진단

앞서 말하였듯이 이 접근법에서는 내담자가 자신의 세계를 어떻게 경험하고 보는지 확인하기 위해 치료자는 내담자의 내적 준거 틀 안으로 들어간다. 치료자는 내담자의 이야기를 경청하면서 그 순간의 내담자 경험과 관련된 정서 도식에 내담자가 접근할 수 있도록 도우며, 내담자의 도식 재구성을 통해 새로운 의미 구성이 가능해지도록 의도적인 방식으로 반응한다. 치료자는 내담자의 자기 경험에 대한 자각 정도에 기초하여 각 상태에 맞는 다양한 방식으로 개입한다. 따라서 개입은 내담자의 현재 상태에 대한 일종의 '과정 진단', 즉 내담자의 인지적 · 정서적 처리를 촉진하는 데 어떤 순간에 무엇이 가장 도움이 될 것인지에 관한 판단으로 이루어진다.

그러므로 치료자는 내담자의 현상학적 세계에 합류하고 내담자의 내적 참조 체계에 들어가 그 순간 내담자의 입장이 되어 본 후 이를 건설적인 방향으로 처리하기 위해 특정 순간에 특정 방식으로 개입한다. 이런 면에서 치료자는 다양한 순간에 다양한 유형의 처리를 촉진하는 과정 주도자이다. 하지만 그러한 주도적 태도는 권위적이기보다는 의견 제시이고 실험적이다.

치료자는 먼저 내담자의 내적 준거 틀에 들어가 그의 내적 경험에 공감적으로 참여하고, 이러한 이해를 공감적 반영을 통해 전달함으로써 내담자의 경험 세계를 공감적으로 조율한다. 언어적이든 비언어적이든 치료자의 반응은 내담자의 정서적 상태와 강도를 포착할 뿐만 아니라 의사소통 내용과 의미에 대한 이해를 전달한다. 이러한 공감적 조율 과정은 두 가지 중요한 기능을 한다. 하나는 내담자에게 치료자가 진정으로 경청하고 있다는 느낌을 전달하며, 이는 그 자체로 치료적이다. 또한 치료자가 더욱더 정확하고 촉진적인 과정 진단을 통해 어떠한 경험적 처리 개입을 수행하는 것이 도움이 될지 치료 개입을 선택하는 데 도움이 된다. 치료자는 내담자가 현재 특정 유형의 정서적 처리 문제를 겪고 있고, 이에 대한 치료 개입에 열린 마음을 갖고 있음을 보여 주는 특정 표식에 귀를 기울인다.

따라서 과정 진단에는 정서 처리 문제의 '표식'을 식별하는 것이 포함된다. 특정 유형의 표식이 나타나면 치료자는 정서 처리 문제 해결에 도움이 되도록 고안된 특정 유형의 과정 활동들을 활용한다. 여기서 '진단'이라는 용어는 내담자 또는 내담자 경험에 '진단명 붙이기'를 하고 전문적인 지식의 입장을 구체화하거나 채택하는 행위를 의미하지 않는다. 오히려 치료자가 내담자의 초점과 참여 유형을 알아차리고, 그에 따라 자기의 행동을 이끄는 '표식'을 자각하는 치료자의 내적 과정을 설명하기 위한 것이다.

과정 진단에서 치료자가 주목하는 것은 내담자가 언급하는 경험의 내용만은 아니다. 내담자의 표현 방식과 경험에 대한 처리 방식도 내담자를 이해하기 위해 고려되어야 한다. 내담자가 자신을 어떻게 말하는지, 그리고 그러한 표현 속에 전달되는 비언어적이고 암묵적인 의미도 중요하다. 따라서 내담자의 스타일과 태도는 종종 중요한 것을 전달하기에 이에 대한 주의를 기울이는 것은 중요하다. 따라서 치료자는 내담자의 어감, 어투, 말의 리듬, 호흡, 한숨, 시선의 방향 및 자세 변화와 같은 표현에도 고도로 민감해야 한다. 이는 종종 내담자의 현재 내적 상태를 전달하는 표현의 방식이 되기 때문이다. 우리가 타인의 마음이나 경험을 아는 것에 가장 가까이 다가갈 수 있는 것은 이러한 부차적인 신호에 의존함으로써이다.

치료자는 과정 진단 및 과정 주도자이지만 내담자의 새로운 경험을 따라가고, 내담자에 대한 진단과 개입은 내담자에 대해 미리 형성된 가설이나 판단에 기인하지 않으며 항상 내담자에게서 나오는 모든 것에 기반함을 명심해야 한다. 또한 치료자의 과정 진단에는 현재 특정 개입에 참여할 수 있는 내담자의 준비도를 평가하는 것도 포함된다. 개입은 결코 내담자에게 부과되는 과제가 아니며, 항상 내담자의 상황이나 맥락에 맞게 이루어져야 한다.

따라서 모든 치료자의 평가나 개입은 치료자의 이해나 개입 제안이 내담자의 경험에 부합한지 내담자에게 확인하는 태도로 이루어져야 한다. 치료자는 자신이 결코 내담자의 내면세계를 직접적으로 알 수 없다는 사실을 항상 의식하고 있으며, 따라서 내담자의 감각적 의식과 이에 대한 과정적 개입의 정확성에 대해 수시로 내담자에게 확인하고 그에 대한 반응에 기초하여야 한다.

치료자가 과정 진단을 해 나갈 때 임시적, 혹은 잠정적인 태도를 보이는 두 번째 이유는 개입만으로는 타인의 경험을 안내하거나 수정할 수 없다는 이해 때문이다. 내담자가 슬프거나 화가 나거나, 자신감이나 편안함을 느끼도록 지시하거나 그 정서가 바로 그가 느끼는 것이라고 해석해 줌으로써 내담자에게 그 정서를 진정으로 경험하게 할 수는 없다. 왜냐하면 그 사람은 타인에 의해 의도적으로 쉽게 수정될 수 없는 자기 조직 체계(self-organizing syStern)이기 때문이다. 따라서 치료자는 특정 순간에 그와 함께하면서 특정 과정을 촉진할 수 있으며, 새로운 방식으로 반응하고 자기를 조직화하는 것은 내담자의 몫이다. 치료자는 특정한 어떤 것을 내담자가 경험하게 하거나 해결하게 할 수 없다. 내담자만이 특정 방식으로 무언가를 경험할 수 있도록 자신의 처리 과정을 조직할 수 있다.

치료자의 관계적 태도

공감, 무비판 또는 존중 및 진정성의 내담자 중심 태도(Rogers, 1957)는 치료에 대한 과정-경험적 접근법의 중심 변화를 형성하는 측면이며, 또한 정서 처리를 촉진하기 위한 최적의 조건이다. 이후 장에서 자세히 설명하겠지만, 공감적 환경을 제공하는 것은 단지 내담자의 현상학적 세계에 들어가 그것에 반응하는 것만을 의미하지 않는다. 이는 치료자가 내담자의 경험을 무조건적으로 중시하는 태도를 가짐으로써 충분히 수용되고 이해되는 느낌을 받도록 하는 데 있다. 이러한 치료자의 무조건적인 존중은 내담자의 대인관계 불안을 감소시키고 치료의 탐색적 과제에 완전히 집중할 수 있도록 매우 중요하게 기능한다. 내담자는 치료자가 자신을 어떻게 보고 있는지 걱정하기보다는 치료자와 진정하고 일치된 방식으로 대인관계에서 오해를 불러일으킬 수 있는 측면들을 해결하고, 기꺼이 해결할 수 있음을 느끼고 경험한다. 결과적으로 내담자는 치료자의 무조건적이고 긍정적인 존중(unfailing positive regard)에 점점 더 자신감을 느끼게 된다.

내담자는 치료자의 무조건적이고 긍정적인 존중으로부터 두 가지 측면에서 유익을 얻는다. 첫째, 자신이 수용되고 진정으로 가치를 인정받는 경험은 독특한 학습 경험으로, 내면화된 가치 조건과 부정적인 자기 평가 및 자기 회의에 대항하는 데 도움이 된다. 또한 대인관계에서의 경계 불안이 줄어들면 내담자들의 기능이 향상되어 주의력과 기억 접근성이 향상된다. 이를 통해 내담자는 자신의 내적 세계를 더 온전하게 탐색할 수 있게 된다. 따라서 이러한 유형의 지지는 내담자가 더 고통스럽고 불안을 유발하는 경험에 직면할 수 있도록 돕는다. 대인관계 불안의 감소는 내담자가 자기 탐색에서 더 많은 대인관계 불안을 견딜 수 있도록 하여 치료의 인지적·정서적 작업에 참여하기 위한 최적의 환경을 조성한다.

내담자의 정서적 경험에 대한 지속적인 공감적 조율은 치료자의 개입에 있어 필수적이고 핵심적인 측면이다. 내담자의 정서에 대한 공감적 조율은 내담자가 스스로에 대한 자기 감각을 확인하고 강화하는 데 도움이 된다. 이는 아이들이 상황에 대한 그들 자신의 내적 정서 반응을 형성하는 방식과 유사하다. 그들의 경험에 대한 양육자의 공감적 조율은 아이들이 자기에 대한 강한 감각을 발달시킬 수 있도록 한다(Stern,

1985). 유사한 방식으로, 치료자가 내담자의 경험을 인정하고 반응하고 반영해 줌으로써 내담자가 자기의 경험에 대한 더 강한 감각을 구축할 수 있게 된다. 말뿐만 아니라 비언어적인 방식 모두에서 자신의 정서가 이해되고 정확하게 다시 반영되어 돌아올 때, 내담자는 자신의 정서를 더 완전하게 경험할 수 있으며, '이것이 내가 정말로 느끼고 있는 것'이라는 자신감을 얻는다. 대개 정서는 형식적인 설명 언어가 없는, 매우 주관적이고 독특한 내면세계에서 나오는 불완전한 것이다. 경험이 상징화되고 공유될 때, 상대방이 그것을 이해함으로써 그것이 무엇인지 확인된다. 따라서 공감적 조율 과정은 자기 경험에 대한 자신감의 구축으로 이어진다. 따라서 성장은 공감의 맥락에서 가장 잘 일어난다. 하지만 여기서 중요한 것은 '공감적'이라는 것이 단순히 정서를 반영하는 특정 행동이 아니라는 것이다. 오히려 이는 태도이며, 궁극적으로 중요한 것은 치료자가 공감적인지 아닌지는 내담자의 의식이라는 점이다.

내담자의 성장을 위한 최적의 환경을 제공하는 것 외에도 공감은 과정 진단에 필수적이다. 내담자 상태에 대한 공감적 공명은 특정 표식에 대한 의식을 활성화한다. 과정 진단을 할 때 치료자는 내담자를 객관적으로 평가하는 일반적 의미에서의 관찰이나 진단을 하지 않는다. 오히려 치료자는 마치 자신이 내담자인 것처럼 내담자의 경험에 대한 그의 관점을 이해하고 노력하거나 이러한 입장에서 새로운 경험적 퍼즐이나 내적 씨름에 반응하는 것을 의미한다. 따라서 특정 표식에 맞게 적절하게 반응하고 개입하는 것은 매우 공감적인 행위이며, 이를 통해 내담자는 진정으로 자신을 이해하는 경험을 하게 된다.

존중과 공감 외에도 치료자의 진정성은 치료 과정에 중요한 측면이다. 치료자가 제공하는 공감과 존중이 진정성 없게 내담자에게 전달된다면, 이는 내담자의 안전과 자기 탐색에 걸림이 될 것이다. 따라서 Rogers가 분명하게 언급했듯이(Rogers, 1957, 1961), 치료자 역시 진실하고 일치해야 한다. Rogers가 정의했듯이 일치는 치료자가 치료 회기 중 자기의 경험을 자각하고 이를 의사소통 과정에서 방어적이지 않고 진정성 있게 표현하는 것을 의미한다. 치료자의 이러한 일치 상태는 내담자가 타인과의 실제 관계에서 발생하는 공감과 존중을 경험하도록 하는 데 필수적이다.

또한 Buber(1958)는 I-Thou 관계의 특징은 무엇보다도 현존, 직접성, 비착취성을 지닌다고 하였다. 이것은 '진정성' 또는 '일치성'이라는 용어를 통해 우리가 의미하는 바를 전달하는 데 도움이 된다. 타인의 정서를 공감적으로 이해하고 이를 기반으로 상대방을 조정하려고 하는 사람들처럼, 어떤 이는 전혀 유익하지 않은 많은 의도를 가지고 상대방에게 공감적으로 다가갈 수 있다. 우리가 의미하는 일치는 자신의 본질적인 경험에 관한 착취적이지 않고, 무비판적이며, 방어적이지 않은 의사소통을 말한다.

따라서 치료자는 내담자에게 그의 핵심적 가치를 중시하는 진정한 관계를 지속적으로 제공해야 한다(Lietaer, 1984). 이 과정에서 치료자는 내담자와의 상호작용 속에서 자기 내면에 흐르는 정서에 끊임없이 조율해야 한다. 치료자가 경험하는 것은 스스로 인지할 수 있고 관계 속에서 살아 있는 실체이며, 필요한 경우 내담자의 더 깊은 핵심과 접촉하기 위해 이를 꺼내어 다룰 수 있는 자료이다. 장기 치료가 요구되는 힘든 내담자들과의 치료적 핵심도 진정한 관계이다.

현실적이고 공감적이며 존중적인 치료자의 존재는 그 자체로 치료적이지만, 다른 구체적인 변화가 일어날 수 있는 토양을 제공하기도 한다. 우리가 말했듯이, 치료자는 내담자의 그 순간의 경험을 진정으로 그리고 민감하게 수용하는 존중을 제공하는 것 외에도 치료 과정을 주도함으로써 경험적 처리를 촉진한다. 이러한 과정 제안 또는 주도는 내담자로 인해 지금 방금 나타난 것이 무엇이냐에 따라 달라진다. 치료자는 항상 내담자를 그들의 경험에 대한 전문가이자 변화 과정의 적극적인 참여자로 인정하고 그들의 경험을 점검하되 위협적이지 않으면서 항상 협력적인 자세를 취해야 한다. 내담자에게 강요하지 않고 내담자를 조정하지 않기를 제안하는 것은 내담자가 비방어적인 방식으로 최대한 치료에 더 많이 참여할 수 있도록 환경을 조성하고 유지하는 데 도움이 되기 때문이다. 이러한 관계적 틀 안에서 내담자의 경험 처리의 특정 유형을 촉진하는 것이 중요하다. 이 주제는 이 장의 뒷부분에서 설명하도록 하겠다.

과정 주도 및 관계적 태도 관리: 돌봄과 균형의 필요

앞에서 설명한 접근법은 최적의 공감적 치료 관계 제공과 치료자가 내담자의 경험에 적합하게 반응하는 것에 의존한다. 하지만 이러한 맥락에서 치료자는 특정 개입을 통해 내담자의 경험 처리 과정이 유익하게 이루어지도록 안내할 수 있음을 제안한다. 반응성과 주도성 사이의 균형은 이 치료 모델의 핵심 문제이며 동시에 가장 강력하면서도 가장 어려운 측면이기도 하다. 통제와 주도의 문제는 이 치료 방식에서 매우 중요하며 내담자가 경험하는 불안의 정도와 달성하고자 하는 협력적 탐색의 정도, 이 모두와 직접적으로 관련이 있다. 최적의 상황은 내담자와 치료자가 함께 일하는 시너지 효과의 상호작용이며, 각각의 정서는 서로 이끌지도 않고 단순히 따라가지도 않는다. 대신 목표는 상호 협력과 공동 탐색에 용이한 감각이다. 하지만 여기에는 한 가지 주의 사항이 있다. 의견 불일치나 어떤 불일치가 발생할 때 내담자는 자기의 경험에 대한 전문가로 간주되며, 이를 궁극적인 기준점으로 삼아야 한다는 것이다. 치료자의 개입은 항상 진실에 대한 지시나 진술이 아닌 의견 제시나 비위협적인 방식으로 제공되어야 한다. 이 접근법에서 채택한 주도적 개입과 반응적 개입의 조합(Benjamin, 1979 참조)을 통해 두 개입방식의 이점은 취하고 각각의 단점은 보완될 수 있다. 이처럼 보다 더 복잡하고 유연한 이중 개입 스타일을 활용하는 데 있어 균형과 판단력은 매우 중요한 지침이 된다. 더 적극적으로 주도적인 자세를 취할지 아니면 내담자의 경험에 더 반응적인 태도를 보이는 것이 도움이 될지를 판단하면서 무엇이 이 내담자에게 가장 적합한지를 끊임없이 평가해야 한다. 치료자는 내담자의 경험을 촉진하는 과정 전문가이며 궁극적으로 치료자는 내담자 경험의 탐색 리더나 진실 제공자가 아닌 내담자 경험적 탐색 과정의 촉진자임을 분명히 하고자 한다.

주도성과 반응성의 조합을 사용할 때 중요한 문제는 치료자가 내담자의 자기의 경험에서 고유한 의미를 구성하는 경험적 발견 과정을 촉진하는 정도이다. 너무 주도적인 것은 내담자의 의미 생성 과정을 초기에 폐쇄하고 치료자가 내담자의 경험을 내담자 자신보다 더 잘 알고 있음을 시사한다. 이는 치료자 쪽으로 영향력의 구심을 너무 강하게 바꾸고, 내담자가 자신의 독특한 경험을 포착할 기회를 빼앗는다. 우리가 말했듯이, 치료에 대한 과정-경험적 접근은 스스로 생성된 의미가 궁극적으로 가장 안정적이고 지속적인 변화로 이어진다는 가정에 기초하고 있다. 너무 주도적이라는 문제와 대조적으로 너무 수동적인 측면도 있다. 치료자는 충분히 반응하지 않음으로써 탐색 과정을 충분히 촉진하지 못한다. 더 많은 자기 탐색을 촉진하는 데 필요한 추가 자극을 제공하는 것은 치료자의 과정 제안과 선택적 초점이다.

우리가 말했듯이 치료자는 과정 전문가로서 특정 순간에 특정 과정을 촉진하여 탐색이 전개되도록 돕는다. 치료자는 관계적 태도를 유지하면서 호흡, 자극에 대한 내적 반응, 또는 현재 근육 활동이나 신체 감각에 내담자의 주의를 집중시킬 수 있다.

따라서 치료자는 내담자 경험의 의미를 해석하거나 내담자에게 특정 내용을 다루도록 주도하기보다는 과정 촉진에 관여한다. 그 경계는 모호하지만, 내용-과정 구분은 중요하며, 이 접근법에서는 항상 내용 지시보다는 과정 주도에 중점을 둔다.

지시를 내릴 때 치료자는 다양한 방식으로 과정을 촉진하는 법과 이 과정이 작업 해결에 어떻게 도움이 되는지에 관한 전문 지식을 제공한다. 그들은 내담자의 경험이나 특정 내담자가 갖는 문제의 올바른 해결에 대한 전문가도 아니다. 오히려 해결은 독특한 자기 구성에 있다. 특정 문제를 해결하는 데에는 여러 가지 방법이 존재한다. 치료자는 어떤 것이 해결책을 만드는 데 도움이 되는지 알고 있지만 궁극적으로 어떤 것이 어떤 결과를 가져올지 정확하게 알지는 못한다. 따라서 치료자는 주도적으로 경험의 자각을 촉진하면서 이끌어 가지만 촉진된 경험을 다루고 싶지 않다는 내담자의 지시를 따라야 한다. 주도적 태도는 본질적으로 실험적이며("이것을 시도해 보고 그것이 맞는지 확인해 보세요"), 순응을 장려하거나 치료자가 만든 의미를 채택하라고 독려하기보다는 스스로 의미를 생성하거나 발견하도록 촉진하는 것을 목표로 한다.

더욱더 반응적인 자기 발견(self-discovery) 중심의 개입은 내담자가 자기의 경험을 신뢰하는 법을 배우는 데 도움이 된다. 반면 보다 주도적인 개입 방식에서 치료자는 인간 기능 원리에 대한 전문가로 여겨진다. 그럼에도 불구하고, 치료자는 여전히 내담자가 자기의 경험을 자각하도록 돕는 존재로 본다. 최적의 순간에 내담자가 자기의 경험을 어떻게 처리하는지 특정 기능을 자각하도록 이끌어 갈 때 얻게 될 잠재적 이득은 내담자가 눈에 도드라진 경험의 일부를 스스로 선택하여 의미를 보다 더 독립적으로 구성할 수 있도록 도울 때 얻게 될 고유성의 잠재적 손실과 항상 비교해야 한다. 자기의 의미 구성은 잠재적으로 자기에 대한 더 정확하고 구체적인 이해를 발전시키는 데 도움이 될 뿐만 아니라 자기 경험에 대한 더 큰 자율성과 신뢰를 함양하는 데 도움이 된다. 내담자의 새로운 의미 형성에 방해가 되는 치료자의 주도적 태도에 관한 방어책은 치료자의 공감적 조율의 태도이며, 치료자는 자신의 의견 제시가 내담자의 현재 경험에 부합하는지를 끊임없이 확인해야 한다.

이 과정에서 중요한 판단은 언제 주도(지시)할 것인가, 언제 따라야 하는가(반응)이며, 이 판단을 하는 데 도움이 되는 핵심적이고 유용한 특징적 차이를 잘 식별할 수 있어야 한다. 이 차이는 내담자가 자기의 경험과 접촉할 때, 즉 생산적인 처리 과정에 참여할 때와 그렇지 않을 때의 차이이다. 내담자가 자기의 경험에 함께 참여할 때는 치료자는 내담자를 따르고, 새로운 의미를 발견하고 구성해 가도록 과정을 촉진하는 것이 중요하다.

하지만 내담자가 경험의 표면에 있거나, 차단되어 있거나, 어떤 방해적이고 역기능적인 과정에 관여하고 있을 때, 치료자는 내담자의 자기 파괴적인 처리 방식을 자각할 수 있도록 경험을 자극하거나 의견을 제안함으로써 치료를 주도하는 것이 도움이 된다. 따라서 치료자의 과정 주도적 지침은 종종 새로운 경험의 생성을 촉진하거나 내담자의 탐색을 방해 혹은 경험을 방해하는 내부 과정의 특성에 초점을 맞추는 데 사용된다. 예를 들어, 새로운 경험은 내담자가 어떠한 장면을 상상하도록 돕거나 표현의 강화를 촉진함으로써 문제 상황에 대한 내담자의 생생한 재진입을 촉진함으로써 만들어진다. 경험의 차단 또는 방해는 내담자가 신체적 감각과 근육 긴장에 주의를 기울이고, 내담자가 스스로 자신을 억누르고 눈물을 흘리는 것을 막는 등의 적극적인 방식으로 자신의 정서를 억압해 왔음을 언어화하는 과정에서 자각될 수 있다.

치료 작업

관계 태도를 통해 안전하고 성장을 촉진하는 환경을 제공하는 것 외에도 치료자는 내담자의 치료 작업을 촉진한다. 우리의 접근법의 핵심은 치료에 임하는 내담자들 각자의 참여 방식이 있고, 그에 맞는 매우 유용한 접근방식이 있으며, 그들의 문제 해결에 필요해 보이는 다양한 개입 전략이 있다는 견해이다. 이러한 다양한 참여 방식을 통해 내담자는 특정한 방식으로 암묵적인 정서 도식에 접근하고 협력하여 변화시킬 수 있다.

내담자 참여 방식

정서 도식에 접근하기 위한 다양한 유형의 내담자 참여 방식은 서로 다른 4가지 유형으로 분류할 수 있다. 과정 촉진적 접근에서의 중요한 4가지 차원은 참여/자각, 경험적 탐색, 능동적 표현, 그리고 대인관계 학습이다.

참여/자각

첫 번째 방식인 '참여하기'의 초점은 복잡한 관계 정서와 의미를 상징화하기보다는 감각의 특정 요소에 주의를 기울이는 것이다. 내적 감각(체감 및 운동 감각)과 외부 자극(시각 및 청각)을 자각하는 것은 현실과 명확하게 접촉하는 데 필수적인 부분이다. '참여하기'는 들어오는 정보와 접촉하고 내담자 자신과 외부 현실에 대한 감각 정보를 제공하는데, 이를 토대로 더 많은 의미를 구성할 수 있다. 참여하기는 '상향식' 처리를 기반으로 한다. 이는 현실에 대한 사람들의 예상이나 상상과 다른, 감각적 정보로부터 현실에 주의를 두는 것을 말한다.

내부와 외부로부터 감지되는 감각 데이터에 주의를 기울이는 법을 배우는 것은 내담자가 현재의 자기 감각에 영향을 미치는 정보에 접근하도록 하는 경험 처리 방식이다. 따라서 내담자는 자기의 얼굴을 조이거나 주먹을 꽉 쥐거나 배에 힘을 주는 것, 또는 살아 있는 느낌의 복잡한 감각, 급증하는 힘의 감각 또는 수동적이거나 피곤하거나 연약한 느낌을 자각할 수 있게 된다. 또한 이는 눈썹을 치켜올리거나 얼굴에 미소를 짓거나 목소리 톤 등 치료자로부터 제공되는 외부 자극을 내담자가 알아차리게 되는 것도 포함된다.

치료자는 예를 들어, "주먹을 쥐고 있다는 것을 알고 있나요?"와 같이 내담자 표정의 일부 가시적인 측면에 주의를 기울이게 함으로써 그 순간의 자기의식 과정을 촉진할 수 있다. 그런 다음, 내담자는 이를 악물고 있는 것과 관련하여 '때리고 싶은' 느낌 또는 '자기 통제적인' 느낌을 포함한 꽉 조이고 힘이 드는 느낌에 자신의 의식을 집중시킬 수 있다. 또 다른 예로는 내담자가 대화 중 시선 이동(예: 치료자를 내려다보거나 멀리)에 주의를 기울이도록 할 수도 있다. 이런 것들에 주의를 기울이면 내담자가 무엇에 민감하게 반응하는지를 더 잘 알 수 있게 도울 수 있다. 일부 내담자에게는 치료 중 특정 순간에 이러한 내적 · 외적 경험에 주의를 기울이는 법을 배우는 것이 매우 중요하다. 왜냐하면 이러한 경험은 경험이 구성되는 원초적인 데이터이며 자기와의 접촉을 경험하는 핵심 수단 중 하나이기 때문이다.

경험적 탐색

내담자 참여 유형의 두 번째는 자신의 복잡하고 독특한 내적 경험에 접근하고 그것을 말로 상징화하기 위해 의도적으로 주의 에너지를 내부로 돌리는 것이다. 이 과정은 앞서 언급한 참여/자각 유형을 넘어서는 것이다. 치료자가 이를 적절하게 촉진한다면, 내담자들이 자기의 기능에는 영향을 주지만 자기 성찰적인 의식에서는 거의 접근할 수 없는, 암묵적인 내적 경험을 상징화하는 과정으로 작동할 수 있다.

복잡한 내적 경험을 의식적으로 상징화하는 과정은 다양한 형태를 취할 수 있다. 예를 들어, 자신의 복잡한 현재의 내면 상태에 접촉하고 그것을 말로 표현하는 것이다. 혹은 영향을 받았지만, 그 당시 의식에서 완전히 처리되지 않은 의식적 경험을 탐색하는 것이다. 또는 중요한 것으로 감지되지만, 현재 의식되지 않거나 쉽게 접근할 수 없는, 모호하고 막연한 느낌에 접촉하려는 의도적인 시도를 하는 것이다. 이러한 각각의 경우에서 내담자는 내적으로 주의를 기울이고 내적 경험을 상징화하는 과정을 통해 복잡한 정서와 의미를 새롭게 자각할 수 있다. 경험적 탐색 과정을 통해 내담자는 이전에는 자기 성찰적 의식을 할 수 없었던 정서 도식에 접근하고 탐색할 수 있다.

능동적 표현

자기 경험에 대한 반응을 보다 능동적이고 자발적으로 표현할 때, 내담자는 자기가 무엇을 느끼는지를 의식하고 이를 소유할 특별한 기회를 얻는다. 표현은 또한 행동 경향이 완결되도록 허용하고 자신의 정서를 적합한 대상에게 풀어낼 수 있도록 한다. 따라서 내담자가 자신이 실제로 무엇을 경험하고 있는지를 의식하고 이와 관련된 대상에게 다가가 표현하도록 치료 안에서 자기를 표현해 보기를 제안한다.

경험은 그것이 표현될 때까지 함축적인 의미를 담고 있다. 표현하는 행위를 통해 사람들은 어떤 것 혹은 대상에 관한 자기의 입장을 명확하게 취함으로써 의미를 형성한다. 일단 표현되면, 표현된 의미는 다시 그 사람에게 새로운 자극이 된다. 이는 더 많은 내적 반응의 반영과 촉발로 이어질 수 있다. "나는 당신이 필요했어요"와 같은 진술이 표현되면, 그 진술에 대한 진실성은 고려되고 반영될 수 있으며, 더 많은 경험을 강하게 불러일으킬 수 있다. 그러므로 사람들은 무언가를 '함(doing)'을 통해 표현된 행동/의미가 맞는지 아닌지를 경험하고, 무엇이 자신의 것인지 아닌지를 주장할 기회를 얻게 된다. 또한 표현으로 생성된 의미와 감각적으로 표현된 행동적 측면은 새로운 도식을 활성화해 새로운 경험을 불러일으키는 단서로 작용하기도 한다. 또한 '능동적 표현'은 사람들이 자기 경험의 주체이자 저자로서 자기를 경험할 수 있도록 돕는다. 마지막으로 환경과 접촉하여 그와 관련된 적합한 대상에게 표현함으로써 표현이 완성된다.

'능동적 표현'은 내적 경험의 양 측면이 서로 연결될 수 있도록 하는 데 매우 효과적이다. 예를 들어, 내담자가 자기의 이미지 혹은 자기의 일부에게 "나는 휴식이 필요해" 또는 "나는 지지를 원해" 등의 필요를 표현할 때, 그 경험을 자기의 것으로 자각하고 주장하기 시작한다. 이러한 경험의 양 측면들의 변증법적 대립은 양극단의 경험을 새로운 전체로 분화시키고 통합하는 데 특히 효과적이다.

대인관계

내담자 참여의 최종 단계는 관계 자체의 맥락에서 발생한다. 내담자의 자기 탐색 과정에서 치료자의 공감적 조율, 일관되고 무조건적인 존중, 진정한 존재감은 중요한 요소이다. 탐색과 성장 중심의 강조와 더불어, 앞서 언급한 치료자의 태도는 내담자가 자기의 삶을 이끌어 갈 때 필요한 자원들이 이미 그들의 내적 경험 안에 다 가지고 있음을 믿는다는 것을 끊임없이 전달한다. 이를 통해 내담자는 자기 경험을 신뢰하고 자신의 정서를 받아들이는 법을 배운다. 또한, 그들은 타인들과 관계에서 온전히 자기 모습대로 존재할 수 있고 이것이 매우 가치 있는 일임을 배운다. 이를 통해 그들은 가치 있는 사람으로서 자신의 존재감을 확고히 할 수 있다.

특정 순간에 치료자와 함께한 특정 경험이 변화를 이끄는 데 중요한 역할을 한다. 내담자가 치료자와의 관계적 경험을 통해 작업하고 새로운 것을 배우는 것은 내담자–치료자 간의 지금 여기에서의 대인관계 상호작용을 통해서이다(Lietaer, 1984). 치료자와의 색다른 관계 경험은 대인관계에서의 어려움과 위험에 대한 내담자의 오래된 그리고 제한적인 학습과 믿음을 확인하고 이전과는 다르게 관계를 경험함으로써 내담자에게 새로운 관계 학습을 제공한다. 또한 그들은 위험을 감수하는 것 자체가 보람되고 치유적임을 배운다.

일반적 처리 과정 유형에서의 개인차

각각의 내담자들은 각기 다른 특정한 스타일과 능력, 그리고 선호도를 지닌 채 치료에 온다. 자신의 마음에 주의를 기울이고 내적 경험을 탐색할 수 없는 내담자에게는 공감적 조율을 통해 자기의 정서를 적극적으로 표현하도록 하는 것이 더 도움이 될 수 있다. 능동적 표현에 어려움을 겪고 있으며, 이러한 치료 개입에 불편함을 느끼는 내담자에게는 반영적인 경험적 탐색이 더 성공적일 수 있다. 따라서 과정 진단적 접근의 맥락에서는 치료자가 각기 다른 내담자에게 각기 다른 처리 방식으로 개입하는 것이 더 적합하고 효과적이라고 본다. 결과적으로 치료자는 내담자의 스타일과 자원에 가장 적합한 처리 방식을 촉진하는 개입을 해 나갈 수 있어야 한다.

치료의 초기 단계에서 내담자는 다양한 치료 과정 과제들에 참여하게 된다. 이 과정에서 치료자는 어떤 처리 방식이 가장 생산적인 탐색의 결과를 산출하는지에 대한 감각을 얻는다. 어떤 내담자들은 처음에 개념적 처리 수준에서 작업할 때 가장 잘 기능하고 이후 그들의 개념적인 내적 경험을 상징화하기 시작하는 반면에, 다른 이들은 내적 경험을 상징화하거나 적극적으로 표현하는 것이 처음부터 가능할 수도 있다. 또 다른 내담자들에게는 치료자와의 관계에서의 안전과 이해가 그들의 학습을 촉진하는 데 가장 도움이 되기도 한다. 치료에 대한 과정-경험적 접근법은 각기 다른 내담자들에게 각기 다른 방식으로 접근할 때 발생할 수 있는 효과에 대해 의식함으로써 하나의 단일 유형 방식으로 구성된 '프로크루스의 침대'에 모두를 맞추기보다 다양한 내담자에게 더 효과적으로 반응하도록 돕는다.

체험된 효과

내담자와 치료자 사이의 공감적이고 협력적인 관계가 형성되면, 대부분의 치료 개입은 앞에서 설명한 내담자 참여 방식 안에서 이루어진다. 이러한 과정을 통해 수행되는 개입은 다양한 긍정적인 영향, 혹은 효과를 가져온다. 내담자는 치료 진행 내용들을 회상하면서 과정-경험적 치료의 3가지 주요 효과에 대해 언급하였다. 그것은 의식의 변화, 문제 해결책의 생성, 그리고 지지와 이해를 느끼는 것이다(Elliot, James, Reimschuessel, Cislo, & Sack, 1985). 이렇게 체험된 효과는 때때로 치료 과정에서 명확하게 나타나기도 하지만, 내담자가 치료 내용을 반추하거나 상담이 끝난 이후 치료에서 탐색한 문제와 관련된 상황에 직면하고 나서야 이를 자각하기도 한다.

의식의 변화

내담자는 종종 자신과 타인을 보는 방식에 변화가 있음을 보고한다. Elliott과 그의 동료들(1985)은 치료에서의 결정적 순간에 대한 내담자 보고를 통해 3가지 유형의 인식 변화를 확인하였다. 첫째, 그들은 내담자가 자기 또는 타인의 느낌이나 특정 측면을 더 직접적으로 또는 더 명확하게 인식할 수 있음을 발견하였다. 어떤 것은 이제 자기의 일부로 '소유'되거나(예: 분노의 정서) 또는 타인에게서 더 분명하게 발견될 수도 있다(예: 아버지가 실제로는 매우 겁에 질려 있었다). 내담자는 이전에 어느 정도 알고는 있었지만, 지금은 '더 잘 알게 된' 경험이나 느낌에 접촉하면서 이러한 효과를 경험하였다.

내담자는 또한 자기 또는 타인에 대한 새로운 이해를 보고하였다. 그들은 자기의 반응과 상황 사이의 연관성을 이해하면서 자기 경험이나 반응에 대한 이유나 원인을 이해하게 되었다(예: "나는 화가 났기 때문에 이런 행동을 했습니다", 또는 "나는 내 상처를 비통함과 분노 뒤에 감추었음을 깨달았어요"). 내담자의 관점에서 이러한 효과는 마치 퍼즐 조각이 갑자기 '딸깍' 하면서 제자리에 맞춰 들어간 것처럼 통찰력 또는 자기 자신을 들여다보는 것으로 종종 경험하였다.

내담자는 또한 자기나 타인에 대해 보다 긍정적인 평가를 하거나 수용하게 되었다고 보고하였다. 따라서 내담자는 발생한 일에 대해 더 자기 수용적이고, 죄책감이나 책임감을 덜 느끼거나, 상처나 박탈감에 대해 타인을 용서할 수 있게 되었다. 때때로 그 경험은 "나는 결국 그렇게 나쁘지 않아"라고 보거나 자신에게 연민을 느끼는 것으로 드러났다. 이 외에도 내담자는 자기나 타인을 긍정적인 속성을 가지고 있고, 좋은 의도를 지니며, '최선을 다하는' 또는 이전에 의식하지 못했던 권리나 능력을 지닌 존재로 보게 되었다.

문제 해결

인식의 변화에 더불어 그 결과로 내담자는 치료실 밖에서도 문제 해결 및 이를 위해 취할 수 있는 행동과 연관된 변화를 경험하기도 하였다. 우선, 그들은 자신들의 문제, 목표 또는 과제가 무엇인지, 즉 그들이 '작업'해야 하는 것이 무엇인지 명확하게 안다. 또한 그들은 결정을 내릴 수도 있고, 문제에 대해 무엇을 해야 하는지 알아내거나 치료실 밖에서 어떤 행동을 취할지 결심할 수도 있다. 따라서 문제 해결 효과에는 동기부여 또는 활력을 주는 요소, 어떤 목표나 행동을 향한 자기 조직화, 또는 목표를 추구하거나 어떤 행동을 취하겠다는 결심이 포함된다. 이것은 내담자가 치료에서 경험한 것들을 자기의 남은 인생에 자발적으로 적용하는 과정이라는 측면에서 매우 중요하다.

문제 해결 효과는 내담자가 '다시 세상으로' 나갈 준비를 하는 종결 회기에서 발생할 수 있지만, 내담자가 치료 과정에서 제기한 문제에 대해 더 깊이 생각하기에 치료가 끝난 이후에도 종종 발생하기도 한다. 또한 문제의 심각성에 대한 의식이 높아지면서 해당 문제를 해결하기 위한 해결책들이 더 많이 나올 때, 계획을 변경함으로써 문제 해결 효과가 나타날 수 있다. 내담자가 치료에서 문제 해결 효과를 경험하게 되면, 그는 과거와 현재에서 미래로 나아가게 된다(Bohart et al., 1991 참조). 내담자는 가능한 다른 행동 대안들을 잠정적으로 제안하고 평가할 수도 있고, 또는 다른 방식으로 행동하는 것이 어떨지 상상할 수도 있다(Mahrer, 1989 참조). 때로는 치료 중 변화를 '이행'하거나 내담자의 남은 삶으로 전환하는 데 관심을 기울이거나 흥분할 수 있다. 과정-경험적 접근법에서 치료자는 이러한 효과들이 내담자에게서 드러날 때 이를 경청하고 촉진하지만, 이를 '유도'하려고 하지는 않는다.

대인관계 효과

방금 설명한 효과 외에도 내담자는 대인관계 효과도 경험한다. 그들은 치료자가 매우 지지적이고 자신을 잘 이해한다고 경험하거나, 치료자와 더 가까워지거나 치료에 더 많은 시간을 할애한다고 느낄 수 있다. 이러한 대인관계 효과는 다른 효과들과 결합하여 발생할 수 있지만 대인관계의 만남 방식에서 가장 직접적으로 드러난다. 하지만 종종, 내담자는 치료에서 대인관계 효과가 나타났음을 명확하게 보여 주는 신호들을 보이지 않을 수 있다. 그러나 어떤 경우에는 내담자가 이해받고 지지받고 있다는 느낌에 대해 언급할 수도 있고, 이해받은 후 크게 한숨을 쉬는 등의 비언어적인 안도의 신호를 보낼 수도 있다.

결론

그러므로 과정-경험적 치료는 치료가 내담자의 탐색과 의미 구성으로 가장 잘 이루어진다고 보는 주요 가정에 따라 진행된다. 추가 가정은 치료자가 두 가지 수단, 즉 진심으로 존중하고 공감적으로 조율함으로써 내담자를 가장 잘 촉진할 수 있다는 것이며, 다른 한편으로는 특정 순간에 내담자의 특정 처리 과정을 촉진함으로써 가능하다는 것이다. 후자는 과제 해결을 향한 생산적인 매 순간의 움직임을 촉진하기 위해 내담자가 현재 참여하고 있는 내적 심리 처리 유형과 연결하고, 의식하고, 이해하려는 시도를 포함한다.

Part II

이론:
변화에서의 정서와 인지

제3장 인간의 기능에 대한 관점

경험적 관점

경험 중심 치료는 자기 성찰적 인식을 위한 인간의 고유한 능력에 대한 믿음과 각 사람의 내적 경험과 의미 구성의 독특함에 초점을 맞춘 인간 기능 이론을 내포한다. 따라서 각 사람이 자신의 내적 경험을 '알아차리며 접근'하고, 이전에 암시적 의미나 차단된 정서를 표현하고 상징할 수 있도록 하는 다양한 방법을 지지한다.

이 관점에서는 인간을 자기의 성장과 잠재력의 완전한 개발을 지향하는 존재로 본다. 역기능의 주요 요소는 유기체적 경험에 대한 인식의 어려움과 성장 능력 차단이다. 그러므로 경험에 대한 알아차림을 높이고 성장 경향성에 대한 주의를 촉진하는 것이 경험 치료의 핵심이다. 이는 내담자의 알아차림을 방해하는 것들을 분별하고 이를 극복하도록 도우며, 성장과 확장을 향한 내적 추진력에 대한 내담자의 의식을 높이고 육성함으로써 이루어진다.

Rogers와 Perls는 경험 중심 치료 접근의 주요 창시자이다. Rogers는 치료적 탐색과 변화에 가장 도움이 되는 관계적 환경을 강조하였다. Perls는 경직성을 유지하고 성장을 방해하는 정서, 생각 및 행동을 더욱 생생하게 만들기 위해 고안된 다양한 절차를 제공하였다.

다음에서 우리는 인간의 기능과 변화에 관한 Rogers와 Perls의 입장을 간략하게 검토하고자 한다. 그런 다음 인지과학과 현대 정서 이론의 기여를 소개할 것이다. 다음 장에서 우리는 현대적 관점에서 도식적 정서 처리 기능에 대한 견해의 발전과 정교화를 제시하고자 한다.

고전적 이론

내담자-중심 치료

Rogers의 건강한 또는 '이상적인' 기능에 대한 견해는 사람들이 배고픔과 갈증 등의 결핍 요구를 충족시키기 위해 노력할 뿐만 아니라 성장과 자율성을 향한 자신만의 독특한 개인적 역량을 개발하고 확장하도록 동기화하는 것과 같은, 타고난 자기실현 경험성에 대한 그의 믿음에 기반을 두고 있다. Rogers는 이러한 실현 경향성이 인간의 유일한 기본 동기라고 보았다. 또 다른 주요 가정은 최적의 인간 기능은 현재 일어나고 있는 사건을 감각과 느낌으로 체험할 때만 나타난다는 것이다.

Roger의 '자각'과 '느낌'에 대한 정의(1959)는 역기능과 최적의 기능 및 치료 변화에 대한 그의 견해에서 특히 중요하다. Rogers는 자각의 정확한 상징화 과정을 일종의 가설 테스트처럼 생각하였다. "자각은 자극이 유기체에 영향을 미칠 때 의식에 나타나는 행동에 대한 가설 또는 예후이다"(1959, p. 199). 따라서 그는 자각을 본질적으로 거래적이며 경험으로부터 얻어진 내적 구조와 미래에 대한 가설 모두를 포함한다고 보았다. 내담자가 정서에 접근하고 탐색할 수 있도록 촉진하는 것은 내담자-중심 치료의 중심 초점이다. "느낌은 개인적인 의미와 함께 정서가 가미된 경험을 말한다. 그것은 경험적 맥락에서 정서를 포함한다. 따라서 이는 그 순간에 불가분하게 경험되는 정서와 인지의 통일성을 의미한다"(Rogers, 1959, p. 198).

역기능에 관한 Rogers의 이론은 정서와 기타 경험의 정확한 상징화에 대한 간섭의 특성에 중점을 둔다. 그는 건강한 실현을 향한 선천적 욕구와 부모와의 관계 및 다른 초기 경험에서 파생된 학습된 자기개념을 유지하고 실현하려는 후천적 욕구 사이에서 불가피한 분열이 발생한다고 가정하였다. Rogers는 중요한 타인들로부터, 그리고 나중에는 자신으로부터 긍정적인 존중을 받고자 하는 욕구가 자기개념 형성과 유지에 핵심이라고 제안하였다. 자기의 유기체적 경험과 자기개념 사이의 잠재적인 불일치가 있을 때 불안이 유발된다. 그 사람은 어느 정도 위협을 경험하며, 그 경험은 자기개념과 일치하도록 부정되거나 왜곡될 수 있다. 그 사람이 자각을 부정하거나 그러한 잠재적으로 중요한 경험을 왜곡할 때, 그것은 자기 구조에 통합되지 않는다. 이는 새로운 의식의 통합을 위한 자기 구조의 확장이 아니라, 자기개념과 유기체적 경험 사이의 불일치를 증가시킬 뿐이다.

치료의 목표는 실제 경험과 더 일치하는 자기 구조를 구축하도록 돕는 정서 경험을 통해 더 풍부하고 정확한 자각을 촉진하는 것이다. 최적의 심리적 적응은 잠재적으로 인간의 자각에 활용될 수 있는 모든 경험이 자기개념과 동질화되도록 작동하는 것이다. 이는 그 사람이 실현화하려는 것과 자기개념을 실현화하는 것 사이의 분열을 감소시킨다. 그리하여 시시각각으로 그리고 장기적으로 자기실현 경향성에 따라 자기의 삶을 발달시킨다.

비록 그 사람의 학습된 자기개념과 유기체적 경험 사이의 불일치가 Rogers의 명시적인 이론의 중심이지만, 내담자-중심 치료의 실제는 이러한 불일치에 초점을 맞추지는 않는다. 오히려 치료자가 무조건적이고 긍정적인 존중의 분위기 속에서 공감적 조율의 방식으로 반응한다면, 내담자는 자기개념과 불일치하는 위협을 점점 더 감내할 수 있을 것이라 가정하였다. 이는 내담자가 자신의 자각과 느낌에 대해 점점 더 깊이 그리고 정확하게 다가갈 수 있는 동기를 증가시킨다. 따라서 이러한 내담자-중심 치료의 실제를 포착하기 위해 과정 이론이 개발되었다.

Rogers(1961)는 실제 치료에서 내담자가 겪는 변화 과정을 기술하였다. 전체적인 과정은 내담자가 경험으로부터 멀리 떨어져 있는 위치에서 경험 수용의 위치로 이동하는 과정으로 7단계로 나누어 제시하였다. '건설적인 성격 변화'를 이루기 위한 7단계는 다음과 같다.

1단계에서 개인은 자기 자신에 대해 의사소통하기를 꺼린다. 정서와 그 주관적 의미는 의식되지도 않고 소유되지도 않는다. 가깝고 대화하기 좋아하는 관계는 위협적이거나 고통스러운 것으로 인식된다. 2단계에서는 표현이 좀 더 자유롭게 이루어지기 시작하지만, 문제는 자기 밖의 외부적인 것으로 자각되고 여전히 정서를 소유하지 못한다. 개인은 주관적인 경험과 접촉하지 않으며, 자신도 의식하지 못한 채 자신을 부인하고 있을 수 있다. 갈등과 문제는 이 단계에서 자각될 수 있지만, 그것은 자기의 외부적인 것이다. 이 단계에서는 문제에 대한 개인적 책임감은 없다. 3단계에서는 상황, 정서, 주관적 의미 등이 좀 더 자유롭게 표현되지만 주로 과거 시제로 이야기되며 좋지 않거나 받아들일 수 없는 것으로 보는 경우가 많다. 개인의 생각이나 개념들은 여전히 융통성이 없으나 개인은 그 타당성에 의문을 제기할 수 있다. 경험의 모순과 문제가 외부보다 자신의 내부에 더 많이 있을 수 있다는 자각이 일어나지만, 내려진 선택은 종종 자각과는 상관이 없는 것으로 보인다.

4단계에서 전환이 이루어진다. 개인은 현재의 정서와 의미를 자신이 소유한 것으로 묘사한다. 하지만 더 강렬한 정서는 현재에서 경험되지 않고 단지 기술될 뿐이다. 비록 그 과정이 시작되고 있기는 하지만 현재 느끼는 정서에 대한 완전하고 개방적인 수용은 여전히 없다. 경험의 모순은 이 단계에서 더 명확하게 드러나고 개인은 일반적으로 그것에 관한 우려를 표명한다. 개인의 생각과 신념들이 학습된 결과로 드러나며 그 타당성에 의문이 제기된다. 개인은 확실히 문제를 소유하기 시작했고, 경험과 자기 사이의 불일치를 자각하고, 타인들에게 기꺼이 정서를 표현할 수 있다.

5단계에서는 현재의 많은 정서를 자유롭게 표현한다. 개인은 정서들을 소유하고 수용한다. 이전에 부정된 정서는 여전히 두렵지만 경험된다. 개인은 정서가 발생했을 때 정서에 주의를 기울이는 것이 자기의 안녕감에 중요함을 인식하기 시작하고 내부 참조 체계에 주의를 기울인다. 모순은 성격의 여러 부분에 존재하는 태도로 인식된다. 정서에 대한 주인의식과 자신에게 충실해지려는 욕구가 점점 더 커지고 있다. 문제에 대한 책임을 점점 더 많이 받아들이고 문제에 대한 자기 기여에 높은 관심을 둔다.

6단계에서 정서는 이제 즉시성과 수용성을 경험하고 완결로 이어진다. 이러한 두려움, 고통스러운 정서의 표현은 보통 눈물, 한숨, 근육 이완을 포함한 생리적 변화를 동반한다. 경험은 실제적인 과정의 특성을 요구한다. 이제 개인은 경험을 완전히 받아들이고 이를 경험에 대한 의미와 더 나은 선택을 위한 명확한 기준으로 사용할 수 있다. 자신의 내부와의 의사소통도 자유롭고, 차단되지 않는다.

마지막 단계인 7단계에서 개인은 즉각적이고 풍요로운 새로운 정서를 경험한다. 개인은 자기에 대한 신뢰를 갖게 되고 이 경험은 행동의 명확한 지침이 된다. 개인적인 생각이나 신념은 느슨하게 유지되고 유연하며 새로운 경험에서 얻은 정보에 열려 있다. 개인은 불일치하는 경우가 거의 없으며 내부 의사소통이 명확하다.

이 과정 관점은 경험이 차단되거나 방해된 내부 참조 체계를 상징화하는 끊임없는 과정이라는 Gendlin(1962)의 관점과 결합하여 기능 및 역기능에 대한 내담자-중심 관점을 자기개념/유기체 불일치보다 훨씬 더 정확하게 표현하게 되었다.

여전히 중요한 변화 요인은 내담자의 내적 준거 틀에 대한 공감적 이해, 무조건적인 긍정적 존중, 진정성 등의 관계 조건이다. 내담자-중심의 탐색과 발견의 핵심은 내담자의 정서 탐색이며, 이를 통해 정서를 더욱 완전하고 더 깊이 소유하고 자기와의 통합으로 연결할 수 있다. Rogers는 치료자가 내담자를 특정한 방향으로 이끌려는 시도가 아니라 내담자의 표현에 반응하여 내담자의 탐색을 심화시키는 과정을 강조하였다. 이는 각 사람의 정서와 의미의 고유성에 특별한 주의를 기울임으로써 이루어진다.

게슈탈트 이론

Perls의 주요 동기적 구조 역시 자기실현 경향성이었다. 그의 견해에는 스스로 욕구를 충족시키고 성장을 향해 나아가며 그에 따라 자신의 정체성을 확립하는 유기체적 관점의 자기 조절이 포함된다. Perls는 잘 기능하는 사람은 유기체의 자기 조절에 참여하여 주어진 순간에 자신의 가장 긴급한 요구 사항을 (행동을 통해) 실현한다고 가정하였다. 목표는 자기 안에서, 자기와 환경 사이에서의 균형을 유지하는 것이었다. 이상적으로 잘 기능하는 사람은 욕구에 대한 의식과 욕구와 관련된 대상이 명확하게 형상화되는 분명한 게슈탈트를 경험한다고 가정한다. 이러한 관점에서, 내부 및 외부 정보에 대한 인식은 건강한 기능 수행과 욕구 만족에 매우 중요하다. 이러한 자각이나 게슈탈트 형성 과정을 접촉 주기라고 한다. 이 주기에서 자각은 흥분의 동원으로 이어진다. 이는 다시 환경과의 접촉, 욕구 충족 및 주기 완성을 지향하는 행동으로 이어진다. 따라서 사람들은 필요 충족을 위한 환경과 접촉하기 위해 끊임없이 자기를 조직해 간다. 필요가 충족되면 이 특정 전경/배경 게슈탈트가 해소되고 개인은 평형 상태로 돌아간다.

Perl의 관점에서 정서에 대한 인식은 사람들이 환경에 적응하도록 돕고 필요에 적합한 대상 정보를 제공하는 데 특히 중요하였다. 이는 다음 문장에서 다음과 같이 제시되어 있다.

"생물학적 유기체로서 환경에서 직면하고 있는 것이 무엇인지, 또는 현재 어떤

> 특별한 기회가 제시되었는지를 의식할 수 있는 것은 오직 자신의 정서를 의식하는 것을 통해서만 가능하다. 누군가 또는 무언가에 대한 갈망을 인정하고 받아들일 때에만…… 적절한 행동을 취한 방향을 취할 수 있다”(Perls et al., 1951, pp. 98-99).

따라서 정서에 대한 자각은 건강한 기능의 핵심이다.

반면, 역기능은 자각 부족과 자기 소외와 관련이 있다. 자각과 욕구 충족이 만성적으로 중단되거나 차단되는 방식으로 자기를 조직하는 것은 병리적인 결과를 가져온다. 역기능적 자기 조절은 욕구-만족의 주기를 따라 다양한 지점에서 다양한 방식으로 발생한다. 일반적이고 만연한 종류인 간섭은 자기의 정서와 필요에 대한 인식 제한을 포함한다. 내적 인식의 제한은 자기의 정서와 필요에 대한 정확한 상징화를 감소시킨다. 환경과의 접촉 경계에서 외부 인식의 제한은 욕구를 충족시키기 위해 대상을 분별하는 능력을 감소시킨다. 역기능에서 개인의 주의 집중은 주로 자기 자신 및 현재 상황과 접촉하기보다는 개념화된 추상화 어느 중간 영역 즈음에 있다. 이는 건강하고 유기체적인 자기 조절의 가능성을 제한한다. 건강한 조절은 초점주의가 무의식적으로 발생하는 유기체적 의식과 통합될 때 발생한다.

다양한 특정 종류의 경험적 처리가 건강한 기능을 방해하고 욕구 충족 또는 접촉 주기를 완성하는 데 장애가 된다. 여기에는 다음이 포함된다.

1. 유기체적 관심사나 필요와는 거리가 먼, 주입된 학습 규칙이나 ‘해야 할 것’의 관점에서의 작동
2. 자기의 생각과 정서를 타인에게 귀인시키는 역기능적 지각 과정
3. 무엇이 이루어지고 있는지 또는 어떻게 이루어지고 있는지 의식하지 못한 채 경험을 방해하거나 표현을 중단시키는 자동적인 자기 통제 행동
4. 과거의 해결되지 않은 정서적 반응의 현재로의 침입

자유로운 기능화에 특히 중요한 장애물은 습관적으로 경험을 부인하고 성격의 ‘분열’을 형성하는 행동 경향을 부인하는 것이다. 양극화와 분화 및 통합은 인간 기능의 자연스러운 측면이다. 따라서 강함과 약함, 친절과 잔인함, 이타심과 이기심은 적응적으로 행동할 수 있는 균형 잡힌 능력 안에서 통합된다. 그러나 양극성이 다른 부분

을 지배하거나 비판하는 적대적인 이분법이 되거나, 우리가 말하는 '분열', 또는 약점과 같이 한 부분이 고립되거나 단절되면 적응적 또는 창조적 조율이 방해된다. 역기능에 대한 게슈탈트의 관점은 Rogers가 언급한 것보다는 덜 명확하고 복잡하지만, 자기실현과 자기 이미지 실현 사이에 충돌이 발생했을 때 경험을 부인하는 것과 관련이 있다(Perls, 1969). 이것은 유기체적 경험과 자기개념 사이의 불일치에 대한 Rogers의 관점과 매우 유사하다.

게슈탈트 치료에서 치료자의 작업은 자기의 분리된 측면과의 동일시를 촉진하고 반대되는 부분을 조화롭게 결합함으로써 분화와 통합을 이루는 것이다. 게슈탈트 작업의 중심 가정은 현재의 정서적 경험과 욕구를 직접적으로 표현하는 것이 내담자 자신에 대한 의식을 높이고 그들의 경험을 재소유하도록 돕는다는 것이다. 경험에 대한 직접적인 표현은 경험에 대한 설명보다 더 생산적인 것으로 여겨진다. 표현은 경험과의 일치감과 소유감을 증가시킨다. 또한 주먹을 쥐거나 턱을 조이는 것과 같은 자동적인 비언어적 표현은 무의식적 자동 처리의 표현으로 여겨진다. 의도적 표현은 그것들을 통제된 의식적 처리로 바꾸어 그 표현을 소유하게 하는 방식으로 이루어진다(Greenberg & Safran, 1981).

치료 작업은 '능동적 표현'을 사용하는 실험 과정을 통해 촉진되는 경우가 많다. 이러한 실험들은 경험을 탐색하거나 경험이 어떻게 중단되거나 기능적으로 조절되지 않는지에 대한 자각을 높이기 위해 고안되었다. Perls 등(1951)에 따르면, 치료는 '느끼고, 생각하고, 또는 이렇게 하는 것은 나'라는 경험을 할 때까지 '자기를 형성하는 자기와의 동일시'를 촉진하기 위한 '의도적인 자각 실험'을 포함한다. 따라서 게슈탈트 작업은 내담자의 탐색과 재소유뿐만 아니라 특정한 역기능적 간섭 과정에 대한 자각을 높이는 것을 강조하였다.

경험 이론의 일반적 신조

Rogers와 Perls의 저술에서 치료의 실제에 대한 두 가지 주요 공통 주제를 추출할 수 있으며, 이는 치료에 대한 경험적 접근법의 핵심 신조로 볼 수 있다. 첫째, 두 접근법 모두 탐색 지향적이며 내담자를 자기 경험의 전문가로 본다(Rice & Greenberg, 1992). 내담자는 자신의 고유한 내적 경험에 접근할 수 있는 유일한 존재이기에 치료에서 그들이 자기의 경험을 확인하도록 끊임없이 권장된다. 새로움은 내담자가 자기 경험에 온전히 관심을 기울이고 이를 통해 경험의 일부 측면을 자각하고 상징화하여 이를 더욱 발전시켜 가는 과정에서 형성된다. 그러므로 내담자가 자기 경험을 식별하고 상징화하는 과정에서 적극적인 역할을 하도록 하는 것이 내담자에게 자기 경험을 이해하도록 의미를 제공하는 것보다 더 중요하다.

둘째, Rogers와 Perls 모두 성장과 발전에 대한 선천적인 동기를 믿었고, 이는 치료에 대한 경험적 접근(Rice & Greenberg, 1992)의 핵심이다. 개인이 자신을 유지하고 향상할 방법을 찾는 것은 끝없는 과정이며, 치료는 사람들이 자기 성장 가능성에 보다 용이하게 접근하도록 돕는 방법이다. 선택과 자기 결정은 이러한 기능의 핵심적인 측면으로 본다. 인간은 과거 경험에 이미 결정된 상태가 아니며 미래에 대한 비전에 영향을 받는 존재로 본다. 성장과 선택의 잠재력은 사람들이 자신의 정서와 욕구를 자각할 때 최대로 발휘된다.

탐색과 성장의 중요성 외에도 치료 참여자들 간의 진정한 관계의 치료적 역할도 중요하다. 내담자-중심 치료에서, 내담자가 치료자를 공감적이고 진정으로 그들을 존중하는 존재로 경험하는 것은 내면화된 가치 조건화로부터 자기를 자유롭게 하는 데 도움이 된다. 게슈탈트에서는 I-Thou 관계(Buber, 1958)가 핵심이며 치료는 내담자와 치료자 간의 진정한 만남에 중점을 둔다. 따라서 촉진적인 진정한 공감적 관계는 본질적으로 치유적이며 자기가 더 강해지고 더 진실해질 수 있도록 돕는다.

현대 심리학적 관점

앞에 요약된 Rogers의 내담자-중심 이론과 Perls의 게슈탈트 접근법의 인간 기능에 대한 인본주의적 가정의 대부분은 이 책에서 설명하는 접근법의 근간이다. 하지만 지난 10년 동안 심리학(특히 인지과학 및 정서 이론) 내의 발전은 Rogers 또는 Perls의 초기 모델에서 제안된 것보다 기능 및 변화에 대해 보다 차별화된 이론의 발전으로 이어졌다. 그들이 초창기에 제안한 경험적 견해는 본질적으로 역기능은 자기개념과 유기체적 경험 사이의 불일치와 경험의 부인에 의해 야기된다는 것이다. 불일치나 부인은 가치 조건화의 내사에 의해 야기되는 것으로 여겨졌다. 변화는 유기체적 경험이 의식에 통합될 수 있도록 다양한 방식으로 이러한 조건을 되돌림으로써 일어난다고 보았다.

하지만 본질적으로 '병리'가 경험의 부정과 왜곡으로 발생한다고 보는 견해는 이러한 치료법의 실체를 완전히 담고 있지 못하다(Wexler & Rice, 1974; Greenberg & Safran, 1987). 경험적 치료는 기능, 역기능, 변화에 대한 과정 개념을 훨씬 더 발전시켰다. 이러한 관점에서 치료자의 초점은 부정되거나 왜곡된 것을 의식으로 가져오는 것이 아니라 신체적 느낌의 경험으로부터 새로운 의미를 구성하도록 촉진하는 것에 있다(Rogers, 1958, 1961; Gendlin, 1968, 1981, 1984; Perls, 1969; Polster & Polster, 1973). 실제로 Gendlin(1962)은 구조 이론의 문제를 다루기 위해 '경험과 의미의 창조'에 관한 저서에서 처음으로 과정 개념을 제시한 반면, Rogers(1958, 1961)는 변화가 어떻게 발생하는지를 설명하기 위해 과정 개념을 개발하기 시작하였다. 새로운 의미 창출의 인간 기능과 치료 변화의 과정 관점 모두에 직접적인 영향을 미친 인지과학과 정서 이론의 발전 중 일부를 아래에서 간략하게 검토하고자 한다.

인지과학

1970년대 이후, 인간 기능에 대한 인지적 관점, 보다 최근에는 구성주의적 '인지적 · 정서적' 관점으로의 전환이 이루어졌다(Mahoney. 1991). 의미 구성의 단순한 정보 처리 과정을 넘어 정신적 과정에 관한 인지 실험 심리학 분야의 문헌들이 광범위하게 증가하고 있다. 해석에서의 기대 역할과 앎에서 언어와 상징화의 역할을 다루는 부호화와 인출에 대한 연구들도 많이 진행되어 왔다. 이러한 문헌은 개인이 능동적으로 의미를 창조한다는 것을 보여 준다. 현대 인지과학의 4가지 주요 분야를 요약하면 다음과 같다.

1. 주의는 인지심리학의 중심 관심사이다(Pascual-Leone, 1976a, 1976b, 1976c, 1983, 1987; Posner & Snyder, 1975; Shiffrin & Schneider, 1977). 그것은 모든 의식 및 부분 의식 과정에 관여하는 제한된 정신적 자원이다. 주의는 선택적으로 할당되고 동시에 발생할 수 있는 개별 처리 과정의 수를 제한한다. 의식적으로 통

제된 처리 과정은 주의 할당이 필요한 것으로 생각되는 반면, 자동적 처리 과정은 주의가 거의 필요하지 않다. 따라서 주의는 제한된 자원이며, 내부 통제하에 있는 영역에 선택적으로 할당된다. 또한, 주의는 사람들이 무엇을 경험하는지를 결정하고 진정으로 새로운 경험과 성과를 창출하는 데 핵심적이다(Pascual-Leone, 1987; James, 1890/1950). 예를 들어, 어떤 특정 순간에 내담자는 자신이 말하는 이야기의 의미, 속이 텅 빈 것, 치료자의 표정 등 제한된 수의 것들만 의식할 수 있다. 새로운 기능에 주의를 기울이면 새로운 의식과 새로운 의미를 얻을 수 있다.

2. 자동적이거나 유연성이 없는 인지 처리 과정과 사람이 통제하거나 지시할 수 있는 인지 처리 과정 사이에 유용한 구분이 도출되었다(Schneider & Shiffrin, 1977; Shiffrin & Schneider, 1977). 자동적 처리 과정에는 의식적인 노력 없이 활성화되는 일련의 작업이 포함된다. 일단 활성화가 되면 통제된 처리 과정과 독립적으로 작동한다. 따라서 사람들이 특정 방식으로 느끼거나 반응하려고 시도하더라도 일반적으로 자동 반응의 발생을 막을 수는 없다. 통제된 처리 과정은 자동적 처리 과정을 쉽게 수정할 수 없지만, 그 반대는 사실이 아니다. 자동적 처리 과정이 활성화되면 이는 사람의 주의와 의식 경험을 유도할 수 있다. Zajonc(1980)는 자극의 정서적 질에 대한 평가는 의식에서 발생하는 자동 과정이며 통제된 처리 과정에 거의 영향을 받지 않는다고 주장하였다. 따라서 정보의 자동적 또는 무의식적 처리는 의식적 경험, 사고 및 행동에 현저한 영향을 미치는 것이 분명해 보인다(Kihlstrom, 1990). 따라서 사람들은 이러한 경험을 생성하는 유발 요인이나 내부 처리 과정을 의식하지 못한 채 슬프거나 불안하거나 심지어 우울함을 느낄 수도 있다.
3. 인지 분야의 초기 중요한 발전 중 하나는 유기체를 정보의 병렬 및 순차 처리기(parallel as well as serial processor)[1]로 보는 관점이었다. 병렬 처리는 정보가 의식되지 않거나 자동으로 처리되는 방식을 설명하는 데 도움이 되었다(Broadbent, 1977; Kihlstrom, 1990). 순차 처리는 의식적으로 실시간 발생하는 것으로, 정신적 작업은 순차적인 순서로 다음 작업이 시작되기 전 이전 작업이 끝

1) 전산학 용어이다.

나는 순차적인 순서로 발생함을 의미한다. 병렬 처리, 그리고 최근에는 병렬 분산 처리를 통해 유기체가 본질적으로 자동화된 활동에 귀중한 주의 자원을 할당하지 않고도 많은 양의 정보를 동시에 처리할 수 있다고 본다(Rummelhart & McClelland, 1986). 이러한 유형의 사전 주의 병렬 처리는 주의가 순차적 처리를 위한 정보 선택을 구성한다고 본다(Broadbent, 1977). 따라서 삶에서 내담자는 자신의 의식적 경험에 영향을 미치는 많은 정보를 자동으로 처리하고 있다. 예를 들어, 치료 상황에서 내담자들은 치료자의 어떤 특성을 의식하거나 직접적으로 주의를 기울이지 않고도 치료자의 반응 방식과 목소리의 질을 처리하는데, 이는 치료자가 말하는 것에 대한 해석과 경험에 영향을 미친다.

4. 기억은 입력을 저장하고 검색하는 단순한 시스템이라기보다는 매우 역동적이고 재구성적인 처리 과정임이 분명해졌다. 장기기억은 링크로 연결된 일련의 노드 집합으로 구성된 네트워크이거나 병렬 처리로 활성화된 단편적인 사건들의 추적들로 이루어진 병렬 처리 시스템 또는 특정 영역의 국지적 실체로서의 추적이라기보다는 시스템에 입력된 모든 추적 조합의 복합/분산 처리 등 다양하게 정의되었다(Raijmakers & Shiffrin, 1992). 최근 Anderson(1990)은 기억 장치의 현재 문제를 최적의 방식으로 해결하기 위해 기억이 역동적으로 조직될 수 있음을 제안하였다.

기억의 고장은 처리 과정의 여러 지점에서 수동적으로 발생하는 것으로 조사되었다. 따라서 기억 부족은 검색 처리 과정에 대한 과도한 일반화된 부호화 간섭, 검색 시 노력 부족 또는 산만함과 같은 다양한 처리 과정에 의해 발생할 수 있다. 또한 기억의 다양한 범주들이 설명되었다. 일화 기억은 의미 기억과 구별되는 반면, 자서전적 기억은 일반 기억과 구별된다. 자기와 관련된 자료에 대해 더 나은 회상을 하며, 이러한 노력은 정서가 가미된 자료에 대해 더욱 강력하다(Bock & Klinger, 1986; Kuiper & Rogers, 1979). 최근 자서전적 기억의 특이성은 문제 해결 및 해결 효율성과 관련이 있다는 점이다(Williams, 1992). 따라서 "나는 어제 퇴근 후 상사의 비서 옆에 줄을 서서 영화를 기다리고 있었다"와 같은 실제 자서전적 사건의 구체적이고 상세한 기억은 "퇴근 후 직장 동료를 만났다"와 같은 일반적인 추상적 기억보다 더 많은 처리를 요구한다. 더 많은 기능을 의식할수록 경험에 대한 차별화된 관점이 더 많이 개발된다. 이는 결국 상황을 보고 대응하기 위한 더 많은 대안을 만들어 낸다.

명시적이고 의식적으로 검색할 수 있는 기억도 기억의 한 형태일 뿐이다. 암묵적 기억, 즉 의식적으로 기억할 수 없는 사건에 대한 기억은 현재 처리에 영향을 미친다. 재학습 및 점화 효과는 작업 수행이 경험의 의식적 회상에 접근할 수 없더라도 이전 경험 기억에 영향을 받을 수 있음을 분명하게 보여 준다. 암묵적 기억은 기억과 관련된 사건이 발생한 당시에는 개인이 명확하게 이를 감지할 수 있었으며, 그 사건에 주의를 기울이고 최소한 일시적으로 의식에 표현되었지만, 의식적이고 명시적인 기억에서 사라진 기억이다. 또한 사건에 대한 의식적 회상은 사건의 맥락 및 사건 자체의 표현과 함께 가장 잘 인출됨이 입증되었다(Kihlstrom, 1990). 따라서 발생한 일에 대한 완전한 인출을 구성하려면 자기표현과 상황 표현이 모두 사건과 연결되어야 한다.

치료에 대한 의미는 분명하다. 경험에 대한 기억은 의식에 벗어나 있으며 치료 목적을 위한 기억의 인출은 치료자가 사건의 특정 특징에 기억의 초점을 맞추고 사건의 경험자로서 자기에게 초점을 맞출 때 촉진될 수 있다. 또한 올바른 탐색 문제를 치료의 검색 맥락으로 제시함으로써 새로운 정보에 더 쉽게 접근할 수 있다.

앞의 발전을 통해 인지과학은 우리에게 인간 기능에 대한 관점을 제공하였다. 즉, 많은 양의 정보를 처리하는 능력은 자각 없이 동시에 발생하는 다양한 정신 과정을 자동적으로 처리하는 것이 필요하다는 점이다. 또한 병렬 분산 처리라는 개념이 등장하면서 정신 기능을 바라보는 관점이 특정 유형의 정보 및 변환과 관련된 각각의 모듈[2)]로 보는 관점에서 병렬로 작동하는 별개의 모듈(Fodor, 1983; Johnson-Laird, 1988)의 작동으로 보는 관점이 많아지고 있다. 이러한 모듈식 배열은 진화론적 산물의 이점으로서 속도, 신뢰성 및 전문성을 제공한다. 그러면 의식은 반드시 의식할 필요가 없는 하위 수준 모듈형 처리 과정의 작동을 모니터링하고 규제하는 상위 수준 처리 과정으로 여겨진다. 이러한 낮은 수준의 정보 처리는 개인의 경험과 행동에 영향을 미치며 정도는 다르지만 주의 할당을 통해 자각될 수 있다.

인간 정보 처리에 있어서 주의 할당, 자동 처리, 병렬 모듈식 기능, 재구성적 기억

2) 역자 주: 컴퓨터 시스템에서 부품으로 떼 내어 교환이 쉽도록 설계되어 있을 때의 각 부분으로, 이미 알고 있는 특성을 갖는 기능 단위로서 부품 집합이다.

에 대한 현대적인 관점 외에도 복잡한 작업에 대한 인간의 성과를 이해하려는 시도에서 도식적 처리 관점이 등장하였다. 우리는 치료의 변화를 이해하기 위해 인간 경험에서 도식적 처리의 역할을 강력하게 끌어낼 것이다. 이 관점에서 개인은 처리를 안내하는 스키마(도식)로 정보를 조직하는 것으로 본다(Bartlett, 1932; Piaget, 1970, 1985; Neisser, 1976). 일단 활성화되면, 스키마는 자동으로 주의를 집중시키고, 정보를 보존하기 위한 구조적 틀을 제공하며, 구체적인 사건을 처리하기 위해 일반 정보와 특정 정보를 결합하고, 기억에서 자료를 검색하고 편집하는 데 적극적인 역할을 한다(Brewer & Nakamura, 1984).

스키마라는 용어는 다양한 연구자와 이론가에 의해 다양한 의미로 다양한 맥락에서 사용되었다. 이에 따라 상당한 혼란이 유발되고 특정성이 결여되었다. 하지만 몇 가지 일반적이고 특정한 기준이 등장하고 있다(Williams, Watts, McLeod, & Matthews, 1988). 스키마는 다음과 같다. ① 들어오는 정보가 상호작용하는 저장된 지식 본체이다, ② 들어오는 정보를 특정 방식으로 구성하는 일관된 내부 구조를 가지고 있다, ③ 구조를 부과하기 위해 적절한 도식 원형을 사용하여 특정 사건이 처리되도록 일반적인 원형 정보를 구현한다, ④ 마지막으로 어떤 부분의 활성화가 전체의 활성화를 가져오는 경향이 있도록 본질적으로 모듈화되어 있다는 것이다.

스키마 개념의 기본적인 기여는 인간이 내적으로 대상이나 사건을 이미지의 구성으로 표현함을 인식한다는 점이다. 스키마는 순전히 명제적 표현을 포함하지만 그 이상으로 지각 및 개념적 범주의 규칙성을 부호화한다. 스키마는 특정 사건에서 발생한 일을 구체적으로 부호화하는 것이 아니라 일반적으로 사실인 것을 부호화하기 위해 규칙성을 추출한다는 점에서 추상적이다. 그들은 경험의 공통점을 부호화한다. 스키마는 또한 계층적으로 조직된 것으로, 상위 수준의 스키마는 일반화 구조를 지배하고 보다 구체적인 스키마는 보다 상황별 방식으로 적용된다(Anderson, 1990). 따라서 사람은 데이트나 구직에 대한 높은 수준의 스키마를 가질 수 있으며, 이러한 다양한 상황에서 전화를 걸기 위해서는 더욱더 구체적인 스키마를 가질 수 있다. 이런 종류의 도식은 순전히 사건을 표상하기보다는 목표나 의도, 그리고 이를 달성하기 위한 일련의 절차적 성격을 더 많이 갖고 있다. 또한 스키마는 본질적으로 원형으로 기능하여 특정 스키마에 맞는 사건의 변형을 허용하지만 무엇이 적합한지에 대한 강제(압박)도 제공한다. 따라서 사건 또는 일련의 절차에 대한 표현에는 특정 사건의 요소와 일반 원형의 요소가 모두 포함된다.

인지과학에서 도식은 의식 기억과 경험을 안내하기 위해 의식에서 작동하는 복잡한 정보 네트워크 또는 정신적 모델로 간주 된다. 이는 기능이 어떻게 조화를 이루고 사건이 어떻게 순서대로 배열되는지에 대한 지식을 나타낸다. 이러한 지식은 우리가 환경에서 직면할 수 있는 것들을 예측하는 능력에 매우 중요하다. 스키마 이론에 대한 이러한 관점은 다음 장(제4장)에서 더 논의될 것이며, 정서적으로 경험된 구체화된 행동과는 대조적으로 표상만을 제공하는 스키마 관점의 특정 문제를 제시할 것이다. 우리는 체화된 인지/정서/행동 구조에 대해 스키마(scheme: schema와 반대되는 개념)라는 단어를 사용할 것이다(Pascual-Leone, 1983, 1988, 1990a, 1990b, 1991; Pascual-Leone & Johnson, 1991).

정신 기능의 도식적 특성 외에도 인지과학은 치료와 관련된 정신 기능의 다른 여러 특징을 설명하였다. '데이터 중심' 처리와 '개념적 중심' 처리 사이에 유용한 구분이 도출되었으며, 대안적으로 '상향식' 처리와 '하향식' 처리라고도 한다. 데이터 기반 처리 과정은 주로 자극 정보에 의존하며 이미 알고 있는 정보의 도움은 거의 받지 않는다. 따라서 새로운 정보를 수집하는 데 중점을 둔다. 반면에 개념적으로 주도되는 처리 과정은 기억 속의 정보와 상황에 대한 기대에 훨씬 더 많이 의존하므로 처리를 예측적으로 안내하는 처리 과정이다. 따라서 인간은 경험의 실제 감각 데이터에 더 주의를 기울임으로써 새로운 정보의 발견을 증가시키거나, 또는 그들이 발견하기를 기대하는 그들의 기대에 더 이끌려 특정 패턴을 구성하거나, 의식을 위한 선택적인 능력을 증대시킬 수 있다. 예를 들어, 치료에서 과거 또는 현재 경험에 대한 내담자의 기대나 믿음에 주의를 기울이는 대신 내담자가 과거 장면의 특정 세부 사항이나 현재의 감각 경험에 주의를 집중하도록 돕는 것은 유용하다.

지식도 다양한 유형으로 구분되었다. 선언적 지식과 절차적 지식, 즉 우리가 알고 있는 것에 대한 명시적 지식과 사물을 처리하는 방법에 대한 암묵적 지식 사이에는 중요한 차이가 있다(Anderson, 1990). 또한, 패턴이나 규칙에 대한 암묵적 지식은 이해력에 영향을 미치며, 이는 우리가 '말할 수 있는 것보다 더 많은 것을 알고 있음'을 분명히 보여 준다. 따라서 사람들은 명시적인 개념적 지식 외에도 ① 의식에서 수행을 유도하는 암묵적 절차 지식(자전거 타는 방법과 같은)과 ② 의식에서 이해를 유도하는 규칙과 패턴에 대한 암묵적 지식(언어 사용 방법과 같은)을 가지고 있다. 사람들을 치료에 참여하게 만드는 문제 경험과 행동은 종종 이러한 암묵적 지식과 암묵적 처리 수준에 의해 좌우된다.

마지막으로, 우리의 사고 또는 메타인지는 기억 성능을 향상하기 위한 계획과 전략의 원천이 되며, 이는 인간 정보 처리기의 진정한 자기 참조적이고 능동적인 특성을 보인다(Flavell, 1985). 따라서 사람들은 암묵적인 지식에 이끌리는 것 외에도 자신의 의식과 생각을 적극적으로 성찰하여 새로운 의미를 만들어 낸다. 삶과 치료에서 내담자는 자기의 경험을 성찰하며 이는 자기 이해에 중요하다.

요약하면, 정보의 건설적인 처리에는 지각, 주의, 기억, 사고 및 언어가 포함되며, 들어오는 정보와 나가는 반응에 자동으로 작동하고 구성하는, 복잡하게 조직된 내부 모듈 또는 스키마에 의해 촉진된다. 인간은 의식하지 못한 채 자동으로 정보를 명확하게 처리하고, 들어오는 정보에 대한 예상 또는 '하향식' 처리의 시작점이 되는 내부 모듈 구조 또는 체계로 정보를 구성한다. 또한, 사람들은 다양한 아는 방식을 갖고 있으며, 자신이 알지만 말할 수 없는 것에 의해 이끌린다. 자동 처리는 운전이나 춤추는 방법과 같은 운동 행동을 자동으로 안내하는 절차적 모듈을 활용할 수 있다. 그것은 또한 유기체의 세상에 대한 이해와 그에 따른 행동을 안내하는 암묵적인 규칙이나 패턴에 대한 지식을 활용한다. 따라서 내담자는 자신, 타인, 세상에 대한 정보 처리를 안내하는 일련의 복잡한 내부 체계를 가지고 치료를 시작하며, 일단 활성화되면 경험과 반응을 생성한다.

인지과학의 건설적인 정보 처리에 대한 이러한 관점은 복잡한 정보의 자동 또는 무의식적 도식 처리에 의해 '직관적으로' 안내되는 의식 주체로서의 인간에 대한 인본주의적 관점을 뒷받침한다. 또한, 인간은 이러한 내부 자료를 의식하고 상징화하고 이를 성찰, 선택 및 행동의 기초로 사용할 수 있다. 경험 치료의 본질인 이 모든 현대 인지 심리학은 의식과 경험(Gendlin, 1962, 1981; Bohart, in press; Perls, 1969, 1973) 또는 나중에 경험 처리로 논의할 것이다.

정서 이론 및 연구

앞에서 설명한 바와 같이 인지과학은 지식이 어떻게 획득되고, 표현되고, 사용되는지와 관련이 있다. 인지 과정은 인간의 정보 처리와 의미 구성을 이해하는 데 매우 중요하지만, 정서는 인간 행동을 이해하는 데 중요하다. 정서는 인간 행동, 특히 대인 관계 과정에서 발생하며, 인지만으로는 관리할 수 없는 인간 문제에 대한 생물학적 기반 해결을 제공한다(Oatley, 1992). 인간의 기능에 대한 더 나은 이해는 정서가 인지 과학과 통합될 때 가능해진다. 따라서 최근 현대 심리학에서는 정서에 관심을 두기 시작하였다. 정서는 상호작용과 인지 모두를 이해하는 데 핵심적인 것으로 여겨지기 시작하였다. 그 정서는 첫째, 주의력과 정보의 중요성에 영향을 미치고, 둘째, 동기부여와 목표 설정에 영향을 미치며, 셋째, 의사소통을 통해 타인과의 상호작용을 조절한다. 정서는 정서 표현과 정서 경험 측면에서 연구되어 왔으며 다음에서는 이러한 측면에서 검토할 것이다.

정서 표현과 행동 경향

정서는 우리의 기본적인 관심사에 관한 상황 관련성을 자동적으로 평가하는 기능으로 인해 발생하는 행동 경향을 포함하는 것으로 가장 잘 설명된다(Arnold, 1960; Frijda, 1987; Lazarus, 1991a). 개인적인 의미에 대한 입력을 계속 처리하기 위한 신호로 작용하는 몇 가지 주목할 만한 변화를 감지하는 것으로 정서는 시작된다(Scherer, 1984). 지속적인 처리에는 먼저 자기의 관심사와 관련하여 사건을 평가한 후 사건에 대처할 수 있는 능력을 평가하는 것이다.

또한 정서는 적응적인 것으로 간주된다. 정서는 목표의 우선순위를 결정하고 생존을 촉진하는 방식으로 사람들 간의 의도를 전달한다(Greenberg & Safran, 1984a, 1987, 1989; Greenberg & Johnson, 1988; Oatley & Jenkins, 1992; Safran & Greenberg, 1991). 정서 표현과 의사소통은 또한 환경 자극에 대한 영아의 반응을 조직하는 주요 자기 조절인 동시에 양육자에게 자기의 행동을 안내하도록 정서적 신호를 제공함으로써 타인의 행동을 조절하는 주요한 조절자인 것으로 나타났다(Stern, 1985; Tronick, 1989). 따라서 정서 표현은 근본적으로 의사소통적이며 사회적 상호작용을 조절하는 역할을 한다. 정서는 일차 정서(감각 및 생리학의 형태), 동기(욕구 및 관심의 형태), 인지(평가 형태)를 포함한 요소들의 복잡한 합성으로 가장 잘 이해된다. 놀람, 행복, 분노, 슬픔, 두려움, 혐오감과 같은 개별적인 일차 정서는 생물학적으로 타고난 것(Ekman

& Friesen, 1975; Izard, 1977; Tomkins, 1962)으로 생존과 적응에 관련된 행동 경향(Arnold, 1970; Frijda, 1987; Lang, 1984)으로 나타난다.

현재 정신생물학적 증거(Panksepp, 1989)에 따르면, 일차 정서는 피질의 고등 인지 영역의 정보 처리에 영향을 미치는 뇌에 유전적으로 미리 배선된, 내장된 원시 회로로 구성된다. 이에 비해, 인지 영역의 일차 정서 회로에 대한 통제력은 미미하지만, 인지가 일상적인 정서에 어느 정도 영향을 미칠 수 있고 실제로 영향을 미친다. Panksepp(1989)은 신경심리학적 연구를 검토하면서 현재 뇌에 4~5개의 정서 명령 회로가 있음을 보여 주는 신경심리학적 증거가 있다고 주장한다. 이러한 함축적인 정서적 용어로 분류하는 데 따른 의미론적 어려움을 극복하기 위해 그는 여러 용어를 사용하여 이러한 시스템을 구분한다. 그것들은 다음과 같다. ① 먹이 찾기-기대-호기심-탐색 시스템, ② 화-격노 회로, ③ 불안-공포 회로, ④ 분리-스트레스-슬픔-괴로움-공황 네트워크, 그리고 ⑤ 사회적 놀이 시스템이다. 이는 얼굴 표정 증거에 기초한 일차 정서와 일부 측면에서 차이가 있지만, 관심/놀람, 두려움, 분노, 슬픔 및 행복의 신경학적 기반을 확인하기에 충분한, 상당히 많은 부분이 중첩된다. 이와 같은 일차적인 정서는 인지 정보를 처리하는 방식과는 다른 내부 신호 전달의 뚜렷한, 비상징적 신경생리학적 방식을 갖는 것으로 보인다(Le Doux, 1989). 각각의 정서 신호는 개별적이고 직접적이며, 명확하거나 강렬한 경우에는 그 의미를 이해하기 위한 해석이 필요치 않다. 오히려 자동적으로 의미를 부여하고 행동을 조직화한다. 따라서 유기체는 선천적 신호와 각 신호의 중요성에 대한 본능적인 지식을 제공받는다. 신호의 해석은 의미론적이지 않고 직접적인 평가를 포함한다. 이러한 정서 기반 신호는 개념적 처리에 의존하지 않고도 행동에 빠르게 영향을 미칠 수 있기에 특히 적응력이 뛰어나다.

복잡한 유기체는 신체적 감각과 정서를 가지며, 이는 의식적 인지와 무관하게 행동을 안내하는 수단으로 작동한다. 이는 특정한 선천적인 반응으로 작용하거나 복잡한 상징적 처리를 요구하기보다는 환경과 관련된 적절한 행동의 일반적 처리를 위해 유기체를 준비시킨다. 따라서 정동은 복잡한 추론 과정을 필요로 하지 않는 비상징적인(nonsymbolic) 행동 지침 방법이다. 사실, 정동은 빠르고 종종 효과적인 결과를 가진, 진화론적으로 오래된 행동 통제 방법이다. 따라서 정동은 자동으로 작동하고, 우리의 지각 시스템은 자동으로 정보를 등록하지만, 의식에 신호를 보내는 것은 대상에 대한 정서일 뿐이며, 그 결과 사람은 이유를 알지 못한 채 사람/상황(예: 분노)에 대해 무언가를 느끼게 된다. 따라서 일차 정서는 정서적 행동 경향 없이 처리하는 데 너무 오래 걸릴 정보를 개인이 선택하고 빠르게 대응할 수 있도록 도와줌으로써 적응하고 생존하는 데 도움을 준다는 점에서 정보 처리와 연결되어 있다. 복잡한 정서로의 진화는 이러한 일차적 정서에서 비롯된다(Pascal-Leone, 1992).

정서적 경험

적응적 행동을 조직화하는 것 이상으로, 정서는 인지와 통합되어 정서적 경험을 제공한다. 정서적 경험은 다양한 수준의 정보를 통합하는 것으로 보인다(Lazarus, 1984; Leventhal, 1979; Lang, 1983). 따라서 의식적으로 경험한 정서는 다양한 정보의 유형과 출처의 복잡한 종합체이다. 이러한 정서는 적어도 3가지 측정 가능한 시스템으로 구성된다. 이는 생리학적 기반의 표현-운동 시스템, 의미론적 기반의 정서 기억 시스템, 그리고 언어적 기반의 개념 시스템(Lang, 1984; Leventhal, 1984)이다. 따라서 정서적 경험은 신체 변화, 의미 및 행동 경향을 포함하는 다양한 구성 요소 과정이다. 이 복잡한 정보 처리 정서 시스템은 우리에게 복잡한 의미의 풍부한 원천과 정서의 형태로 상황에 대한 우리의 반응에 관하여 피드백을 제공하는 것으로 간주된다(Greenberg & Safran, 1984a, 1987, 1989).

이 관점에서 각 처리 수준은 정서적 경험의 서로 다른 측면에 영향을 준다. 가장 낮은 감각/표현 운동 수준은 비명제적(nonpropositional) 감각 정보와 표현 행동 경향을 제공하며 의지적 통제 없이 작동한다. 따라서 유아는 다가오는 그림자에 두려움으로 반응하거나 침범에 분노로 반응한다. 중간 도식적 기억 수준에는 유발 조건과 함께 이전 정서 경험에 대한 구체적인 표현이 포함되어 있다. 예를 들어, 주 양육자로부터 위로받거나 좌절감을 느꼈을 때의 정서적 반응은 이러한 상황에서 양육자의 표정과 행동의 단서와 함께 내적으로 표상화된다. 이러한 표상은 결국 "내가 누군가/무언가를 요구할 때, 나는 사랑스럽다" 또는 "누군가/무언가를 요구하지 않은 것이 더 안전하다" 등 그 사람이 경험과 연결 짓는 신념이나 기대를 포함한다. 이러한 정서 도식은 많은 정서적 삶의 기초를 형성한다. 이는 자동으로 활성화되며 현재 사건 처리에 영향을 미친다. 처리의 최종 단계는 정서적 사건에 대한 의식적 · 의지적 · 명제적 사고 능력을 기반으로 하는 개념 체계를 통해 발생한다. 규칙과 신념을 통합하고 형성하는 이 수준은 위에서 설명한 대로 도식 기억으로 피드백되어 감각 운동 수준과 개념적 수준 모두 내부적인 도식으로 통합된다. 정서적 경험은 이러한 처리 수준의 복잡한 통합으로 인해 발생한다.

정서가 경험에 영향을 미치는 또 다른 방식은 인지에 대한 영향이다. 정서는 다양한 방식으로 인지에 영향을 미치는 것으로 나타났다. 기분(mood)이 기억에 미치는 영향이 조사되었으며(Blaney, 1986), 기분과 일치하는 기억 효과는 기분이 기억하는 것과 부호화에 영향을 미침을 명확하게 보여 준다. 따라서 행복한 기분은 행복한 회상을 낳고, 슬픈 기분은 슬픈 기억을 낳는 반면(Gillgan & Bower, 1984), 학습 당시의 긍정적인 기분은 긍정적인 내용의 학습을 강화할 수 있다. 정서는 인지에 분명히 영향을 미치며, 연구자들이 최근에야 조사하기 시작한 복잡하고 차별화된 방식으로 영향을 미친다. 하지만 일단 화학적 · 생리적 · 인지적 수단을 통해 정서 상태가 유발되면 그 사람의 후속 인지가 즉시 영향을 받는 것은 분명하다. 첫째, 유기체의 현재 목표는 새로 출현한 정서적 상태에 대한 반응으로 변경된다. 둘째, 그 사람의 사고방식은 현재 진행 중인 정서 상태와 관련된 방식으로 변경된다.

표현에 영향을 주는 적응적인 정서-반응 시스템에 대한 생물학적 기반 관점 외에도, 인지적으로 매개되는 복잡한 정서-경험 시스템에 대한 보다 더 사회적 · 건설적 관점이 등장하였다. 이러한 관점에서 볼 때, 우리의 인지 시스템과 정서 시스템은 너무 밀접하게 연결되어 있어 분리하기 어려운 것은 분명해 보인다. 원망이나 회한과 같은 복잡한 정서는 비록 분노나 슬픔과 같은 일차적 정서를 기반으로 하지만 사회와 관련하여 자신에 대해 더 많이 학습된 인지적 평가도 포함하므로 문화마다 다르게 유발된다. 자부심, 질투와 같은 이러한 복잡한 정서는 체계(schema)에 기반을 두고 있으며 더 많은 인지적 정교함을 가지고 있고 일차적 정서보다 문화에 더 영향을 받는다. 이러한 정서는 언어적으로 상징화되어야 경험될 수 있다는 점에서 부분적으로 언어에 의해 구성된다.

성인의 정서 상태는 주로 복잡한 정서 체계의 활성화에 의해 생성된다. 이러한 상태 또는 자기 조직은 개인의 행동을 조직하고 인지 처리에 영향을 미친다. 정서는 유기체에 의해 자동으로 생성되지만, 사람이 경험하려면 의식을 통해 상징화되어야 한다. 따라서 경험의 여부는 주의를 기울이고 상태가 상징화되는지에 달려 있다. 정서 상태는 의식의 정도에 따라 다를 수 있다. 존재하지만 현재는 의식되지 않는다; 존재하지만, 부분적으로 혹은 주변적으로만 의식된다; 현재 경험되지만, 구두로 상징화되지는 못한다; 경험이 풍부하고 명확하게 상징화가 된다; 그리고 마지막으로 촉발 요인, 의미 및 관련 행동 경향, 필요 또는 욕구 측면에서 완전히 경험되고 상징화되며 이해된다.

다양한 수준의 처리 및 의식에 대한 관점은 정서와 인지를 분리할 수 없으며 정서와 인지가 독립적인지에 초점을 맞추기보다는 인지가 정서의 다양한 측면에 어떻게 관여하는지, 도식이 다양한 출처의 정보를 복합적으로 통합하여 정서를 형성하는 방법에 초점을 맞추는 것이 중요하다(Piaget, 1981). 따라서 우리의 생각은 항상 정서에 젖어 있으며, 정서와 인지는 이론적 목적을 위해서만 분리될 수 있거나 정서가 화학적 또는 전기적으로 자극되는 경우와 같은 생생한 경험의 극단적인 경우에만 분리될 수 있다. 그러므로 개인적인 의미는 본질적으로 정서에 달려 있다.

정서적 발달 연구의 최근 발전(Case, Hayward, Lewis, & Michalson, 1983; Pascual-Leone, 1987, 1991; Stern, 1985)은 인지 발달 수준에 의해 가능해진 더 복잡한 인지가 추가됨으로써 단순하고 일차적인 핵심 정서가 복잡한 정서로 어떻게 단계적으로 변화하는지 우리의 이해를 돕고 있다. 유아의 자기, 타인, 실재감의 발달에 있어 정서의 역할이 연구되었으며, 정서는 이전에 생각했던 것보다 훨씬 더 조직적인 것으로 나타났고(Stern, 1985; Fischer, Shaver, & Carnochan, 1990; Pascual-Leone, 1991; Tronick, 1989; Cicetti & Sroufe, 1978), 단계적 방식으로 발전하고(Izard, 1984), 특정 지점에서 인지와 결합하여 당혹감과 같은 더 복잡한 자의식적 정서를 형성하는 것으로 보인다(Lewis, 1990; Lewis & Michalson, 1983). 복잡한 정서는 자기 자신과 관련이 있고 자기 평가를 포함하는 것으로 보인다.

요약하자면, 정서 관점의 경험적, 개념적 발전은 욕구와 관련된 상황을 자동으로 평가함으로써 생성되는 특정한 개별적 일차적 정서의 존재와 보편성을 뒷받침한다. 또한, 도식적 정서 시스템은 복잡한 상위 수준의 정보를 여러 수준에서 조직하고 종합하여 복잡한 의미를 제공하고 상황에 대한 우리의 반응에 대한 피드백을 제공할 뿐만 아니라 근본적으로 적응적인 신속한 정서 반응 경향을 생성한다. 정서적 과정이 주의 할당과 정보 처리에 영향을 미친다는 것도 분명하다. 또한 정서는 유아의 자기 조절과 의사소통의 주요 수단인 것으로 나타났다.

따라서 정동(affect)은 인간 자기의 핵심 구성 요소이며 자기와 환경 사이의 연결을 설정하고 자기 경험을 조직한다. 어떤 의미에서 정서는 궁극적으로 마음, 신체, 환경, 문화 및 행동이 만나는 장소이다. 이러한 정서의 복잡한 통합에 대한 의식은 다른 과정 중 주의 할당과 자동 평가를 포함한 인지로 가득 찬, 생물학적, 사회적 생존 및 안녕감과 관련된 상황에 대한 우리의 반응에 대한 정보를 제공하기에 치료 변화에서 매우 중요하다(Greenberg & Safran, 1987).

인지와 정서에 대한 위의 견해를 통해 우리는 인지와 정서 사이의 잘못된 이분법을 초월하면서도 정서와 인지 사이의 본성과 기능의 차이에 대한 관점을 유지하는 방식으로 인간 기능을 살펴보고자 한다. 인지는 본질적으로 합리적이지 않으며(Kahneman, Slovic, & Tversky, 1982), 정서도 본질적으로 비합리적이지 않다(Frijda, 1986; Oately, 1992). 대신 두 처리 과정은 인간 기능을 향상시키는 복잡한 방식으로 얽혀 있다. 따라서 인간은 복잡한 대인관계 환경에서 적응 행동을 안내하기 위해 빠른 행동 정서 처리 과정과 느린 인지적 지식 처리 과정을 모두 활용해야 한다. 우리는 사고와 정서를 이분화하는 모델이 아니라, 변증법적 과정을 통해 인지와 정서가 만나 의식과 행동을 통합하여 자기와 상황에 대한 통일된 감각을 갖는 통합적 모델을 제안한다.

변증법적 구성주의적 통합

인지과학과 정서 이론의 이론적 발전은 경험적 치료 이론과 실제를 두 가지 방식으로 통합하고 확장하였다. 우선, 이것은 Rogers와 Perls 및 기타 인본주의자들이 인식하고 언급한 현상을 보다 더 명확하게 설명할 수 있게 한다. 두 번째로, 역기능과 개입 및 변화의 과정을 이해하기 위한 보다 엄격한 변증법적 구성주의 과정 이론(Pascual-Leone, 1976a, 1976b, 1976c, 1984, 1987, 1991)을 제공한다.

기능에 대한 경험적 치료 관점과 인지과학과 정서 이론의 발전을 종합한 보다 복잡한 기능 이론은 내담자의 내적 경험과 의미를 구성하고 개념을 발전시키는 내담자의 능력 이 둘의 실재를 의식하는 이론을 제공한다. 이 통합에는 인간을 다양한 유형의 명제(상징/논리) 및 비명제(감각/지각) 정보의 다중 수준 처리자로 보는 관점이 포함되며, 이들이 무엇에 주의를 기울이는지에 따라 그 순간의 자신과 현실에 대한 의식적 관점을 구성한다. 이 관점에서의 경험은 정보의 통제된, 의식된, 연속적, 개념적 처리와 자각에서 발생하는 자기 관련 정보의 자동적·병렬적 처리 모두에 달려 있다. 적절한 이론은 경험의 두 가지 주요 원천, 즉 의식적·의도적·성찰적인 개념적 과정(사고)과 자동적·직접적·도식적 정서 과정(정서), 그리고 이들 사이의 건설적이고 변증법적 관계를 인식해야 한다. 이 틀에서, 이전에 부인되었던 경험을 의식으로 가져오는 관점은 새로운 의미의 변증법적 구성에 대한 관점으로 대체된다.

인식론

이 책에서는 변증법적 구성주의 인식론(Pascual-Leone, 1984, 1987, 1990a, 1990b, 1991)을 채택한다. 여기서 내담자는 자신과 세계에 대한 새로운 관점의 구성으로 이끄는, 변증법적 구성주의적 탐색 과정에 참여할 것으로 본다. 가장 본질적인 형태의 변증법은 단일 전체를 모순되는 부분으로 나누는 것이다. 접촉하면 양극성 부분이 상호작용하여 변형을 만들어 낸다. 그러면 새로움은 변증법적 종합으로부터 생겨난다. 우리가 가장 관심을 두는 변증법은 의식을 구성하는 변증법, 즉 개념과 경험 사이, 성찰적 설명과 직접적인 존재 사이, 매개된 경험과 즉각적인 경험 사이의 변증법이다(Greenberg & Safran, 1981, 2987; Guidano, 1991; Mahoney, 1991; Rennie, 1990; Toukmanian, 1986; Wexler & Rice, 1974). 변증법적 구성주의자의 관점에서 볼 때, 사람들은 경험의 이 두 가지 원천의 변증법적 종합으로부터 현실을 반사적으로 구성하는 과정에 끊임없이 참여하는 것으로 보인다. 개인의 내적 현실과 및 외부 현실에 대한 경험은 근본적으로 자기의 구성에 대한 통제로, 실제로 존재하는 구성 요소로부터 자기와 세계에 대한 관점을 구성하는 과정으로 여긴다.

치료에서 이 변증법적 구성 과정은 즉각적인 경험과 그 경험이 어떻게 될 것으로 기대되는지에 대한 개념적 관점에서 의미를 구성하는 것을 포함한다. 사물이나 사람이 어떻고, 어때야 하는지에 대한 성찰적 혹은 학습된 개념이나 설명, 그리고 사물이나 사람이 실제로 어떠한지에 대한 즉각적인 경험 사이의 모순은 정서적 고통의 큰 원인을 제공한다. 성찰적이고 개념적인 지식 과정은 설명을 제공하는 반면, 정서 도식은 즉각적인 반응을 제공한다. 궁극적으로 전체적인 삶의 경험을 결정하는 것은 서로 다르고 때로는 모순되는 경험의 원천, 종종 생각과 정서, 또는 '머리'와 '가슴'이라고 불리는 것의 변증법적 체계이다.

따라서 변증법적 구성적 관점은, 경험은 단순히 주어지는 것이라고 주장하면서 '무엇'이 의식적인 경험으로 들어오고 상징화되는지 그 구성적 과정을 설명할 수 없는 상태로 남겨두는, 순수한 기술적인 현상학적 접근을 넘어선다. 또한, 변증법적 구성적 입장은 일부 역동적인 접근법과 마찬가지로 존재를 결정하는, 이론적으로 명시된 정신적 내용의 존재를 전제하는 결정론적 입장에 속하지 않고, 현실을 생성할 수 있는 특정한 일련의 과정의 작동만을 전제한다. 이는 내담자를 자기 경험에 대한 전문가로 존중하는 결과를 가져온다. 마지막으로, 변증법적 구성적 입장은 행동이 인지적 접근법처럼 자극이나 사고에 의해서만 합법적으로 통제된다고 가정하지 않고 오히려 행동이 개념과 경험의 변증법적 종합에 의해 결정된다고 가정한다.

따라서 변증법적 구성주의 관점에서 치료적 탐색과 변화는 개념과 경험 사이의 모순을 종합하거나 적극적으로 탐색하는 변증법적 과정과 경험의 분화와 통합 과정을 통해 새로운 의미를 구성함으로써 발생한다. 변증법적 구성주의적 관점은 즉각적인 주관적 정서에 기반한 경험의 현실과 사람들이 즉각적인 경험에서 의미를 창출하는 능동적이고 건설적인 인지 과정 모두를 정당화한다. 의식한다는 것은 의미를 창출하기 위해 경험에 범주를 부과함으로써 현실을 근본적으로 구성하는 순수한 구성물이 아니다. 오히려, 변증법은 즉각적으로 감지되는 것과 개념적으로 매개되는 것 사이, 사람들의 새로운 경험과 이전에 구성된 견해 사이에서 변증법적 방식으로 경험이 동시에 발견되고 생성된다고 본다. 생각과 정서는 모두 경험에서 중요한 역할을 하며, 경험과 행동은 궁극적으로 두 시스템, 즉 개념적 추론 시스템과 신속한 적응 반응 정서 시스템 사이의 변증법적 상호작용에서 만들어진다.

의미의 구성

이 관점에서 의식적이고 통제된 처리는 내부적으로나 외부적으로 일어나는 일에 주의를 기울이고 상징함으로써 의미를 창출하는 역할을 한다. 의식적인 정서 경험은 자동으로 생성된 정서 상태의 상징화에 주의를 기울이는 것에서 비롯된다. 정서 상태는 정보나 사건의 내부 또는 외부 패턴에 의해 활성화되는 도식적 처리기의 활성화에서 비롯된다. 도식적 처리기는 내부 반응, 행동 경향 및 신체 기반 경험을 자동으로 생성하며, 이는 주의를 기울이거나 의식적으로 상징할 수도 있고 그렇지 않을 수도 있다.

개인적 의미의 구성에는 다양한 출처의 정보를 끊임없이 종합하고 이를 의식적으로 상징화하여 주관적인 현실을 형성하는 과정이 포함된다. 이것은 구체적인 정서 경험에 주의를 기울이는 동시에 그것에 대한 특정한 현재 표상을 구성하는 것을 요구하는 변증법적 구성 과정으로 이루어진다. 의식에서 경험을 상징화하는 이러한 변증법적 과정은 자기와 현실에 대한 새로운 관점의 구성으로 이어진다. 언어가 우리의 정서적 경험을 구성하는 데 중요한 역할을 하는 곳이 바로 여기다. 우리의 정서는 우리의 경험에 영향을 미치지만, 경험은 가능한 설명에 영향을 미치고 제한한다. 또한, 일단 우리가 경험을 표현하면 우리는 우리의 표현을 검토하고 새로운 가능성을 모색하며 행동을 위한 대안을 선택한다.

이 관점에서 복잡한 내부 정서 반응과 경험을 생성하는 것은 우리가 정서 도식이라고 부르는 높은 수준의 도식적 구조이다. 이러한 정서적 도식 모듈은 단순히 원시적인 열정을 생성하는 것이 아니라 오히려 복잡한 반응을 창출함을 의식하는 것이 중요하다. 이러한 복잡한 정서적 반응과 경험은 주의를 기울이면 의식에 나타날 수 있지만, 언제든지 상징화되거나 개인의 현실 구성에 통합될 수도 있고 그렇지 않을 수도 있다. 따라서 의식을 적극적으로 부정하기보다는 정서 상태가 의식에 주의를 기울이지 않고는 합성되지 않을 수 있음을 기억해야 한다. 하지만 일단 의식 속에서 상징화되면 그것은 우리에게 주관적인 현실 감각과 사건의 중요성에 대한 평가의 기초를 제공한다.

이러한 정서 기반 정보를 통합하는 의식적 자기 경험은 상황에 대한 개인의 정서적 반응을 내적으로 주목하고 상징화하는 과정을 통해 만들어진다. 이 과정은 문제 해결과 적응적 대응을 돕기 위해 우리의 개념화 활동과 즉각적인 정서적 조율 경험의 의식적인 변증법적 상호작용을 포함한다. 우리의 세계 내 자기에 대한 의식은 생존하고 성장하기 위해 즉각적인 경험에서 의미를 창출함으로써 발생한다. 이는 의식 속에서 암묵적으로 생성된 경험을 종합하고 상징화하는 순간순간의 과정을 통해 일어난다. 이 과정에서 새로 생성된 의미는 다시 상징 영역에서 새로운 경험을 생성하고, 이는 다시 새로운 즉각적 암묵적 반응으로 이어진다. 따라서 우리는 의미 구성의 변증법적 과정에서 끊임없이 의미를 발견하고 창조한다(Greenberg & Safran, 1987).

따라서 개인적인 의미를 구성하기 위해 특정 상황에서 정서 도식에 영향받는 사람은 거부당하거나 위협적인 경험에 자동으로 반응하고 두려움으로 물러날 수 있다. 적응적으로 행동하기 위해서는 다음을 수행해야 한다. 첫째, 반응 경향에 주의를 기울여야 한다. 둘째, 두려움의 느낌을 정확하게 상징화한다. 셋째, 자신의 가치감이 감소했기 때문에 위협을 느끼는 것과 같은 복잡한 상황적 의미를 구성한다. 넷째, 두려움을 느낀다고 말하거나 추가 공격으로부터 자신을 보호하기 위해 물러나는 것과 같은(어느 쪽이든 적절한 것) 적응적 반응을 생성한다.

그러므로 우리는 다양한 출처의 정보를 자기의 의식적 경험으로 종합하고 이 종합으로부터 의미를 창출하는 지속적인 건설적 과정에 참여하는 행위자 중 한 명이다. 이러한 견해는 기능의 과정 개념을 명료하게 설명하고 Rogers(1958)와 Perls(1969)의 고전적인 구조적 불일치 이론을 보다 완전한 과정 이론((Whitehead, 1929), 즉 그들의 실제와 더 일치하는 이론으로 확장했음을 알 수 있다. 과정 구성적 관점에서, 경험을 부정하거나 왜곡하는 구조적이고 단일한 자기개념의 개념은, 경험을 구성할 때 다양한 정보원을 활용하고 다른 시기 또는 심지어 같은 시기에 출현한 다양한 '자기'를 구성할 수 있는 의식적 인지적 종합 기능으로 대체된다(Hermans, Kempen, & Van Loon, 1992). 따라서 사람들은 하나의 자기개념을 갖기보다는 이미지와 내러티브를 통해 자기와 타인을 적극적으로 표현하는 데 끊임없이 몰두한다. 따라서 사람들은 지속적인 방식으로 자기에 관한 견해를 구성한다.

또한 과정 구성적 관점에서 유기체적 경험에 대한 Rogers와 Perl의 생각은 경험을 형성하는 일련의 자동적 정서 체계의 결과로 설명된다. 즉, 유기체와 자기개념에 대한 단순한 이분법적 관점이 아니라, 인간은 모듈식으로 조직된 다중 단계의 주체적 처리 시스템으로 여겨진다. 인식은 의식하지 못한 상태에서 정보를 처리하는 다양한 하위 수준 도식 모듈로부터 메시지를 수신하고 통합된 전체를 통틀어 통합할 수 있다.

이러한 관점에서 암묵적 정서 도식은 사람들의 정서적 반응과 경험, 그리고 자신이 누구인지에 대한 전체적인 감각을 생성하는 데 특히 중요한 자동 처리기(processors)로 본다. 이러한 정서 모듈은 특정 경험 영역과 관련된 상황별 정보 처리기로 생각할 수 있다. 우리가 말했듯이, 정서 도식은 타고난 경험과 학습된 경험을 나타내고 의식에 중요한 비명제적 · 비인지적 · 감각적 정보를 제공한다는 점에서 독특하다. 경험과 학습을 통해, 정서 도식은 통합된 인지/정서 모듈을 형성하기 위해 자기에 대한 인지 및 명제 정보를 통합한다. 이는 우리의 모든 경험을 가장 높은 수준으로 통합한 것이다. 그것들은 우리에게 우리 자신과 사물에 대한 '느낌' 또는 '감각'('느껴진 감각')을 제공한다(Gendlin, 1981). 그것들은 가치 있다거나 무가치하다는 전체적인 느낌뿐만 아니라, 예를 들어, 자신이 작다고 느끼거나 특정 상황에서 가치 있다고 느끼는 것과 같은, 더 구체적인 감각을 형성한다.

따라서 경험은 유기체 내부 및 환경과의 변증법적 상호작용으로 생성된다(Pascual-Leone, 1980, 1983, 1990a, 1990b, 1991). 유기체는 복잡하고 모듈식으로 조직된 다단계 정보 처리 존재로 보인다. 유기체적이고 정서적으로 조율된 경험과 반응은 즉각적인 감각 운동 반응과 외부 및 내부 정보 처리의 자동적 도식 수준에 의해 끊임없이 생성된다. 이러한 처리 수준은 자동으로 진행되며 자기에 대한 의식적 감각을 생성할 때 주의를 기울일 수도 있고 그렇지 않을 수도 있는 반응을 형성한다. 따라서 어떤 순간에든 자기에 대한 의식적 견해에는 자동적인 유기체 반응이 포함될 수도 있고 포함되지 않을 수도 있다.

우리의 주장을 다시 설명하자면, 의미와 자기 경험의 형성에서 변증법적으로 상호작용하는 두 가지 주요 정보 출처가 있다. 첫 번째 출처는 정서적 경험과 반응을 자동으로 생성하는 처리기들의 조합이다. 정서적 경험을 생성하는 데에는 이러한 처리기 중 두 가지 수준이 가장 중요하다. 하나는 그 순간에 우리의 즉각적인 감각 운동 정서 반응이다. 지속적인 감각 경험과 표현적 운동 반응의 가장 기본적인 수준은 침범에 대한 분노나 위협에 대한 두려움과 같은 일차적 정서를 생성한다. 훨씬 더 복잡한 다른 출처는 복잡한 느낌의 의미와 유사한 상황에서 과거의 정서 경험을 기반으로 상황에 대한 반응 정보를 제공하는 도식적 정서 모듈 조합이다. 이는 종종 단지 약하거나 약화된 신호일 수 있으며, 의식을 높이기 위해 의도적인 주의 할당이 필요한 신호일 수 있다(Pascual-Leone, 1987, 1991; Perls, 1947).

자기 경험과 의미의 두 번째 주요 출처는 우리의 의식적인 종합 구성 과정이다. 문제 해결과 적응을 지향하는 이 두 번째 과정은 주의 할당과 우리가 사용할 수 있는 상징적, 언어-반영적 능력에 크게 의존한다. 그 순간의 자기의 의식적 구성은 그 정보에 대한 도식적·감각 운동적 처리에 다소 의존할 수 있다. 또한 문화적, 사회적 학습, 학습된 가치 조건, 타인에게서 얻은 내사, 타인에게서 얻거나 혹은 과거 경험에서 추론한 자기에 대한 견해나 신념과 같은 다른 출처로 인해 유도될 수도 있다. 사람들은 경험에 주의를 기울이거나 경험에 패턴을 부여하는 하향식 또는 상향식 처리 선택을 통해 의식에서 의미를 적극적으로 구성한다. 자기 자신에 대한 의식적인 견해는 순수하게 자기에 대한 성찰적인 견해와 자기 경험 속에서 타인으로부터 배운 기대와 가치에 의해 영향을 받을 수 있으며, 이들 중 어느 하나에 의해 완벽히 통제되지는 않는다. 자기 지식의 관점에서, 의식은 실제적인 자기 경험의 다른 측면에 주의를 기울이고 상징화함으로써 자기에 대해 설명하거나 설명을 생성할 수 있거나, 혹은 타인의 관점과 자기의 경험으로부터 얻은 자기에 대한 성찰적 견해 또는 '해야 한다'와 '당위'의 관점에서 자기를 정의할 수 있다. 이는 유기체의 자동 반응을 상징할 수도 있고, 자기를 설명하기 위해 구성되거나 외부에서 파생된 신념, 규칙, 가치 또는 이상을 활용할 수도 있다.

의식은 어떤 정보에 주의를 기울이고 어떤 해석을 생성할지 선택함으로써 의미를 결정하는 최종 중재자이다. 이러한 의식적 과정은 의지와 선택의 구성 요소를 포함하며, 개인은 내부 집행자로서 과정의 통제하에 마음대로 자신의 주의를 이끌 수 있다. 하지만 의식은 다중결정적이다(Pascual-Leone, 1980, 1987, 1990a, 1990b). 이는 의도적이고 통제된 처리뿐만 아니라 특정 외부 자극의 두드러짐, 자신에 대한 타인의 견해와 태도, 유사한 상황에서 자신의 과거 반응과 같은 특징에 의해 영향을 받는다(Pascual-Leone, 1980, 1990a, 1990b). 따라서 의식은 사람이 자기 측면, 자기와 세계 사이에서 느끼는 모순에 직면하고 이를 해결할 때 자기에 관한 다양한 정보들을 변증법적으로 종합하는 장이 된다.

의식이 되는 과정에는 정보를 의식으로 끊임없이 합성하는 과정이 포함된다. 이 과정에서 자동으로 생성된 자기 경험은 정도는 다르겠지만 의식적으로 상징화된다. 이러한 종합과 상징화 과정은 의미를 창출하고, 이는 새로운 자기 경험을 생성하며, 이는 다시 상징화된다. 따라서 사람들은 끊임없이 자기에 대한 의식적 경험을 창조하고 자기에 관한 성찰적인 서사적 관점을 위해 끊임없이 자료를 생성해가는 과정을 가지고 있다. 따라서 자기 표상은 다중적으로 결정된 구성이며, 개인은 언제든지 자기에 대한 다양한 관점을 구성할 수 있다. 건강한 기능에서 이 과정은 생존과 성장을 높이기 위한 문제 해결을 지향한다.

주의 할당은 우리 자신에 대한 의식과 구성을 결정하는 중앙 처리 활동이다. 치료 목적에서 중요한 것은 주의가 의도적이거나 무의식적으로 통제되어 변화를 위한 매개체를 제공한다는 것이다. 사람들은 주의의 초점을 바꾸고 내면 경험을 정확하게 상징하기 위해 주의와 의식 능력을 활용할 수 있다. 개인적 변화는 ① 자동적 경험의 끊임없는 흐름에 주의를 기울임으로써, ② 감각 운동 및 도식 처리기의 정보를 높은 수준의 의식적 의미로 상징화함으로써(더 이상 의식으로부터 분리하지 않음), ③ 자동적 경험을 생성하는 도식적 구조를 새로운 경험에 접근할 수 있게 함으로써, ④ 경험을 성찰하고 새로운 의미를 창조함으로써 등의 다양한 방법을 통해 달성될 수 있다.

변증법적 구성적 견해의 기여

의미 창조에 대한 이러한 변증법적 구성적 관점은 Rogers나 Perls의 초기 이론 및 명시적 구조 모델이 제공한 것보다 인간 기능에 관한 새롭고 더 역동적인 관점을 제공하며, 이 관점은 이들 저자의 후기 관점과 더 일치한다. 과정 관점과 고전적 관점 사이에는 여러 가지 차이점이 있다.

첫째, 이 새로운 관점에서 의식적인 정서적 의미는 변증법적 과정에서 의식적 종합 능력과 암묵적이고 즉각적인 정서적 경험 사이의 역동적이고 순환적인 상호작용으로 생성된다(Gendlin, 1962 참조). 안정된 자기개념에 대한 구조적 관점보다는 진행 중인 변증법적 과정에 대한 더 복잡한 관점을 가지고 있다. 이 과정은 다양한 출처의 정보를 종합하여 끊임없이 의미와 자기 서사를 구성한다. 따라서 치료는 내적 경험과 그 상징화에 주의를 기울이는 과정을 모두 촉진함으로써 의미 구성을 촉진할 필요가 있다.

둘째, 유기체적 정서 경험은 행동을 안내하기 위한 모듈식 정서 체계와 감각 운동 반응으로 인해 주로 자동으로 생성되는 것으로 보인다. 유기체 또는 자기는 모듈식이며 다양한 수준의 처리를 포함하며 순수한 생물학적 기반이 아니다. 그것은 타고난 표현적 감각 운동과 경험 기반의 도식적 정서 처리로 구성된다. 따라서 치료는 경험의 다양한 모듈 측면과 관련된 처리의 어려움에 가장 적합한 방식으로 차별적으로 개입되어야 한다.

셋째, 유기체와 의미-구성 과정은 일치 또는 불일치의 관계에 있지 않으며, 부정 또는 왜곡이 작동하지 않으며, 오히려 그 사람은 즉각적인 경험으로부터 의미를 창조하는 변증법적 구성의 능동적 주체이다. 이러한 변증법적 구성은 자동적인 정서 경험과 상징의 검토를 의식적으로 상징화함으로써 발생한다. 즉각적인 유기체적 경험이나 의미의 구성도 이 개념에서 지배적이지 않다. 대신 개념과 경험이 상호작용하여 의미를 생성하는 탐색과 창조를 모두 포함하는 진정한 변증법적 종합의 작동이다. 인간의 본성은 부분적으로는 주어지지만, 부분적으로는 스스로 창조한다. 우리는 우리 자신에게서 발견한 것을 상징함으로써 우리 자신에 대한 감각을 만든다. 따라서 치료는 정서와 인지를 모두 포함하는 의미 구성 과정으로 보아야 한다.

치료에 매우 중요한 차이인 고전적 모델과의 네 번째이자 마지막 차이점은 구조적 변화의 발생은 경험을 통합하기 위해 변화하는 자기개념을 통해서가 아니라 특정 정서 체계 또는 일련의 체계로 구성된 모듈식 자기의 변화를 통해 발생함을 시사한다. 따라서 치료는 구조 조정에 순응할 수 있도록 정서 체계에 접근해야 한다.

이 변증법적 구성주의적 기능 모델(Pascual-Leone, 1976a, 1976b, 1976c, 1980, 1983, 1987, 1991)은 현대 인지심리학과 정서 이론을 경험적 치료 이론과 통합하여 도출한 것으로, 임상적 현장에서 많은 경험적 치료자가 관찰한, '내담자들은 자신의 지성보다 더 현명하고 현실을 해석하는 능동적인 주체'임을 설명한다. 이를 바탕으로 다음 장에서 우리는 치료 실제를 안내하기 위해 기능과 역기능에 대한 치료 지향적인 관점을 제시하고자 한다. 이 견해는 경험을 결정하는 데 있어서 정서 도식적 기능의 중요성과 경험에서의 주의 할당 및 상징화와 새로운 의미 생성의 중요성에 기반을 둘 것이다. 이 모델은 치료 회기에서 수행과 경험을 생성하는 정서 기반의 건설적인 정보처리 활동에 중점을 둔다. 이 모델을 사용하면 치료를 더욱 효과적으로 만드는 방식으로 변화가 어떻게 발생하는지 더 잘 이해하고 설명할 수 있다. 또한, 이 모델은 내담자가 정서적 경험을 지배하는 암묵적 도식 구조를 재구성하는 데 도움이 되도록 기능의 서로 다른 모듈적 측면에 대해 서로 다른 순간에 다른 유형의 인지/정서 처리를 촉진하는 최적의 방법을 제안한다. 그 결과는 과정 지향적인 치료의 관점이 될 것이다. 내담자가 새로운 정서적 의미를 구성하고 도식에 기반한 경험을 재구성하도록 돕기 위해 내담자의 순간적 주의 할당 및 상징화를 촉진하는 데 중점을 둘 것이다.

제4장

기능에 대한 경험적 이론의 접근

제3장에서 제시한 치료와 심리적 과정에 관한 우리의 견해 발전은 Rogers와 Perls의 이론과는 더욱더 차별화된 정서적 기능에 대한 도식적 기반 이론을 정교하게 하는 것을 가능하게 하였다. 이러한 발전은 또한 역기능적 도식을 치료하는 데 필요한 다양한 종류의 주의 기반 개입 및 변화 과정에 관한 사고방식을 제안함으로써 임상 실습 과정을 새롭게 조명해 보고자 한다.

다음에서 우리는 기능에 대한 다면적이고 정서-도식적인 견해의 밑그림을 그려 보고자 한다. 이 견해는 원래 Rogers와 Perls가 제안한 유기체적 경험과 자기개념 사이의 일치/불일치의 견해보다 더 큰 복잡성을 고려한다. 우리는 개개인들이 의식적 의미를 구성하기 위해서 정보의 역동적이고, 변증법적인 통합에 관여한다는 것을 제안한 바 있다. 이 과정에서 암묵적 정서 도식들은 사람들의 세계 내 자기 경험을 무의식적으로 조직하고 그들의 정서적인 의미와 반응을 만들어 낸다. 하지만 이러한 의미와 반응들은 아마도 의식 속에 상징화되거나 상징화되지 않을지도 모른다. 치료는 이러한 정서적 의미들을 상징화하고 필요한 부분의 정서적 도식의 변화를 촉진하는 것이다.

자기에 대해 인지적으로 아는 것이 내담자에게는 매력적으로 끌리기는 하지만, 임상적 경험으로 볼 때 그것은 매우 깊은 혹은 오랜 변화에 영향을 주지는 않는 것으로 보인다. 이러한 지식이 행동을 결정하는 정서 구조에는 영향을 미치지 않는다. 따라서 우리는 사람의 핵심적이고 자기와 관련된 정서 도식의 변화가 핵심이라고 주장한다. 이러한 정서 도식들은 환경과 함께 정서가 가미된 상호작용을 하는 중에 형성되고 유기체적 기능과 역기능의 중심에 있다. 정서 구조는 우리의 체험을 인도하고 창조하는 데 핵심이다. 또한 구성적 과정이 정서 과정과 암묵적 정서 도식으로 생성된 정보에 충분히 주의를 기울이지 않거나, 그 자체가 역기능적 정서 도식으로 인도될 때, 우리는 역기능이 의미를 생성하는 과정에서 문제가 된다고 본다. 따라서 치료법이 다름을 만들어 내는 것이라면, 그것은 이러한 정동적 · 정서적 구조에 접근하고, 정서적 의미 변화 수준에서 작업할 필요가 있다. 개인이 잘 적응하기 위해서는 이러한 도식들로 생성된 경험이 자각되고 상징화될 필요가 있다. 반대로 역기능적 정서 도식들은 회기 내에 내담자의 정서적 과정에 의해 재조직되고 재구조화될 필요가 있다.

인간 기능에 있어 정서 도식의 중심적 역할과 치료에서의 정서적 의미 작업의 중요성을 언급함과 더불어, 우리는 또한 성장 동기가 치료 변화를 이해하는 데 중요한 역할을 한다고 보고 있다. 또한 정서에 대한 현대적 관점은 성장 동기의 경험적 관점을 이해하는 데 매우 중요하게 보인다. 처음에 경험 이론은 실현 경향성 또는 성장 경향성이라고도 하는 적응 기능에 대한 전반적인 경향을 제안하였다. 성장 경향성은 유기체가 자기의 심리적인 생존, 성장과 향상을 지향하는 상태로 묘사하였다. 하지만 실현 경향성의 개념은 만약에 사람이 진실로 그 자신일 수 있다면, 이것은 성장과 가치감을 만들어 낼 것을 의미하였다. 우리는 자신이 진정 누구인지에 대한 신비로운 개념을 제공하기보다는, 사람의 정서적 반응에 주의를 기울이는 것이 사건의 중요성에 관한 평가에 접근할 수 있도록 하기에 생물학적으로 적응적이라고 제안한다. 따라서 우리는 인본주의적 관점의 실현 경향성을 인간 기능에서의 정서의 생물학적 적응적 역할에 대한 증거로 몸 안에 새겨 넣을 것이다. 이는 경험적 정보가 본질적으로 믿을 만하고 적응적인 선택과 행동을 하도록 하는 데 도움이 된다는 주장을 뒷받침한다. 또한 경험 지향적 치료를 받는 내담자는 심지어 고통스러울 때라도 왜 그들이 자신의 정서적 경험에 주의를 기울이도록 격려받는지와 왜 이러한 초점이 성장을 촉진하는지, 그리고 어떻게 공감적 조율과 의미의 상징화가 치료적 성장에 도움이 되는 중요한 요인인지 이해하는 데 도움이 될 것이다.

우리는 또한 정서적 경험이 안녕감에 대한 우리의 욕구와 관련된 상황 평가에서 비롯되고, 우리에게 중요한 상황에 대한 자동 반응을 끊임없이 읽어낼 수 있게 해 준다고 제안한다. 이렇듯 정서가 생물학적으로 적응 기능에 도움이 된다면, 이에 반드시 주의를 기울이고, 정확하게 즉시 상징화되어야 한다.

우리가 보기에 성장 경향성은 효과적으로 기능하기 위해 경험의 정서적인 의미를 자각하고 상징화하는 것에 의존한다. 사람들은 내적 경험을 상징화함으로써 끊임없이 정서적 의미를 형성하는 구성적 정보 처리기(constructive-information processors)이다. 내적 경험에 주의를 기울이는 것은 사람들을 적응적이고 자기-향상적인 방식으로 인도하는 데 매우 도움이 된다. 이는 내적 경험의 기초를 형성하는 정서 조직이 근본적으로 적응적이기 때문이다. 정서 조직은 개인에게 그들의 욕구와 관련된 상황 평가에 관한 현재 반응 정보를 제공한다. 따라서 '내가'('who one is') 되어 가는 것은 생물학적인 청사진의 실현화가 아니고, 우리에게 중요한 사건에 대한 자동적인 정서적 평가에 주의를 기울이고 정서 도식으로 생성된 경험을 의식적으로 상징화함으로써 의미를 창조해 가는 것을 의미한다. 내면에 주의를 기울이고 자신의 정서적 경험을 상징화하는 것은 본질적으로 적응적이고 자기-향상적이다. 모든 자기 조절 과정에는 자기 인식이 필요하기 때문이다. 내적 경험을 인식하면 개인은 자신이 어떻게 반응하고 있는지 파악하여 자기의 기질을 존중할 뿐만 아니라 자기에게 중요한 것이 무엇인지를 정서적으로 평가하는 데 도움이 된다. 또한, 경험에 대한 인식을 확장하기 위해 문제가 있는 경험에 지속적인 초점을 맞추는 것은 사람들이 자신의 반응에서 역기능적인 부분이나 변화가 필요한 부분을 식별하는 데 도움이 된다. 따라서 내적으로 주의를 기울이는 것은 경험적인 변화 과정으로 가는 데 필요한 첫 단계이다.

도식적 기능

세계 내 자기 기능에 대한 내적 도식은 인간 기능을 이해하고 정서적 의미를 형성하는 데 중요한 역할을 한다. Bartlett(1932)는 schema(스키마)를 "잘 적응된 유기체적 반응 안에서 작동하는 과거 반응들이나 경험의 활동적인 조직체"(p. 201)로 정의하였다. 또한, 그는 "schemata(도식)은 어떠한 자각 없이 활성화되며"(p. 200) 자기 성찰이 가능하지 않음을 기술하였다. 스키마는 복합적이고 무의식적인 지식 구조이며, 이는 결과적으로 정보의 능동적 과정이다. 우리가 앞서 논의한 대로, 스키마는 과정 지식을 위한 높은 수준의 규칙을 포함하는 것으로 보이며 무엇을 예상할지에 대한 예측을 포함한다. 이러한 예측들은 과정을 이끌어 간다. 과거가 미래에 영향을 미치는 방법이 바로 이러한 능동적인 예측 과정이다(Neisser, 1976).

앞의 스키마 관점은 패턴의 표상 측면을 강조하며 스키마를 청사진으로 보는 관점이다. Piaget는 이러한 내적 구조를 정의하기 위해 스키마(schema)보다는 도식(scheme)이라는 용어를 사용하여 도식 과정의 행동-지향적 측면을 강조하였다(Piaget & Morf, 1958; Pascual-Leone & Johnson, 1991). 그는 도식을 "주체가 같은 목표를 달성하기 위해 사용하는 모든 상호 교환할 수 있는 행동의 공통 구조"로 정의하였다. 이러한 관점에서 강조되는 것은 scheme의 운동 기능적 측면을 도식화하는 것이다. 그는 scheme을 두 번째 상황을 첫 번째 상황에 동화시켜 한 상황에서 다른 상황으로 전환하는 "조직화된 일련의 반응"이라고 정의하였다. 피아제식 도식은 반응을 적용하고 생성하려고 적극적으로 시도하는 의도적 구조이다(Pascual-Leone, 1990a, 1990b, 1991). Neisser(1976)은 또한 지각에 있어 도식의 능동적인 운동 성질을 강조하였다. 그에 의하면, 도식은 하나의 계획일 뿐만 아니라 그 계획의 실행자이다. 도식은 행동의 계획일 뿐 아니라 행동을 위한 계획들을 제공한다. 또한 도식은 예상하는 것에 대한 도식적인 설계도나 문서라기보다는 실행 계획에 훨씬 더 가깝다.

우리는 정서 스키마보다는 정서 도식이라는 용어를 사용할 것이다. 이는 정서에 대한 우리의 견해가 목적 지향적이고 행동 지향적으로 구체화되어 있음을 강조하기 위함이다. 이러한 견해를 가장 잘 나타낸 것은 Pascual-Leone과 Johnson(1991)의 도식에 관한 개념이다. 그들은 도식을 목적 지향적이고 기능적인 단위이며, 궁극적으로 욕구 충족을 협상하기 위해 환경에 접근하는 것으로 정의한다. 그들에 따르면, 도식은 방출 구성 요소와 효과 구성 요소를 모두 보유하면서, 활성화할 도식에게 신호를 방출하기 위한 일련의 조건과 원하는 수행의 효과 구성을 각각 제공한다. 이런 점에서 도식은 적절한 사인으로 활성화되고 이는 곧 도식의 적용을 끌어낸다.

적응적 도식은 자각되고 행해지는 것을 끌어낼 뿐 아니라 적응이나 변화에 개방적이다. 적응과 변화는 둘 다 경험을 지향하고 유입되는 지식과 활발하게 상호작용하면서 경험으로 인해 변화된다. 도식들은 새로운 수신정보와 상호작용하여 다양한 새로운 상황에서 다양하고 적절한 대응을 생산해 낸다. 사람은 융통성은 있지만 계획에 따라서 행동한다. 따라서 도식은 인지되고 경험되는 것을 결정하고 세상에 대한 우리의 반응을 위한 틀을 제공하기 위해 들어오는 정보와 상호작용하는 무의식적 정신적 구조 또는 모듈이다. 도식은 우리의 경험과 반응을 조직하는 핵심적인 수단이고, 그것은 새로운 경험에 적응함으로써 변화해 간다.

사람들의 심리적 안녕에 영향을 미치는(그래서 치료의 초점이 되는) 도식은 내면세계의 정서 경험을 대표한다. 우리가 지금부터 정서 도식이라 지칭하는 것은 바로 이러한 세계 내 자기의 통합적인 인지, 정서, 동기, 관계적 행동의 구조이다. 정서 도식은 우리의 치료 작업의 목표이다. 정서 도식의 핵심은 정서 구조가 인지에 관여하지만, 그것은 또한 정서, 동기유발과 관계된 행동을 포함하는 것으로 단순한 표상적 인지를 능가한다. 그것은 본질적으로 단순히 개념적이고 분류적인 것이 아니라 일련의 기대와 반응이 구체화된 조직이다. 따라서 내담자는 활성화될 때 부적절하다는 느낌을 생성하는 무의식적인 정서 도식을 가지고 치료에 들어온다. 내담자는 아마도 상황이 부적절감을 생성하는 도식을 활성화하였음을 알아차리지 못하고, "나는 그냥 기분이 별로예요" 혹은 "나는 내가 왜 이런 식으로 반응하는지 모르겠어요"라고 말할지도 모른다. 또는 내담자는 그저 상황을 상상만 했는데도 부적절감을 느낄 수도 있다. 부적절함의 정서 도식은 자각되지 않은 채 활성화되거나 지나치게 접근하기 쉽고 예측적으로 행동을 이끈다. 이는 치료에서 접근하여 재구조화될 필요가 있는 도식이다. 부적절하거나 사랑받지 못하거나 하찮은(insignificant) 것 같은 정서를 생성하는 세계 내 자기의 정서 도식들은 모두 상당히 정서가 부과된 구조인데, 이러한 정서들이 불러일으켜질 때, 결과적으로 슬픔, 수치와 낙담의 정서가 나타난다. 그것들은 또한 철수하고 포기하는 행동 경향성에 관여하고 역기능적 행동과 사고를 생성하며 사람들의 부정적인 경험을 가속화한다.

치료의 핵심은 단지 인지 도식을 변화시키기 위해 이유나 증거를 사용하는 것에 있지 않다(Beck, 1976; Ellis, 1962). 그보다 치료의 핵심은 정서 도식의 복합적인 인지적 · 정서적 · 동기적이고 관계적인 행동 요소를 변화하는 것이다. 예를 들면, 지지의 부족과 관련된 실망감을 생성하는 정서 도식에는 "어느 누구도 나를 위해 거기에 없을 거야"라는 예상적 믿음만 연루된 게 아니라는 것이다. 그것은 철수와 자기 방어적으로 몸을 움츠리는 행동 경향성과 위가 비어 있는 것 같은 느낌과 위로받고 싶은 갈망 또한 포함된다. 도식이 활성화될 때 이러한 전체적인 반응복합체는 활성화된다. 정서 도식은 본질적으로 적용 시, 반응을 생성하는 형태로 평가된 상황에 대한 우리의 욕구 관련 행동 경향성에 관한 내적 표상을 포함한다. 이는 우리에게 경험을 예측하고 과거 경험 선상에서 반응하도록 이끈다. 일단 활성화되면, 우리의 관계적 행동을 생성하는 인지, 정동, 동기 구조들, 즉 이러한 내적 구조들은 '경험되는 자기'라는 핵심 감각을 형성한다. 일단 활성화되면, 이는 우리의 의식적인 정신상태를 위한 기준을 제공한다. 또한 이는 주의를 기울일 수 있거나 없거나, 의식적으로 나타내질 수 있거나 없는 구체화된 자기감을 제공하면서 자기가 되어 가도록 만든다.

자기의 근간은 이러한 정서 도식에서 경험이 내면적으로 표상화되고 구성되고 처리하기 시작하는 생애 초기의 정서적으로 조율된 표현 및 감각 운동 패턴에 달려 있다(Stern, 1985). 이러한 정서 도식은 궁극적으로 실제 상황의 표상과 얽혀 있는데, 자극의 표상, 욕구와 관련된 자극의 평가, 상황에서 자기에 대한 믿음이나 속성과 평가된 상황에 대한 정서적인 반응을 포함한다. 우리의 견해에 따르면 유기체는 욕구 충족이나 좌절과 관련된 정서가 담긴 경험을 통해 이러한 정서 도식을 구성하는 경향이 높다. 정서 이론에 의하면 정서는 상황과 욕구 사이의 일치/불일치에 대한 평가의 기능, 목표나 관심사와 상황을 대처하기 위한 우리의 능력에 대한 평가로 나타난다. 따라서 우리가 우리의 욕구를 충족할 수 없거나 성공적으로 욕구를 충족할 때 정서가 매우 강하게 발생한다. 정서 도식은 욕구, 목표나 관심사를 좌절시키거나 만족하는 상황과 관련하여 구성된다. 우리가 제안해 왔듯이 개인적이고 상호적인 기능에 핵심인 정서 도식은 단순한 인지적인 진술과 신념만을 포함한 순수 인지 도식 그 이상이다. 대신에 정서 도식은 구성적 정보 과정을 이끌고 관계적인 행동을 생산하는 복합적인 인지/정동/동기적 내적 조직체들이다. 정서 도식은 자기 자각을 위한 기준, 지침을 제공하고 우리 자신의 의식적인 경험의 기초가 된다.

자기 발달에 관한 Stern(1985)의 작업은 우리의 사고에 가장 많은 영향을 미쳐 왔고, 추동/욕동(drives)보다는 정동과 내적 표상에 더 큰 중요성을 두고 있는 현대 역동적 관점에 유사하게 영향을 미쳐 왔다(Greenberg & Mitchell, 1983; Eagle, 1984; Kohut, 1977, 1984; Kernberg, 1976, 1982; Sandler & Sandler, 1978; Basch, 1976, 1983, 1988). 이는 기능에 대한 경험적 관점과 일부 대상관계(Sandler & Sandler, 1978), 자기 심리학적(Kohut, 1977) 및 대인관계(Mitchell, 1988) 관점 사이의 흥미로운 합일점으로 이어졌다. 또한 Kohut(1977)의 응집적 주체적 자기에 대한 견해는, 비록 Rogers(1951)와 Perls 등(1951)의 자기에 대한 견해가 Kohut과 명백하게 연결되지는 않고 Rogers와 Perls의 입장과 상당히 양립적일 수 있지만(Kahn, 1985; Tobin, 1990, 1991), 인간 기능의 경험적 관점과 자기 심리학적 관점 사이에 점차적인 합일점을 끌어냈다. 인간 기능의 관점에 있어 가능한 합일점에도 불구하고 치료에서 경험적 이론과 심리역동적 이론은 아직은 다소 이질적이다. 또한 Kohut은 그의 접근법을 Rogers의 이론과 어느 정도 상당히 유사하게 만드는 공감(empathy)의 사용을 촉진하지만(Kahn, 1985), 역동적 관점은 아직 전이의 해석과 이해가 치유적이라고 강조하는 듯하다. 우리의 과정 경험적 관점은 전이에 초점을 맞추는 것과는 대조적으로 공감과 차별적 경험 처리를 치료로서 강조하고 이것이 자기, 타인, 세계에 대한 새로운 표상을 구축하는 것으로 본다.

도식적 정서 기억

도식과 정서 사이의 관계는 최근에야 밝혀지고 심리치료 변화에 적용되기 시작하였다. 우리는 다음에서 정서 도식의 형성과 발달을 논의할 것이다. 본래 인간은 특정 자극으로 유발되는 특정 주요 정동(affects)에 대한 타고난 표현 운동 프로그램을 보유하고 있다(Tomkins, 1970; Izard, 1977; Ekman & Friesen, 1975; Ekman, 1984). 아이들은 내적 모델 안에서 그들의 정서적 경험을 빠르게 표상화하기 시작한다. 우리가 말했듯이, 이러한 모델 또는 세계 내 자기의 정서 도식에는 상황을 불러일으키는 상황의 측면과 아울러 상황에 대한 유기체의 감각 및 표현 운동 반응의 표상도 포함된다(Leventhal, 1984; Greenberg & Safran, 1987). 아이가 더 발전된 개념적 능력을 발달시키면, 어떤 체험 동안에 연관되거나 생성된 신념과 의미는 또한 그 체험의 부분으로 그들의 도식 안에 부호화된다. 도식들이 활성화될 때 정서적 경험을 만들어 냄으로써 미래의 경험과 반응에 영향을 주는 경험에 대한 정서적 기억으로 존재한다(Leventhal, 1984).

정서는 도식적 정서 기억의 발달과 조직에 핵심적인 역할을 한다. 정서적 각성 상태에서 등록된 경험들과 지각들은 강도(intensity)에 의해 증가된 감각 경험과 주의 할당으로 인해 정서적 중립 상태에서 등록된 자료보다 기억에 저장될 가능성이 더 높다. 또한 신호로서의 정서의 현저성 때문에, 특정 정동을 일으키는 이러한 경험들은 같은 정동을 일으키는 다른 경험과 연관된 것으로 보인다. 따라서 정서는 같은 정서를 불러일으키기 때문에 관련된 기억의 요소를 하나로 묶는다. 우리는 두려움과 위협, 슬픔과 상실이나 분노와 침범과 관련된 도식적 정서 기억을 발달시킨다. 이러한 도식들에는 정서 경험 중 하나와 관련된 다양한 다른 예들과 상황의 공통된 특징이 통합되어 있다. 이로 인해 정서 도식들은 살아 있는 정서적 자기 경험이라는 개인 기억의 핵심을 형성한다.

인간은 주관적이고 정서적인 경험이 그들에게 두드러지도록 창조되었기 때문에 정동적 반응을 일으키는 상황이나 사건들은 내적 모델 안에서 부호화된다. 정동(affect)은 생물학적으로 적응적 반응 경향성을 제공하면서 동기적이고 관계적이기 때문에, 상황에 대한 정동적 반응에 더 민감하고 상징화할 수 있는 인간은 생존을 위한 투쟁에서 진화론적 이점을 부여받았다. 인간은 상황에 대한 자신의 욕구와 관련한 정서적 반응으로부터 배우고 도식을 형성하는 심적 회로를 형성해 간다. 따라서 우리는 핵심적인 자기 관련 도식들이 욕구 충족 또는 실패로 인해 자기 상태가 향상되거나 위축되는 상황에 관한 정서가 담긴 반응을 중심으로 구축되었다고 본다.

정서 도식들은 태어나면서부터 유아의 경험을 조직하기 위해 발달한다. 초기에 세상에 대한 유아의 일차적인 반응들과 그것의 내적 경험들은 정서적이다. 이전에 언급한 것처럼, 정동은 우리에게 일차적인 의사소통 체계뿐 아니라 일차적인 자기 조직 체계를 제공한다. 예를 들면, 희미한 그림자에 대한 두려움은 도망치거나, 타인으로부터 안전과 보호를 얻을 목적으로 두려움과 괴로움을 표현하고 의사소통하도록 자기를 조직한다. 특정한 유형의 반복적인 정서 경험은 경험과 관련된 일련의 사건들의 내적인 표상과 이러한 경험을 예측하고, 해석하고, 반응하고 통제하기 위한 일련의 규칙을 형성하게 한다. 이것은 세계 내 자기에 대한 개인의 경험을 지배하는 인지적/정동적/동기부여적/관계적 행동, 즉, '정서' 도식이다. 유아가 사물과 그것의 부재를 나타내는 인지적이고 정동적인 역량을 모두 발달시킴에 따라 이 경험과 관련된 느낌이 발달한다. 삶의 경험이 증가함에 따라 도식은 결국 유기체적 욕구와 상황에 대한 개인의 정서적 반응을 표상화한다. 결국 좀 더 인지적인 발달과 함께 도식은 또한 이러한 경험을 조절하기 위해 상황에 대한 신념과 배워진 규칙을 포함한다. 신념과 규칙은 둘 다 타인에게서 배워지고 개인에 의해 구성된다.

이러한 관점에서, 무의식적이거나 억압된 정서나 혹은 심지어는 피하거나 부정된 정서에 접근하거나 해석하는 치료 개입을 고려하지 않는다. 그것은 '잠재적인' 정서를 포함하는 도식에 접근하는 것으로 보인다. 정서는 저장되는 것이 아니고 재구조화된다. 이 재구조화는 정보가 현재에 어떻게 평가되고 조직되며 정서 도식들이 현재에 활성화되는지 아닌지에 달려 있다. 예를 들면, 고통스러운 기억과 연관된 정서는 그 자체가 기억 속에 저장되거나 보존되지 않는다. 대신에 정서는 기억이 자각되면서 도식의 활용으로 현재에 재구조화되거나 재통합된다. 따라서 정서는 무의식 속에 보존되지 않는다. 보존되는 것은 바로 정서 도식이다. 따라서 정서 도식은 '잠재' 정서, 즉 그것들이 실제로 불러일으켜지느냐 아니냐에 따라 나타나는 정서를 의미한다. 중요한 치료적 초점 중 하나는 정서 도식을 활성화시키고 생성된 정서 경험과 그것들의 정서적 의미에 주의를 기울이도록 돕는 것이다. 치료에서 내담자는 불러일으켜지는 정서와 행동 경향성 및 그것과 관련된 독특한 적응적인 의미를 알아차릴 필요가 있다. 필요하면 그들은 현재에 역기능적 반응의 정서 도식을 재조직하고 좀 더 적응적 반응을 끌어낼 수 있는 새로운 정서적인 의미를 구성할 필요가 있다.

요약하면, 정서 도식은 무의식적으로 암묵적인 수준에서 작동하며, 세계를 부호화하고 세계에 대한 반응을 생성함으로써 세계에 대한 개인의 경험을 통제한다. 이런 관점에서 정서 도식은, ① 인지, 정서, 동기 및 관계적 행동의 복잡한 생물사회적 통합이고, ② 의식에서 자동으로 작동하여 느낌의 의미와 행동 경향을 생성하고, ③ 욕구나 관심사와 관련된 상황의 평가에 의한 정서적인 반응을 생성하고, ④ 현재의 정서 경험을 재구조화한다.

성장 경향성

인간의 경험을 만들어 내는 정서 도식의 중요성과 더불어, 우리는 또한 유기체가 성장 경향성을 소유한 것으로 보고, 항상 존재하는 이 발달 경향싱이 치료적 변화를 이해하는 데 중요하다고 본다. 이전 장에서 언급했듯이, 우리의 견해로는 생존하고 성장하려는 경향은 모든 생명체의 근본적인 조직 원리이다.

성장 경향성은 유기체가 지속적인 탐색 및 발달 과정에 있는 동안 시스템 일관성 또는 유기체적 균형감을 유지하는 방향으로 지향되는 형성적 · 발달적 경향이다 (Goldstein, 1939; Maslow, 1954, 1971; Rogers, 1958, 1961; Perls et al., 1951). 따라서 성장은 자기를 유지하고 향상시키기 위해 항상 변화하는 상황에 대한 변화와 적응을 포함한다. 유기체는 새로운 입력을 끊임없이 동화시키면서 일관성과 안녕감을 유지한다. 성장과 발달은 내적 구조들의 분화와 그것들의 통합으로 구성되어 있다(Werner, 1948, 1957). 여기에는 자기를 유지하고 강화하며 유기체가 어떤 환경에서든 최대의 창의적 유연성을 얻기 위해 점점 더 높은 수준의 복잡성을 재구성하는 지속적인 과정이 포함된다. 따라서 적응적 융통성을 통한 자기-일관성과 자기-향상은 성장 경향성의 목표이고 결과이다. 정동은 유기체에게 유기체적인 목적을 향해 전진하도록 알려 줌으로써 성장 경향성에 도움을 주고 자기-보존과 자기-향상에 도움을 주는 행동을 위해 성장 경향성을 조직한다. 그리하여 정동과 정서는 성장 경향성이 기능하는 데 필수적이다. 자기를 보호하고 향상시키기 위해서 정동과 정서는 유기체에게 현재 상태를 알리고, 적절한 생물사회적인 목표를 따라가도록 유지하고, 내적 상태를 타인에게 알리는 사회적인 신호를 제공한다.

이러한 성장 경향성에 대한 견해는 인간을 '자연적인 야만인'으로 보는 순진한 견해가 아니며, 사람들이 본질적으로 선하다는 가치 판단도 아니다. 성장은 도덕의 영역이 아니다. 그것은 발달과 적응에 대한 것이지 선과 악에 대한 것이 아니다. 따라서 성장 경향성은 복잡한 사회환경 안에서 살아남고 자신의 욕구를 충족하는 본질적인 생물학적 경향성이다. 성장 경향성은 끊임없이 변화하는 유기체와 환경 사이의 균형을 끊임없이 재수립하는 변증법적 과정의 일부로 작동하고, 그렇게 함으로써 성장 경향성은 유기체의 안녕을 향상시킨다. 인간은 성장 지향적일 뿐만 아니라 선택할 수 있는 능력을 가지고 있으며, 그들의 행동이 좋은지 나쁜지를 결정하는 것은 바로 이것이다. 따라서 유지와 성장을 지향하는 유기체에게 선택은 궁극적으로 개인이 생존과 향상이라는 목표를 어떻게 달성할 것인지를 결정한다. 따라서 결국 사람은 비결정론적인(nondeterministic) 조직체이다. 최종 행동은 선택에 의해 결정되며, 무엇을 할 것인지를 결정하는 데 중심적인 역할을 할 것이다. 따라서 주관적 선택, 즉 개인의 주체성과 책임감은 우리가 누구인지의 핵심이다. 행동을 최종적으로 결정하는 것은 의지이다. 성장 경향성은 최종 목표를 정하고, 선택은 목표를 달성하는 방법을 선택한다(Perls, 1969).

성장과 발달 경향성은 모든 인간 개개인에게 존재하지만, 그것이 실현되기 위해서는 '충분히 좋은' 관계적 환경이 필요하다. 이러한 접근 목표 중 하나는 성장과 발달 경향성을 불러일으키고 지지하는 것이다. 안전은 탐색을 촉진하기 때문에 진화론적으로 성장을 촉진하는 데 가장 이상적인 환경이다. 탐색은 변화와 새로움의 발견과 발생의 개연성을 증가시킨다. 따라서 탐색은 진화론적으로 적응적이고 생존과 성장을 향상시킨다. 탐색에 최적인 안전을 제공하는 치료법은 심리적 성장을 촉진한다. 심리적 안전은 따뜻하고 공감적이며 무비판적인 환경에서 가장 잘 경험된다.

안전을 제공함으로써 탐색과 성장을 촉진하는 것 외에도 치료자는 내담자의 탐색적 추진력의 새로운 측면에 반응을 집중함으로써 성장 과정을 극대화하도록 도울 수 있다. 이는 내담자의 발달 추진력을 의식하고 확인하며 내담자가 자신의 내적인 새로운 경험과 참신하거나 흥미로운 것에 집중할 수 있도록 돕는다. 성장 가능성에 초점을 맞추는 치료자의 역할은 아이가 첫걸음을 떼도록 격려하는 부모와도 같은 발달 촉진자의 역할이다. 촉진자가 너무 이른 시기에 걷는 것 등 발달적으로 가능한 것 이상으로 격려한다면, 손상이 발생할 것이다. 만약에 촉진자가 아이가 첫걸음을 내딛지 못하게 하는 등 발달 잠재력이 준비되었을 때 실현되는 것을 막는다면, 이 역시 손상이 발생할 것이다. 여기에서 요구되는 것은 발달적 역량과 적절한 단계의 촉진을 조율하고 맞추는 것이다(Stern, 1985). 따라서 내담자가 성장을 향해 치열한 분투를 벌일 때, 치료자의 역할은 안전을 제공하고 내담자의 발달 가능성을 조율하고 발맞추는 것이다. 치료자가 내담자와 함께 발맞춰 가는 것의 중요점은 변화의 모험과 관련한 두려움과 불안을 알아차리고 어려움을 극복하기 위해 고군분투의 고통을 알아차림으로써 안전과 안심을 제공하는 것이다. 따라서 변화의 두려움을 의식하는 데 있어 "말하기가 심히 두렵고 위험이 보이는 것같이 느껴진다"와 같은 반응들은 사람들로 하여금 그들 자신이 자신감이 있고 안전하다고 느끼고 그들의 능력이 변화하고 성장하도록 향상시킨다.

우리는 성장 경향성을 타인에게 애착하고, 상호 의존으로 성장하고, 호기심을 갖고, 사회적 · 물리적 환경에 능숙하고, 기본적인 욕구를 충족하기 위한 동기를 포함하는 다양한 동기를 포괄하는 것으로 본다. 이러한 동기와 함께, 우리는 각 개인이 유기체가 성장하도록 돕는 자원을 소유한 것으로 본다. 이러한 자원들은 자기 자각, 근본적으로 적응적인 정서 조직, 지식과 기술에 의해 뒷받침되는 내적인 강점이다.

성장 경향성에 이바지하는 첫 번째 자원은 의식과 자기 자각이다. 자기 성찰적 의식이 있는 인간 출현과 함께 생존하고 성장하는 유기체적인 경향성은 생존과 성장을 촉진하는 의미를 추구하고 구성해 가는 인간에게 주요한 자극이 되었다. 인간의 성장이 대부분의 다른 생물학적 유기체의 성장과 가장 구별되는 점은 인간의 고유한 자기 성찰적 의식을 위한 능력과 궁극적으로 의미, 선택, 자기 결정과 자유의 능력이다. 따라서 의식은 유기체의 생존과 성장을 돕도록 작용한다. 성장 경향성과 의미 능력의 이러한 조합은 유기체가 신체적인 수준과 의미 체계의 심리적인 수준 모두에서 자기를 유지하고 향상시키도록 동기화된 존재임을 알려 준다. 사람들의 자신에 대한 심리적 감각은 그들이 만들어 내는 정서적 의미에 의해 매우 강력하게 이끌리기 때문에, 그 사람의 정서적 의미에 대한 공감적 이해는 인간의 심리적 성장을 지원하는 촉진적 환경의 중요한 측면이 된다. 공기가 호흡하는 데 필요한 것처럼 정서의 공감적 조율은 정서에 기반한 자기의 발달을 조성하는 데 필요하다(Kohut, 1984).

성장 경향성에 도움을 주는 두 번째 중요한 자원은 정서 조직체이다. 우리는 유기체를 성장 원리가 가장 효과적으로 작동하기 위해 인정될 필요가 있는 생득적이고 생물학적으로 적응적인 정서 경향성을 소유한 것으로 본다. 생물학적으로 적응적인 정서/동기 조직체는 유기체의 핵심이다. 여기에 2가지 주요한 점이 있다. 첫 번째는 인간 유기체는 환경에 적응을 촉진하고 또한 문제 해결을 돕는, 본질적으로 적응적 정보를 제공하는 근본적으로 적응적인 정서/동기 조직체를 물려받았다는 것이다. 두 번째는 이러한 자원은 정서 경험에 주의를 기울임으로써 활용될 수 있다는 것이다. 이를 통해 적응적 정보를 명확하게 상징화하고 선택과 행동을 이끄는 데 사용할 수 있다.

정서는 근본적으로 적응적이고 유기체가 그들 자신이 생존하고 향상되기 위해 이러한 빠른 평가 시스템에 민감하도록 고안되었기 때문에, 본질적으로 우리는 정서 반응 조직의 정보에 내적으로 주의를 기울이는 것이 중요함을 주장한다. 기쁨이나 흥분과 흥미 같은 긍정적인 정서는 또한 유기체가 주도적으로 되는 데 결정적이다. 이러한 모든 정서 정보를 무시하는 것은 유기체의 안녕에 결정적인 중요한 적응적 정보를 빼앗는 것이다. 이전에 언급한 바와 같이, 유기체가 상황과 관계할 때, 정서가 생성된다. 정서는 사람의 개인적 안녕을 위해 일어나고 일의 중요성을 평가하고, 따라서 근본적으로 생존과 성장에 관여한다. 정서적 반응에 주의를 기울이는 것은 개인의 안녕과 관련된 중요한 정보, 문제 해결을 돕는 데 필요한 정보, 정보에 입각한 선택, 결정 및 행동을 제공한다. 특히, 위기와 새로운 발달의 시기에, 새로운 경험이 생성될 때 중요한 타인이 자신의 정서 반응에 공감적으로 조율하도록 하는 것은 자신의 내부 경험이 조율될 수 있도록 지원하는 데 결정적인 도움이 된다.

성장 경향성을 뒷받침하는 또 다른 자원은 사람들의 평생 학습과 경험, 즉 변화를 돕는 강점으로 접근할 수 있는 경험이다. 내담자들은 이러한 강점과 자원의 거대한 창고를 가지고 치료에 온다. 치료는 내담자가 치료적 과제와 심리적 문제를 해결하는 데 도움이 되는 이러한 자원에 접근하도록 돕는 과정이다. 치료에 대한 이러한 접근에서 우리는 주로 기술이 부족하거나 결핍된 사람들을 다루는 것이 아니라, 그들이 원하는 심리적 또는 행동적 변화를 이루기 위해 내부 자원을 사용하지 않기 때문에 치료를 찾는 사람들을 다루는 것임을 기억해야 한다. 따라서 내담자들은 그들의 내적 자원에 내적으로 주의를 기울임으로써 강해지고, 이러한 내적 자원에 대한 참여와 활용을 촉진하는 것이 치료자의 기능이다.

성장 경향성에 대한 신념에 함의된 바와 같이, 유기체를 믿는 것은 복잡한 개념이다. 우리는 이 개념을 개인의 내적 자원에 접근하고 활용하는 것이 중요하다는 것과 개인이 경험하고 있는 것에 대한 지침으로서 내적인 정서에 주의를 기울이는 것이 중요하다는 것을 인정하기 위해 사용한다. 내면에 주의를 기울이는 것은 사람들이 자기의 기질적인 반응을 받아들이도록 돕는다. 각 개인은 어떻게 지내야 하는지에 대한 이미지에 이끌리기보다는 실제 자기의 모습에 주의를 기울이고 이를 존중해야 한다. 예를 들면, 사람들은 자극에 대해 민감성과 반응성, 변화에 대한 반응성, 외향성의 정도, 그리고 기타 다양한 기질적인 특징에 기질적으로 다르다. 그들은 자신이 아닌 타인이 되려고 노력하기보다는 자신의 존재 방식을 존중해야 한다. 그들 자신에게 중요한 것이 무엇인지에 대한 그들의 정서뿐만 아니라 자기의 기질에 근거한 신체적 반응에 주의를 기울이는 것이 그들 자신에게 진실한 최상의 방법이다.

하지만 우리는 개인이 자신의 정서를 믿을 필요가 있다고 말함으로써 개인의 정서나 충동을 전적으로 의존하여 행동을 유도할 수 있음을 시사하지는 않는다. 정서적 반응은 선택이나 행동을 위한 지침으로 사용되어야 하며, 결정 요인으로 사용될 필요는 없다. 일단 우리가 정서적 반응을 의식하면 방향과 문제 해결을 향상시키는 안녕감과 관련된 정보를 갖게 되지만, 이 반응 정보를 행동으로 옮기기 전에 우리 경험의 다른 측면과 더 많은 성찰과 통합이 필요하다. 일단 우리가 우리의 내적인 반응에 주의를 기울이면, 우리는 그 정보를 우리의 결정 과정에 통합할 필요가 있다. 왜냐하면 그 결정 과정이 우리의 반응이고 잠재적으로 적응적이기 때문이다. 또한 우리가 정서 반응을 의식하고 있다는 점을 고려할 때, 우리는 기회를 위해 상황을 의식적으로 평가하고 상황을 처리하기 위한 우리의 기술과 자원을 평가해야 한다. 그런 다음 우리의 정서 반응을 전체 시스템에 통합하고 모든 정보 원천의 관점에서 행동할 필요가 있다. 따라서 선택은 행동을 결정하는 중요한 요소이다.

분명히 우리의 모든 정서적 반응이 일차적인 생물학적 적응 반응은 아니다. 다양한 유형의 정서 반응을 구분하기 위한 첫 번째 수단으로 일차적 · 이차적 · 도구적 정서 반응과 일차 적응 정서와 부적응 정서 간의 구별이 제시되었다(Greenberg & Safran, 1984a, 1884b, 1987, 1989). 자세한 내용은 다음과 같다.

일차 정서는 상황에 대한 지금-여기의 즉시적이고 직접적인 반응이다. 이차 정서는 일차 정서나 사고에 대한 이차적인 반응이다. 이차 정서는 종종 일차적 생성 과정을 모호하게 한다. 따라서 일차적 정서가 두려움일 때 이차로 분노를 표출하고, 일차 정서가 분노일 때 울거나 슬픔을 표현하기도 한다. 도구적 정서는 위로를 끌어내기 위해 슬퍼하거나, 위협하기 위해서 화를 내는 것처럼 목적을 성취하기 위해서 사용되는 정서들이다. 여기서 중요한 것은 역기능에서 인정되지 않았고 반드시 찾아서 포함되어야 할 점이 일차적 유기체적 정서 반응이다. 흔히 이것은 상당히 조율되고 공감적인 환경의 촉진을 필요로 한다.

일차적 · 이차적 · 도구적 정서 세 부분으로의 분류법과 더불어, 일차적 정서는 일차적 적응 정서와 일차적 부적응적 정서로 나눌 수 있다. 일차적 적응적 정서는, 어떤 경우에는, 학습과정을 통해 공황(panic) 상태와 같은 부적응적이 될 수 있다. 공황 상태에서는 두려움이 주요 정서이지만, 이는 부적응적 반응이 된다.

하지만 일차적 정서 자체는 대체로 기본적으로 적응적이다. 정서는 흔히 이성적으로 보이지 않지만, 정서는 본질적으로 이성적이거나 비이성적인 것이 아니라 단지 적응적이다(Oatley, 1992). 예를 들면, 비난받거나 '무시당해서' 화가 나는 반응은 반드시 비이성적이거나 역기능적이지 않다. 다소 그것은 욕구와 관련한 상황 평가에 기반한 반응이다. 화에 사람들이 반응하는 강도, 취하는 행동의 유형 혹은 화가 난 이후의 일련의 정서들과 생각들이 부적응적일 수 있다. 화 그 자체는 적응적일 수 있다. 따라서 사람들은 화 자체라기보다는 일반적으로 화를 느끼거나 만약에 화를 내면 일어날 것에 대한 두려움이나 화에서 역기능적일지도 모르는 분노로 발전하는 과정을 받아들이지 못한다. 그러므로 초기 반응은 본질적으로 문제가 아닐 수도 있다. 대신, 반응에 뒤따라오는 복잡한 과정과 의미들이 역기능적 행동과 경험을 초래할 수 있다.

하지만 도식적 정서 기억은 현재 상황에 적합하지 않은 일차적 정서 반응을 만들어 내고 이러한 부적응적 반응은 행동에 영향을 주고 일차적인 생물학적 적응 반응을 무시할 수 있다(Greenberg & Safran, 1987, 1989). 일단 사람들은 자신의 정서적 경험을 인정한 후에는 상황에 대한 자신의 정서적 반응이 적응적인지, 적응적 행동 결정에 도움이 될 수 있는지, 일차적 반응을 얻기 위해 추가 탐색이 필요한 복잡한 이차 또는 도구적 정서 반응인지, 또는 개인의 안녕감을 높이는 데 도움이 되지 않는 부적응적인 일차 정서인지를 파악해야 한다. 따라서 정서를 알아차리고 그것들이 일차적 적응적 정서인지 아닌지를 아는 여부는 치료에 있어 중요한 첫 번째 단계이다. 그러나 사람들이 적응적으로 행동하기 위해서는 그들의 정서를 알아차리는 것과 함께 그들은 정서와 연관된 욕구를 알아야 하고, 그 욕구가 의식되거나 충족되지 않았음을 알아차리고 그 욕구를 적절히 충족시키기 위한 기술을 사용해야 한다. 따라서 적응적 행동을 끌어내는 데 있어 중요한 것은 바로 일차적 적응적 정서를 의식하고 정서와 연관된 욕구를 인정하고 욕구를 충족시킬 수 있는 적절한 방법을 사용하는 것이다.

일단 우리가 우리의 정서적 피드백에 주의를 기울이면, 우리의 생존/성장 경향성은 현재 우리 자신과 상황을 어떻게 자각하느냐에 따라서 우리의 결정을 우리의 안녕에 가장 유리하도록 만들기 위한 지속적인 노력을 기울인다. 따라서 성장 경향성은 유기체가 독특한 맥락 속에서 적응적 유연함과 욕구 충족을 향해 계속해서 나아가도록 한다. 나중에 언급하겠지만, 치료는 내담자의 이러한 경향성에 접근하고 강화하도록 돕는 과정이다.

통합적 조망

이 책은 가장 광범위한 준거 틀로서 발달적 변증법적 구성주의적 틀 안에서 작업하였다(Mahoney, 1991; Pascual-Leone, 1976a, 1976b, 1976c, 1980, 1990a, 1990b, 1991). 우리는 변증법적 구성주의자인데, 왜냐하면 우리는 유기체가 경험적 참조들에 근거하여 현실을 능동적으로 조직한다고 보기 때문이며, 우리는 유기체가 생존하고 성장하기 위해 환경과의 상호작용을 근본적으로 지향한다고 보기에 발달적이라고 말한다. 우리는 유기체가 성찰적 의식을 가지고 있다고 보고, 이 의식은 발달 추진력과 그 맥을 같이하는 것으로 결과적으로 능동적인 주체가 되게 한다. 유기체는 새로운 의미를 만들어 내기 위해 내적 구조를 분화하고 통합함으로써 상황에 적응적으로 대처하도록 그 자체를 끊임없이 조직한다. 이러한 창조적인 조절은 향상된 적응, 욕구 충족, 자기-향상의 도움으로 더 큰 조직적 복잡성의 발달로 이어진다.

성장 경향성의 적응적 자기 조직화 기능에 대한 더 넓은 관점 내에서, 근본적으로 적응적인 2가지 동기 이슈가 중요해 보인다. 이것들은 타인과의 관계성과 애착(Bowlby, 1969/1982)(자율과 분리의 양극화 과정)이고, 환경의 탐색과 숙달(White, 1959/1966)(사람의 잠재력을 최대한 활용하는 연관 과정)이다. 타인-관계성에 대해서, 정동은 근본적으로 관계적이라는 것을 첫 번째로 언급한 것이 중요하겠다. 두 번째로, 우리의 관점에서, 유아는 조직화할 준비가 된 애착-반응 시스템의 구성 요소를 가지고 세상에 나온다. 이러한 반응은 타인과 애착을 형성하고 타인으로부터 접촉/편안함과 기본적 안정감을 추구하는 것을 포함한다. 숙달과 관련하여, 우리는 유아를 환경을 통제하기 위해 능력을 최대한 발휘하여 세계와 그 구성 요소를 조작하고 적극적으로 탐색하도록 설계된 근본적으로 호기심이 많은 존재로 본다. 따라서 타인-관계성, 상호 의존성, 능력과 숙달은 인간 천성의 근본적인 측면들이다. 이것은 배고픔, 성행위, 피해 회피와 같은 추동처럼 기능하지 않는다는 것을 부정하지 않는다. 또한 이는 진실, 아름다움, 정의에 대한 욕구 같은 더 복잡하고 높은 수준의 '존재' 욕구(Maslow, 1971)가 행동과 발달의 궁극적으로 중요한 결정 요인이 아니라는 의미도 아니다. 추동과 존재 욕구와 기대와 목표 같은 인지적인 요소와 상과 벌 같은 외적 동기와 정서 이 모두가 각각의 순간에 사람들의 각각의 행동을 동기화하는 데 영향을 준다. 따라서 우리는 동기를 언급할 때 이러한 모든 영향의 조합을 고려하고 욕구/목표/관심의 융합이라는 관점에서 생각함으로써 동기에서 생물학, 학습과 문화의 영향을 의식한다. 하지만 우리는 치료에서 작동하는 동기 문제를 이해하는 데 기본이 되는 애착/상호 의존 및 호기심/숙달뿐만 아니라 정서를 강조하기로 선택했는데, 이러한 것들이 치료에 변화를 가져오는 방법들을 조명하는 데 도움이 된다고 믿기 때문이다.

유기체는 동기적 · 정서적 시스템의 형태로 특정 근본적 또는 내재된(in-wired) 성향을 부여받았다. 우리의 입장에서 욕구나 근본적인 관심의 형태인 동기가 본질적으로 독립적으로 제공되는 것인지, 아니면 근본적으로 내재된 정서 시스템, 인지, 환경

(우리가 선호하는 관점) 사이의 복잡한 상호작용에서 나오는 것인지는 그리 중요하지 않다. 우리가 강조하는 점은 유기체가 특정한 동기적 · 정서적 특성이 있다는 사실이다. 환경과 상호작용하는 이러한 시스템은 곧 개인의 실제 경험을 대표하는 각 개인의 다소 특이한 동기 · 정서적 구조로 발전한다.

그러므로 우리의 접근에서는 하나의 결정적이고 거대한 동기 이론을 제안하기보다는 사람들의 현재 욕구, 목표 및 관심과 이를 충족시키려는 시도 측면에서 사람들의 기능을 이해하는 것이 치료에 도움이 됨을 주장하고자 한다. 사람이 성인기에 이를 때까지 경험과 행동에 영향을 미치는 아마도 수백 혹은 수천 가지의 욕구, 관심사, 열망, 목표들이 있다. 기본적인 인간 욕구 혹은 목표를 완전히 명시하려고 하기보다, 비록 더 기본적인 욕구가 있을지라도, 인간의 기능은 복잡하고 독특하며 의도적임을 주장한다. (Maslow가 제안하듯이) 욕구에 위계적 구조 속에서 생존의 욕구가 일반적으로 성장 욕구보다 우선한다는 우선순위 원칙이 존재할 수 있지만 치료자가 기본적인 인간 본성에 대해 단일하고 잠재적으로 제한적인 관점으로 작업하지 않은 것이 가장 유익하다. 대신, 동기가 역기능과 변화에 어떻게 작용하는지에 대한 과정적 관점을 개발하고 내담자의 독특한 정서와 욕구를 분별하기 위해 내담자의 말을 경청하는 것이 중요하다.

자기의 형성

유기체는 통합된 인지/정서/동기/관계적 작동 시스템이며, 자극의 자각과 평가, 정동 경험과 행동 경향성이나 동기적 잠재력의 생성이 작동하는 전체적인 변증법적 관계 시스템 일부이다.

상황에 대한 반복적인 욕구와 관련된 정서적 반응은 세계 내 자기의 정서 도식을 형성한다. 따라서 정동은 관계적 자기의 기반을 이룬다. 하지만 정서 도식은 평생에 걸쳐 형성되며 경험의 다른 영역과도 관계된다. 처음부터 이 도식은 함께 결합되어 나타나는 자기감(sense of self)의 시작 단위를 형성한다. 하지만 관계적 자기(Gilligan, 1982)는 본질적으로 모듈식이며 상황에 반응하여 순간적인 자기 조직을 변증법적으로 구성하는 과정에 끊임없이 참여한다(Greenberg & Johnson, 1988). 모듈식으로 조직된 관계적 과정—자기가 주도권의 중심이 되고 무언가를 원하거나 필요로 하며 자신과 타인의 반응을 예상한다. 따라서 이러한 모듈식, 변증법적으로 관련된 조직은 치료적 개입의 대상이 되고 이러한 모듈식 특성으로 인해 서로 다른 모듈식 기반 처리 어려움에 대해 차별적 개입이 필요하다.

따라서 관계적 자기는 하나의 고정된 실체가 아니고 오히려 주도성을 중심으로 끊임없이 자기를 구성한다(Pascual-Leon, 1990a, 1990b; Verela, Rosch, & Thompson, 1991). Stern(1985)이 입증한 바와 같이, 유아는 "자기의 행동을 통제하고, 자신의 정서에 대한 소유권과 연속성을 갖는 뚜렷하고 일관된 주체로서 자신에 대한 통합된 감각"을 발달시킨다(p. 69). 따라서 우리의 관점으로 볼 때, 통합된 자기감은 구성되며 끊임없이 구성되고 때때로 와해될 수 있다. 개인은 발달 과정에서 욕구가 충족되거나 만족되면 그 결과 환경과 관련된 자기의 경험을 조절하는 능력이 있음을 느낀다. 이러한 조절 능력은 관계적 자기의 유능감의 중심이다. 하지만 이러한 유능하고 일관성 있고 안정적인 자기감은 끊임없이 구성된다. 언제나 크고 작은 통합감과 일치감에 도달할 수 있다. 우리의 기본적인 가정은 개인적 실체는 끊임없이 구성된다는 것이고 자기 경험과 자기에 관한 경험은 의식과 현실의 상호작용 및 자동으로 신호가 전달되는 정서 도식을 통해 순간순간 구성된다는 것이다.

제5장

역기능

우리는 병리(pathology)나 역기능은 현재 작동하고 있는 무의식적인 동기의 부산물이 아니며, 내담자가 억압된 정서에 의해 부적응적인 행동을 하도록 이끈다고 보지도 않는다. 그보다는 부적응적인 행동과 역기능의 많은 부분을 결정하는 것은 바로 사람들의 현재 의식 또는 알아차림의 부족, 그들의 해석과 경험의 의미이다. 무의식적으로 생성되는 정서 경험에 대한 의식은 특히 의미 창조와 인간 환경에서의 적응적 문제 해결에 중요하다(Greenberg & Safran, 1987/1989). 이 책에서 주장한 바와 같이, 사람들은 본질적으로 그들 자신과 상황에 대한 현재 의식을 고려할 때 최선의 적응 대안이라고 생각되는 방식으로 행동한다. 만약에 그들의 정보 구성이 자동적인 정서적 반응 때문에 정보를 얻지 못하면 방향 감각을 잃고, 정보 구성에 정보를 주는 정서 반응이 역기능적이라면 그들은 부적응적으로 행동한다. 따라서 정서적 의미 생성 문제는 역기능의 핵심이다.

우리가 볼 때 정서적 의미와 결과로 발생하는 역기능과 관련된 문제는 2가지 근본적인 과정에 의해 형성된다. 이는 ① 의미의 지속적인 의식적 구성, 즉 의미가 알아차림 가운데 경험을 합성하고 상징화함으로써 창조되는 과정과 ② 정서 도식의 자동적인 활성화, 즉 경험이 알아차림 가운데 잠재적인 합성을 위해 무의식적으로 생성되는 과정이다. 첫 번째 과정은 변증법적으로 구성한 것으로 지속적인 합성의 과정과 연관된다. 그리고 두 번째는 도식 활성화와 연관된 자동적 과정이다.

역기능은 구성적 상징화 과정에서의 실패와 체험에서 발전된 역기능적 정서 도식의 활성화에서 비롯된다. 한편, 정서 상징화의 역기능은 정서 반응 정보가 전혀 활용되지 않거나 제한적이거나 왜곡되어 상징화되는 결과를 낳는다. 따라서 남편은 그녀가 '그의 마음을 읽어 주길 바란다'든가, 어머니는 그녀가 '분란을 일으키지 않기를 기대한다'는 자동 평가에 그 여성은 분노의 특정 생리적, 감각적, 얼굴 근육 패턴으로 자동적인 반응을 할 수 있다. 그녀의 평가가 정확한가 아닌가는 우리의 주요한 치료적 관심사가 아니다. 관심사는 그녀의 주관적 현실 구성에서 그녀가 그녀의 정서적 반응을 자기와 상황에 대한 구성으로 합성할 수 있는가이다. 흔히 이와 같은 상황에서 화를 자기의 구성으로 합성할 수 없는 내담자들은 이를 위협적이고 불안한 정서인 채로 남겨두고 과도하게 불평하거나 걱정하는 것으로 마무리한다.

반면에 역기능적인 정서 도식의 활성화는 부적응적인 일차적 반응이나 부적응적인 이차적 반응을 만들어 낸다. 따라서 앞에서 묘사된 내담자는 어머니나 남편과 너무 가까워지는 것에 대한 반응으로 일차적인 부적응적 두려움을 경험할 수 있다. 이것은 자기에 대해 가치 없음과 지속적인 낙담이라는 그녀의 도식적 감에서 나온 것이다. 따라서 그녀는 남편이 친밀해지려는 순수한 시도에 부적응적 두려움으로 반응하는 경향이 있을 수 있으며, 비난받을 것이 두려워 남편에게서 떨어져 있을지도 모른다. 일반적으로 내담자들은 다가가거나 다른 해가 없는 자극에 부적응적 두려움으로 반응하기도 하고 살짝 건드려지거나 친절함에 대해 부적응적인 화로 반응하기도 한다. 이러한 부적응적인 반응들은 도식에 의해 형성된다. 이 도식에서 이러한 정서들은 침범적인 다가옴이나 접촉, 조종하거나 믿을 수 없었던 친절, 혹은 위협적인 자극과 연관되어 평가된 해가 없는 자극으로, 원래는 적응적 정서였다.

도식적 반응 순서는 일반적으로 부적응적 이차적 정서의 생성과 연관된다. 따라서 내담자들은 흔히 기저에 있는 두려움에 대한 반응으로 이차적으로 화를 내거나 그들의 일차적 반응이 화였을 때 소리 내어 울음으로 슬픔을 표현한다. 부적응적 반응은 위협이나 두려움과 같은 일차적 반응이 너무 빨리 일어나 알아차리지 못하고 이차 분노가 행동과 경험을 지배하는 일련의 내부 반응으로부터 유발될 때 발생한다. 또한 이차 정서는 사람들이 자신의 일차 정서에 대한 정서를 가질 때 발생하는데, 즉 분노에 대한 두려움이나 슬픔에 대한 수치심이다.

앞의 두 과정, 즉 정서적 의미의 상징화와 도식적 역기능의 문제는 다음에서 더 자세히 설명하도록 하겠다. 이는 역기능에 대한 하나의 과정 시각을 제공하는 것으로, Rogers(1951)와 Perls 등(1951)이 제안한 자기 의식과 경험 사이의 불일치나 갈등의 구조적 모델에서 제시한 것보다 더 차별화되었다고 본다.

정서적 의미 생성에서의 문제

제3장에서 재고된 인지과학과 정서 이론의 발전을 통해 우리는 사람이 본질적으로 2가지 서로 다른 포괄적이고 복잡한 유형의 정보 처리 또는 의미 생성—즉, 하나는 의도적 및 의지적이고, 다른 하나는 자동적이고 무의식적인—능력을 보유하고 있다고 제안한다(Buck, 1985; Epstein, 1990). 우리는 이것들을 각각 개념적 및 인지적 처리와 경험적 및 정서적 처리로 부른다. 정보 처리나 의미 수준의 2가지 유형의 결합에 있어 와해는 역기능이 만들어지는 원천이다. 과정의 2가지 유형과 와해는 다음과 같다.

개념적 처리는 순차적이고 명제적 처리이다. 인과적 추론, 분석적 사고, 서술적 설명 전개를 통해 작동하며 의미론적 개념 간의 관계에 중점을 둔다. 이성적인 사고와 관련되고 명제적인 의미가 참인지 거짓인지를 결정한다. 자기 지식과 관련한 개념적 처리는 자기에 '관한' 성찰적이고 함축적이며 지적인 앎을 제공하거나 자기에 관한 관점이나 서사를 제공할 수 있다.

경험적 처리는 의미 생성의 무의식적, 전의식적 또는 암묵적 수준의 의식에서 상징화에 일차적인 초점을 둔다. 이 수준에서 우리는 우리의 안녕에 대한 정서적 의미 측면에서 상황을 직접 파악한다. 무엇이 우리에게 어떻게 영향을 주고, 그것이 우리에게 좋은지 나쁜지, 안전한지 위험한지, 성장시키거나 위축시키는지에 대한 자동적 평가를 한다. 이는 합리성의 기능인 무엇이 참이고 거짓인지에 대한 인지적 평가가 아니다. 오히려 무엇이 어떠한지에 대한 우리의 전체적인 느낌이다. 경험적 처리는 즉각적이고 직접적인 경험적 지식 또는 살아 있는 경험을 표상한 무의식적 처리를 자각하는 상징화를 제공한다(Gendlin, 1962/1984). 이 시스템을 사용하면 치료 중인 내담자는 무언가를 새롭게 보고 감정적으로 가슴 아픈 방식으로 "확실하지 않은 것 같아요." 또는 "내 일부가 찢어진 것처럼 내면이 너무 상처받은 것 같아요."라고 말할 수 있다. 이는 현재 느끼는 경험의 상징화를 반영하며 자기 경험의 주어진 요소로부터 역동적인 방식으로 의미를 창조하는 변증법적 구성적 처리 과정이다.

대조적으로 치료에서의 개념적 처리는 자기에 관한 자기나 타인에게서 나온 자기의 지적 추상화와 관련된 명제적인 진술을 의미한다. 이는 합리적인 명제로 "내 문제는 내가 내 목표를 달성하지 못한 것이다" 혹은 "나는 친밀함이 두렵다"와 같은 진술로 반영된다. 각 유형의 처리는 정보를 처리하는 다른 방식으로 개인을 참여시키고 다른 유형의 의미를 생성한다. 개념적 시스템은 순전히 지적인 의미, 경험 체계, 정서적 의미를 생성한다. 하지만 이 2가지 스타일을 구별하는 것은 인지와 정서의 단순한 구별이 아니다. 왜냐하면 둘 다 인지를 포함하기 때문이다(Greenberg & Safran, 1987; Bohart, in press). 경험적 처리는 전체적인 정서적 의미를 제공하기 위해 감각 운동적·과정적 지식을 가지고 개념적·명제적 의미를 합성하는 것에 관여한다. 하지만 개념적 처리는 명제적이고 구체화되지 않은 '설명적 지식'(James, 1890), 즉 사물에 대한 지식만을 제공하며 명제의 참과 거짓에 대한 평가를 포함한다. 경험적 처리는 무엇이 자기에게 좋고 나쁜 것인지에 관한 자동적 평가를 포함하는 여러 수준의 정보처리 과정을 통합하는 직접적인, 전체적인, 구체화된 '얕은 수준의 지식'(James, 1890)을 제공한다. 전체적인 처리의 결과적인 형태는 우리 일상에서 정서적 의미를 형성하는 것으로 드러난다.

각 개인의 개념적 의미들이 정서 경험과 느껴진 의미를 능가하고, 반박하고, 압도하고 왜곡하거나 무시할 때, 그들은 통합적인 방식으로 기능할 수 없고 역기능의 씨앗이 뿌려지게 된다. 왜냐하면 사람들은 자기 경험과 온전히 접촉하지 않기 때문에, 개념적 처리에 대한 만성적인 의존은 역기능을 유발한다. 그들은 그들의 근본적인 경향성 시스템에 의존할 수 없고 '분리된 혹은 거짓된 자기'가 된다(Laing, 1966). 치료적 관점에서 볼 때, 내담자를 단지 개념적 설명을 제공하는 개념적 처리 과정보다는 개념과 경험을 합성하는 변증법적 구성적 경험적 처리 과정으로 끌어들이는 것이 중요하다.

개념적인 앎은 정서 도식으로 형성된 통합적인 느낌들과 의미들에 의존하지 않는다. 대신 그것은 좀 더 신중하고, 합리적이고, 분석적이고, 지적인 추상화이며, 순전히 명제적이고 자기 기술에 관한 논리적·문화적·사회적 기초에 좀 더 뿌리를 두고 있다. 이 시스템은 학습된 가치와 이상의 조합일 뿐 아니라 사람이 어떻게 '해야 한다'는 학습된 규칙들의 조합(Rogers의 가치에 대한 조건이나 Perls의 내사)에 의존한다. 이것들은 개인적 경험이 아닌 타인의 기대로부터 발달한다. 또한 개념적 시스템은 '자기'와 '상황'의 내러티브를 자기와 자기 경험, 즉 자기와 타인을 이성적으로 이해하고 설명하는 방식으로 작동한다. Gazzaniga(1985)는 분리 뇌(split brain) 환자가 그들의 행동에 대한 합리적 설명을 전개하기 위해 자기의 행동에 대한 전적으로 부정확한 사유들을 어떻게 만들어 내는지 분명하게 설명하였다. 이 시스템을 사용하여 개인은 자기를 자기와 타인의 관심 대상으로 반사적으로 집중하면서 자신을 표상화한다. 이는 개인이 '거절에 민감한', 혹은 '수줍은', '자신 있는', 혹은 '게으른' 사람처럼 추상적 방식으로 자기를 개념화할 때 발생한다. 이것은 즉각적인 정서 경험을 상징화하는 것이 아니라 실제로 자기에 관한 추상적 개념이나 신념인데, 이는 경험의 조망에서 자기에 대한 설명적 관점으로 정보를 응축한다. 우리가 언급했듯이, 자기에 관한 설명이나 행동은 타인의 견해를 기반으로 '해야 하는' 것에 관한 신념이나 기대로 나타난다.

반면에 경험적 처리는 자동적·전의식적·신체적 경험을 인식하는 상징화를 특징으로 한다(Lakoff, 1987; Johnson, 1987). 그것은 특정 상황에 처해 있는 우리의 신체적 경험을 표상화한다. 이전에 논의한 대로, 경험지식은 정서 처리의 감각 운동적이고 도식적 수준에 주로 의지하면서 다양한 정보 자원을 통합한다. 우리의 감각 운동 시스템은 특정 자극에 적응적으로 반응하도록 미리 연결되어 있지만, 암묵적 정서 도식은 과거 경험의 관점에서 기능하고 명제 학습을 통합한다. 정서 도식은 자신과의 관련성에 따라 정보를 처리하는 방식으로 주의를 자동적으로 배치한다. 개인은 그가 관여된 상황이 주는 의미를 즉시 이해한다. 이러한 처리 시스템은 상황과 느껴진 의미에 대한 행동 경향성과 정서 반응을 생성한다. 정도의 차이는 있지만 각 개인은 자기의 경험에 의식적으로 주의를 기울이고 상징화함으로써 세상에 대한 방향을 정하고 의식적인 정서적 의미를 창출한다. 이러한 유형의 정보에 대한 인식은 명시적인 정서적 또는 경험적 의미를 제공하며, 이는 '생활 문제'를 처리하는 데 도움이 되며 종종 안녕감을 높이는 데 필요하다.

치료에는 경험적 또는 정서적 의미에 대한 인식이 필요하며 적절한 기능을 수행하는 데에도 필요하다. 이는 의식 밖에서 또는 전의식적으로 발생하는 복잡한 정보의 방대한 자동 도식 처리 중 일부를 의식 속에서 상징화하는 것을 포함한다. 치료에서 이 과정의 수준은 자기의 내적 경험에 주의를 기울이는 과정이나 겉으로 드러나는 표현적 행동을 알아차림으로써 촉진될 수 있다. 신체적으로 느껴진 경험은 사건 해석의 구성 요소로 도움이 될 뿐(Lakoff & Johnson, 1980) 아니라 의미-구성 과정을 위한 특별히 중요한 참조 자료이다(Gendlin, 1981). 또한, "우리는 논쟁하였다"와 같은 일반적인 기억보다 "나는 그가 나를 노려본 것을 기억하고, 나는 먹은 것이 얹힌 듯한 답답함을 느꼈다"와 같은 세부적이고 구체적인 기억의 촉진은 경험적 처리를 촉진하는 중요한 방법이다.

경험적 의미 시스템은 생생한 현실 구성의 기초를 제공하고, 또한 근본적으로 적응적 정서 반응 정보를 위한 통로가 된다. 이는 진화론적으로 발달해 온, 생물학적 · 적응적 정서 시스템의 기초가 된다. 우리의 기본 가정 중 하나는 사람들이 살면서 문제를 해결하고 세상에 적응적으로 순응하기 위해 암묵적인 빠른 처리 과정의 경험적 시스템 생성에 주의를 기울이고 의식적으로 이를 언어로 상징화할 필요가 있다는 것이다. 우리가 말한 대로, 만약에 신체적으로 느껴진, 정서가 가미된 경험에 정확하고 즉각적으로 주의를 기울이고 상징화하지 않으면, 정서적 의미 시스템은 복잡한 인간 환경 속에서 생물학적 적응적 기능에 도움이 될 수 없을 것이다. 이러한 정서에 기반한 경험 정보로의 접근이 자기와 환경과 관련된 경험의 학습된 처리로 인해 차단된다면, 사람들의 기능은 방해받을 것이고 마침내 역기능이 생길 것이다. 따라서 역기능은 구성 과정에서 문제들, 특히 사람의 생성된 경험을 자동적으로 합성할 수 없는 능력에서 기인한다. 자기개념과 경험 사이의 갈등이라기보다 변증법적 합성 과정에서의 문제이다.

치료의 중요한 작업은 개념적 처리보다는 경험적 처리를 촉진하여 개인이 전체적이고 정서가 가미된 경험을 보다 효과적인 방식으로 처리할 수 있도록 하는 것이다. 치료는 사람들이 조금 더 내적 · 외적 정보에 열려 있고, 근본적인 경험을 생성하고 정서 의미 구성에 도움이 되는 정서 도식을 자극하고 활성화할 필요가 있다. 가능한 한 완벽하고 완전하게 특정한 상황을 탐색함으로써 사람들은 세계에 대한 그들의 근본적이고 전체적인 모델, 즉 자기 경험에 책임지는 모델에 접근할 수 있다. 이는 전체적인 모형이며, 재구조화가 필요한 개념적인 의미가 아니다. 우리가 치료에서 추구하는 것은 '권위에 저항하는 반발'이나 '가까이할 때 사람을 밀어냄'과 같은 상황을 관통하는 추상적 행동 패턴에 관한 직관이 아님을 명심하길 바란다. 그 대신에 추구되는 것은 바로 구체적이고 특별한 경우의 재경험이다. 그것은 기억에서 실제 경험의 모든 요소를 불러일으키는 단일 경우에 대한 완전한 경험이다. 이러한 경험의 활성화는 상황에 대한 개념적 신념이나 구성에 도전할 수 있는 새로운 정보를 제공하고 신념 및 또는 요소 모두를 재구성할 수 있게 만든다. 따라서 치료에서 접근하고 주의를 기울여야 하는 것은 절망적인 갈망이나 현재 살고 있는 정서, 열등함, 부적절함, 사랑스럽지 않음(그리고 이와 관련된 행동 경향)을 의식하면서 현재 재현된 경험이다. 다루어야 할 것은 이러한 정서에 대한 지적인 개념이 아니다.

역기능적 도식

우리 관점에서 역기능은 위에 기술한 대로 사람의 의미-합성 과정 중의 문제에서 유래한다. 다른 한편으로, 역기능은 사람들의 세계 내 존재의 일반적 태도에서 기인한다. 세계 내 존재 방식—사람들이 세계를 인식하고 행동하는 방식—을 통제하는 것은 바로 정서 도식이다. 도식들이 발달해 감에 따라 도식들은 세계 내 자기에 관한 관점과 경험에 영향을 주는 하나의 정신적 구조가 된다. 이러한 관점들은 사람들이 세상에서 자기를 경험하는 근본적 방식이 된다.

도식이 활성화되면, 도식은 사전 주의와 세심한 처리를 모두 안내하고 과거 학습에서 만들어져 온 기대와 반응을 생성한다. 사람들이 경험하는 것과 반응하는 방식은 그들의 도식으로 지금 생성된 것이다. 첫 번째로, 앞에서 기술한 대로 이러한 도식으로 생성된 정보에 주의를 기울이지 않고 합성되면, 유기체는 자신의 반응을 자각하지 않은 채 자기의 경험에 근거를 두지 않고 방향을 잃게 된다. 하지만 도식 자체가 트라우마적이거나 해가 되는 경험의 기능으로 혹은 자기와 타인과 세계에 대한 부적응적이거나 불일치한 내적인 표상을 구성하는 기능으로 역기능적 반응을 생성할 수 있다. 예를 들면, 세상을 위협적으로 보고 자기를 취약한 사람으로 보는 도식 표상이 활성화되면, 이런 관점과 일치하는 경험과 행동을 생성할 것이다. 도식이 수치심을 만들어 내면, 이러한 경험이 개인의 행동을 지배할 것이다. 따라서 트라우마적이거나 부정적인 개인 역사에 기반한 도식은 새로운 맥락에서도 역기능적 일차적 정서 반응을 만들어 낸다. 따라서 자신의 느낌이나 견해를 타인에게 노출하는 것에 대해 현재 느끼는 수치나 두려움은 자신의 느낌이나 견해를 드러냈을 때 수치심이나 위협감을 가졌던 과거 경험에서 비롯된다. 치료자는 내담자가 치료 시에 부적응적 정서 반응을 불러일으키거나 상징화할 수 있도록 도와줄 필요가 있고, 일단 이러한 반응들이 자각되면 치료자는 내담자가 이러한 도식을 재구조화하도록 도와야 한다. 특정 생각이나 신념이 아닌 재구성이 필요한 것은 이러한 도식이다.

하지만 이 관점에서 역기능적인 것은 일반적으로 개인의 일차적 욕구나 정서들이 아니다. 왜냐하면 일차적 욕구나 정서는 본질적으로 적응적인 것으로 보기 때문이다. 종종 결함이 있고 변화가 필요한 특정 상황에서의 욕구와 정서를 생성하는 것은 도식 구조 또는 복잡한 도식 시스템의 다른 측면이다. 따라서 사랑이나 분노 같은 정서들이나 애착이나 자율 같은 욕구들 그 자체는 절대로 부적응적인 것이 아니다. 사실 역기능은 학습에서 유래하고 일차적 욕구나 정서와 관련된 불안 경험과 불안 표현에서 유래한다.

불안, 우울 및 다른 불편함은 자신의 정서나 욕구가 타인에게 부정적인 영향을 미쳐서 욕구가 충족되지 않거나 그들의 정서나 욕구가 받아들여지지 않으리라고 예측하는 데서 기인한다. 또한 사람들은 흔히 자신의 예측에 대한 반응으로 불안해하고 화를 내거나 낙심하면서 이러한 자각에 대한 역기능적 반응을 보인다. 따라서 특정 상태에서 발견되는 강렬한 역기능적 절망이나 매달림은 버림받음이나 낙담을 예상하는 데서 발생한다. 이 도식에서 역기능적인 것은 애착 욕구가 아니라 바로 버림받음이나 낙담을 예상하고 이에 대해 보인 반응이다. 이러한 상황과 관련된 모든 복잡한 과정과 경험의 의미는 도식에서 발생한다. 도식이나 도식의 순서가 역기능적이라면 개인의 행동과 경험도 역기능적으로 될 것이다.

우리가 말해 왔던 대로, 병리적인 것은 바로 도식 안에 새겨진 정서들이나 욕구들, 그 자체가 아니다. 대신에 역기능의 주요한 원천은 일차적 정서나 욕구에 대한 이차적 정서들이나 생각들이다. 예를 들면, 흔히 관찰되는 역기능적 반응 순서는 격노보다 앞선 낙담을 포함한다. 격노는 사람들이 일차적 정서인 낙담을 분명히 표현할 수 없고 그렇게 될 거라는 예측된 생각이 두려워서 이차적인 반응으로서 격노하기 때문에 발생한다. 실망 도식의 자동 활성화로 인해 급속한 상처를 경험하게 된 것이다. 이것은 이전에 낙담과 상처에 관한 정서적 기억을 끌어낼 수도 있다. 도식적 정서 기억은 그것과 연관된 위험의 느낌과 "나는 상처와 침범에서 살아남을 수 없을 거야"와 같은 신념을 포함할 때, 침범당했던 기억과 연관된 다른 도식이 활성화된다. 그다음에 이는 침범당한 것에 대한 격노를 생성한다. 이 경우에 격노 반응은 좀 더 일차적 정서와 욕구에 관한 생각과 정서에 대한 이차적 반응이며 상실, 버려짐, 낙담과 연관된 복잡한 의미에 대한 이차적 반응이다.

역기능적 도식의 또 다른 주요 문제는 아동 학대와 관련하여 발생하는 정서적 분열로 인해 발생한다. 강력하게 반복되는 정서 경험은 도식의 발달을 형성한다. 유아기 동안 유아가 같은 양육자로부터 어떤 경우에는 긍정적 정서를 일으키는 애정과 돌봄을 경험하고, 또 어떤 경우에는 부정적 정서를 일으키는 학대와 방임을 경험하면, 유아는 아마도 경험의 각 유형의 분리된 도식 구조를 구성하고, 그 결과 주 양육자와 관련된 자기를 2개의 다른 자기 조직으로 분열시킨다. 이러한 자기 조직 구성이 서로 다른 지배적 정서를 중심으로 형성될 때, 그것은 학대에 관련된 서로 다른 조직이 서로 다른 단서에 의해 활성화되는 분열성 해리장애를 유발한다. 좋은 것과 나쁜 것이 강하게 분리되거나, 피해자와 가해자, 유혹자와 유혹을 받는 사람의 상호적 역할이 형성되어 강력하게 독립적인 방식으로 활성화되거나 정서적 경험에서 완전히 분리된다.

따라서 정신병리는 많은 경우에 개인이 발달 단계를 거치면서 일차적 정서와 욕구를 통합하고 수용하여 처리하지 못한 것과 관련이 있다. 특히, 신경증 유형의 역기능은 신경증적 '유아적' 욕구와 관련되기보다는 성인의 일차적 정서와 욕구가 받아들여질 수 없다는 느낌, 이를 처리하기 위한 자신과 세상을 이해하는 방식과 더 깊은 관련이 있다. 그것은 개인의 정서와 욕구 그 자체보다 문제가 되는 정서와 욕구를 다루기 위해 그들 자신을 어떻게 조직하느냐이다. 결과적으로 역기능이 되는 것은 바로 이러한 정서와 욕구에 이름을 붙이지 못하고(Horney, 1966; Perls, 1969), 정서와 욕구를 소유하거나 허용하지 않는 것의 모든 과정이다. 정서/동기 반응 시스템은 본래 생물학적으로 적응적으로 주어졌다. 사람들이 일생에 걸쳐서 이 반응을 어떻게 다루고 그것과 관련하여 형성되는 도식적 발달이 적응과 부적응을 결정한다.

부적응적 도식 발달

정서 도식은 유아기부터 발달하고, 욕구 충족과 관련된 내적 표상이 발달해 온 것에 따라 기능적이거나 역기능적 반응으로 나타난다. 예를 들면, 목이 마르거나 불편함 같은 유아의 심리사회적 상태가 표현으로 바뀌고 양육자에 의해 적절한 욕구 만족 반응으로 채워질 때, 이 과정의 발생 순서가 기억에 저장된다. 이러한 경험의 반복은 일련의 순서로 자기의 도식적 구조의 일부가 되는 내적 모델의 표상화로 이끈다. 욕구의 반복적인 좌절은 세상의 특별한 관점과 세계 내 존재(being-in-the-world) 상태를 포함한 핵심적 자기 구조 표상을 형성한다. 여기에는 자기와 세계에 관한 부정적인 정동과 믿음이 포함될 수 있다. 결과적으로 욕구와 관련된 도식이 불러일으켜질 때, 역기능적 반응이 나타난다. 이러한 도식은 전 생애에 걸쳐 변화하고 끊임없이 발달해 갈 수 있다. 이 도식은 새로운 인생 경험과 성찰을 통해 변화될 수 있지만 초기 도식은 정보가 어떻게 처리되는지와 세상을 어떻게 바라보는지에 대한 표식으로 그 영향을 발휘할 수 있고 흔히 발휘한다. 따라서 병리는 개인이 세계 내 자기의 상태에서 자기 자신과 세상을 바라보는 방식으로 드러난다.

반면에 건강한 발달은 유아의 정서 표현과 관련된 욕구에 대한 양육자의 정확한 인식을 포함하며 유아를 향한 양육자의 공감적 조율을 통해 이루어진다. 이것은 유아가 직접적으로 경험된 자기감(sense of self)을 확인하고 유아가 자기와 내적 세계 속에서 안전감과 자신감을 구축해 가도록 돕는다. 하지만 반복적으로 확인되지 않는 반응이나 반응의 만성적인 실패, 과한 반응이나 일관성 없는 조율은 유아가 욕구 충족과 정서 조절을 위해 타인을 의지할 수 없다는 것을 학습하게 되고 관계적 자기가 불안하고 불안전한 일반적인 느낌을 구성하게 된다. 어떤 이유로든 자기가 조절할 수 없는 능력은, 그것이 내적이나 외적인 원인이라 할지라도, 결국에는 자기 조절을 하지 못하는 능력이다. 이것은 잠재적으로 역기능적 정서 도식을 생성하고, 이는 왜곡된 인지뿐 아니라 좌절에 대한 불안 같은 부정적인 정서 반응이 담긴 정서 도식이 된다. 그런 다음, 이 도식은 세계 내 존재의 지배적인 방식을 결정한다.

정서 도식(인지를 넘어 정서적 · 동기적 · 관계적 반응 정보를 부호화하는 체계)에서 경험과 관련된 신념 외에도 치료의 변화가 필요한 것은 도식 모듈에 표상화된 욕구와 관련된 반복적인 감각 운동 및 정서적 경험임을 기억하는 것이 중요하다. 예를 들면, 지지받고자 하는 욕구가 채워지지 않을 때, 강한 실망감을 생성하는 도식에서는 많은 것들이 바뀔 필요가 있다. 이는 머리에 내적인 소용돌이 느낌, 가슴을 죄는 느낌과 상처받아 손상된 느낌일 수 있다. 이것은 공처럼 동그랗게 안으로 말리는 경향, 즉 위로받고 싶은 열망과 "나는 절대로 내가 원하는 것을 얻을 수 없을 거야. 만약에 내가 그것을 얻지 않는다면 나는 생존할 수 없을 거야"라는 암묵적 신념이 이에 해당할 것이다. 낙담과 연관된 모든 이러한 정서적 측면들은 단순히 신념 차원이 아니라 세계 내 자기의 총체적인 방식으로 변경되어야 한다. 역기능적 신념은 친밀감 및 의존성과 관련된 정서 도식의 중요한 부분이지만, 그 도식의 일부일 뿐이다. 역기능의 원천이고 재조직될 필요가 있는 것은 단지 하나의 신념만이 아니라 바로 전체적인 정동적/인지적/동기적/관계적 행동 도식이다.

역기능에 대한 다각적인 관점

우리의 관점에서 역기능은 2가지 주요한 방식으로 발생한다. 첫 번째는 변증법적 의미 구성 시스템이 정서 도식 시스템 정보의 풍부함에 주의를 기울이지 못하거나 일부 처리 제한이나 방해로 의식적 인식에서 이 정보를 처리하지 못할 때 역기능이 발생한다. 따라서 정서적 의미의 한 측면이 개념적으로 파생된 자기 이미지, 신념 또는 설명적 내러티브에 동화되지 않으면 분열이 발생하고 유기체는 더 이상 통합되지 않는다. 개념적 의미들은 더 이상 정서 경험에 기반을 두지 않고 모든 형태의 왜곡을 포함한다. 의식적 행동과 경험을 지배하는 이 시스템의 작동이 중단되면 역기능이 발생한다.

두 번째, 도식이 유입되는 정보를 반복적으로 왜곡하거나 부적응적 방식으로 조직하여 결과적으로 역기능적 정서 의미와 적절하지 않은 반응을 보이는 것처럼, 개인의 내적 세계를 생성하는 정서 도식 자체가 역기능적일 때 역기능이 발생한다. 이미 언급한 부호화 문제와 더불어 변화나 도전을 동화시킬 수 없는 과도하게 경직된 도식적 처리, 역기능적 정서 반응이 부호화된 도식의 활성화, 양립할 수 없는 두 개의 도식이 동시에 활성화되거나 한 도식의 활성화가 역기능적으로 연결된 다른 도식의 활성화로 이어지는 잘못된 도식적 순서의 시스템 문제 등 많은 유형의 역기능적 도식 처리 문제가 존재한다. 우리의 기본 가정 중 하나는 많은 역기능적 경험, 태도와 행동이 특정 도식적 처리 문제에서 유래한다는 것이다. 잘못된 처리는 인지적 · 정서적/도식 시스템의 내용, 구조와 구성에서 비롯된다. 이는 자기, 타인과 세계에 대한 정서적 정보를 처리하는 방법에 영향을 준다. 이 책의 Part III에서는 반복적이고 복잡한 도식적 처리 문제를 최소한 6가지 유형으로 구분하고 이에 대한 구체적인 개입 방법을 제시할 예정이다.

역기능적 도식의 관점에서 중요한 점은 역기능과 관련된 단 하나의 핵심적 자기도 없고, 역기능의 단일 메커니즘도 없다는 것이다. 다만 자기는 많은 부분적 자기의 모듈로 구성되어 있고, 다양한 경험 영역과 관련된 다양한 핵심 자기 관련 정서 도식이 있다. 이것의 중요한 의미는 이 책의 치료 매뉴얼 부분에서 제시된 것처럼 다양한 유형의 모듈 기반 역기능에는 이상적으로 다양한 유형의 개입이 필요하다는 것이다.

이런 관점에서, 역기능적 도식은 특정한 역기능적 도식 모듈의 활성화와 도식적 모듈 사이의 역기능적 순서와 관계로 일어난다. 초기에 경험 이론은 자기개념과 유기체 사이의 불일치를 역기능의 유일한 원인으로 삼았다. 하지만 우리는 사람이 도식적으로 생성된 정서 반응에 충분히 주의를 기울이거나 합성하지 못해서 그리고 영역별 역기능적 정서 도식 또는 도식 처리의 활성화로 인해 역기능이 발생하는, 역기능에 대한 다원적 관점을 제안하고자 한다. 말했던 바와 같이 자기개념은 구성적 과정으로 대체되고, 유기체는 의식으로 합성될 수 있는 모듈식의 구조화된 도식 처리기로 대체된다. 이런 다원적 관점은 역기능의 실제 발생에 관한 보다 구체적이고 세부적이며 더 정확한 설명을 제공하며, 따라서 경험적 치료에 차별적으로 개입할 수 있는 기반을 제공한다.

우리는 역기능이 문제를 주의하고 상징화하는 것과 도식적 처리의 어려움에 의해 결정되는 것으로 보는 것 외에도 불안이나 우울증과 같은 특정 장애가 균일하게 또는 단독으로 발생하지 않는다고 믿는다. 사실 장애는 개인이나 연관된 상황에 따라 여러 가지 다른 결정 요인들이 존재한다. 따라서 장애에 관한 다양한 주의와 상징화, 도식적 처리의 어려움이 있는 복잡하고 다면적인 관점이 나타나며, 이러한 어려움은 각 개인의 특정한 방식 안에서 독특하고 구체적으로 결합하여 특정 장애를 초래하는 것으로 보인다. 그러므로 우울증, 불안과 같은 다양한 장애가 다소 동질적인 임상 증상을 보이더라도, 이러한 장애와 다른 장애의 기초가 되는 다양한 인지-정서 과정은 본질적으로 이질적이라는 점을 인식하는 것이 중요하다(Greenberg, Elliott, & Foerster, 1991; Lewinsohn, Hoberman, Teri, & Hautzinger, 1985; Safran & Greenberg, 1988).

정서장애와 성격장애는 다양한 주의, 상징화 및 도식 처리의 어려움으로 구성된 복잡한 임상 증후군으로 가장 잘 볼 수 있다는 것이 우리의 논지이다. 불안하고 우울한 경험은 물론 다른 장애에 대한 경험도 각 개인과 관련된 특정 유형의 정서 처리 어려움을 기반으로 효과적으로 분석될 수 있다(Greenberg & Safran, 1988; Safran

& Greenberg, 1988l; Foa & Kozak, 1986, 1991). 그런 다음 장애의 특정 도식적 처리 결정 요인을 식별하고 해결하여 장애를 해결해야 한다(Goldfreid, Greenberg, & Marmar, 1990).

우리가 Part II에서 자세히 알아보고 설명한 6가지 처리 문제 어려움은 다음과 같다. ① 상황에 대한 개인의 의식적 관점에 적합하지 않은 자기 관련 도식의 자동 활성화로 인해 문제 반응에 관한 혼란이 발생하고, ② 자기의 두 가지 반대 측면의 활성화로 인해 자기 평가가 발생하며, ③ 자기비판적이거나 표현이 억압되는 자기 방해적 분열이 일어나고, ④ 타인과의 해결되지 않은 트라우마 경험과 관련된 도식의 자동적 활성화로 인해 그 사람은 중요한 타인에 대해 지속적인 나쁜 정서를 갖게 되며, ⑤ 도식적으로 종합된 사물의 감각을 적절하게 상징하지 못하여 그 사람이 불분명한 느낌이 들게 되며, ⑥ 이전에 밝혀지지 않은 매우 개인적인 부분적 자기 도식이 활성화되어 그 사람은 매우 취약하다고 느끼게 된다.

왜 정서 도식은 변하지 않는가

성장과 변화의 중요한 특징은 보수적 처리와 변형적 처리 사이의 변증법적 처리이다. 예를 들어, 도식은 환경의 새로운 특징을 수용함으로써 끊임없이 성장을 향해 나아가며, 그 결과 유기체는 생존과 일관성을 유지하기 위해 노력하는 동시에 끊임없이 유동적이다. 하지만 특정 상황에서는 보수적인 경향이 우세하여 도식이 변경되지 않거나 새로운 경험에 적응하지 못하고 경직된 상태를 유지할 수 있다. 이는 적응 유연성의 상실을 초래하며 역기능의 주요 원인으로 작동한다.

정서 도식은 여러 가지 이유와 다양한 메커니즘으로 인해 자체적으로 유지되며 변화에 다소 저항적이다. 세계 내 자기에 관한 개인의 견해는 자기의 경험에 암묵적인 구조를 형성한다. 이는 발생할 수 있는 혼란에 질서를 제공하고 자기의 세계를 이해하게 한다. 이러한 예상 구조가 없다면 자신에게 불시에 발생하는 복잡하고 다양한 상황에 참여하려는 시도에 압도당하고 비효과적인 상태가 될 것이다. 또한 외상 경험으로 인해 형성된 역기능적 도식에는 일반적으로 보호 요소와 재외상을 방지하려는 경향이 포함되어 있다. 일반적인 도식, 특히 정서 도식은 본질적으로 천천히 변한다. 하지만 정서 도식이 역기능적일 때, 자기 유지에 대한 보수적인 경향성은 문제를 일으킨다. 예를 들어, 분노를 파괴적인 것으로 해석하거나 친밀감을 침범하는 것으로 해석하는 도식에는 가정된 위험으로부터 자신을 보호하기 위한 반응이 포함되어 있을 수 있다. 치료적 이슈는 어떻게 도식이 새로운 정보가 들어오는 것을 막는지와 참신함, 그리고 변화와 새로움이 어떻게 나타나는지를 이해하는 것이다.

특정 정서 도식이 경험으로 변경되지 않는 이유와 여러 처리 과정을 수용하지 못하는 이유가 중요한 것 같다.

첫째, 자동적 정보 수집에 대한 선택적 주의는 도식이 재확인되는 자체 강화 주기가 발생한다. 도식이 의식을 끌어내고 본질적으로 예측적이고 기대적이라는 점을 고려해 보면 그 도식에는 자체 확인 편향이 내재하여 있음을 알 수 있다. 따라서 사랑받지 않는다고 느끼는 개인은 거절의 신호를 눈여겨본다.

둘째, 도식은 선택된 정보를 기존 구조에 동화시켜 정보를 왜곡한다. 그 도식이 매우 불안하거나 트라우마를 유발하는 상황에서 구축된 경우, 그러한 경험이 확인되지 않는 상황에서도 괴로움을 유발하는 의식은 지속된다. 이는 비확인 정보가 도식에 맞게 왜곡되어 실제로는 비확인 정보로 의식되지 않기 때문이다. 따라서 위협을 받을 때 불안한 사람은 의도된 지지나 중립성을 지지적이지 않거나 비판적인 것으로 인식할 수 있다.

셋째, 새로운 정보로의 노출 부족은 변화를 막는다. 우선, 추상적인 개념 처리 경향은 종종 핵심적이고 전의식적인 도식의 자각으로 인한 새롭고 구체적인 내부 경험에 노출되는 것을 방해한다. 따라서 사람이 불신을 언급해도 그 순간 불신을 경험하지 않는다면, 불신 도식은 새로운 정보로 재조직되지 않는 채로 남아 있다. 도식이 변화하기 위해 그것은 새로운 정보에 의해 활성화되고 노출될 필요가 있다. 경험을 알아차리지 않는다면 새롭게 재조직되는 정보에 직면할 수 없다. 또한 사람들이 자기 경험의 이러한 측면에 영향을 미치는 상황에 자주 노출되지 않기 때문에 노출 부족이 발생할 수 있다. 따라서 성공적인 사업가는 그가 아이였을 때 느꼈던 굴욕감과 무력감을 경험하는 상황에 거의 빠지지 않을 것이다. 또한, 사람들은 종종 어떤 실망스러운 경험을 그 도식과 관련하여 분류하지 않는다. 즉, 그 도식은 고립되어 있고, 관련된 새로운 경험을 처리하는 데 활성화되지도 않는다. 따라서 일이나 학교에서의 성공은 인정받지 않거나 가치 없음의 자기감으로 받아들이지 않을지도 모른다. 또한 사람들은 너무 불안을 일으키기 때문에 인정받지 않거나 가치 없다는 자기 경험의 이러한 면을 직접적으로 직면하는 상황을 피하기 위한 전략을 사용하기도 한다. 따라서 분노와 같은 내부 경험과 이러한 경험을 불러일으키는 모든 것을 회피하는 것은 도식을 격리하는 중요한 수단이다.

넷째, 상황이 역기능적인 도식을 불러일으킬 때, 도식에 지배되는 정서적 반응은 새로운 정보 처리를 방해할 수 있다. 두려움이나 무가치함과 같은 정서적 반응이 너무 뚜렷해서 개인이 새로운 환경 정보를 처리하지 못할 수도 있다. 사람들은 오직 자신의 반응을 처리하고 대처하는 데 완전히 매몰된다. 따라서 그들은 확인되지 않는 정보에 대해 외부적으로 주의를 기울일 수 없다. 또한, 그들의 반응은 자신과 타인에 관한 인식을 부정하기보다는 확인하는 데 도움이 되는 부정적인 상호작용 결과로 이어진다.

우리의 견해로 도식 변화를 방해하는 다양한 과정이 있다. 몇몇은 독특하고 몇몇은 일반적이다. 몇몇은 순간적이고 몇몇은 다소 영속적이다. 몇몇은 단순하고 다른 것은 복잡하다. 그리고 이러한 과정들은 치료에서 주의를 기울일 필요가 있다.

정서 도식 변화하기

우리가 관찰한 바에 따르면, 본질적으로 분화와 통합을 통한 발달을 지향하는 정서 도식을 바꾸도록 내담자들을 돕는 데에는 여러 가지 일반적 요인이 관련되어 있다. 첫째, 개인 내적 불안을 전반적으로 감소시키는 요인은 치료에서의 대인관계 안전이다. 그러면 개인의 처리 능력이 높아지고 의식적 도식이 변화할 수 있다. Pascual-Leone(1987, 1990a, 1990b; 1991)에 따르면, 의식적 도식은 정보의 여러 측면에 동시에 집중하고 이를 상징화하고 새로운 구조로 통합하기 위해 의식으로 가져오는 주의로 인해 형성된다. 치료에서는 공감적인 격려를 통해 대인관계 불안을 낮춤으로써 내담자는 경험의 새로운 측면에 집중할 수 있는 더 많은 주의 자원을 가지게 된다. 자기 경험에 집중할 수 있는 능력이 높아짐에 따라 개인은 이제 더 많은 내부 경험에 주의를 기울이고 이를 처리할 수 있으며 자신의 견해를 확장하거나 변경할 수 있다.

둘째, 경험의 실제 특징에 주의를 집중시키는 것은 접근할 수 있지만 내담자 경험의 서사적 구성에는 포함되지 않은 새로운 정보에 내담자가 주의를 기울일 기회를 제공한다. 정보에 접촉하기 위해 주의를 기울이면 기존의 도식을 변화시킬 수 있는 새로운 경험을 경험적으로 생성한다. 직접적인 경험은 기대 변화 정보에 대한 가장 강력하고 유효한 자료를 제공한다. 또한, 주의의 초점을 바꾸면, 항상 주의의 초점이 되는 대상과 주의를 기울이는 사람의 자기 조직이 모두 변경된다. 이는 자동으로 세계 내 자기 경험에 변화를 가져온다.

셋째, 도식적 정서 기억과 일화 기억의 치료에서 자극과 점화는 상징화에 대한 새로운 정보를 제공한다. 비언어적 · 운동적 · 운동 감각적 기억의 참여는 암묵적 도식을 자극하는 중요한 측면을 구성한다. 치료에서 내담자가 실제 정서를 경험한다는 것은 정서 도식이 활성화되어 현재 작동 중이라는 신호이다. 이는 경험과 행동을 끌어내는 암묵적 정보를 더 쉽게 자각할 수 있게 만들고, 도식 자체가 새로운 정보 입력과 재구성에 더 잘 적응하도록 만든다.

넷째, 사람들이 불안을 유발하고 이전에 피했던 것을 직접 접촉하도록 장려하는 것도 새로운 경험을 자각하게 해 준다. 사람들은 실제로 새로운 경험을 갖기 위해서 새롭고 확증되지 않는 정보에 경험적으로 접촉할 필요가 있다.

다섯째, 적극적 실험 지향적 치료는 자신이 느끼는 것을 적극적으로 표현하는 등 특정 일을 시도하거나 실험하도록 설계된 치료 상황을 조성한다. 이는 새로운 경험을 창출한다. 새로움은, 예를 들어, 돌아가신 부모와의 대화 등 자신이 만들어 낸 성과에 의해 생성된 새로운 경험과 자기의 경험을 방해하거나 방해하는 방식에 대한 자각에서 발생한다. 재현을 포함하는 치료는 재현 자체를 통해 새로운 경험을 끌어내고 경험의 차단에 관한 인식을 촉진한다.

여섯째, 나-너 대화에서 치료자와의 지금-여기 상호작용에서도 새로운 경험이 생성된다(Buber, 1958). 핵심 구조와 관련이 있고 영향을 미칠 수 있는 새로운 대인관계 경험이 치료에서 발생한다.

기존 도식의 요소를 종합하고 새로운 의식적 의미를 창출함으로써 치료에서 새로운 도식이 만들어지기도 한다. 치료는 새로운 의미의 생성을 수반하며, 도식 변화뿐만 아니라 도식 창조도 포함한다. 치료에서 생성된 새로운 합성은 새로운 도식으로 드러난다. Pascual-Leone(1980, 1987, 1991; Pascual-Leone & Goodman, 1979; Pascual-Leone & Johnson, 1991)은 역동적인 합성이 진실로 새로운 수행 생산과 관련이 있음을 기술하였다. 그는 새로운 도식을 만드는 데에는 최소한 4가지 요소의 작동이 관련되어 있다고 제안하였다. 이는 ① 의도적인 집행 통제 또는 일부 인지적 활동에 참여하려는 도식, ② 관련 도식을 주의 깊게 '부양'하거나 활성화하는 개인의 능력, ③ 관련 없는 간섭 도식의 활성화를 억제하거나 방해하는 개인의 능력, ④ 활성화된 도식 조합에서 하나의 통합된 전체의 인식으로 종결을 만들어 내는 능력이다. 치료에서 이는 경험의 특정 특징에 의도적으로 주의를 유도하고, 관련된 도식을 활성화하기 위해 그것에 집중하고, 관련 정서적 의미 경험을 방해할 수 있는 관련 없는 도식(예: 자기 이미지 계획)을 억제하고, 의식의 요소를 새로운 요소로 통합하는 것을 포함한다. 정서는 전체적이고 함축적인 특성으로 인해 새로운 정보를 종합하는 것뿐만 아니라 경험의 정서적 특성을 통합하여 구성되는 새로운 도식을 만드는 데에도 중요하다.

치료에서는 내담자가 문제가 되는 상황을 새롭게 경험하고, 탐색하고, 재경험할 수 있도록 향상된 주의 할당과 정서 도식 활성화를 위한 최적의 환경을 조성한다. 실제로 치료는 내담자가 자신과 상황에 대한 자신의 견해를 재구성하는 데 도움이 되는 새로운 방식으로 내담자가 내적 경험에 주의를 기울이도록 돕는 과정이며, 이를 위해 위협이 적은 최적의 환경을 제공한다. 치료 시간에 새로운 체험 속에서 새로운 경험과 의미를 생성하고 구성하는 과정도 중요하다.

요약하면, 안전성과 과정 촉진의 결합은 내담자의 처리 방식에 변화를 가져온다. 여기에는 다음이 포함된다. 주의 할당 및 자각 구조화를 확대하고, 기억 재구성 및 의미 구성을 촉진하며, 새로운 정서적 및 관계적 경험을 제공한다. 도식적 변화는 도식 모듈을 의식함으로써 발생한다. 이를 통해 새로운 정보와 재구성에 접근할 수 있게 되고, 새로운 경험에 노출되며, 자신의 도식 구조가 자신의 관점을 어떻게 끌어내는지에 대한 내담자의 자각을 촉진하여 자신의 해석에 대한 통제력을 얻도록 돕는다.

Part III

매뉴얼:
기본 원칙 및 과제별 개입

Section 1

치료 매뉴얼: 일반적인 접근

이 책의 이 파트에서는 정서적 변화를 촉진하기 위한 과정-경험적 접근법을 사용하여 내담자와 상담자가 실제로 무엇을 하는지에 관한 이론적 정교화에서 실제적인 설명으로 전환하고자 한다. 우리가 제시한 대로, 구체적인 치료 작업과 기술에 중점을 두려고 한다(Part III, Section 2). 우리는 촉진적 치료 관계가 특정 종류의 '정서적 촉진의 경험적 기술'보다 우선시되지 않는 것이 특히 중요하다고 본다. 따라서 치료자는, 첫째, 근본적인 치료 원칙을 흡수하고, 둘째, 일반적인 접근방식과 특정 작업의 기초가 되는 기본적인 과정-경험적 의도와 반응방식을 구현하는 특정 기술을 개발하는 것이 중요하다. 이는 이 책의 치료 매뉴얼 Section 1을 구성하는 다음 두 장의 주제이다.

제6장

과정–경험적 접근을 위한 치료 원칙들

이 장에서는 치료에 관한 과정 경험적 접근법을 안내하는 6가지 기본 치료 원칙을 소개하고자 한다. 이러한 원칙은 이 책의 이론적인 부분과 실제적인 부분을 연결하는 가교 역할을 할 것이다. 우리는 이 접근법을 학습하는 치료자가 내담자와 함께 특정 작업 절차를 수행하려고 시도하기 전에 먼저 이러한 지침 원칙을 파악하고 흡수해야 한다고 생각한다.

여기서 우리의 목적을 위해, 치료 관계 제공 및 치료 작업 촉진이라는 두 가지 상위 원칙에 따라 구성된 6가지 기본 원칙을 식별하는 것이 유용할 것으로 생각한다. 이러한 원칙은 〈표 6–1〉에 나와 있다.

치료 관계 제공과 치료 작업 촉진이라는 2가지 고차원적인 원칙은 치료에서 작동

〈표 6–1〉 과정–경험 접근법의 치료적 원칙들

A. 관계 원칙: 치료적 관계를 촉진하라.
- 원칙 1. 공감적 조율: 내담자의 내적 참조 틀에 접촉하고 공감적으로 조율하라.
- 원칙 2. 치료적 유대: 진솔하고 존중하는 관계 속에서 공감을 전달하라.
- 원칙 3. 작업 협업: 치료의 목표와 작업에 있어 상호 관여를 촉진하라.

B. 작업 원칙: 특정 치료적 작업에 관한 일을 촉진하라.
- 원칙 4. 경험 과정: 최적의 차별화된 내담자 과정을 촉진하라.
- 원칙 5. 성장/선택: 내담자의 성장과 자기 결정권을 촉진하라.
- 원칙 6. 작업 완성: 구체적인 치료 작업의 완성을 촉진하라.

주: 치료적 원칙 사이에는 창의적인 긴장이나 균형이 존재하여 회기 내의 특정 내담자와 상황에 적용할 수 있다.

하는 2가지 일반적인 변화 과정을 나타낸다. 제2장에서 언급한 바와 같이, 이러한 고차원적인 원칙은 이 접근법에서 치료 작용의 2가지 주요 원천을 정의한다. 이는 진정한 공감과 격려를 포함한 치료적 관계와 최적의 경험적 처리(순수한 개념적 처리와 비교)를 촉진하는 과정 주도성을 포함한 치료 작업이다. 관계와 작업 원칙은 치료에서 필수적인 창의적 긴장이나 균형으로 정의한다.

그럼에도 불구하고, 우리의 견해로는 관계 원칙이 중요하며 작업 원칙보다 논리적, 시간적 우선순위가 부여되어야 한다.

더욱이 제2장에서 설명했듯이, 치료적 관계는 2가지 방식으로, 첫째, 대인관계 학습을 통해(예: 신뢰 뒤에 배신이 따른다는 부정적인 기대를 부정함으로써), 둘째, 간접적으로 다양한 치료 개입을 수행하는 데 필요한 안전한 작업 환경을 확립함으로써(예: 내담자가 이전의 억압된 상처를 충분히 표현할 수 있을 만큼 안전하다고 느끼도록 도움으로써)(Greenberg, 1983; Rice, 1983) 내담자 변화를 가져온다. 즉, 우리는 공감적이고 무비판적인 관계가 경험적 처리와 근본적인 정서 도식 접근을 위한 최적의 조건을 제공한다고 본다. 특히, 무비판은 대인관계 불안을 감소시켜 개인 내적 고통과 불안에 직면할 수 있는 내담자의 능력을 증가시키는 반면, 치료자 공감은 내담자가 내적 경험에 주의를 돌리도록 돕는다.

내담자 변화를 촉진하는 치료자의 공감, 존중, 진실성의 역할에 대한 오랜 질문에 대한 우리의 입장을 간결하게 언급할 수 있다. 우리는 치료 관계가 항상 필요하고(치료 작업의 기초를 제공하기 위해), 일반적으로 장기적으로 충분하지만(즉, 그 자체로 치료적) 항상 효율적인 것은 아니라고 믿는다(즉, 작업 중심 개입으로 향상될 수 있음)(A. Bohart, 개인 서신, 1992년 4월 20일, Patterson, 1990 참조).

관계 원칙: 치료적 관계를 촉진하라

관계 원칙은 이 접근법에서 본질적으로 치유적으로 보는 치료적 관계 유형 모델을 제시한다. 이 관계는 내담자의 즉시적 경험에 대한 공감적 조율, 내담자와 진실하고 존중하며 수용적인 유대관계, 치료에 있어 내담자와의 협력 등의 3가지 특성이 있다. 첫 번째는 치료자가 내담자를 조정하고 접촉하는 과정을 강조한다. 두 번째는 이를 내담자에게 전달하는 것의 중요성을 강조한다. 세 번째는 이를 기반으로 치료 작업에 대한 상호 헌신이 어떻게 구축되는지를 강조한다.

원칙 1. 공감적 조율: 내담자의 내적 참조 틀에 접촉하고 공감적으로 조율하라

우리는 공감적 조율을 모든 것의 기반으로 보기 때문에 이로부터 시작하고자 한다. 특히, 다른 관계 원칙은 모두 공감적 조율을 기반으로 한다. 치료 작업을 수행하려면, 특히 내담자의 기본적인 정서 도식 및 순간순간 최적의 경험적 처리에 대한 접근을 촉진하기 위해 공감적 조율이 필요하다.

우리의 공감적 조율 원칙은 내담자-중심 치료 전통에서 직접적으로 계승되었다. 우리의 개념은 Rogers(1957, 1975)의 정확한 이해에 대한 관점, Barrett-Lennard(1981, 1988)의 공감적 공명, Gendlin(1968)의 체험적 경청 관점과 같다. 치료자는 내담자의 내적 경험이나 준거 틀과 접촉하고 이에 대한 진정한 이해를 유지하려고 끊임없이 노력한다. Rogers(1959)가 말한 대로, "…… 공감적이라는 것은 마치 내가 그 사람이 된 것처럼 그러나 '~인 것처럼'이라는 조건을 잊어버리지는 말고 정확성과 정서적인 요소와 의미를 지니고 타인의 내적 참조 틀을 자각하는 것이다. 치료적 관계는 내담자의 참조 틀로 들어가기 위한 치료자의 시도로 시작된다. 치료자가 회기가 전개되어 감에 따라 내담자에게 가장 중요한 것을 '추적하면서(tracking)' 내담자의 '발자국'에 가까이 뒤따라가려고 할 때 치료적 관계는 지속된다.

여기서 우리는 내담자에 대한 공감의 의사소통이 아니라 치료자의 공감적 조율에 의도적으로 초점을 맞추고 있다는 점에 유의해 주길 바란다(해당 측면은 아래 원칙 2에서 논의될 것이다). 여기서 중요한 이슈는 치료자가 취하는 관점 중 하나라는 점을 강조하고 싶다. 치료자는 내담자의 준거 틀에 들어가서 내담자의 주관적인 관점으로 세상을 보려고 노력하고, 자신이 내담자인 것처럼 내면에서 귀를 기울이고, 내담자의 주관적 경험이 전개되는 순간을 따라간다. 이는 외부의 현실적이거나 전문가적인 관점을 취하는 것과는 다르다. 패턴, 충동, 방어를 해석하거나 비합리적인 신념에 도전할 때 흔히 발생하는 것처럼 내담자의 메시지를 진실성, 적절성 또는 정신병리학의 평가 대상으로 받아들이지 않는다.

치료자의 관점에서 보면, 공감적 조율은 틀림없지만 설명하기 어려운 경험이다. 이러한 내적 경험은 다음과 같은 순서로 일어난다(Vanaerschot, 1990 참조). 첫째, 치료자는 내담자에 관한 이전에 형성된 생각이나 공식을 내려놓거나 제쳐 놓는다. 둘째, 내담자의 세계에 적극적으로 들어가고 접촉한다. 셋째, 치료자는 내담자의 경험에 공감하고 그것을 스스로 경험한다. 넷째, 치료자는 내담자에게 가장 중요하고, 가슴 아프고, 감동적인 것이 무엇인지 '파악'한다.

공감적 조율에서는 현실이 무엇인지에 대한 자신의 관점, '객관적' 관점 또는 외부 관점이 아닌 그 순간 현실에서의 내담자의 자각에 반응하려고 한다. 동의하거나 반대하는 대신 단순히 내담자의 경험을 감지하려고 노력한다. 치료자는 내담자의 의도, 정서, 의식을 받아들이고 맛보며 그 순간 내담자가 되는 느낌을 발전시킨다. 동시에 그 또는 그녀는 내담자의 경험에 휩싸이거나 '융합'되는 것이 아니라 자기감을 유지한다.

공감적 조율 원칙을 실제에 옮김으로써 치료자는 먼저 내담자의 내적 경험과 접촉하고(공감적 진입), 다음으로 가장 가슴 아픈 것에 주의를 기울이고, 내담자의 순간순간 경험을 따라감으로써 내담자의 경험에 조율하게 된다.

첫째, 이를 달성하기 위해 치료자는 상대방의 내부 준거 틀에 공감적으로 들어가면서 각 회기나 주제를 시작한다. 각 회기나 새로운 주제가 시작될 때, 치료자는 내담자가 회기에 가져오는 내용을 기대하는 개방성(선입견을 버리는) 상태에서 기다리면서 외부적인 우려나 진단에 대한 마음을 비우려고 노력한다. 이러한 개방성에 대한 준비를 촉진하기 위해 치료자가 회기에 들어가기 전, 몇 분 동안 '조용한 시간'을 갖는 것은 유용하다. 치료자는 다음과 같은 질문을 사용하여 내담자의 경험에 초점을 맞추는 것부터 시작할 수 있다, "무엇에 집중하고 싶거나 이야기하고 싶습니까?" 또는 "어디부터 시작하시겠습니까?"

내담자가 이야기를 시작하면 치료자는 개방적인 태도를 유지하면서 내담자의 세계로 들어가고 내담자의 정서에 조율하려고 노력한다. 마찬가지로 내담자가 새로운 주제를 소개할 때 치료자는 다음에 무엇이 올 것인지에 대해 예측하려 들지 않는다. 치료자는 내담자가 어떤 경로이든지 간에 내담자가 의사소통하는 모든 것을 흡수하려고 노력한다. 이는 내담자의 내부 준거 틀에 진입하는 것을 촉진하기 때문이다. 예를 들어, 내담자의 비언어적 표현에 조율하면 공감적 진입이 크게 촉진된다.

둘째, 공감적 조율에는 내담자의 변화하는 순간순간 경험을 따라가는 것이 포함된다. 내담자의 경험은 치료 회기의 한 순간에서 다음 순간까지 발전하고 변화하므로 치료자는 이러한 작은 변화에 주의 깊게 듣고 반응해야 한다. 예를 들어, 치료자는 청소년의 반항에 대한 기억에서 아버지의 거절에 대한 두려움, 회기 중 그 순간의 자신에 대한 실망과 좌절로 이동하는 내담자의 경험을 따라갈 수 있어야 한다.

셋째, 치료자는 내담자에게 현재 가장 생생하거나 가슴 아픈 일에 주의를 기울인다. 내담자가 경험하는 것과 경험에 대해 말하는 것은 복잡하고 끊임없이 변화하므로 치료자는 무엇에 주의를 기울일지 선택해야 한다. 이 '공감적 선택' 과정에는 일반적으로 내담자에게 생생하고 중요해 보이는 메시지 부분, 일반적으로 정서, 경험의 정점 및 특이한 의미를 가장 강력하게 조정하는 작업이 포함된다. 하지만 나중에 논의하겠지만, 수행되는 작업의 유형에 따라 선택이 다르기에 숙달하기 어려운 기술이다. 그럼에도 불구하고 치료자의 공감적 접촉의 '기본(baseline)' 형태는 내담자에게 가장 즉각적으로 중요하고, 살아 있고, 강력하고, 집중되어 있고, 심적 울림이 있는 모든 것에 대한 것이다.

원칙 2. 치료적 유대: 진솔하고 존중하는 관계 속에서 공감을 전달하라

우리의 두 번째 치료적 원칙인 치료적 유대감은 치료자가 내담자와 진정으로 공감하고 긍정적인 존중을 바탕으로 소통함으로써 치료적 관계를 육성하는 것을 매우 중요하게 생각한 Rogers(1957, 1959, 1961, 1975)를 따른다.

치료 과정에서 치료자는 위에서 직접 설명한 공감적 조율뿐 아니라 진실한 비침범적인 수용, 관용, 개방성, 그리고 무엇보다도 내담자와 그의 내적 경험에 대한 존중이나 평가를 내담자에게 전달한다. 내담자가 이러한 태도를 '수용'(Barrett-Lennard, 1962, 1986 참조)하면서 그 또는 그녀는 그것을 내면화하기 시작하고 점차 가치 조건(Rogers, 1959)과 적대적인 자기비판(Greenberg, Elliott, & Foerster, 1991)을 자기 수용과 자기 지지로 대체한다. 따라서 치료적 관계는 과정-경험적 접근법의 핵심적인 치료 요소이며, 그 일관성은 치료 작업에 대한 작업의 기초를 제공한다. 이를 유지하면서 치료자는 진정으로 치료자의 경험과 신념에 기초한 공감과 수용/격려를 특징으로 하는 내적 태도로 반응한다.

공감

치료자는 내담자와 공감적으로 조화를 이루는 것 외에도(원칙 1), 내담자에게 이러한 이해를 전달하고 항상 내담자가 깊이 이해받고 있다고 느끼는 관계를 조성하려고 노력한다. 치료자는 내담자가 경험하고 있는 것에 대한 자신의 이해를 내담자와 정기적으로 소통함으로써 이를 수행한다. 치료자의 정확한 이해는 수용을 의미하며, 치료자의 '존재' 또는 참여는 전달된 공감을 통해 확인된다. 실제로 내담자는 일반적으로 치료자가 '내 편'이라는 것을 나타내는 지지적인 관계 메시지로서 전달되는 치료자 공감을 경험한다(Elliott, 1985 참조).

전통적인 반영 반응 외에도 치료자는 공감을 전달하기 위해 매우 광범위한 반응을 사용한다. 여기에는 '맞장구'(머리 끄덕이기, "아하", "네"), 일치하거나 적절하게 반응하는 비언어적 표현과 표정, 시기적절한 질문, 심지어 이해 부족을 재치 있게 공개(예: "마지막 부분을 잘 이해하지 못했습니다. 감사하지 않는다는 내용이었는데……") 등이 포함된다. 사실, 내담자는 종종 치료자가 이해하려고 노력하고 있다는 것만으로도 상당히 만족하며, 많은 부정확한 반영을 그들의 의도 때문에 공감적인 것으로 인식한다.

존중

상대방이 되는 것이 어떤 것인지 실제로 느끼게 되면 거의 항상 자동으로 수용과 따뜻함이 뒤따른다. 치료자는 내담자에게 따뜻하고 무조건적인 수용을 경험하고 전달한다. 따라서 내담자는 특정 행동을 수행하거나 특정 정서를 갖는 것에 가치가 좌우되지 않는 가치 있는 사람이라는 긍정적인 감각을 전달받는다. 존중(평가 대비)이라는 용어(Butler, 1952)가 이러한 입장을 가장 잘 표현하는 것 같다. 치료자는 내담자가 단순히 재미있거나, 열심히 일하거나, 고통을 겪고 있기 때문이 아니라, 인간이기 때문에 내담자를 지금 있는 그대로 소중히 여기고 존경하며 내담자를 높이 평가한다. 각 사람은 독특하고 흥미롭고, 치료자는 잠시 그의 세계에 들어갈 수 있는 특권을 가진 유일한 존재이다.

따라서 공감하는 것 외에도 치료자는 내담자를 향한 따뜻함과 존경심을 발전시키고 전달함으로써 치료적 유대감을 조성하는 것도 필수적이다. 우리는 이러한 태도를 다시 수용(즉, 무조건성 또는 일관성)과 따뜻함(Barrett-Lennard, 1962 참조)이라는 2가지 하위 측면으로 구분한다.

수용은 일관되고 진실하며 무비판적인 관심과 내담자의 모든 측면에 관한 관용을 나타내는 '기본적' 태도를 의미한다(Rogers, 1957, 1959). 즉, 존중이 좋은 내담자인 것에 의존하지는 않는다. 내담자를 무조건적으로 받아들이는 것은 내담자에 대한 선입견과 기대뿐만 아니라 치료자의 개인적 가치, 선호, 기준을 '내려놓음'을 요구한다('가치 조건', Rogers, 1959). 내담자가 특정 상황이나 관계에 관해 '성급하게 판단'할 경우, 이 상황에서 치료자는 내담자를 평가하고자 하는 충동 없이 진정으로 관심 어린 태도로 기다린다. 예를 들어, 치료자는 내담자가 특정 영역의 탐색에 참여하기를 꺼리는 것이나 치료자에 대한 내담자의 분노 또는 실망을 받아들인다.

모든 사람과 마찬가지로 내담자도 대처, 숙달 또는 성장을 향해 본질적으로 동기를 부여받았다고 믿으면, 치료자의 입장에서 내담자를 향한 일관된 수용의 내적 행위가 더 쉬워진다. 자기 이해와 변화에 대한 인간의 잠재력에 대해 '무조건적인 확신'이 있으면, 무조건적인 수용이 더 쉬워진다(Harman, 1990).

존중의 두 번째 측면인 따뜻함은 치료자가 치료 중에 때때로 경험할 수 있는 더 강하고 더 활동적인 상태이다. 특정한 순간에 치료자는 그 순간 내담자를 배려하고, 감사하고, 특권을 느끼고, 가치 있게 여기는 즉각적이고 적극적인 감각을 경험한다. 따뜻함은 또한 내담자를 위해 최선을 다하기를 바라거나 내담자를 높이 평가하거나 그의 안녕을 바라는 것을 의미하지만, 내담자의 상태를 '고쳐야' 한다는 책임감은 없다.

비록 존중이 내담자에게 영향을 미칠 수 있지만, 존중이 안심을 제공하는 것과 같지 않음을 유념하는 것이 중요하다. 존중은 말로 직접적으로 표현되는 경우는 거의 없으나, 좋은 과정과 경험의 관계를 통해 전반적으로 느껴질 수 있다. 이는 간접적이고 비언어적으로 어감(Rice & Kerr, 1986), 태도, 그리고 아마도 가장 중요한 일관성을 통해 전달된다. 때때로 공유된 흥분과 배려에 대한 짧은 반응도 적절할 수 있으나, 치료자는 일반적으로 직접적으로 안심시키기는 삼가는 게 좋다. 이는 내담자의 경험에서 벗어나 치료자를 판사, 전문가 또는 관리인으로 설정하여 내담자의 자율성을 침해할 수 있기 때문이다.

진정성

만약 치료자가 전달한 공감과 존중이 내담자에 대한 진정한 이해와 배려에 바탕을 두고 있지 않다면, 그것은 가짜로 비칠 가능성이 매우 높으며 내담자의 불신을 키울 가능성이 높다. 따라서 치료적 유대 원칙의 마지막 측면은 치료자가 관계에서 적절하게 일치하고, 완전하고, 개방적이고, '진짜'이거나 진실하다는 생각으로 표현되는 진정성이다. 문헌에서 이는 또한 개방성 또는 일치(Rogers, 1961), 투명성(Jourard, 1971; Lietaer, 1992), 진실성(Lietaer, 1991; Trilling, 1972), '나-너'(Buber, 1958) 등으로 다양하게 기술되어 왔다. 진정성은 내담자와 개인적인 접촉(예: 자기 공개)을 하위 과제로 하는 치료자 반응과도 관련이 있지만 동의어는 아니다. 우리는 진실성, 일치성, 투명성의 2가지 측면을 구별하는 데 있어 Lietaer(in press)의 견해를 따른다.

진정성 자체는 '착용(put on)'될 수 없다는 점을 명심하는 것이 중요하다. 무엇보다도 진정성은 Rogers(1959)가 일치성이라고 부르는 것, 즉 치료자의 자기 의식, 전체성 또는 (자신과 충돌하는 것과 비교하여) 자신에 대한 완전성으로 구성된다. 치료 시간 동안 자기의 경험을 정확하게 상징화함으로써 자기 의식을 바탕으로 내담자와 상호작용할 수 있다. 투명성은 일치를 보완하는 진정성의 두 번째 외적 측면이다(Jourard, 1971; Lietaer, 1991). 투명한 치료자는 관계에 적절하게 개방되어 있거나 존재한다(폐쇄적이거나 비밀스러운 경우와 비교). 즉, 그 또는 그녀는 적절하거나 치료적인 만큼 공개적이고 자발적으로 내담자에게 반응한다.

이에 따라 치료적 관계는 치료자가 역할 수행을 하거나 '전문가 역할' 뒤에 숨는 것을 피하는 실제 인간관계로 간주한다. 내담자와 치료자 사이의 진정한 관계는 때때로 치료자와 내담자 모두에게 '위험한' 것으로 경험될 수 있다. 하지만 치료자의 진정성은 내담자에게 개방성과 위험 감수의 모델이 되고 이를 격려하여 내담자의 고립감을 무너뜨리는 데 도움이 된다.

진정성의 조건은 그 자체로 직접적인 영향을 미치지만, 매우 실제적인 의미에서 다른 두 조건을 효과적으로 만든다. 진정성이 없다면 전달된 공감과 존중은 가짜이거나 심지어 위험한 조종으로 의식될 것이다. 동시에, (투명성의 형태로) 진정성이 표현되는 경우, 이는 항상 공감적 조율과 내담자 존중의 맥락에서 제공된다.

반면에, 진정성의 개념은 종종 자신의 마음에 있는 것을 불쑥 내뱉는 것을 의미하는 것으로 잘못 가정되며, 종종 치료자의 반응을 처리해야 하는 내담자에게 부적절하게 부담을 준다. 따라서 우리는 치료자의 충동적인 개방성이나 '무분별한 자기 공개'(Goodman & Esterley, 1990)를 옹호하는 것이 아니라 촉진적인 진정성을 제안한다. 이는 치료자가 자신의 더 깊은 경험 수준에 대한 정확한 자기 의식을 기반으로 치료적으로 적절한 순간에 촉진적인 방식으로 공유하는 훈련된 자발성의 한 형태이다.

예를 들어, 내담자의 '통제성'에 대한 비판이나 짜증이 커지는 것을 치료자가 스스로 알아차리게 되면, 그는 이러한 자각이나 자신의 정서를 무뚝뚝하게 말하지 않을 것이다. 대부분의 경우, 이러한 비판이나 짜증을 공개하는 것은 치료에 도움이 되지 않는다. 더 중요한 것은 그러한 정서는 거의 항상 무력감과 같은 내적으로 일관적이지 않은 정서로 일차적인 정서에 대한 이차적인 정서이다. 그러므로 일차적 정서를 발견하기 위해 치료자가 훈련받은 방식으로 이러한 정서(때로는 회기 사이)에 약간의 주의를 집중시키는 것이 일반적으로 더 도움이 된다(Gendlin, 1967 참조). 이는 다음과 같이 투명하게 표현될 수 있다.

치료자: 알다시피, 우리가 계속해 나가면서 때로는 당신에게 더 도움이 될 수 있는 방법을 찾고 싶다고 느낄 때도 있지만, 종종 나는 그렇게 할 수 없다는 느낌, 일종의 무기력감, 당신에게 다가갈 수 없다는 느낌을 받습니다. 나는 당신이 더 깊이 탐색하는 데 도움을 주지 못할까 봐 걱정되는데, 당신은 어떻게 느끼실지 궁금해요.

내부 진정성 또는 일치성의 전달 상태인 투명성은 일반적으로 치료자의 태도를 통해 전달되지만, 앞과 같이 치료자의 공개를 통해 직접 전달될 수도 있다. 자신의 본질적인 경험을 알고 이를 위협하지 않고 조종하지 않는 태도로 내담자에게 전달하려면 규율과 훈련이 필요하다는 점은 강조할 가치가 있다.

마지막으로, 특히 성격장애가 있는 사람의 경우와 같은 더욱 복잡한 치료에서는 진정한 관계가 중심이 된다. 치료가 일어나는 것은 내담자의 상처, 분노, 실망을 통한 관계적 작업과 치료적 상호작용에서 치료자가 자신의 정서를 끊임없이 의식하는 것이다. 치료자는 내담자가 하는 일이 치료자에게 어떤 영향을 미치는지 의식하고 이를 활용하여 내담자에게 무슨 일이 일어나고 있는지 이해해야 한다. 또한, 치료자는 언제 자기의 한계에 도달하는지, 자신의 개인적인 경계를 보호해야 한다고 느낄 때를 의식해야 하며, 이러한 한계나 경계를 내담자에게 진정으로 전달할 수 있어야 한다. 내담자가 성장하는 것은 자기를 돌보고 진정으로 존재할 수 있는 또 다른 실제 인간을 만나는 것이다.

원칙 3. 작업 협업: 치료의 목표와 작업에 있어 상호 관여를 촉진하라

Bordin(1979)에 따라 우리는 치료적 관계 또는 동맹의 유대, 과제 및 목표 측면을 구별하고자 한다. 우리는 치료자로부터 경험되고 전달되는 공감, 존중, 진정성을 통해 내담자와 정서적 유대를 어떻게 육성하는지 설명하였다. 하지만 효과적인 치료 관계에는 치료의 장기적이고 즉각적인 목표(목표 측면)에 대한 내담자와 치료자 모두의 헌신과 참여도 수반된다. 또한 이러한 목표를 실현하기 위해 회기 내에서 수행되는 특정 치료 활동에 대한 헌신도 포함된다(과제 측면). 이 부분에서, 우리는 치료자가 관계의 밀접하게 연결된 과제와 목표 측면(여기서는 과제 협력이라는 제목 아래 결합됨)을 육성하는 것이 매우 중요함을 제안한다.

목표 합의

첫째, 치료자는 치료의 일반적인 목표, 즉 내담자가 치료에 참여하기를 원하는 문제에 대한 합의를 확립해야 한다. 이 접근법에서 치료자는 내담자에게 목표를 강요하기보다는 내담자의 목표와 문제에 대한 관점을 이해하고 내담자의 목표를 수용하도록 노력한다.

따라서 오해를 피하고 명확하게 설명하기 위해서는 치료자가 먼저 내담자 목표에 대한 이해를 탐색하고 전달하는 것이 중요하다. 그런 다음 치료자는 제시된 문제에 대해 내담자와 협력하는 데 명시적 또는 암묵적으로 동의한다. 이는 미루는 습관을 다루거나 관계에 관한 결정을 내리는 것과 같은 특정한 문제일 수도 있고, 기분이 좋아지거나 우울해지지 않고 자기의 삶을 통제하고 있다는 느낌을 더 많이 얻는 것과 같은 일반적인 목표일 수도 있다.

치료가 계속됨에 따라 내담자는 일반적으로 특정 목표를 개선하고 발달시키므로 치료자는 그 목표의 진화하는 특성에 적응해야 한다. 내담자와 치료자가 추구하는 목표는 항상 내담자의 현재 상태에 맞아야 하며, 그렇지 않으면 치료는 실패할 것이다. 치료에 있어서 내담자의 적극적인 참여는 성공의 필수 조건이다. 내담자의 목표를 정확하게 이해하고 이러한 목표를 달성하는 데 도움이 되는 과제를 제안하는 것은 치료의 성공 여부의 주요 요인이다(Bordin, 1979; Horvath & Greenberg, 1986, 1989).

광범위한 작업 합의

치료는 정서를 경험하고 탐색하는 일반적이거나 전체적인 작업에 기초하기 때문에 치료는 내담자가 적어도 잠정적으로 이러한 작업을 받아들인 경우에만 성공할 수 있다. 이러한 작업은 대다수 내담자가 동의할 만큼 일반적으로 들리지만, 소규모의 내담자 그룹은 이를 수용할 수 없다고 생각한다. 이는 일반적으로 자기는 무기력해서 지도와 자기 이해 및 지원을 제공할 강력한 권위자의 지도가 필요하다고 인식하거나 구체적인 행동 개입을 해 주기를 추구하기 때문이다.

특정 작업 합의

내담자가 특정 치료 작업을 수행하기 위해서는 다양한 형태의 치료적 활동 또는 참여 및 능동적인 표현과 같은 '참여 방식'을 수행할 의지와 능력이 있어야 한다. 예를 들어, 내적 '분열'이나 갈등을 해결하기 위한 치료 과제를 수행하려면 내담자는 자기의 다양한 부분적 측면을 능동적으로 표현하는 과제 활동에 참여할 필요가 있다. 따라서 치료자는 내담자에게 구체적으로 제안된 과제를 알리고 내담자가 이에 참여하도록 협력과 동의를 촉진해야 한다.

공감적 조율과 치료적 유대감은 내담자가 새롭거나 특이한 치료적 활동을 시도해 볼 수 있도록 하는 데 필요한 '안전 조건'을 확립하도록 돕는다. 또한 이는 치료 과정에서 의문, 모호성, 문제가 발생했을 때 어떠한 정보가 적절하고 필요한지 그 방향성을 제시해 준다. 치료자는 필요에 따라 특정 치료 작업이나 활동(예: '빈 의자'와 대화)의 이론적 근거나 기초에 대한 정보를 공유하고, 필요할 때 작업 참여에 대해 논의하고 협상한다.

협력적 어조와 내담자 작업 능력

내담자가 치료 활동에 참여하도록 동기를 부여하고 이를 가능하게 하기 위해서는 특정 추가 과제 관련 관계 요소가 요구된다. 일반적으로 치료자는 치료적 관계를 공동 창조함에 있어 치료자와 내담자가 동등하다고 믿으며, 이러한 태도에 따라 행동함으로써 평등하고 협력적인 분위기를 조성할 수 있다. 이러한 태도는 지나치게 결정적이거나 '전문가'적인 방식을 피하고 협력적이며 강압적이지 않은 스타일을 사용한다. 이는 대안을 고려하고, 오류나 오해를 인정하고, 불만 사항을 협상하려는 의지에서 비롯된다. 이 모든 것은 치료의 두 참가자가 함께 협력하여 내담자 경험의 재구성을 위해 탐색하고 촉진하는 탐색 동맹을 조성하기 위한 것이다. 내담자의 적극적인 참여가 핵심이다.

또한 치료자는 때때로 내담자가 특정 작업 능력을 개발하도록 도와야 한다. 제3장에서 언급했듯이, 많은 개인은 자기의 경험, 특히 정서를 처리하는 방법에 어려움을 겪는다. 결과적으로, 치료를 시작하는 일부 내담자는 일부 치료 활동을 수행할 의향이 있음에도 불구하고 일부 치료 활동을 수행할 수 없게 된다. 예를 들어, 일부 내담자는 내면에서 느끼는 감각에 주의를 기울임으로써 불분명한 정서가 명확해질 수 있다는 것을 알지 못할 수도 있고, 일부 내담자는 내부 갈등을 자신의 측면 간의 논쟁으로 표현하는 것이 너무 당황스럽거나 자신을 불안하게 만든다고 생각할 수도 있다.

요약하면, 3가지 관계 원칙(공감적 조율, 치료적 유대, 작업 협력)은 과정-경험적 접근법에서 최적의 내담자-치료자 관계 모델을 제공한다. 치료자는 내담자의 즉각적인 경험에 자기를 맞추는 것부터 시작하여 공감, 수용, 따뜻함, 일치, 투명성의 태도로 깨닫고 전달한다. 이러한 태도 자체는 긍정적인 정서적 유대의 발전을 촉진한다. 일부 내담자의 경우, 이것이 치료 효과를 얻는 데 필요한 전부일 수 있다. 이 외에도 치료자는 필요에 따라 치료 근거를 논의하고 내담자가 치료의 전체적이고 구체적인 과제에 참여할 수 있도록 돕기 위해 내담자와 협상한다.

작업 원칙: 특정 치료적 작업에 관한 일을 촉진하라

앞에서 논의된 3가지 관계 원칙은 이 접근법에서 제공되는 치료적 관계의 유형을 설명한다. 이제 우리는 치료 과제의 추구를 구체적으로 관리하는 3가지 치료적 원칙을 살펴보겠다. 물론, 치료 과제의 성공적인 완료는 관계의 추가 발전과 심화에도 기여함을 염두에 두어야 한다. 작업 원칙은 일반적으로 인간이 활동적이고 목적이 있는 유기체이며 환경에 대한 탐색과 통제에 관한 선천적인 욕구가 있다는 가정에 기초한다(제4장 참조). 이는 특히 개인적인 목표를 달성하고 내부 문제를 해결하려는 시도로 표현된다. 치료자는 내담자의 문제 해결을 촉진하기 위해 내담자와 소통한다.

우리는 3가지 과제 중심 치료 원칙을 식별할 것이다. 이러한 과제 원칙은 치료를 위한 일련의 전반적인 과제를 제공하는 것으로 여기는 것이 유용하다, 치료자는 생산적인 경험적 처리를 촉진한다(원칙 4). 치료자는 내담자의 성장과 자기 결정을 촉진한다(원칙 5). 치료자는 내담자가 제시하는 치료 작업을 완수하도록 돕는다(원칙 6).

원칙 4. 경험 과정: 최적의 차별화된 내담자 과정을 촉진하라

이전 장에서 언급했듯이, 순전히 개념적 처리가 아닌 경험적 처리에 내담자를 참여시키는 것은 중요하다. 또한 최상의 내담자 치료 성과는 단일 유형의 회기 내 경험 처리에 국한되지 않는다. 그러므로 내담자가 특정 치료 작업을 수행하도록 도울 때 치료자는 회기의 그 순간에 내담자에게 가장 유익하고 생산적인 타입의 경험 처리를 촉진한다.

사실, 치료자가 말하는 모든 것은 내담자의 경험적 처리와 관련이 있다. 이 접근법에서 치료자가 수행하는 작업의 상당 부분은 해당 순간에 관한 최적의 경험 처리를 촉진하는 것을 직접적인 목표로 한다. 반면에, 치료자가 말하는 것 중 일부는 내담자 경험 처리를 촉진하기 위해 간접적으로만 의도된다. 왜냐하면 그 주요 의도는 안전하고 이해적이며 수용적인 관계를 제공하는 것이기 때문이다.

우리는 다양한 회기 상황에서 가치 있는 4가지 내담자 참여 방식(참여, 경험적 탐색, 능동적 표현 및 대인관계 접촉)을 설명하였다. 이들 중 어느 것이 생산적이거나 최적인지는 치료 작업마다 다르며 치료자에 의해 차등적으로 촉진될 수 있다. 더욱이 서로 다른 순간에, 이러한 처리 과정 내에서, 더 일반적으로 치료자는 내담자의 경험 처리를 향상시키기 위해 다양한 내적 처리 과정을 촉진하려고 시도한다. 결과적으로 치료자는 '미세 표식(micro-maker)'을 끊임없이 사용하여 치료 중 주어진 순간에 최적일 가능성이 있는 것이 무엇인지에 대한 순간적인 '미시적 과정 진단(microprocess diagnoses)'을 내린다. 그런 다음 치료자는 내담자의 경험 처리를 가장 잘 자극하기 위해 차등적으로 개입한다.

공감적 조율과 좋은 치료적 유대감 및 작업 협력이 주어지면, 치료자는 내담자가 특정 순간에 특정 방식으로 주의를 기울이도록 돕는 것을 포함하여, 정서적 강도를 조절하고, 특별하고 구체적인 경험을 탐색하고, 경험을 소유하며, 진행 중인 경험을 상징화하도록 돕는 등 내담자가 회기에서 최상으로 일할 수 있도록 돕기 위해 언제든지 사용할 수 있는 다양한 선택지들을 갖는다.

따라서 내적 탐색의 기회가 나타나면 치료자는 내담자가 신체 감각, 느낌 또는 욕구와 같은 현재 경험의 특정 영역에 주의를 기울이도록 제안하여 내담자의 과정을 촉진할 수 있다. 내담자 참여 방식 중 참여(attending)가 중요한 작업에 특히 적합하다.

다른 경우에, 내담자의 각성 수준 증가가 내담자에게 경험을 생생하게 전달하는 데 도움이 될 때 치료자는 내담자가 경험을 강화하거나 고양하거나 불러일으키도록 도울 수 있다. 이는 참여의 능동적인 표현 방식과 가장 일치하지만 다른 경우와도 관련이 있을 수 있다. 또는 내담자가 정서에 압도되어 이를 제쳐두고 싶은 욕구를 표현할 때도 있다. 그러한 경우 치료자는 내담자가 자신의 각성 수준을 조절하도록 돕는다(예: 호흡을 하거나 '현재로 돌아옴').

다른 경우에, 치료자는 내담자가 경험을 탐색하도록 도울 수 있으며, 특히 경험적 탐색 방식이 핵심인 작업에서는 더욱 그렇다. 탐색을 촉진할 때, 치료자는 내담자가 모색하고 있는 것, 불분명하고 새롭게 떠오르는 것, 가슴 아픈 것, 특이하거나 가능성 지향적인 것에 주의를 기울여 내담자가 경험의 면면들을 탐색하도록 격려할 수 있다(Bohart et al., in press; Martin, 1983; Rice, 1974). 때때로 치료자는 내담자가 경험을 세분화하도록 돕고 내담자가 경험을 더 자세히 설명하거나 자기의 경험에 내재된 추가 의미를 정교화하도록 격려하기도 한다.

더욱이 적절한 순간에 치료자는 1인칭으로 말하거나 내담자 자기의 일부 측면이 '됨으로써' 내담자가 자기의 경험과 내부 과정을 동일시하도록 도울 수 있다.

마지막으로, 치료자가 내담자에게 경험으로부터 의미 창출을 하도록 돕는 것이 가치 있는 때가 있으며, 종종 의미를 신체 감각에서 경험된 것을 상징화하도록 발전시키기도 한다. 특히, 회기가 끝날 무렵이나 치료 작업의 일부 단위가 완료된 후, 치료자는 작업에서 발생한 일에 관한 '의미 있는 관점'을 발달시키기 위해 치료에서 받은 영향을 내담자가 '처리'하도록 도울 수 있다. 이는 내담자에게 무슨 일이 일어났는지 또는 일어난 일을 어떻게 이해하는지 물어봄으로써 이루어진다.

원칙 5. 성장/선택: 내담자의 성장과 자기 결정권을 촉진하라

실존적 뿌리를 지닌 인본주의적 틀 내에서 작업하는 이 접근법은 내담자의 내적 주체성의 중요성을 강조한다. 이는 성장/숙달과 자기 결정/선택에 대한 한 쌍의 조합으로 나타난다. 따라서 치료자는 한편으로는 발전과 자기 소유, 다른 한편으로는 자유, 선택 및 성숙한 상호 의존에 대한 내담자의 잠재력을 강조하고 가치 있게 여긴다.

이 접근법에서는 내담자가 성장과 자기 결정의 잠재력을 깨닫도록 돕는 것이 전반적인 치료 작업이다. 이는 치료자가 때때로 내담자와 다를 수 있는 치료 목표를 추구하는 몇 안 되는 사례 중 하나이다. 예를 들어, 내담자가 치료자에게 자신을 대신하여 결정을 내리도록 요구할 때이다. 하지만 이 목표나 원칙은 단독으로 추구되거나 내담자에게 부과되지 않는다. 대신, 성장/선택 원칙은 일반적으로 치료자가 다른 작업과 원칙을 수행하는 태도에 반영된다.

다른 치료 원칙과 마찬가지로 성장/선택도 치료자가 갖는 일련의 태도에 기초한다. 이 원칙을 실현하기 위해 치료자는 내담자를 성장, 숙달 및 능동적이고 긍정적인 대처 능력이 있고, 진정한 권리가 있으며, 진정으로 자유롭고, 자기 경험 내용의 전문가로 본다.

성장을 위한 경청

치료자가 내담자의 성장과 자기 결정을 장려하는 한 가지 방법은 내담자의 '성장 지점'을 주의 깊게 경청하고 이에 대한 소유를 지지하는 것이다. 이를 위한 주요 방법은 '공감적 선택'이다. 즉, 치료자는 새로운 경험이나 소유, 강점, 진전 또는 적극적인 대처, 변화, 숙달 또는 타인과의 접촉에 대한 욕구, 개인의 권리, 성숙한 상호 의존 및 상호성, 자기의 긍정적인 측면, 그리고 미래에 대한 계획이나 프로젝트 등을 포함한 내담자 경험의 측면을 반영한다.

때때로 내담자는 이것이 처음으로 가볍게 밟아야 할 '새로운 영역'임을 의미하는 표현을 하기도 한다. 어떤 경우에는 내담자가 그것을 완전히 의식하지 못한 채, 언어적 또는 비언어적으로 무언가를 표현할 수도 있다. 예를 들어, 내담자는 표정, 발로 차는 동작, 목소리의 억양 등을 통해 분노를 간략하게 표현할 수 있다. 두 경우 모두 치료자는 내담자에게 새로운 경험에 주의를 기울일 기회를 제공하고 내담자가 그것을 '소유'하도록 간접적으로 격려한다.

능동적 참여와 자기 결정권

변화 과정에서 내담자를 능동적 역할에 참여시키는 것이 우리 접근법의 핵심이다. 치료의 목표와 과제에 대해 내담자에게 자유나 선택을 허용하는 것은 이 원칙의 중요한 측면이자 치료자의 기본 입장이다. 때때로 치료자는 치료에서 일어나는 일에 대해 내담자에게 명시적으로 선택권을 제시한다. 여기에는 각 회기의 작업 및 주제, 특정 고통스러운 주제에 접근할지 아니면 피할지, 작업을 수행하기 위해 특정 개입(예: 두 의자 대화)을 시도할지, 심지어 작업을 중단할 시기까지 포함된다. 또한 치료자는 작업 표식(특정 회기 중 작업에 관한 내담자의 관심을 나타내는 간접적인 표식)을 주의 깊게 경청하고 내담자를 자신의 결정에 대한 최종 판단자로 대하는 등 다양한 방식으로 내담자의 선택을 암묵적으로 지원한다.

여기에 설명된 선택의 처리 과정은 주로 대안을 고려하는 지적인 처리나 선택을 강요하는 의도적인 처리가 아니라는 점에 유의해야 한다(Yalom, 1980 참조). 경험적 접근법에서의 선택은 자신의 현재 경험 범위에 대한 개방적이고 인내심 있고 직관적인 고려에서 나오는 것으로 본다.

성장/선택 원칙이 일반적으로 공감적 조율 및 치료적 유대감과 일치하더라도 이들 원칙이 서로 상충하는 상황이 있다는 점에 유의해야 한다. 그러한 경우는 내담자의 성장과 자기 결정을 촉진하려는 치료자의 욕구가 너무 앞서서 내담자를 오해하거나 수용하지 않을 위험이 초래될 때 발생한다. 이러한 상황 중 가장 눈에 띄는 상황은 치료자는 내담자가 자유롭고 자기의 어려움을 극복할 수 있을 거라고 믿지만, 내담자 본인은 완전히 갇혀 있거나 자격이 없다고 느낄 때 발생한다. 이러한 상황에서 치료자는 내담자의 관점을 이해하고 수용하는 동시에 변화가 가능하다는 자신의 개인적 믿음을 공개하는 2가지 가치의 균형을 맞추려고 노력해야 한다.

원칙 6. 작업 완성: 구체적인 치료 작업의 완성을 촉진하라

많은 치료 작업이 완료되지 않는다. 적어도 처음 소개되었을 때는 완료되지 않았다. 따라서 마지막 과정-경험적 치료 원칙은 내담자가 치료 작업을 마치도록 돕는 것이다. 작업을 끝내지 못하는 방법이 너무 많기에 치료자는 치료 작업을 해결하는 데 도움이 되는 다양한 전략이 필요하다.

첫째, 치료자는 치료 작업의 관점에서 생각하도록 훈련한다. 치료 작업은 내담자가 즉각적으로 경험하는 중요한 요소이며, 치료자가 내담자의 작업이 앞으로 나아가고 진화하는 과정을 추적하는 것이 중요하다. 하지만 초심 치료자는 내담자의 내용을 듣고 기술을 연습하는 데 너무 열중하여 작업의 '맥락을 잃어버리는' 경우가 많다.

둘째, 각 치료 작업에는 고유한 단계와 함정이 있다. 치료 작업의 성공적인 해결에는 자연스러운 순서가 필요하다. 이러한 단계를 알면 치료자는 내담자가 막히거나 '막다른 골목'에 빠지지 않도록 도울 수 있으며, 내담자가 다음 단계로 이동할 준비가 되었을 때 다음 단계로의 이동을 촉진할 수 있다. 제8장~제13장에서는 내담자가 6가지 주요 치료 작업을 성공적으로 해결하기 위해 따르는 단계를 설명하고자 한다. 따라서 치료자가 각 작업 내 단계를 정확하게 의식할 수 있을 뿐만 아니라 각 단계 내 작업을 촉진할 수 있는 치료자 개입도 매우 유용하다.

셋째, 치료자가 치료 작업을 수행할 때 내담자의 태도와 온화한 끈기를 기르는 것이 중요하다. 치료자는 회기 작업에 계속 집중하고 내담자가 다른 문제에 빠질 때 부드럽게 다시 회기 작업으로 돌아가야 한다. 치료자는 또한 문제 해결을 위해 작업에 여러 번 집중해야 하는 경우가 많으며 작업이 중요하면 내담자가 이후 회기에서 해당 문제를 다시 언급할 것임을 알고 있어야 한다.

넷째, 치료자는 작업을 전환하거나 같은 치료 작업에 계속 집중할 시기를 평가한다. 전반적으로 대부분의 작업 중단, 특히 다른 작업의 시작을 최소화하는 것이 가장 좋다. 반면에, 현재 더 활발하고 실제로 해결될 가능성이 더 높은 작업으로 이동하도록 내담자를 격려하는 것이 때때로 유용하다. 때로는 특정 작업이 '종료'되거나 현재 살아 있지 않거나 중심이 아닐 때 공감적 탐색으로 다시 돌아가는 것이 더 나을 수도 있다.

따라서 치료자가 원래 작업을 계속할지(작업 완성) 또는 새롭고 명백히 더 매력적인 작업(경험 처리)으로 전환할지에 대해 확신이 없을 수 있다. 새로운 일이 생길 때마다 치료자가 일상적으로 전환을 권장한다면 회기가 산만해지며 치료 작업이 거의 완성되지 않을 수 있다. 반면에 특정 현재 작업에 대한 완고한 고수는 비생산적이다. 특히, 내담자가 해결할 준비가 되지 않거나 새로운 작업이 내담자에게 더 생생한 상황에서는 더욱 그렇다. 이는 분명히 민감성, 경험, 협상이 필요하고 가장 중요하게는 내담자의 안내를 따르는 임상적 판단이다.

다섯째, 작업 중심성(작업 완성 원칙의 예시)과 치료 관계 사이의 균형을 유지하는 것이 중요하다. 때로는 비록 온화하더라도 작업 초점을 식별하고 유지하려는 치료자의 노력이 내담자에게 고통스럽거나 좌절스러운 경험을 계속하라는 위협적인 압력으로 경험될 수 있다. 이로 인해 관계가 긴장될 수 있으며, 가능한 손상을 평가하고 복구하려는 노력이 필요할 수 있다. 이러한 가능성을 예상하면서 치료자는 주의 깊게 경청하고 내담자에게 물러서거나 다른 작업으로 이동할 수 있는 선택지를 제시할 준비가 되어 있어야 한다. 내담자의 경험에 대한 공감적 조율은 그러한 상황에서 궁극적인 지침이다.

요약 정리

이 장에서 우리는 정서적 변화를 촉진하기 위해 과정 경험적 접근법을 사용하는 치료자가 따르는 6가지 기본 원칙을 제시하였다. 이러한 원칙은 치료자의 구체적인 개입(제7장 참조)과 주요 치료 작업(제8장~제13장)의 기초이다. 원칙에는 세 가지 관계 원칙(공감적 조율, 치료적 유대, 작업 협업)과 세 가지 작업 원칙(경험 처리, 성장/선택 및 작업 완성)이 포함된다. 이러한 원칙은 절대적인 것이 아니라 특정 상황에서 서로 연합되고 균형을 이루어야 하는 일련의 가치로 이해될 수 있다.

다음 장에서는 정서적 변화를 촉진하기 위한 과정-경험적 접근에서 치료 원칙을 실현하기 위해 활용되는 치료자의 본질적인 의도와 치료자 반응 유형을 기술하겠다.

제7장

치료자가 해야 하는 것
경험적 반응 의도와 방식

이전 장에서 우리는 치료자를 안내하는 원칙인 과정 경험적 접근의 본질에 관해 설명하였다. 이 장에서는 이러한 원칙을 수행하기 위해 치료자가 실제로 무엇을 하는지를 설명하고자 한다. 그렇게 함으로써 우리는 과정–경험적 치료의 주요 기능에 따른 치료자 반응의 다양한 유형들을 체계화하기 위해 다양한 경험적 반응 의도의 기본 개념을 사용할 것이다. 반응 의도는 반응 방식과 정확히 같지는 않지만(Elliott et al., 1987), 반응 방식의 기초를 제공하고 치료자의 행동을 설명하는 더 근본적인 방법이다(Goodman & Dooley, 1976; Stiles, 1986). 이 장은 경험적 반응 의도에 따라 구성되어 있으며, 반응 유형은 각 의도를 실행하는 데 사용되는 가장 일반적인 수단을 정의하는 데 사용된다.

우리는 경험적 반응 의도를 핵심적 의도, 부가적 의도, 경험–이탈 의도의 3가지 유형으로 분류하였다(〈표 7–1〉 참조). 이는 우리가 최초로 제시하는 견해로서 이러한 3가지 치료자 의도 유형 각각은 치료자가 정확히 무엇을 하고 무엇을 하지 않는지를 제시한다. 첫째, 치료자는 일련의 전문화된 경험적 반응 의도에 가장 크게 의존한다. 이러한 '핵심적 경험 의도'에는 공감적 이해, 공감적 탐색, 과정 지시 및 경험적 현존이 포함된다. 둘째, 치료자는 때때로 경험적 교육, 과정 관찰, 내담자에게 자신을 드러내는 등의 보충적인 의도를 수행하기도 한다. 마지막으로, 치료자는 정보 제공, 해결책 제시, 전문가의 안심 제공, 내용 지시 및 대립/직면 등의 '경험–이탈' 방식을 피해야 한다.

〈표 7-1〉 치료자의 경험적 반응 의도와 반응 유형

A. 핵심적 경험 의도
1. 공감적 이해: 내담자의 즉각적인 정서와 정서 의미에 관해 대화하기 위한 반응
1) 공감적 반영: 내담자의 중요한, 고통스런, 또는 생생한 정서나 정서적 의미의 반영 (연상적이나 성장적 반영 포함)
2) 후속 반응('으흠')
2. 공감적 탐색: 공감적 조율을 유지하면서 내담자의 탐색을 격려하기 위한 응답
1) 탐색적 반영: 연상적, 개방적 지점, 성장 반영
2) 탐색적 질문: 경험, '채워 넣기(fill-in)', '맞춤(fit)' 질문
3) 공감적 추측: 표현되지 않았지만 내담자의 실제 경험에 있을 것 같은 것을 잠정적으로 반영
3. 과정 지시: 회기 중의 과정을 안내하기 위한 반응(예: 과정 제안)
1) 관심 제안
2) 행동 제안
3) 작업 구조화
4) 인지 의식을 위한 숙제
4. 경험적 현존: 치료자의 태도, 상태 또는 내담자와 있을 때의 자세를 드러내기 위한 치료자의 행동 스타일
1) 침묵
2) 목소리 톤
3) 적절한 비언어적 소통

B. 부가적 경험적 의도
1. 경험적 교육: 치료 과정 또는 과제에 대한 정보를 주기 위한 반응
2. 과정 관찰: 비언어적 · 언어적 소통을 언급하기 위한 반응
3. 자기 개방: 치료자를 내담자에게 공개하려는 의도된 반응
a. 개방 과정(바로잡아 수정하고 한계를 설정하기 위한 즉각적인 반응)
b. 개인적 개방(내담자를 촉진하고 반응하게 하기 위함)

C. 경험적 모드에서 벗어난 일반적 방식
1. 정보 제공: 내담자에게 자신 또는 타인에 대해 새로운 것을 알리기 위한 반응(예: 해석 (설명, 연결 또는 신념 수정 반응)
2. 해결책 제시: 내담자 행동을 바꾸려는 의도 반응(예: 일반적 조언)(내담자에게 회기 밖에서 해야 할 일을 알려 줌; 인지 과제 제외)
3. 전문가의 안심시키기(reassurance) 제공: 내담자의 기분을 좋게 하기 위한 의도의 반응 (예: 안심시키기 내용)('전문가' 위치에서 내담자와 동의, 칭찬 등)
4. 내용 지시: 회기의 주제를 지시하기 위한 반응(예: 내용 제안)
5. 대립/직면: 내담자와 다른 부분이나 불일치를 의도한 반응

경험적 반응 의도와 연관된 반응 유형은 치료자가 치료에서 수행하는 작업의 한 가지 측면만을 설명한다. 기계적으로 구현하는 것을 삼가고, 이전 장에서 설명한 태도와 원칙을 대체하여 구현하지 않는 것이 중요하다. 회기의 전반적인 작업은 치료자의 반응 의도와 유형을 이끈다. 다음의 3가지는 일반적인 주제 아래 대응 반응을 요약한 것 외에도, 우리는 그것이 가장 잘 수행되는 방법과 순간을 설명하고자 한다.

핵심적 경험 반응 의도

우리는 이전 장에서 설명한 치료 원칙과 가장 일치하는 치료자의 경험적인 의도부터 시작하며, 이것은 과정-경험적 접근에서 치료사가 하는 일의 대부분을 설명한다. 이후 장에서 설명하는 주요 경험적 작업은 일반적으로 이러한 의도들을 기반으로 구성되어 있으며, 다른 경험적 작업의 중심이기도 하다(예: creation of meaning; Clarke, 1989, 1991). 이를 위해 필수적인 치료자의 행동과 의도의 이전 버전이 개발되고 검증된 바 있다(Goldman, 1991; Greenberg & Goldman, 1988). 이번 버전에서는 이 책의 목적을 위해 개발된 치료자의 의도와 반응의 업데이트된 설명을 제공하려고 한다.

공감적 이해

과정-경험적 접근의 핵심 의도는 공감적 이해, 즉 내담자의 메시지에 대한 단순한 이해만이 아니라 치료자의 공감적인 소통 반응으로 수행된다. 이러한 반응에는 Carl Rogers(1951)가 유명하게 만든 단순 반영과 관련 반응('으흠')이 포함되어 있다. 그러한 반응은 공감을 전달하는 것 외에도 일반적으로 내담자와 치료자의 관계를 강화하고(이해를 통해) 내담자에게 상호존중과 지지를 제공하며 새로운 문제를 강조하는 데 도움을 준다. 따라서 공감적 이해의 반응은 치료자가 이전 장에서 설명한 공감적 조율과 치료적 관계의 원칙을 실현하기 위한 주요 수단으로 작용한다.

우리의 논의에서는 공감의 틀 안에서 내담자의 탐색을 촉진하는 공감적 탐색과 공감적 이해를 구분한다. 공감적 탐색 반응은 이해를 전달하고 내담자가 자기의 경험에 더 깊이 들어가도록 하고, 명확하지 않은 경험을 새롭게 진행하도록 돕는다. 따라서 이해와 탐색 의도를 포함하고 있다. 이와는 대조적으로, 공감적 이해의 반응은 단지 이해하는 것 외에는 어떤 것도 시도하지 않고 '확고한' 공감만을 제공하려고 한다.

이해와 정보 제공: 반영과 해석

또 다른 중요한 차이점은 두 종류의 공감적 의도(공감적 이해와 공감적 탐색)와는 매우 다른 경험–이탈 의도인 정보 제공 사이에 있다. 치료자 반응의 관점에서 볼 때, 이러한 차이는 전통적으로 반영과 해석이라고 불리는 반응 사이의 차이로 귀결된다(Elliott et al., 1987).

따라서 과정–경험적 접근은 치료자가 반영과 해석을 구별할 수 있어야 한다. 치료자가 반영할 때의 주된 의도는 내담자의 즉각적인 경험에 대한 이해를 전달하거나 내담자의 탐색을 돕는 것, 또는 이 두 가지 모두이다. 치료자가 해석할 때의 의도는 일반적으로 동기부여 설명이나 영역 간 연결의 형태로 내담자에게 자신에 대한 새로운 정보를 제공하는 것이다. 예를 들어, 내담자가 이렇게 말할 수 있다.

내담자: 내 어머니는 고혈압이셨고 심장이 안 좋으셨어요. 하지만 내 생각에 어머니는 심기증이 있었던 것 같아요. 그래서 우리가 어른이 되었을 때, 어머니는 아무것도 하지 않으셨어요. 우리가 다 해야 했어요. 내가 다 해야 했거나, 아니면 아무것도 되는 것이 없었어요.

이에 대응하여 치료자는 다음과 같이 반영할 수 있다.

치료자: 아하, 그래서 당신이 하든지 아니면 아무것도 안 되든지였군요. "내가 다 해야 돼!" 같은 거죠.

치료자의 의도는 내담자에게 어떻게 느꼈는지를 전달하는 것이다. 반면에, 같은 내용에 다음의 해석을 할 수도 있다.

치료자: 그래서 어쩌면 현재 당신에게 많은 일들이 맡겨졌을 때 당신이 집안일도 끝내기가 어려운 것과 관련이 있는 것 아닐까요? 예전의 일들을 생각나게 하니까?

두 번째 반응은 내담자가 연결이나 패턴을 보면 더 큰 자기 이해로 이어질 것이라는 믿음 속에 내담자 경험에 대한 이해를 전달하기보다는 그에게 새로운 빛을 비추려는 의도이다. 위의 반응은 반영도 아니고 이 접근법의 적절한 반응도 아니다(이 장에서 설명하는 경험-이탈 의도 참조).

반영과 해석의 정의, 특히 두 종류의 치료자 반응에 대한 구별은 오랫동안 논쟁이 되어 왔다. 이 책의 목적과 치료자의 일을 명확하게 설명하기 위해, 우리는 반영을 내담자의 즉각적인 경험에 대한 이해를 전달하기 위한 것으로 정의하고, 해석은 내담자에게 현재 경험이나 참조 틀을 벗어난 새로운 것을 제시하기 위한 반응으로 정의하겠다. 이런 구별은 반영을 포함해서 공감적 반응과는 별개로 내담자가 말하는 내용의 의미를 찾는 해석학적 의미에서의 인지적인 '해석 행위'를 포함한다는 사실에도 불구하고 유지된다. 같은 이유로 치료자의 정보 제공과 해석적 반응이 내담자 경험의 어떠한 측면을 정확하게 나타낸다면 종종 내담자는 이를 공감으로 경험할 수 있다. 현대의 자기 및 대인관계 중심의 정신역동적 관점의 치료자는 실제로 공감으로 경험되는 해석을 제공하고 반영도 할 수 있다. 하지만 우리의 관점에서 해석은 종종 암묵적으로 권한을 잃게 하거나 처벌적·비판적이기도 하다(Piper, Debanne, Bienvenu , Carufel, & Garant 1986). 그에 비해 공감적 반응은 이러한 것을 거의 찾아볼 수 없다. 이것이 우리가 이 접근법에서 공감과 공감적 의도의 중요성을 강조하고 공감과 해석의 구분을 모호하게 하기보다는 여전히 그 차이를 유지하려고 하는 또 다른 이유이다.

공감적 이해의 두 가지 유형인 공감적 반영과 공감적 반응에 관해 설명하고자 한다.

공감적 반영

공감적인 반영은 내담자가 가장 중요했거나 고통스러웠던, 생생했던 측면에 집중했었을 때의 정서, 주관적 의미와 내면의 반응을 이해하고 지지하는 것을 의미한다. 예를 들어서,

내담자: …… 저는 부모님과 많은 어려움이 있었어요. 그들은 너무 통제적이었어요. 내가 어렸을 때, 부모님은 나에게 접시의 마지막 음식까지 모두 먹게 했어요. 그들은 서서 나를 지켜봤었는데 저는 그것을 견딜 수 없었어요! (나는 그때) 내가 너무 무력하다고 느꼈어요.

치료자: 그렇게 통제하는 것은 당신이 견딜 수 있는 것 이상이었겠군요.

"화를 느끼셨군요" 혹은 "불행하다고 느끼셨군요"와 같은 치료자의 단순한 정서의 반영도 일반적으로는 충분하다고 생각할 수 있다. 하지만 Rogers(1959)의 정서 경험 표현에 관한 정의에는 더 많은 것이 필요함을 시사한다. "그것은 개인적 의미와 함께 정서적 경험을 나타낸다. 따라서 정서뿐만이 아니라 경험적 맥락 안에서의 인지적 내용 또는 정서의 의미까지 포함한다"(p. 198). 이 정의는 치료자가 반응하는 것은 단순히 '정서'뿐만 아니라 내담자에 대한 의미를 포함한 전체적 경험임을 분명히 한다. 대부분 좋은 반영은 단순히 정서를 앵무새처럼 따라 하는 반응과는 전혀 다른 느낌이다. 치료자가 길게 요약하라는 뜻이 아니라, 특정 뉘앙스와 특정 경험의 느낌에 주의하라는 것이다. 예를 들어서,

내담자: 그리고 내 방식대로 끝내고 만족한 나를 그가 놀린 후에, 나의 성취감은 그냥 사라져 버렸어요!

치료자: 반짝임이 사라졌군요. 그리고 당신에게는 빼앗긴 것 같은 기분이 남았군요.

목표는 역기능 과정의 어떤 주제를 포착하는 것뿐만 아니라, 그 사람에게 실제로 어떠했는지를 포착하는 것이다. 좋은 공감적 반영을 익히기는 어렵다. 이를 위해서는 끊임없이 변화하는 내담자 경험의 특징, 질감 및 강도에 주의 깊게 조율해야 한다. 내담자의 말에는 일반적으로 치료자가 내담자에게 반영할 수 있는 다양한 것들이 있다. 치료자는 무엇을 반영해야 하는지를 식별할 수 있는 '공감적 선택'을 해야 한다. 일반적으로는 직관적 감각으로 느껴지는 내담자의 메시지 속 '핵심'이나 제일 고통스러웠던 측면을 선택한다. 좋은 공감적 반영은 광범위한 연습, 경청, 그리고 회기 동안의 몰입을 요구한다.

후속 반응

'감사의 말', '최소한의 격려', 그리고 '뒤이은 후속 반응' 등의 작은 이해 표시를 표현하는 것이 중요하다. 반응들에는 다음과 같은 것이 포함된다.

- 아하, 으흠
- 그렇군요 or 이해합니다.

- 맞아요 or 괜찮습니다.
- 머리 끄덕이기 or 미소

이것은 후속 반응들과 공감적 반영의 역할을 보여 주는 예시이다.

내담자: 지금까지 한 번도 받아들인 적 없었던 나의 새로운 부분 같은 것이 나오고 있어요. [치료자: (조용히) 네.] 그리고 (잠시 후) 그리고 전 조금 두려워요. [치료자: 으-흠] 그러나 그것을 밖으로 내보낼수록, (침묵) [치료자: 네] 분노가 있어요.

치료자: 네, 당신이 조금 무서워하지만, 그곳엔 분노가 있어요.

이러한 후속 반응은, 주로 치료자의 이해를 전달하여 내담자가 계속 진행하는 데 도움이 되며 내담자가 더 자세히 설명할 수 있도록 한다.

공감적 탐색

과정-경험적 접근 안에서 치료자가 하는 일에 관해 설명하면서, 우리는 공감적 이해와 공감적 탐색의 반응을 구별하였다. 이 치료법에서 많은 치료자의 반응은 치료자의 이해를 전하고 관계를 유지하는 것 이상의 것을 의도한다. 이러한 반응들은 내담자의 자기 탐색(경험적 처리 원칙)을 촉진하려는 의도와 함께 공감을 기반한 탐색 동맹을 형성하는 의도로 내담자를 지원하는 또 다른 방법을 제공한다. 이러한 주요 반응은 탐색적 반영, 탐색적 질문, 과정 관찰, 공감적 추측을 포함한 여러 가지 형태를 취하며, 가장 적합한 두 개의 형태 아래 여러 가지 변형의 하위 유형이 있다.

탐색적 반영

탐색적 반영은 탐색 동맹을 형성하여 부분적, 잠정적 또는 '진행 중'인 이해를 전달함으로써 내담자 자기 탐색을 안내하거나 자극하려는 치료자의 반응으로 정의된다. 이는 내담자를 뒤따라가려는 치료자의 반응으로 표현된다. 이러한 반응은 종종 내담자 환경에서의 새로운 측면 또는 불명확한 측면에 초점을 맞추고 있으며, 그 결과 일반적으로 잠정적인 특성을 보인다. 예를 들어서,

치료자: (잘 모르겠다는 느낌의 목소리로) 잘 모르겠지만…… 그가 그렇게 말할 때, 당신은 비난받았다고 느낀 것 같은데요.

진행 중인 부분적 이해를 전달하고 탐색 과정을 자극하는 것 외에도 탐색적 반영에는 밀접하게 관련되고 때로는 겹치는 여러 세부 하위 유형들을 구분하여 그것의 다양한 용도를 제시하고자 한다. 첫째, 연상적 반영은 내담자의 의미를 새로운 언어로, 생생한 이미지로, 표현적 태도 또는 잠정적 탐색 태도로 '개방'하도록 촉진한다(Rice, 1974; Martin, 1983). 이전에 사용한 내담자의 예를 보자.

내담자: 내 어머니는 고혈압이셨고 심장이 안 좋으셨어요. 하지만 내 생각에 어머니는 심기증이 있었던 것 같아요. 그래서 우리가 어른이 되었을 때, 어머니는 아무것도 하지 않으셨어요. 우리가 다 해야 했어요. 내가 다 해야 했거나, 아니면 아무것도 되는 것이 없었어요.

이 반응에 대한 몇 가지 대안적 반영들이 있다.

치료자: 꼭 어머니께서 이렇게 말씀하시는 것 같군요. "오 내 심장이야! — 네가 해!" 그러면 당신은 엄청난 책임감을 느끼겠네요.

치료자: 그래서 당신이 진짜 부담을 짊어지고 있었다고 생각해요. 당신은 이를 악물고 했고요.

비유를 사용하는 것 외에도 치료자가 내담자가 되어 일인칭으로 표현하며 반응할 수 있다. 따라서 '속았다'라고 느낀 내담자의 말에 치료자는 다음과 같이 말할 수 있다.

치료자: 그래서 "당신은 교활해! 공평하지 않았어!"라고 말하고 싶었을 것 같아요.

두 번째로, 개방형 반영은 일반적으로 내담자가 드러낸 부분 중 가장 생생하고 고통스러웠던 경험의 측면에서 개방적 혹은 '제일 두드러진' 지점을 전면에 드러나도록 초점화한다. 따라서 탐색적 반영을 사용할 때 치료자는 내담자 진술을 포장하여 '완성된' 형태 또는 폐쇄된 방식으로 반응하지 않는다. 대신 치료자는 더 많은 탐색을 촉진하는 방식으로 가장 고통스러웠던 측면을 강조하며 개방적 반응을 제공한다. 폐쇄적 공감 반응은 내담자가 "그래요, 그게 내가 느끼고 있는 것이에요!"라고 대답했을 때, 내담자의 탐색을 중지시킨다. 그 후에 치료자가 어떤 말을 할 때까지 기다린다. 예를 들어, 다음은 침묵의 내용에 따르는 반응이다.

내담자: 수업에서 발표를 더 하고 싶어요. 정말로요. 그런데 말하려고 생각하면 겁이 나서 숨어 버려요.

만약 치료자의 반영이 대립하는 정서의 양쪽 균형을 잘 맞추고 있다면, 양면을 다 담아낼 수 있는 패키지 효과(packaging effect)를 가져올 수 있다.

치료자: 그래서 당신은 정말 수업에서 발표하고 싶지만, 동시에 말하는 것이 두렵군요.

하지만 개방형 반영 때는 치료자는 둘 중에 한 부분에만 초점을 맞춘다. 예를 들어, 발언하고 싶은 욕구에 열려 있을 수 있다.

치료자: 그것이 당신을 두렵게 했지만, 저에게는 당신이 정말 말하기를 원했던 것 같군요. 당신의 생각에 소리를 주면 좋겠네요.

만약 두려움이 내담자의 경험에서 가장 고통스러운, 혹은 제일 두드러진 지점이라면 탐색 반영은 두려움을 선택할 수 있다.

치료자: 그래서 당신이 말하는 것을 생각하기만 해도 두려움이나 조이는 것 같은 느낌이 있는 것 같군요. 잘 모르겠지만, 시도하기엔 위험성이 있군요.

세 번째로, 성장-지향적 반영은 내담자의 성장 지점, 또는 새로운 가능성을 반영한다. 그리고 아주 조금이라도 성장 궤적이 나올 때, 내담자가 그것에 초점을 맞추도록 하는 데 도움이 된다(예: Bohart et al., 1991). 이것은 제6장에서 나눈 성장/선택의 원칙을 따른다. 다음과 같은 성장-지향적 반영의 예는 연상적이고 개방적인 측면을 열어 두는 것이다.

내담자: 저는 깊고 검은 구덩이 바닥에 갇혀 있는 느낌이에요. 너무 외로워요. 계속 나오려고 노력하지만 어떻게 해도 잘 되지 않아요.

치료자: 너무 어둡고, 깊어서 빠져나오는 것이 힘들고 나올 수가 없고요. 그러나 당신은 필사적으로 나오려고 노력하면서 어떻게든 접촉하기 위해서 애쓰고 있어요.

실패감보다 투쟁의 감각에 초점을 맞추고 있는 이 유형의 반응은 내담자가 생존에 실패하는 것보다 살아남기 위해 고군분투하고 있다는 것을 정확하게 언급함으로써 내담자의 성장 가능성에 접근하도록 돕는다. 적절하게 조율된 가능성-지향적 반응과 감지되었으나 아직 달성하지 않은 것보다는 실제적인 것에 더 초점을 둔 반응 사이의 균형이 필요하다. 그럼에도 불구하고, 성장 지점에 집중할 수 있는 능력은 과정-경험적 접근의 중요한 측면이다.

탐색적 질문

개방형 탐색 질문은 순전히 정보 수집을 목적으로 질문을 하는 경우가 거의 없는 과정-경험적 접근방식에서 중요한 역할을 한다. 치료 과정 지시(아래 설명)와 함께 탐색적 질문의 접근법으로는 게슈탈트 치료의 영향을 반영하고 있다. 탐색적 질문의 주된 목적은 내담자의 경험과 탐색을 장려하는 것이다.

탐색적 질문의 가장 중요한 형태는 경험적 질문, 즉 내담자의 현재 또는 과거 경험의 다양한 측면에 관한 질문이다.

- 정서
- 상황을 보는 관점
- 몸의 감각
- 의미
- 바람 또는 욕구
- 의도

이 질문의 특정 버전은 치료의 진부한 표현이 되지 않도록 과도하게 사용되어서는 안 된다. "그래서 기분이 어때요?"와 같은 반응은 특히 진부해지기 쉬우며 내담자가 즉각적으로 인식하지 못하는 정보를 요구할 수도 있다. 따라서 이러한 질문은 일반적으로 피해야 한다. 다음과 같은 경험적 질문으로 다양하게 대체해 사용할 수 있다.

- 치료자: 지금 무엇을 경험하고 있나요?
- 치료자: 바로 그때 무엇을 알아차렸나요?
- 치료자: 그녀에게서 무엇을 원하나요?
- 치료자: 느낌이 어땠나요?

탐색 질문의 다른 변형 하위 유형으로는 협력 질문과 '확인' 질문이 있다. 협력 질문에서 치료자는 문장 중간에 멈추고 내담자가 내용을 채우거나 자세히 설명할 수 있도록 명확한 공백이나 열린 자리를 남겨둔다. 그러므로 내담자와 치료자가 협력하여 문장을 완성한다.

내담자: 이번 주까지는 괜찮았어요.

치료자: 그럼 지금 당신의 기분은…….

내담자: …… 다시 그를 볼 것에 너무 긴장돼요.

협력 질문은 공동 치료 탐구 과정을 모델링하는 데 유용하지만 이를 남용하지 않는 것이 가장 좋다.

'확인' 질문("그게 맞나요?"의 줄임말)은 치료자 또는 내담자 진술에 대한 확인을 구하며 치료자가 반응을 유지하고 내담자에게 부담을 주지 않도록 돕는 데 중요하다. 다양한 다른 반응과 함께 사용되지만, 확인 질문은 탐색적 성찰과 가장 일반적으로 결합된다. 예를 들어서,

치료자: (잠정적인 태도로): 당신은 친구를 잃는 것을 걱정하는 것 같은데, 그렇게 느끼나요?

또는

치료자: 거의 '엉킨' 느낌인가요? 그게 그런 걸까요?

공감적 추측

공감적 탐색 반응의 또 다른 더 깊은 형태는 공감적 추측이다. 여기서 치료사는 내담자가 현재 느끼고 있지만 아직 큰 소리로 말하지 않은 것이 무엇인지 공감적으로 추측한다. 일반적으로 내담자가 비언어적으로, 어느 부분에서 암시했을 수도, 또는 대화 중에 표현했을 수도 있다. 이러한 반응은 (심리적 원인이나 패턴이 아닌) 현재 내면의 경험에 관한 것이며, 미확인된 경험을 해석하는 것이 아니라, 내담자의 현재 경험을 파악하도록 돕는 것이 목적이다. 내담자가 경험하도록 촉진할 뿐, 새로운 방법으로 보는 것을 돕지는 않는다. 하지만 이 형태는 추측에 의한 것이기 때문에 치료자도 확실성을 가지고 사용하지 않는다. 대부분 반영-질문을 섞어서 혹은 '확인' 질문과 결합해서 사용한다. 따라서 내담자에게 그가 실제로 경험하는 것과 치료자의 공감적 추측이 일치하는지 확인할 것을 권유한다. 예를 들어서,

내담자: 잘 모르겠어요. 그것을 할 만한 여분의 에너지가 생기지 않는 것 같아요. 그래서 그냥 저는 그만하려고요. (한숨)

치료자: 거기에서 진짜 슬픔이 있는 거 같은데요. 당신이 느끼는 것도 그런가요?

다른 예

내담자: (떨리는 목소리) 이런, 이것에 대해 이야기하는 것이 좋은 건지 모르겠어요. 잘 모르겠어요.

치료자 : 어쩌면 지금 나누는 건 조금 두려울 수 있겠군요.

과정 지시

"내용 말고 과정을 지시하라." 이러한 간단한 구호(slogan)가 치료자의 조언과 주도적 과정(지침, 제안 등)의 모든 것을 요약하고 있다. 내담자에게 치료 회기 밖에서 문제를 해결하기 위해 무엇을 해야 하는지 알려 주는 것이 '경험-이탈' 방식이지만, 현재 탐색 및 문제 해결을 촉진하기 위해 회기 내에서 특정 작업을 시도하도록 내담자

에게 부담스럽지 않은 방식으로 제안하는 것은 '경험적 방식'이다.

과정-지시 반응은 경험적 과정 원칙에 따라 회기 중 과정에 관한 다양한 제안을 제시한다(제6장에서 설명). 반응 방식, 처리 과정에 관한 제안이 이에 해당한다. 치료자는 대부분 회기에서 내담자의 관심과 행동을 끌어내어 최적의 경험을 하도록 촉진한다. 과정-지시 반응 의도는 새로운 작업을 설정하거나 구조화하고 끊임없이 진행 중인 작업을 '단계별 지시'하는 것을 포함한다(예: 의자 기법).

과정-지시 반응에서 치료자의 태도는 따뜻하고 온화하며, 단정적이지 않아야 함을 알고 있어야 한다. 또한 내담자에게 부담을 주거나 압력을 가하거나 조정하지 않아야 한다. 내담자가 치료자로부터 제안 받은 것을 지금 당장 시도한다면 도움이 될 만하다고 느끼지만, 그것을 하고 싶지 않다면 치료자는 그 결정을 수용해야 한다. 또한 과정-지시 반응은 현재의 작업에 적합하고 내담자가 치료자를 안전한 대상으로 인식하는 경우에만 이루어진다.

주의 제안은 내담자에게 자신의 현재 경험의 일부 측면에 주의를 기울이도록 지시한다. 예로,

- 치료자: 무거운 느낌에 조금 더 머물 수 있는지 보세요.
- 치료자: 나에게 말하면서 당신의 호흡에 집중할 수 있을까요?
- 치료자: 당신의 주의를 안으로 기울여 보세요. 그리고 당신에게 어떤 것이 오는지 보세요.

한편, 행동 제안은 가장 일반적으로 회기에서 특정 행동을 취하도록 내담자에게 지시하여 생산적인 경험을 하도록 촉진한다.

- 자기의 한 측면 실행하기
- 실행 중에 어떤 것을 경험하기
- 자신에게 질문하거나, 정서를 참고 기다리거나, 너무 고통스러운 경험을 밀어내거나 하는 정신적 행위를 수행하기

예를 들어,

- 치료자: 의자를 바꾸고 그녀에게 당신이 그녀의 비난에 어떻게 반응하는지 말해 주세요.
- 치료자: 다음은 잠시 쉬었다가 스스로에게 물어보세요. "이 정서는 무엇에 관한 것이지?"

작업 구조화는 과정–지시 반응의 또 다른 형태로, 치료자가 회기 중에 실험을 제안하거나 설정하는 경우, 그것이 무엇이며 어떻게 작동하는지에 대한 설명이 동반된다.

- 치료자: 좋아요, 제가 제안하고자 하는 것은 두 면을 다른 의자에 앉혀 놓는 거예요. 아마도 의자 위에서 뛰어다니는 것은 이전에 경험해 보지 못한 것이기 때문에 조금은 부끄러울 수도 있겠지만 그냥 경험해 보고 어떤 결과가 나올지 보는 건 어떨까요? 괜찮으시겠어요?

알아차림을 위한 과제는 치료자가 회기 밖에서 치료 과정을 수행하는 방법을 제시하는 변형된 형태의 제안이다. 따라서 치료자는 내담자가 회기 밖의 특정 종류의 경험에 참여하도록 제안할 수 있다. 예를 들어서, 만약 회기의 주제가 내담자가 자신을 어떻게 비난하는지에 관한 것이라면, 치료자는 회기가 끝날 때 다음과 같이 말할 수 있다.

- 치료자: 주중에 언제 그리고 어떻게 스스로를 비난하는지 알아보는 것이 당신에게 유용할 수 있어요.

하지만 알아차림을 위한 과제는 내담자의 문제(성장/선택 원칙을 위반될 수 있음)에 '답'을 제공하는 것이 아니라 단순히 회기 밖에서 치료 과정을 수행하기 위한 것임을 명심해야 한다.

경험적 현존

치료자가 하는 일만큼이나 그 일을 하는 방식이 중요하다. 따라서 우리는 치료자의 진정성 있는 인내심, 따뜻하고 온화하게 참여하는 치료자의 태도를 강조하였다. 내담자가 치료의 '작업'을 추구하도록 돕는 데 있어 치료적 유대감(원칙 2)을 형성하는 것과 관련된 관계적 태도는 주로 치료자의 '경험적 현존' 또는 내담자와 함께 있는 태도를 통해 전달된다. 이 '경험적 현존'은 침묵, 목소리 톤, 그리고 적절한 자세 및 표현을 포함하는 준언어적인(paralinguistic)[1] 것과 비언어적 행동의 관점에서 구체적으로 설명할 수 있다.

침묵

침묵은 내적 탐색과 새로운 경험의 등장을 촉진하는 것처럼 보이기 때문에(Gendlin, 1981; Goodman & Esterly, 1990), 이 접근법에서 중요한 역할을 한다. 하지만, 다시 한번 강조하는 것은 태도는 행동보다 중요하다. 치료자의 인내와 내담자의 내적 과정에 대한 존중의 태도는 침묵이 일어나도록 허용하는 행동보다 더 중요하다. 따라서 치료자는 내담자가 하려고 하는 말을 중간에 끊거나 말을 많이 하지 않고 내담자의 말이 끝날 때까지 기다려야 한다. 동시에 치료자는 침묵이 불편한 내담자에게 침묵을 강요하지 않고 내담자의 침묵에 대한 반응과 침묵 사용을 주의 깊게 확인한다.

또한 목소리 톤은 내담자에 대한 치료자의 즉각적인 경험 및 태도와 밀접하게 연결되어 있기에 치료자의 경험적 현존의 또 다른 중요한 측면이며 치료자의 존중, 공감, 진정성을 전달한다(Rice & Kerr, 1986). 실제로 치료자는 내담자에 대한 즉각적인 태도의 척도로 자신의 목소리 톤을 사용할 수 있다. 예를 들어, 치료자가 자신이 '단정적인' 또는 '정형화된'(예: 강의) 목소리로 말하고 있음을 알게 된다면, 아마도 존중, 공감, 협력적 입장에서 벗어났음을 의미할 것이다.

한편, 치료자가 내면에 집중된 탐색적인 목소리나 온화함, 상냥함, 배려를 나타내는 부드러움에 어울리는 '존중하는' 목소리를 개발하는 것은 생산적일 수 있다. 존중을 나

---

1) 말이 아니라 어조, 표정, 동작 등으로 의사소통을 하는 것과 관련된 것을 지칭한다.

타내는 목소리는 치료 연습을 제안하거나 새롭고 고통스러운 내담자 경험이 나타날 때 특히 중요하다. 마지막으로, 치료자는 자기 음성의 질을 꾸며내어 만들 수 없다는 사실을 기억해야 한다. 실제로 존중의 음성을 '가장하려'고 하는 치료자의 모습은 오히려 무관심의 표현으로 느껴져 거리감을 준다(Rice & Kerr, 1986). 따라서 치료자의 음성은 내담자와의 관계에서 치료자의 즉각적인 경험의 진정한 표현으로 간주된다.

비언어적 행동

목소리 톤 외에도 적절한 신체 자세와 거리, 말하는 제스처, 눈빛, 또는 시선 처리, 표정 등 치료자의 비언어적 행동의 측면도 중요하다. 치료자는 치료 과정에서 여러 순간에 다양한 형태를 취할 수 있다. 예를 들어, 치료자는 편안하고 자연스럽게 앉아서 내담자와 진정한 참여를 나타내는 방식으로 말을 하며 자연스러운 동작을 취한다. 그리고 진정한 관심과 참여를 전달하기 위해 내담자와 적절하게 눈을 마주치지만, 내담자의 관심이 안으로 향할 때는 내담자를 응시하거나 끼어들지 않는다. 또한, 치료자는 표정을 통해 진정한 관심, 배려, 놀라움 등을 표현하고 내담자와 함께 웃음을 나눈다.

부가적 경험 의도

과정-경험적 접근법에서는 경험적 교육, 과정 관찰, 그리고 자기 개방과 같은 다른 경험적 반응 의도들도 사용한다. 이러한 의도는 앞에서 설명한 핵심적인 경험적 의도보다는 덜 일반적이며, 대부분 하나 이상의 치료적 원칙을 지원하는 특별한 치료적 맥락이나 작업을 위해 사용한다.

경험적 교육

가장 중요한 부가적 경험 의도는 내담자에게 치료 과정에서 경험하는 특성(예: 정서 탐색의 중요성)에 대한 일반적인 정보를 제공하는 것이다. 경험적 교육 반응은 일반적으로 2가지 특정 상황 중 하나에서만 일어난다. 첫째, 치료 근거 또는 과정을 논

의하거나 내담자에게 새로운 치료 작업을 도입할 때 사용할 수 있다. 예를 들어,

- 치료자: 우리가 함께 일하면서, 나는 당신이 느끼는 것을 이해하고 당신이 정서를 탐색하는 데 도움이 되는 제안을 하려고 노력해요.
- 치료자: 그때 내면에서 경험하고 있는 것을 듣고 그 느낌을 말로 하는 것이 도움이 될 거예요.
- 치료자: 내가 듣기에는 서로 다른 두 부분 사이에서 논쟁하는 것을 경험하고 있는 것 같군요. 두 부분을 서로 다른 의자에 앉히는 목적은 내면의 대화를 공개적으로 끌어내기 위한 것입니다.

둘째, 경험적 교육은 동맹의 작업 측면에서 혼란이 발생했을 때 사용될 수 있다(원칙 3). 여기에는 치료 작업을 수행하는 과정에서의 내담자 불만과 어려움이 포함된다. 예를 들어, 내담자가 치료자에게 조언을 제공하지 않는다고 불평하면 치료자는 다음과 같이 말할 수 있다.

- 치료자: 내가 당신에게 무엇을 해야 하는지 말하지 않아서 어렵다는 것을 이해해요. 하지만 당신에게 가장 좋은 솔루션이 무엇인지 알 수 없네요. 당신이 당신의 문제에 대한 답을 찾을 수 있도록 돕고 싶어요.

보이는 것처럼, 경험적 교육은 자주 자기 개방(아래 참조) 및 공감과 가장 잘 결합된다. 치료자는 가르치거나 비판하는 듯한 어조를 사용하지 않도록 주의해야 한다.

과정 관찰

과정-경험적 접근 안에서 치료자는 특히 내담자의 언어적 그리고 비언어적 표현 방식에 맞춰 조율하여야 한다. 짧고 비대립적인 의견은 내담자의 관심을 끌어서 아직 말하지 않은 경험적 측면과 암묵적인 정서 체계를 의식하고 탐색하도록 촉진할 수 있다. 따라서 치료자는 회기에서 표정, 몸의 움직임, 목소리 톤 또는 언어 스타일에 주목해야 한다.

- 치료자: 방금 당신이 다리를 차고 있는 것을 봤어요.
- 치료자: 당신이 그 말을 할 때, 고통스러운 얼굴을 하고 있군요.
- 치료자: 말할 때, 당신의 관심은 당신 자신보다는 타인들에게 집중되는 것 같군요.

이러한 반응들은 관찰된 내용에 대해 참여하거나 무언가를 하도록 하는 과정 제안과 함께 이루어진다. 내담자의 의식적이거나 무의식적 실수를 '급습'하거나 '잡아내려고 하는' 방식이 아닌 따뜻하고 무비판적인 방식으로 하는 것이 매우 중요하다. 마찬가지로, 과정 관찰은 언어적 표현과 비언어적 표현 사이의 불일치 또는 모순을 지적하는 데 사용되지 않는다.

자기 개방

마지막 부가적인 경험 의도는 대부분 치료자 반응 유형의 자기 개방인 자기 노출이다. 진정성 또는 투명성의 개념(치료적 결합 원칙에서 설명)에 따라, 자기 개방 반응은 대체적으로 치료자가 내담자의 성장을 돕는 데 있어 중요하다고 느끼는 방식으로, 한 인간으로서 만나고 진솔한 관계를 유지하는 데 사용된다. 이를 통해 치료자는 즉각적인 회기 내 경험(개방 과정) 또는 자기에 관한 더 일반적인 사실(개인적 개방)을 공유할 수 있다.

개방 과정

여기에는 즉각적인 지금-여기 반응, 의도, 또는 한계에 대한 치료자의 자기 개방이 포함된다. 이런 반응은 내담자와 치료자 간의 관계에 초점을 맞추고, 관계에서 발생하는 일을 처리하거나 오해를 명확히 하기 위해 주로 사용된다. 자기 개방 과정은 존재감과 즉각적인 느낌을 전달한다. 예를 들어, 치료자가 적절하고 도움이 된다고 판단한 경우, 내담자와 치료자 사이의 즉각적인 지금-여기에서의 내적 반응을 공유할 수 있다.

- 치료자: 당신의 말을 들으면서, 울고 싶어지네요.

특히, 치료자가 내담자에게 치료적 주의에 집중하려고 할 때 방해하거나 방해가 될 경우, 공개 과정은 내담자에게 치료자의 한계 또는 제한을 알려 주는 데 사용될 수 있다.

- 치료자: 오늘 제 기분이 좋지 않다는 사실을 알려드려야 할 것 같아요. 감기가 심해서, 제가 조금 피곤해 보이면 그래서 그런 거예요!
- 치료자: 거기에서 제가 당신을 오해한 것 같아요. 제가 좀 더 명확하게 이해할 수 있게 다시 말씀해 주시겠어요?
- 치료자: 미안해요. 치료 밖에서 사적으로 만나는 거는 불편하네요.

개인적 개방

치료자는 때때로 치료 회기 밖의 경험과 관련된 개인 정보를 공개할 수 있다. 이는 내담자가 자기 경험을 하는 것에 방해가 될 위험이 있으므로 매우 드물다. 따라서 개인적 공개는 치료적 결합을 위해 필요할 때와 같이 내담자에게 도움이 될 수 있는 경우에만 사용한다. 그러한 하나의 상황은 내담자가 개인 정보를 요청할 때다. 예를 들어서,

- 내담자: 아이가 있나요?
- 치료자: 네, 세 살짜리 아이가 있어요.

이런 경우, 적절한 질문에 대한 대답을 거부하는 것은 치료자의 진실성 부족(치료적 유대)을 말하고 내담자의 개방을 방해할 수 있다(협력 작업).

경험적 모드에서 벗어난 일반적 방식

치료자가 경험을 다룰 때, 이를 벗어나는 반응이나 방식은 되도록 피하는 것이 좋다. 이런 반응 의도는 치료를 이끌어 가는 기본 원칙, 특히 성장/선택 그리고 공감적 조율과 맞지 않는다.

정보 제공

앞에서 언급한 바와 같이 문헌에서 정의된 치료자의 해석은 내담자에게 자기에 관한 새로운 정보 또는 전문가의 평가를 제공하기 위한 것이다(Brenner, 1976). 해석이 '나쁘다'는 것이 아니다. 그보다는 과정-경험적 접근법의 기본 원칙, 작업 그리고 과정과 일치하지 않다는 것이다. 해석은 치료자를 내담자의 경험에 대한 전문가로 설정해서 내담자가 힘을 잃을 위험을 초래하기 때문에 성장/선택 원칙과 맞지 않는다. 해석, 특히 내담자의 삶의 2가지 영역을 연결하는 이론적 해석은 공감적 조율, 그리고 경험적 과정 원리와 맞지 않는다. 그것은 내담자의 현재 기준 틀 밖에 있고, 내담자가 경험적 처리를 하는 데 방해될 수 있으며 경험을 개념적으로만 처리(예: 주지화)하도록 오히려 북돋을 수 있다.

과정-경험적 접근법 이전에 정신역동적(psychodynamic) 수련을 받은 치료자는 때때로 해석을 포기하기를 어려워한다. 이 책 저자 중 한 명은(RE) 아무리 해석이 현명해 보여도 내담자 자신이 스스로 도달한 특유의 자기 이해보다는 못함을 확인한 임상적 관찰 결과를 '이유(離乳)'[2] 과정으로 설명하였다.

문제에 대한 조언을 제공하여 내담자에게 해결책을 제시하는 것도 해석을 통해 정보를 제공하는 것과 거의 같은 '경험-이탈' 방식이다. 두 반응 모두 치료자를 전문가로 설정하기 때문에, 내담자가 권리를 잃을 위험이 크다. 또한 치료자의 조언은 경험적 탐색을 희생시키면서 행동적 문제 해결을 독려한다. 과제는 사용될 수 있지만, 그것은 항상 발견-지향적 인지 의식 과제이다. 이런 과제의 목적은 내담자가 행동을 바꾸는 것이 아니라 경험을 자각하도록 돕는 것이다. 이전에 행동 또는 인지치료 경험이 있는 치료자가 조언을 통해 해결책을 제공하는 데 중점을 두지 않기는 어렵다. 과정-경험적 접근법의 목표는 내담자에게 해결책을 제공하는 것이 아니라 내담자가 적응적인 일차적 정서에 접근함으로써 고유한 개인적 해결책을 개발할 수 있도록 돕는 것이다. 다시 말하지만, 일반적인 조언이나 행동 과제가 '나쁘기' 때문이 아니라 접근의 원칙과 일치하지 않기 때문에 피하는 것이다.

---

2) 오랫동안 인공호흡을 하고 있었던 환자를 인공호흡기에서 벗어나게 하는 것을 가리킨다. 혹은 어린이에게 모유를 끊고 다른 음식물로 영양을 공급하는 것을 의미한다.

내담자에게 회기에서 무엇을 이야기할지 알려 주는 방식으로 회기 내용을 지시하는 것도 '경험-이탈' 방식이며 성장/선택 원칙에 어긋난다. 앞서 열거했듯이, 치료자는 과정을 제안할 수 있고(탐색 방법) 자주 수행하지만, 내용이나 주제(탐색할 내용)를 의도적으로 지시하지 않는다.

전문가로서 주는 안심

안심을 제공하는 것은 '부분적으로 경험적 방식에서 벗어난' 반응 의도이다. 즉, 치료자는 직접적이고 '전문가적인' 방식으로 내담자를 안심시키려는 반응을 피해야 한다. 여기에는 내담자에게 칭찬 또는 '격려하는 대화'를 하거나, 문제를 최소화하거나, 긍정적인 결과를 예측하거나, 내담자에게 긍정적인 특성을 부여하는 것(예: "당신은 멋진 미소를 지닌 밝은 사람입니다.") 등이 포함된다. 이러한 내용의 안심시키기 반응은 치료적 유대 원칙을 지지하는 것처럼 보일 수 있지만, 치료자를 전문가인 '평가자'이자 환경 지원 제공자로 설정하고(성장/선택 원칙 위반), 일반적으로 내담자를 방해하기 때문에 '경험-이탈' 방식이다.

반면에, 치료자는 공감적 이해 반응과 존중하고 지지적인 경험적 현존이 제공하는 '안심 과정'을 통해 간접적으로 내담자에게 지지를 제공한다. 또한, 개인적 지지를 제공하기 위해 때때로 개인적이고 진정성이 느껴지는 지지 과정을 공개할 수 있다.

- 치료자: 오늘 당신이 탐색한 내용에 정말 감동하였어요.
- 치료자: 저는 그래서 기쁘고 이 '새로운 당신'을 기대해요.

하지만 이런 반응은 전문가의 평가가 아닌 치료자의 개인적인 경험으로 공유하는 것이 중요하다.

대립/직면 반응은 어떤 방식으로든 내담자에게 부정적으로 반응하며 부정, 반대, 모순 지적, 비난 그리고 비판하는 것을 포함한다. 실질적으로는 이러한 반응은 이 접근의 모든 치료적 원칙과 맞지 않고 무슨 수를 써서라도 피해야 한다.

경험-이탈, 경험적 방식에서 벗어난 상태

앞서 언급한 반응들은 일반적으로 이 접근에서 '경험적 방식을 벗어난' 것이지만, 치료자가 잠시 동안 '경험 방식을 이탈하는 것'이 바람직한 경우가 발생하기도 한다. 이는 그렇게 하는 것이 임상적으로 필요한 경우(예: 급격한 자살 시도 충동이 있는 내담자) 또는 잠재적인 해석이나 조언이 치료자의 집중을 방해하는 경우 등이 포함된다. 이런 상황에서, 치료자는 과정 개방의 반응을 제공할 수 있다. 즉, 자신의 관점에서 "이것이 ……와 관련이 있는지 궁금하군요."와 같은 말을 한다. 자세히 설명하거나 반복하지 않으며 내담자에게 정보나 조언도 제공하지 않고 짧게 말한다. 그런 다음 치료자는 내담자에게 중요한 것을 탐색하고 경험하는 기본 작업으로 돌아간다. 분명히, 경험-이탈 방식 반응은 가능하다면 피해야 하며, 치료 과정에서 최소한의 방해가 되는 방식으로 사용하고 이것이 내담자에게 미치는 영향을 평가해야 한다.

요약

이 장에서는 과정-경험적 접근법의 반응 의도와 이와 관련된 치료자 반응 유형을 설명했으며, 공감적 이해, 공감적 탐색, 과정 지시, 그리고 경험적 현존으로 구성된 핵심적인 경험적 의도를 집중적으로 살펴보았다. 이러한 반응 의도는 내담자-치료자 관계와 치료 작업의 균형을 맞추는 치료의 이중적 성격을 표현한다. 그리고 공감적 이해와 경험적 현존은 주로 관계를 지원한다. 반면에, 과정 지시는 주로 치료 작업을 지원한다. 마지막으로, 치료의 가장 특징적인 반응 의도인 공감적 탐색은 관계를 맺고 하나의 반응 의도 내에서 작업한다.

이러한 주요 치료자 의도는 후속 장에서 설명할 특정 치료 작업에 관한 치료자 작업의 구성 요소로 기술될 것이다. 치료자 의도로는 경험적 교육, 과정 관찰 및 자기 개방을 포함하는 부가적 반응 의도 구성으로 보완할 수 있다. 이것들은 역할이 더 제한되어 있으며 종종 치료 과정이나 관계의 어려움을 복구하는 데 사용된다. 마지막으로 치료자는 정보 제공(해석), 해결하기(일반적 조언), 내용 지시, 전문가의 안심 제공(확신 내용), 대립/직면과 같은 경험-이탈 방식의 의도와 반응은 피하도록 한다.

Section 2

치료 작업

다음 장에서는 정서적 변화를 촉진하기 위한 과정-경험적 접근법의 6가지 특정 치료 작업을 설명하려고 한다. 과제 표식, 치료자 작업 그리고 내담자 최종-상태는 162페이지 〈표 7-2〉에 요약되어 있다. 각 작업 내용은 독립적으로 구성되어 있으며, 변경해야 할 사항에 관한 이론적 설명, 작업 개입 전략, 작업에서 내담자 변화 과정 및 작업에서의 그 순간의 치료자 개입 방법에 관한 설명이 포함되어 있다.

이런 작업은 일반적으로 적어도 세 번째 회기까지 그리고 초기 동맹이 형성되기 전까지는 수행하지 않는다는 점에 유의해야 한다. 또한, 모든 작업은 이전 장에서 설명한 공감 관계의 맥락에서만 수행된다. 처음 몇 회기와 각 회기의 시작은 공감적 조율과 정서 탐색의 일반적인 치료 작업을 포함한다. 이 일반적인 작업은 다음에 간략하게 제시하였다.

공감적 조율과 탐색

치료자는 내담자의 내적 참조 틀에 들어가서 내담자의 말을 경청함으로 치료를 시작한다. 그리고 공감적 이해를 경험하고 이를 내담자에게 전달한다. 이 과정에서 치료자는 현실에 대한 외적인 관점을 강요하지 않고 내·외적 현실에 대한 내담자의 의식을 끊임없이 이해하고 반응한다.

〈표 7-2〉 표식(Marker)-작업-최종 상태 표

	표식	작업	최종 상태(End State)
제8장	문제 반응 포인트 (자기 이해 문제)	체계적인 연상 전개하기	자기- 세계-기능에 대한 새로운 관점
제9장	감지되지 않거나 불분명하게 느낀 정서	경험적 집중	느낀 정서의 상징화; 생산적 경험적 과정
제10장	자기 평가적 분열(split) (자기비판, 고뇌)	두 의자 대화	자기 수용, 통합
제11장	자기 분열 (차단된 정서, 체념)	두 의자 실행	자기표현, 권한 부여
제12장	미해결 과제 (남아 있는 나쁜 정서, re: specific other) 특정 대상	빈 의자 작업	타인을 용서하거나 타인에게 해명(accountable) 해 줄 것을 요구하고, 자신을 확인/분리
제13장	취약성(vulnerability) (자기와 관련된 고통스러운 정서)	공감적 인정	자기 확인(이해 받고 희망적이고 강해진 느낌)

이는 오랜 시간 동안 경청한 후 간단하게 요약·정리한 형태의 이해를 제공하는 것과는 대조적으로 적극적으로 끊임없이 반응하는 지속적인 과정이라는 것을 알아야 한다. 이러한 지속적인 반응 태도는 적극성과 더 깊은 참여를 생성하고 전달하며 매 순간 지지와 탐색을 제공한다.

전반적으로 치료자는 내담자의 관점에 동의하거나 동의하지 않는 것이 아니라 단순히 그것이 무엇인지 포착하려고 노력한다. 치료자는 내담자가 전달하려는 의도된 메시지에 주의를 기울이며 말하지 않은 내용으로부터 내담자에 관한 어떤 결론이나 밑그림을 그리는 것이 아니라 내담자가 말하고 있는 것에 귀를 기울인다. 치료자의 의도는 내담자가 알지 못하는 것에 대한 통찰력을 제공하는 것이 아니라 이해를 전달하는 것이다. 그러므로 치료자는 내담자의 경험을 수동적으로 듣는 것이 아니라 적극적으로 이해하기 위해 노력해야 한다. 공감적 이해는 단순히 좋은 라포를 형성하거나 친근한 경청 과정에 참여하는 과정이 아니다. 공감적 이해는 대부분의 치료적 접근에서 공감으로 잘못 분류된다. 치료자가 공감할 때는 실제로 내담자가 말하고 있는 것을 느끼고, 받아들이고, 그 순간 내담자가 되는 것이 어떤 것인지 '맛보게' 된다. 그 후에 치료자는 이러한 이해를 전달하고 내담자가 자기의 경험과 비교해서 확인하도록 한다. 그리고 내담자는 치료자의 인식을 수정하고 확장하고, 그 후에 치료자가 그 느낌을 얻으려고 하면서 다시 순환된다. 내담자의 경험이 의미하는 바에 대한 치료자의 추론 수준은 낮은 상태로 유지되지만, 치료자의 관심은 내담자의 표현에서 가장 생생하고 고통스러운 것에 초점을 두어야 한다.

공감 반응의 기술은 광범위하게 다루어져 왔기에, 이를 다시 반복하기보다는 원본(Rogers, 1951, 1961; Gendlin, 1968, 1974; Rice, 1974) 및 이와 관련된 기술-훈련 자료(Martin, 1983)를 참고하기를 권한다. 하지만 공감적 이해와 공감적 탐색 기술 사이의 중요한 차이(Rice, 1983)는 다시 한번 강조하고자 한다. 여기에서 이해 반응은 이해의 의사 전달을 강조하고 탐색에 도움이 되는 안전한 분위기를 유지한다. 탐색적 반응은 이해를 전달하는 것뿐만 아니라 가장 신선하고, 살아 있으며, 현재 경험의 중심이 되는 내담자의 의사소통 측면에 선택적으로 관심의 초점을 두어 아직 불분명하거나 가장 참신한 것에 대한 탐색을 촉진한다. 이러한 유형의 반응에서 하나는 내담자의 정서/의미를 완성된 것으로 반영하는 것이 아니라, 내담자가 느끼는 것에 대해 개방형 탐색으로 반영한다.

공감적으로 내담자를 뒤따르는 방법에는 2가지가 있는데, 하나는 내담자의 정서적 의미를 완전히 이해했음을 전달하는 것이고 다른 하나는 더 많은 탐색을 추진하는 것이다. 이것은 내용뿐만 아니라 목소리 톤과 표현 방식으로도 전달된다. 따라서 공감적 이해 반응은 "바로 그것이었군요." 또는 "당신이 의미하는 것이 무엇인지 알겠어요."라는 공감적 반응을 전달한다. 하지만 공감적 탐색 반응에는 종종 "잘 모르겠군요. 이것이 그것인가요?"를 전달하는 잠정적인 후속 반응이 있다. 이것은 때때로 자신이 이해한다는 것을 전달하는 것과는 달리 아직 불명확한 것을 이해하려고 시도하는 공감적 비이해(nonunderstanding)에 참여하는 것으로 생각될 수 있다.

공감적 이해 반응은 치료자가 공감적이고 수용적인 분위기를 형성하는 가장 중요한 방법이다. 이를 통해 내담자에게 자신이 존중받고 소중히 여겨지고 있음을 전달하며 그들이 가치 있는 존재로서 자기를 경험하도록 돕는다. 이때 내담자는 자기의 정서를 받아들이고, 자기의 경험을 신뢰하며, 자기의 존재에 대한 확신을 느낀다.

공감적 탐색은 생산적이고 차별적인 탐색에 참여하는 것을 촉진하며, 탐색적 반응은 더 깊은 경험을 하도록 자극하고 이전에 초점화되지 않고 의식에 없었던 경험의 새로운 측면을 상징화하도록 촉진한다. 이러한 반응은 아직 명확하지 않은 경험의 자리에 초점을 맞추고 경험을 더 큰 특수성으로 차별화하는 것과 차별화된 경험의 독특한 느낌을 구별하고 새로운 수준의 의미로 통합하도록 돕는다. 예를 들어, 치료자의 반응이 "그래서 그것이 당신에게 이 화난 정서를 남겼군요. 당신의 배 속에서 끓어 올라오는 것 같은 건가요?" 내담자는 내면의 경험에 집중하고 '명확한' 분노를 상징화한다. 그 후에는 '확고한, 정당한' 분노와 구별하고 '학대당함에 억울함을 느낌'으로 통합하고, '다시는 이런 일이 생기지 않도록' 다짐함으로써 이것을 행동 경향으로 만든다.

일단 위에 설명된 공감적 탐색 과정이 실행되면, 치료의 중요한 과정이 시작되었고, 내담자는 자기의 경험에 참여하고 상징화하는 과정에 들어간다. 이 과정은 본질적으로 치료적이다. 또한, 이러한 내부적으로 초점을 맞춘 상태에서 정서적 문제의 징후가 발생하고 치료자가 차별적 개입을 할 수 있는 추가 기회를 얻게 된다. 이 표식과 개입에 관한 설명은 다음 장에서 다룰 예정이다.

제8장

문제 반응점 표식과 체계적인 연상적 전개

과정–경험적 접근법의 기본 가정은 각 내담자가 적응력, 만족감, 성장 강화 기능을 방해하는 세계 내 자기의 인지/정서 체계에 접근하고 변경해야 한다는 것이다. 또 다른 가정은 이러한 도식 영역을 식별하는 것이 일반적인 의미의 '진단'을 포함하지 않으나 그런 역기능적 도식의 존재와 구조는 내담자의 과정 '표식'을 통해 확인될 수 있다는 것이다. 이런 표식은 역기능적 도식에서 잠재적으로 중요한 관련성을 나타낼 뿐만 아니라, 더 중요한 것은 내담자가 현재 자기 삶의 당혹스러운 문제에 집중할 준비가 되어 있음을 보여 준다. 더 나아가, 그 시점에서 표식은 가장 효과적일 것으로 보이는 관련 도식에 대한 접근과 재처리 방식을 나타낸다.

치료를 받는 사람들은 흔히 어떤 사람이나 상황에 대처하는 자신의 방식이 예상치 못하게 과장되거나 비합리적인 방식이어서 그렇게 반응하는 자기의 모습이 매우 당혹스럽다는 듯이 상세하게 이야기한다. 하지만 이러한 문제 반응들이 항상 중요하게 보이지 않을 수 있으며, 치료자는 단순히 이야기를 늘어놓는 것으로 간과하는 경우가 자주 있다. 그렇지만 이러한 문제 반응을 불러일으키는 이야기 전개는 중요한 자기 발견으로 이어질 수 있다. 그 중요성은 내담자가 자신의 실제 반응과 적절하거나 일관된 반응에 관한 자신의 의식 사이에 어떤 불일치가 있음을 의식하고 그것을 탐색하고 이해하려는 동기가 생기는 것이다. 내담자들은 자극 상황의 영향이나 잠재적인 영향, 그리고 자신의 해석과 문제 반응 사이의 연관성에 관한 자기의 의미를 생생하고 너무나도 분명하게 자각한다. 더욱이 탐색은 자기 해석의 기초가 되는 더 넓은 역기능적 정서 도식에 대한 인식으로 이어질 수 있다.

문제 반응 지점에 대한 표식은 관련된 역기능적 정서 도식의 내용을 나타내지 않지만, 일부 역기능적 도식의 존재와 작동을 나타낸다. 새로운 상황에 직면했을 때, 두드러진 특징의 유사성을 통해 특정한 도식적 구조가 불러일으켜지면 전체 구조가 활성화되어 개인의 반응이 결정된다. 문제 반응을 전개하면서, 치료자가 촉진하려는 내담자 참여의 주요 유형은 경험적 탐색이다(제2장에서 설명함). 문제 반응 지점을 드러내는 이 경험적 탐색 과정에는 내담자가 정서적으로 조율된 내적 경험의 언저리와 접촉할 수 있는 참여 방식이 포함된다. 이를 통해 내담자는 이전에 완벽히 처리되지 않은 경험의 중요한 측면을 다시 경험하고 의식할 수 있다. 치료자는 내담자의 이 과정을 촉진하기 위해 체계적으로 연상시키는 전개를 사용한다.

무엇이 바뀌어야 하는가: 근본적인 과정 처리의 어려움

이런 상황에서 변경해야 할 사항은 개인의 경험이 걸러지고 일상생활의 상황에 대한 내적 · 외적 반응을 끌어내는 세계 내 자기의 역기능적 인지/정동 도식이다. 세계 내 자기의 정서 도식 중 다수는 자기의 의식적 경험과 일치하고 통합되어 있어 일관성을 느끼는 방식으로 상황에 대한 반응을 끌어낸다.

다른 한편으로, 자신의 반응을 이끄는 데 영향을 미치는 일부 정서 도식은 자신에 대한 의식적 경험에 실제로 통합된 적이 없으며, 그리고 특정 부류의 자극 상황에 의해 강하게 활성화될 수 있다. 이런 상황에는 의식되지 않는 일부 정서 도식과 매우 관련이 있는 일부 자극 기능이 포함되어 있으므로 이 특정 기능은 이 도식을 활성화한다. 이런 자극과 관련된 암묵적 도식 중 하나에 접근하면, 그것은 당혹스러운 내적 · 외적 반응의 단초가 된다. 암묵적인 정서 도식은 물론 모든 사람에게 존재하며, 많은 사람에게 다소 예기치 않은 반응을 유발할 수 있다. 어떤 사람들에게는 역기능적이고 당혹스러운 방식으로 경험과 행동에 영향을 미치는 강력한 암묵적 정서 도식이 많이 존재할 수 있다. 이런 문제 반응 중 일부는 내담자가 별로 중요하게 생각하지 않을 수 있지만, 일부 다른 반응은 심각한 결과를 초래하는 것으로 여겨질 수 있다. 두 경우 모두 그들의 연상과 탐색은 자신의 기능에서 중요하고 문제가 되는 영역에 중심적으로 관여해 온 정서 도식에 대한 접근과 재검토로 이어질 수 있다.

역기능적 암묵적 도식의 대부분은 초기 유아기에 형성되었고, 강한 정서적 동기의 힘이 그들의 구조에 관여했을 것이다. 하지만 변화에 대한 우리의 접근을 뒷받침하는 중요한 이론적 가정은 현재 기능에 영향을 미치는 것은 무의식적 동기나 방어기제로 이어지는 초기 경험의 억압된 기억이 아니라는 것이다. 우리의 가정은 상황에 자동으로 적용되는 이러한 역기능적 암묵적 도식을 통해 잠재적으로 관련 있는 새로운 경험이 반복적으로 처리되기 때문에 이러한 도식이 유지된다는 것이다. 따라서 새로운 경험은 왜곡되고, 오래된 구조에 동화되고, 변화도 일어나지 않는다. 중요한 점은 암묵적인 세계 내 자기의 정서가 가득 실린 도식이 자기 모순적 의식을 끌어내고 부적절하고 당혹스럽고 일관성이 없어 보이는 외적 · 내적 반응을 생성하는 데 영향을 미친다는 것이다. 접근하고, 재검토하고, 궁극적으로 관련된 암묵적 도식을 재구성하고, 따라서 자신의 의식적 경험의 기본적 변화로 이어질 수 있는 것은 이러한 당혹스러운 반응을 자각하고 재경험하는 것이다. 역기능적 정서 도식은 내담자의 행동에 영향을 주어 그들의 관계, 만족, 목표에 방해가 되는 방향으로 작용하기 때문에 문제 반응 지점을 체계적으로 전개하는 것이 내담자가 역기능적 정서 도식에 접근하고 검토하고 재구성할 수 있도록 돕는 귀중한 전략이 된다.

개입의 기회: 문제 반응 표식

내담자는 종종 자신이 예상치 못한, 비합리적이거나 문제가 되는 방식으로 반응하는 특정 사건을 스스로 설명한다. 문제 반응은 외적인 행동 반응이나 강한 정서와 같은 내적 반응을 포함한다. 문제 반응의 전개에 필요한 경험적 탐색을 위한 내담자의 준비도를 보여 주는 표식은 다음과 같은 3가지 요소를 포함해야 한다. ① 내담자는 특정 상황에서 반응한 사례를 상세하게 이야기한다. ② 문제 반응은 타인이 아닌 내담자 자신이 느낀 것이다. ③ 내담자가 자신의 반응을 단순히 타인의 행동에 의한 불행한 결과가 아니라 문제가 있는 것으로 보는 징후가 있다.

사건의 가장 분명한 예는 내담자가 마치 자신의 기대를 어긴 것처럼 강한 놀람으로 사건을 이야기하는 것이다. 예를 들어, 한 내담자가 말하길, "갑자기 아빠에게 화가 났어요. 정말 놀랐어요. 이상했어요." 여기서 내담자의 표현에는 강한 놀람이 없더라도 반응을 완전히 이해할 수 없다는 당혹감이 있다면 여전히 유용한 표식이 될 수 있다. 예를 들어, 다른 내담자는 이렇게 말한다. "교수님이 그것에 대해 토론하실 때, 좀 불안해하는 나를 발견했어요. 항상 그분의 말에 동의하는 건 아니지만, 불안한 정서가 좀 이상하게 느껴졌어요." 문제가 있는 것으로 본 반응은 내적 반응을 포함하기보다는 행동으로 설명될 수 있다. 예를 들어, 내담자가, "나는 그때 아버지와 이야기하기에 좋은 시기가 아니라는 것을 알고 있었지만 그래도 그냥 갔어요. 바보 같은 짓이었어요."라고 말했을 때, 이런 행동을 하게 된 내적 반응에 대한 명시적인 의식이 없는 듯 보인다. 하지만 반응이 펼쳐지면서 중요한 정서적 반응이 나타났고 탐색되었다.

이때 반응은 일반적인 형식으로 말하는 것보다 특정 사건을 포함하는 것이 중요하다. 만약 내담자가 수업 시간에 발표해야 할 때 완전히 패닉 상태에 빠진다고 말하면, 치료자는 내담자가 최근의 특정한 사건에 대해 생각할 수 있는지 묻는다. 만약 그때 그가 생생하게 느끼는 것을 기억할 수 없다면, 치료자는 다음번에 이런 일이 일어났을 때 내담자가 그것을 기억할 수 있도록 제안할 수 있다.

때로는 문제 반응점(Problematic Reaction Point: PRP) 표식이 치료에서 내담자가 어려움을 겪고 있는 문제와 다소 밀접하게 연결된 것처럼 보일 수 있지만, 또 다른 때에는 문제를 제시하는 것과 완전히 관련이 없는 것처럼 보일 수도 있다. 우리의 경험에 따르면 어느 쪽이든 귀중한 탐색으로 이어질 수 있다. 전자는 내담자가 직면한 문제와 관련성이 있을 수 있기에 더 유혹적일 수 있지만, 이 경우 내담자가 PRP를 완전히 전개하기 전 겉으로 나타난 일부 문제에 대해 성급한 일반화를 하지 않도록 노력해야 한다. 반면, 관련이 없어 보이는 에피소드는 처음에는 관련이 없어 보일 수 있지만, 탐색을 통해 매우 관련성이 높은 자기 이해로 이어질 수도 있다. 예를 들어, 한 내담자가 처음 방문했을 때, "여기에 오는 동안 분명히 길을 잃고 집에 가는 길을 필사적으로 찾는 것 같은 강아지를 보았어요. 그 장면을 마음에서 지울 수가 없고 나도 계속 울고 싶어요."라고 말하였다. 이전에 제기된 어떤 문제와도 관련이 없는 것처럼 보이지만 이 PRP의 전개는 내담자의 깊은 두려움 중 하나에 대한 극도로 고통스러운 탐색으로 이어졌다.

PRP의 본질적인 특징은 내담자는 자신의 반응을 소유하고 있으며, 그것을 단순히 상황이나 타인의 탓으로 돌리기보다는 자신에게서 나오는 것으로 본다. 문제 반응을 탐색할 때, 이전에 소유하거나 의문을 품지 않았던 기능의 더 넓은 영역에 대한 자기 탐색의 진입점은 자기의 이해할 수 없는 반응을 자각하고 소유하는 것이다.

변화는 어떻게 일어나는가

이 접근의 기본 가정은 사람들이 특정 자극 상황에 관한 예상치 못한, 또는 역기능 반응에 집중하고 탐색하면, 자기의 기대에 맞지 않는 외적 또는 내적 반응으로 이어지는 전체적인 정보 처리 과정을 재경험하고 탐색할 수 있게 된다는 것이다. 이 탐색과 관련된 내부 추적의 종류는 경험을 일반화하거나 추측, 분석하려는 시도와는 다르다. 이는 경험적 탐색 과정으로, 불만족스럽거나 당혹스럽거나 방해가 되는 기능 방식과 관련된 잠재적으로 중요하나 암묵적인 도식을 포함하는 인지/정서 처리의 전체 순서를 추적할 기회를 제공한다. 이런 경험적 탐색 과정에서 내담자는 생생하게 재현하지만 느린 속도로 천천히 연상하는 방식으로 실제 과정 순서를 추적해 본다. 내담자들은 비방어적인 환경에서 신중히 자기의식을 할 수 있다. 이는 실제 경험이지만, 각 단계에서 자각 유발, 즉각적 해석, 정서적 반응, 그리고 이러한 해석과 정서적 반응의 개인적 의미 함축을 인식하기 위해 각 순서에서 재검토될 수 있다. 이것은 경험적 탐색 과정으로 접근하지 않았다면 의식할 수 없었을 일련의 복잡한 내적 과정 데이터를 인식하는 것이 포함된다. 이는 마치 내담자가 경험 과정을 뛰어가는 것 대신 천천히 걸어가는 것과 같다.

이 느린 재경험과 재검토 과정에서 내담자는 그 순간에 그들에게 두드러진 자극 성분을 의식할 수 있으며, 이러한 해석으로 자극받은 내적 정서적 반응을 경험하고 의식할 수 있다. 따라서 자신의 의미 해석과 이러한 해석으로 자극된 내적 정서 반응을 재경험하고 자각할 수 있다. 더 중요한 것은, 추가 탐색에서, 그들은 이러한 종류의 선택적 해석이 훨씬 더 광범위한 경험에서 정서적 반응과 기능 방식에 통제 효과를 발휘한다는 것을 자각할 수 있다는 점이다.

이 탐색에서 한 가지 매우 중요한 특징은 이 경험적 탐색이 스스로 동기를 부여한다는 것이다. 내담자는 적절하거나 일관성 있는 반응에 대한 자신의 견해와 자신의 실제 반응 사이에 약간의 불일치를 의식하고 있으므로 이를 탐색하고 이해하려는 동기가 부여된다. 그들은 반응을 이해하기 위해 스스로 도전하지만, 주로 그것은 지적 · 개념적 분석이 아니다. 그들은 집중적인 관심과 처리 과정의 최대 능력으로 그렇게 함으로써 경험을 되살린다. 어떤 면에서 그것은 좋은 내면의 자기 탐색과 비슷하지만 특별한 특징을 가지고 있다. 내담자는 이전 도식으로 생성된 자동적 가정과 기대로부터 일시적으로 거리를 두고 자유롭게 된다. 이를 통해 내담자는 완전히 새롭게 경험을 바라볼 수 있으며, 새로운 질문들이 탐색을 이끈다. 경험적 탐색 과정에 참여함으로써 내담자는 세계 내 자기의 경험을 보다 더 정확하게 표현하는 새로운 의미에 도달할 수 있다.

이런 연상적 전개 과정의 효과는 PRP를 해결한 내담자(Lowenstein, 1985; Rice & Saperia, 1984)와 해결되지 않은 내담자(Wiseman & Rice, 1989)의 결과를 통해 순차적 분석[1] 및 비교연구가 진행되어 왔다.

문제 반응점 전개 모델: 해결을 위해 필요한 내담자의 순서

문제 반응점의 연상 전개 모델은 〈표 8-1〉에 제시하였다. 모델의 단계는 아래에 자세히 설명되어 있다. 또한 연구 목적으로 고안된 평가자의 해결 정도 척도는 〈표 8-2〉에 제시하였다. 이것은 6가지 단계를 보여 주며 해결 과정에서 어느 정도 진행되었는지 추정하기 위한 지침으로 사용할 수 있다.

Stage 1. 탐색을 위한 위치 설정

첫 번째 Stage는 내담자가 자신이 이해할 수 없는 방식으로 반응한 상황을 언급할 때 시작된다. 이 반응이 치료의 초점이었던 문제와 반드시 관련될 필요는 없지만 당혹감이 표현된다. 내담자는 그 반응이 예상치 못한 것, 부적절한 것, 부적응적인 것, 또는 다른 문제가 있다고 느낀다. 치료자의 잠정적 질문에 대한 반영의 대응으로 내담자는 문제가 있다고 느꼈던 자신의 반응 측면을 식별하고 그것이 실제로 당혹스러웠다는 것을 확인한다. 그런 다음 치료자는 이것이 자세히 탐색해야 할 흥미롭고 중요한 영역이 될 수 있다고 제안한다. 내담자가 이 탐색에 동의하고 동기가 부여된 것

1) 일련 분석. 기대하던 정밀한 결과를 얻으면 실험이 끝나도록 하는 통계학적 방법을 말한다.

처럼 보이면 다음 Stage가 시작된다.

〈표 8-1〉 문제 반응점 전개

Stage 1. 탐색을 위한 위치 설정	Step 1. 표식: 문제 되는 반응 지점(Problematic reaction stated) Step 2. 문제가 있다고 느낀 점을 확인하고 탐색하는 데 동의
Stage 2. 경험의 재활성화 (Experience Reevoked)	Step 3. 생생하게 재진입 그리고 재경험 시작 Step 4. 자극 상황에서 두드러진 요소를 찾고 의식
Stage 3. 해석된 자극의 독특한 의미 추적	자극 상황에 대한 정서적 반응 또는 주관적 해석에 별도로 주의를 기울임 Step 5. 지각된 자극에 대한 정서적 반응에 주의 Step 6. 지각된 자극에 대한 주관적인 해석의 본질에 주의 의미 연결(Meaning bridge): 부분 해결-반응과 자극, 충격, 해석 사이의 인과관계 의식
Stage 4. 자신의 기능 유형(자기 도식)에 대한 자각과 재검토	Step 7. 아직 경험적으로 관련되어 있지만, 뒤로 물러서서 자신의 필요, 욕구, 두려움, 가치, 해야 하는 것과 개인적 특성의 맥락 속에서 자신의 기능 방식을 검토할 수 있음 Step 8. 탐색을 확장하고 다른 상황에서 자신의 기능 방식을 재검토 해결: 자신의 기능 방식의 중요한 측면을 새로운 의식과 이해로 바라볼 수 있으며, 이를 통해 문제가 재구성된다. 자신이 무엇을 바꾸고 싶은지에 대한 새로운 의식과 변화를 일으킬 힘이 있다.

Stage 2. Step 3. 내담자가 현장에 생동감 있게 재진입하기

내담자가 문제가 있다고 느끼는 반응을 식별하고 자세히 탐색하기로 동의한 후에는, 반응이 촉발되기 직전의 상황을 생생하게 재경험하도록 돕는다. 내담자에게 그 특정한 상황과 그 시점에서 자신의 내적 경험에 대한 즉각적인 느낌을 치료자에게 전달하도록 권면한다. 다음에 설명된 방식으로 치료자의 도움을 받으면 내담자는 일반적으로 외부 장면에 대해 매우 생생하게 다시 묘사할 수 있으며 반응이 촉발된 자신의 내적 상태를 재경험할 수 있다. 이러한 생생한 재진입은 내담자가 정서적으로 개입되지만 탐색적인 자세로 사건에 대해 상세하고 느리게 재경험할 수 있는 발판을 마련해 준다.

〈표 8-2〉 해결 정도 척도: 문제 반응점 전개

1.	내담자는 자신의 예상치 못한 당혹스러운 반응을 설명한다.
2.	내담자는 현장에 '재진입'하여 반응이 촉발된 시간을 회상하고 재경험한다.
3.	내담자는 자극 상황의 두드러진 측면을 회상한다. 상황에 대한 자신의 내적 정서적 반응과 자극 상황의 잠재적 영향에 대한 주관적인 해석을 모두 탐색한다.
4.	'의미 연결'에 이른다. 자신의 문제 반응과 자극 상황의 잠재적 영향에 대한 자신의 해석 사이의 연관성을 발견한다.
5.	이것을 자신의 필요와 욕구를 방해하는 기능 방식의 광범위한 측면의 예로 의식한다.
6.	'해결'에 도달한다. 자신의 기능 방식의 중요한 측면과 만들고자 하는 자기 변화에 대한 완전히 새로운 관점을 얻는다. 변화를 일으키는 힘을 느끼기 시작한다.

Stage 2. Step 4. 자극 상황의 두드러진 측면을 의식 및 탐색

이런 경험적 방식으로 장면이 살아나기 시작하면 내담자는 반응과 관련되어 자신에게 두드러지게 느껴졌던 상황의 느낌을 자각하도록 노력한다. 이것은 체계적인 분석의 과정이 아니라 영향을 미친 측면, 내담자에게 두드러진 느낌에 대한 자발적인 자각이어야 한다. 어떤 사람들에게는 '그의 목소리 톤' 또는 "내가 걸어 들어갔을 때 모두가 나를 쳐다봤다"는 것을 즉시 자각할 수 있다. 또 어떤 내담자에게는 더 내부적인 감각이 될 수 있다. "문을 열고 그들 모두가 이런저런 이야기를 나누는 것을 보니 왠지 내가 쓸모없게 느껴졌다." 이런 자각은 두드러진 측면을 초점 의식에 두어 내담자가 이 상황이 그들에게 가졌던 독특한 의미에 대한 집중적인 탐색을 시작할 수 있게 한다.

Stage 3. 해석된 자극 상황의 개인적 의미 추적: 자극 및 반응 측면에 주의를 기울이기

탐색의 이 Stage는 복잡하고 때로는 긴 구간이다. 내담자는 탐색적 자세로 에피소드를 생생하지만 느린 방식으로 다시 경험하고 있다. 탐색의 어떤 지점에서 그들은 상황과 그 해석된 의미에 관한 자기의 자각에 주의를 기울일 것이다. 다른 때에는 걱정이나 슬픔과 같은 자기의 내적 반응에 초점을 맞출 수 있다. 내담자가 자극 상황에 관한 내적 '정서' 반응과 상황에 대한 자신의 지각적 해석의 본질 이 모두를 재경험하고 탐색하도록 안내한다. 이런 반응의 두 측변은 상황의 개인적 의미에 관한 고유한 해석의 본질을 자각하도록 돕는다.

이 탐색은 일반적으로 내담자의 초점이 양쪽에 동시에 있지 않고 한쪽에 머무르는 경우 더 효과적이다. 다음 Section에서 설명하겠지만 치료자의 역할은 초점을 어느 한쪽, 또는 다른 쪽에 두는 방식으로 이를 반영하는 것이 중요하다. 하지만 탐색이 계속됨에 따라 자극과 내적 반응이 합쳐지기 시작하는 그 시점에서 자기의 경험에 대한 새로운 의식이 나온다. 탐색의 이 '추적' Stage는 내담자가 그때 문제가 되었던 반응이 자극 상황의 몇 가지 특징에 관한 자기만의 독특한 의미 해석과 이 해석의 성격으로 발생한 정서의 직접적인 반응이었음을 스스로 자각할 때 완료된다. 이러한 자발적 인식은 이해하기 어려운 자동적 반응과 자극 상황의 자기 관련 영향 또는 잠재적 영향의 자동적 해석의 특성 사이에 '의미 연결'을 제공한다.

첫 번째 변화 지점

경험적 탐색의 모든 과정이 중요하지만, 결정적인 변화가 일어나는 2가지 지점이 있다. 첫 번째 변화 지점인 '의미 연결'에서 내담자는 자극 상황의 개인적 의미에 관한 자기 해석의 본질과 그토록 혼란스럽고 부적절한 반응 사이의 연관성을 발견한다. 그리고 당혹스럽게 여겼던 반응이 그 순간의 상황에 대한 그들 자신의 의미 해석과 이 해석으로 유발된 정서와 실제로 상당히 일치한다는 것을 발견한다. 암묵적인 자기 관련 정서 도식은 내담자가 상황에 가장 적절하다고 생각하는 도식보다는 상황의 일부 측면에 의해 신호를 받는다.

의미 연결은 자극에 대한 내담자의 독특한 해석에 대해 생생하고 새로운 이해를 제공한다. 자극에 대한 해석과 의미에 관한 깨달음은 전체적인 자기 관련 도식 구조를 강력한 방식으로 초점화하여 의식하도록 한다. 이제는 자기 관련 암묵적 정서 도식에 접근되었으며 잠재적으로 탐색할 수 있다. 자기 해석에 대한 자발적인 의식과 소유, 그리고 이 해석에 따른 결과는 일반적으로 네 번째 Stage의 중심이 되는 더 넓은 자기 탐색을 위한 자극을 제공한다.

Stage 4. 관련된 자기 도식의 자각과 재검토: 확장, 심화 및 소유

자신의 혼란스러운 반응이 자극 상황과 그로 인해 일어난 정서의 직접적인 반응이었음을 자각하는 것은 일반적으로 내담자에게 더 넓은 탐색을 위한 자극을 제공한다. 일반적으로 그들이 이 상황에서 기능했던 방식은 보다 광범위한 기능 방식의 예였으며 이제는 자신의 자기 기대, 만족 및 목표와 일치하지 않는다고 느끼는 방식이라는 자발적인 인식이 있다. 이런 자기 의식은 일반적으로 지적 분석보다 훨씬 더 많은 자기 주도적 탐색 과정에 관한 자극을 제공한다. 그것은 마치 자신에 대한 욕구, 두려움, 가치, 신념이 서로 상호 연관되어 '맛보는' 것과 같다.

이런 의도적인 맛보기 과정은 너무 비선형적이어서 체계적인 설명이 어려운 복잡한 내부 작업의 집합이지만, 내담자의 목소리, 경험적 초점 및 전반적인 태도에서 충분히 의식할 수 있다. 예를 들어, 내담자는 의미의 연결에서 그녀가 파티에 1~2분이라도 혼자 있게 되면 무시당하는 느낌이 든다는 것을 자각하고 이를 거부로 해석하였다. 그 과정이 계속되면서 그녀는 자신이 완전히 거부감을 느꼈던 다른 상황에 대해 생각하고 탐색하면서 탐색의 폭을 넓히기 시작하였다. 또한 탐색은 그녀가 거절을 얼마나 두려워했는지, 실제로 그녀에게는 거절이 그녀의 전체 자기감을 위협하는 것처럼 보였다. 그러나 탐색이 계속되면서 그녀는 분명하고 긍정적인 자기 감각을 발전시켰고 자신이 분명히 가치 있게 여겼던 영역을 자연스럽게 설명하고 탐색하기 시작하였다. 마침내 그녀는 자기가 관심받는 것을 좋아하기는 했지만, 자신이 가치 있는 사람이라는 확인이 더 이상 필요하지 않다는 것을 깨달았다.

두 번째 변화 지점

내담자가 문제를 재구성하는 방식으로 자신의 기능 방식에 관한 새로운 의식을 얻을 때 해결에 도달한다. 아직은 경험적으로 관여하고 있지만, 이제 그들은 그들이 무엇을 바꾸고 싶은지 깨닫고 이미 변화하기 시작하였음을 감지한다. 이 해결점에서는 일반적으로 기분이 상승하는 경향이 있다. 이 해결점 이후에는 일반적으로 자신의 필요와 욕구, 가치와 의무, 두려움과 능력에 대한 추가 탐색과 정서적 맛보기가 있지만, 이미 상대적인 정서적 가치는 변화된 것 같다.

치료자 작업

문제 반응 지점의 연상적 전개는 원래의 자극 상황을 생생하게 재현하고 내담자가 관련된 상황에서 내적 반응과 주관적 해석을 재경험하고 탐색하도록 설계되었다. 각 Stage는 각각의 목표를 가지고 있으며, 순서대로 진행된다(〈표 8-3〉). 각 Stage는 이전 Stage를 완료해야만 실행될 수 있다. 의미 연결 이후까지의 주요 초점은 상황 전반에 걸친 일반화와 패턴의 광범위한 분별보다는 하나의 특정 상황에 있어야 한다. 재경험과 재구성의 과정은 기본적으로 내담자 중심의 관계 내에서 발생하며, 내담자 자신은 자기 경험에 관한 전문가이다. 치료자는 특정 지점에서 굉장히 과정-지시적이지만, 발견을 하는 것은 내담자이다. 이 상황의 내담자 참여 유형은 제2장에서 논의된 경험적 탐색이다. 공감하고 존중하는 관계는 탐색 과정 전반에 걸쳐 유지되지만, 내담자가 자기의 경험의 중요한 요소를 쉽게 발견할 수 있도록 정서적으로 조율된 내

〈표 8-3〉 치료자 작업

Stage 1. 탐색을 위한 위치 설정
1. 관련 표식 식별
2. 문제 측면 확인
3. 문제 반응 탐색 제안
Stage 2. 경험의 재활성화
4. 현장을 재경험하도록 자극
5. 특징을 탐색하도록 촉진
Stage 3. 자극 상황에서의 개인의 특유한 의미 추적
6. 자극(및 또는)에 대한 내담자의 정서적 반응의 초점 유지
7. 자극 상황에 대한 내담자의 요구된 특성의 해석에 초점 유지
8. 의미 연결에 대한 내담자의 자발적인 의식을 인정하고 초점을 맞춤
Stage 4. 더 넓은 자기 탐색 촉진
9. 내담자의 자기 도식에 대한 재검토 촉진
10. 다른 삶의 상황에서 자기 도식에 대한 광범위한 재검토를 촉진
11. 내담자가 새롭게 이해한 자기의 도식에 따른 역기능적 방식과 자기 변화에 대한 새로운 함의를 인정하고 집중
Stage 5. 작업 이후
12. 회기에서 도출된 내용에 대한 간략한 논의로 내담자 격려

면의 자각을 만나고 접촉하고 추적하도록 돕는 데 중점을 둔다. 치료자 개입의 대부분은 반영이 될 것이지만, 이러한 반영의 많은 부분은 '개방적인' 특성을 갖는다. 그것은 공감적 이해를 나타내지만, 그때 바로 떠오르는 내담자의 내적 경험에 초점을 맞춘다. 이것은 잠정적으로 수행되기 때문에 내담자가 자기의 내부를 확인하고 수정하거나 더 나아가도록 자극한다.

모델의 각 단계에서의 치료자 기능들

Stage 1. 탐색을 위한 위치 설정

첫 번째 Stage는 내담자가 예상치 못한, 독특하거나 부적절하다고 느끼는 특정적 상황에서 자신의 반응을 언급할 때 시작된다. 치료자는 치료에서 그러한 순간을 선택적으로 듣는 법을 배워야 한다. 이런 순간을 주요 문제에서 이탈한 것으로 보고 쉽게 무시할 수 있지만, 이러한 순간을 재경험하고 탐색하면 광범위한 함의를 지닌 중요하고 새로운 자기 이해로 이어질 수 있다. 특히나 이런 사건은 내부로 향하기보다는 회상 형태로 이야기하는 내담자에게 유용한 진입점을 제공할 수 있다. 내담자의 목소리 톤이나 사건 설명 방식이 놀라움, 당혹감, 자기 실망 또는 자기 혐오감을 전달한다면 더 중요한 자기 탐색으로 이어질 수 있다.

PRP가 언급된 후 첫 번째 Step은 그것이 문제가 있다고 느끼는지 확인하고 어떤 측면에서 문제가 있다고 느꼈는지 확인하는 것이다. 때때로 내담자는 문제가 있는 것처럼 PRP를 언급 할 수 있지만, 더 깊이 파고들기 시작하면 그것이 도발에 관한 불행하지만 '자연스러운' 반응으로 간주 된다는 것이 분명해진다. 이 경우에 탐색은 생산적이지 않다. 문제라고 느껴졌던 부분과 그것에서 이어지는 부분을 일련의 반응으로 구분하는 것은 쉽지 않다. 대부분 이 2가지는 확인할 수 있으며, 다음과 같은 반응으로 탐색적인 자세를 자극할 수 있다. "그래서 당신의 반응 중 과장되고 이상하게 느껴지는 부분은 그 순간에 극도로 느껴지는 분노였나요……?" 다른 예는, "그리고 내 생각에, 당신이 이해하지 못하는 부분은 당신이 긴장되는 부분인 것 같네요. 당신이 느끼기에 너무 과민 반응한다고 느낀 것 같군요."

내담자는 처음에는 자기의 반응에서 문제가 있는 한 측면을 지적할 수 있지만 탐색이 시작되면서 처음 식별된 정서 이전의 문제적 정서에 초점을 맞춘다. 그렇게 된다면, 이전 부분이 정말 문제가 있는 부분인지 확인해야 하고, 확인되면 이를 새로운 부분으로 진행한다.

만약, 예를 들어 "나는 항상 개인지도 시간이 두렵다"와 같은 PRP가 일반적인 것으로 언급되면, 최근의 사례나 내담자의 머리에서 제일 생각나는 예를 요청할 수 있다. 대부분 일부 관련된 에피소드는 생생하게 회상될 수 있다. 만약 내담자가 이를 할 수 없고 계속 일반화한다면, 그때에는 PRP는 사용될 수 없다. 진행 중인 치료에서는 내담자에게 다음번에 이런 일이 발생했을 때 주의하고 가져와서 탐색할 수 있도록 요청할 수 있다.

때로는 내담자가 PRP를 언급한 후, 자신의 반응에 반응하기 시작하면 그렇게 반응한 자신이 얼마나 유치하고 자기 패배적인지에 초점을 맞추기 시작한다. 비록 이 '반응에 대한 반응'은 이 시점에서는 무척 생생한 부분일 수 있지만, 그것으로 인해 곁길로 빠지지 않는 것이 중요하다. 그리고 그것이 이차 반응이고, 새로운 자기 이해로 이어질 가능성이 있는 일차 반응에 대한 탐색이라는 것을 기억하는 것이 중요하다. 이때 내담자가 자신의 일차 반응을 무시하거나 무효화하지 않도록 하는 것이 중요하다. 치료자는 다음과 같은 반응으로 일차 반응에 초점을 유지할 수 있다. "당신은 당신의 반응이 자기 패배적이라고 느끼지만, 당신을 극도로 화나게 하는 무언가가 있었던 것 같습니다." 여기서 치료자는 분노가 '이치에 맞는' 것을 암시하는 것이 아니라, 단순히 상황의 해석의 어떤 것이 분노를 촉발하였다는 것을 의미한다.

대다수 내담자는 당혹스럽고 문제가 있는 방식으로 반응한 일부 사건을 가져오지만, 일부 내담자는 자신의 반응에 대해 자발적으로 의문을 제기하지 않고 항상 이를 도발에 대한 자연스러운 반응이라고 생각하기도 한다. 이러한 내담자들과 함께 PRP를 정의하고 설명하는 것은 생산적일 수 있으며, 대다수 내담자가 때때로 경험하는 일종의 경험으로 언급하며, 그들이 그러한 때를 알아차리려고 노력해야 한다고 제안한다. 그 후에 만약 그들이 문제 방식으로 반응하는 자신을 발견한다면, 그들은 그것을 분석하려 들지 말고, 다음 회기 때 가져오도록 해야 한다. 이것은 지시 사항으로 명시되어서는 안 되지만, 절차를 따르면 때때로 사람들이 매우 중요하다고 입증된 영역을 재경험하고 탐색할 수 있게 된다.

문제 반응이 확인된 후, 치료자는 이 경험으로 돌아가서 자세히 탐색하는 것이 가치가 있을 수 있음을 제안한다. 그리고 내담자가 동의하면 다음 Stage가 시작된다. 전개 과정의 첫 번째 Stage에서 치료자는 ① 실제로 당혹스럽게 느껴졌던 반응에 초점을 맞추고 유지하기, ② 강한 이차 정서 반응을 분산시키기, ③ 공동 탐색의 여정을 시작하기로 상호 합의하는 공감적 분위기를 조성하기 등의 3가지 목표를 가지고 있다.

Stage 2. Step 4. 현장으로의 재진입 자극: 경험 재현하기

여기에서의 목표는 내담자가 문제 반응이 촉발되기 직전 장면으로 재진입하고 생동감 있게 재경험하게 하는 것이다. 내담자가 할 수 있는 만큼 생생하게 설명하도록 하는 것이 매우 중요하다. 이것은 재구성을 자극하고 자극 상황으로 재진입하게 한다. 또한 이는 치료자가 전체 경험에 대한 실제 체험적 느낌을 얻을 수 있게 하여 더 공감하고 의미 있는 반영을 할 수 있게 한다.

치료자는 "우리가 돌아가서 그 장면을 시각화해 볼 수 있을까요? 그래야 그 분위기를 제가 느낄 수 있을 것 같아서요"라고 말함으로써 이를 명시적으로 시작할 수 있다. 또는 "그 상황의 느낌을 알고 싶습니다. 내 생각에는 당신이 거기 앉아 있고, 그가 당신 위에 서 있는 것 같은데요……?" 이러한 방법으로 시작할 때 경험적 재진입을 하기 위해 내담자가 설명한 부분을 사용한다. 때때로 내담자에게 확인할 사항을 자극하기 위해 시도하지만, 매우 잠정적인 방식으로 수행되어야 한다. 예를 들어, "나는 당신이 운전하는 모습도 보이고 당신 주위에 차들이 있는 것, 어쩌면 차 한 대가 당신 바로 뒤에 끼었을 것 같은 상상이 되는군요……?"라고 말할 수 있다. 대부분 우리는 더 외적인 세부 사항에서 시작하여 더 내적인 정서로 이동한다. 하지만 그때 내담자의 정서, 태도 그리고 생각은 반응이 촉발되기 직전 상황의 일부이며 따라서 촉발의 일부일 수 있음을 기억하는 것이 중요하다.

일단 그 장면이 진정으로 생생해지면 치료자는 반응이 촉발되기 직전의 장면을 반영하고 내담자가 반응한 바로 그 상황을 반영할 수 있으므로 실제로 상황이 변경되는 순간을 느낄 수 있다. 예를 들어, 내담자가 경험 초기부터 불안하거나 짜증이 나는 느낌을 묘사했지만, 이런 정서가 언제부터 과장되었는지 아직 명확하지 않으면 변경된 시점에 대한 잠정적인 감각을 사용하는 것이 중요하다. 치료자는 이렇게 말할 수 있다. "그래서 당신은 거기에 편안하게 앉아 있었고 행복했던 것 같은데…… 내 생각엔 그러고 나서 어떤 것이 바뀌었던 것 같군요."

치료자가 그 경험이 생생하게 살아나고 재경험되었음을 알게 되면 다음 하위 Stage로 넘어갈 때다. 내담자가 실제로 다음 Stage로 건설적으로 이동할 준비가 되어 있다는 사실을 무시할 정도로 장면 구축에 너무 몰두하지 않는 것이 중요하다.

Stage 2. Step 5. 자극을 유발하는 현저성[2)] 탐색

일단 장면이 생생해지면 내담자는 특정 상황의 측면을 자연스럽게 자각하고 반응을 촉발할 수 있게 된다. 두드러진 부분을 잠정적으로 탐색하는 것이 이 과정을 용이하게 할 수 있지만, 이것이 무엇인지 예측하지 않는 것이 매우 중요하다. 치료자에게 명백해 보이는 것이 내담자에게는 중요한 요소가 아닐 수도 있다. 몇 가지 가능한 반응은, "그의 얼굴에 무엇이 있었는지…… 아니면 그의 어조…… 잘 모르겠군요." 또는 "무엇이 당신을 붙들었는지……?"

가끔 내담자들은 명시적으로 두드러진 의식이 없음에도 불구하고 현장에서 일어나는 어떤 일에 대한 자기의 정서적인 반응을 자발적으로 언급한다. 예를 들어, 한 내담자는, "그들과 눈을 치우고, 재밌는 시간을 갖고, 같이 웃으며 놀았어요. 그런데 갑자기 나는 소외됐다고 느꼈어요. 사실 난 그러지 않았는데도요."라고 말하였다. 내담자가 스스로 불일치하게 느껴진 반응과 행복하게 노는 것을 연결하는 것은 그 장면에서 두드러진 요소를 명확하게 드러낸다. 직접적이든 간접적이든, 이러한 두드러진 감각은 내담자가 현장에 대한 자기의 주관적인 해석을 탐색하기 시작하는 진입점이다. 이것은 초점 의식에 두드러진 측면을 배치하는 주관적 해석의 핵심이다.

만약 특정 부분에 대한 탐색이 주로 주지화되기 시작하면, 치료자는 다시 연상시킨 상황에 초점을 되돌린다. 무언가가 딸깍하고 걸리기 전에 여러 번 중요도를 탐색해야 할 수 있다. 이러한 특정 부분에 대한 의식은 다음 Stage를 착수하는 데 매우 유용한 진입점이지만, 그것의 비출현으로 Stage 3으로의 진입을 너무 오랫동안 차단해서는 안 된다. 어떤 경우에는 Stage 3에서 자극-과정 측면으로 들어갈 때까지 특정 부

2) 어떤 자극(대상이나 속성)이 다른 것과 비교해서 두드러지게 보이는 것을 말한다.

분이 나타나지 않을 수 있다.

다음 예는 모델의 처음 두 Stages—탐색을 위한 위치 설정과 경험의 재활성화—에 대해 간략하게 축약된 진술이다.

Stage 1. 탐색을 위한 위치 설정

내담자 1: 힘든 한 주였어요. 중요한 에세이를 작성하고 곧 있을 시험을 준비해야 하고. 저는 정말 피곤해요. (한숨)

치료자 1: 내 생각도 그래요. 지치죠.

내담자 2: 네(한숨). 어떻게 보면은 정말 집중해서 기분이 좋아요……. 그 모든 일을 다 끝내는 게 (잠시 멈춤). 그런데 이상하게 불편해하는 나를 발견했어요.

치료자 2: 당신이 한 모든 것에 기분이 좋고. 그런데 그때 잘은 모르지만…… 불편한 …… 일종의 불안감? [정서의 차별화를 더 자극하는 잠정적 반영]

내담자 3: 그럴지도요. 하지만 어쩌면 더 분한 것 같은…….

치료자 3: 당신이 했던 일에 대해 화가 나나요? [분한 대상의 잠정적 확인]

내담자 4: 뭔가에 화가 난다……. 확실치 않아요……. 어젯밤에 쉬려고 앉았어요. 그리고 아빠가 내가 성취한 것이 무엇인지 물으셨어요. 그리고 내가 아빠에게 말했을 때, 아빠는 "네가 열심히 일했구나. 자랑스럽구나." 나는 기분이 좋았어야 했는데, 그러지 않았어요.

치료자 4: 당신은 정말 기분이 좋을 거라고 예상하셨겠지만, 어쩐 일인지 그렇지 않았군요. [반응의 당혹스러운 측면을 강조]

내담자 5: 아니요, 기분이 좋지 않았어요. 이상했어요. 하지만 어쩌면 내가 너무 피곤해서 그랬을 수도 있어요. 어쩌면 그래서 그랬을 거예요.

치료자 5: 당신은 지쳤었군요. 그런데 당신은 아직도 좀 당혹해하는 것 같군요. [그녀의 당혹감에 계속 집중 유지]

내담자 6: 네.

치료자 6: 어젯밤에 그 현장으로 우리가 돌아가서 조금 탐색할 수 있을까요? 무슨 일이 일어났었는지 느껴 볼까요? [탐색 동의를 얻는 중]

치료자 7: 알았어요. 좀 이상했었어요.

Stage 2. 경험의 재활성화

치료자 8: 그래서 당신은 일주일 내내 그리고 그날도 하루 종일 일했겠죠.

내담자 9: 네.

치료자 9: 그리고 당신은 아빠가 앉아 계시는 거실로 들어와 앉았고요. 피곤은 하지만 괜찮나요? [반응 직전 장면 만들기]

내담자 10: 예, 지쳤지만, 저는 스스로에게 나름 만족했어요.

치료자 10: 그래서 당신은 당신이 성취한 모든 것에 대해 기분이 좋은 상태로 거기에 왔죠. 그리고 당신의 아빠가 올려다보시더니……? [반응 이전의 기분을 반영한 후 반응이 촉발된 순간으로 초점을 이동]

내담자 11: 아니요. 아빠는 일어나서 "그래서 오늘 무엇을 했니?"라고 하셨어요……. 제 생각엔 그때부터 좀 불편한 느낌이었어요.

치료자 11: 그리고 그때부터 당신이 불편함을 느끼기 시작했나요? [반응 시작 확인]

내담자 12: 네, 제 생각에는요. 그리고 아빠가 "자랑스럽구나"라고 말할 때 정말 불편했어요.

치료자 12: 그래서 아빠가 말씀 하실 때 무슨 일이 있었나요? 아니면 아빠의 어조나? [두드러진 부분 탐색]

내담자 13: 네……. 어조 같아요……. 제 손을 쓰다듬으시며 "너는 착한 아이네."라고 말씀하셨어요.

Stage 3. 자극 상황에서의 개인의 특유한 의미 추적

이 전개 단계는 2가지 서로 다른 탐색적 초점을 포함하는 복잡한 Stage이다. 내담자와 치료자는 탐색하는 동안 양쪽을 여러 번 왔다 갔다 움직이지만, 치료자의 반영과 반영 질문의 개방 지점은 한 번에 한쪽에만 있는 것이 중요하다. 그리고 내담자가 상황에 대한 자신의 지각적 해석의 본질과 자극 상황에 대한 내적인 정서 반응 모두를 재경험하고 탐색할 수 있도록 하는 것이 중요하다.

그들 자신의 반응의 이런 각 측면은 그 순간의 자극 상황의 개인적 영향에 대한 그들 자신의 독특한 해석의 성격과 의미에 대한 차별화된 의식을 일으킬 수 있다. 양쪽 모두 중요하지만, 내담자가 한 번에 한쪽에만 완전히 집중할 수 있다면, 탐색 초기에 더욱 생생한 경험적 자각을 얻을 수 있다. 한 번에 양쪽 모두 관심을 기울이는 것은 일반적으로 새로운 탐색보다는 '패키지' 과정으로 이어진다. 각 측면에는 별도의 다른 종류의 주의가 필요하다. 예를 들어, 내담자가 내적 불안과 같은 정서적인 반응을 포함하는 사건을 탐색하는 경우, 어떤 특정한 순간에서 그녀의 아버지에 대한 반응으로 치료자는 "그가 당신을 그런 식으로 바라보았을 때, 당신은 갑자기 일종의 불안을 느꼈군요……. 일종의 두려움이나 우려였나요?"라고 반응할 수 있다. 이것은 분명히 자극된 정서의 독특한 느낌에 관한 내적 탐색에 초점을 둔다. 반면에 그 시점에서 내담자의 초점이 아버지의 표정을 탐색하는 데 있는 것 같으면, 치료자는 "그의 표정에 당신을 사로잡은 뭔가가 있었던 것 같군요—굳고 완고한 표정에서……?" 이것은 아버지의 표정에 대한 내담자의 시각적 이미지에 초점을 둔다.

탐색이 계속되면서 양측이 합쳐지기 시작한다. 예를 들어, 불안해하는 정서와 두려움의 경험은 "어쩐지 나는 나약하다고 여기는 것 같은 느낌이에요. 그가 나를 신뢰하지 않고 나를 어떤 값어치도 없다고 생각하는 것 같아요"가 될 수 있다. 또는 '잘난 체하는 듯한 그의 얼굴'을 확인하고 그녀 스스로가 '약하고 신뢰할 수 없다'라고 느끼도록 만들었다고 할 수 있다.

치료자가 이 모델에 과도하게 매여서는 안 된다. 경험적 탐색을 통한 재구성 과정은 내담자가 내면을 확인할 시간적 여유가 있을 때 가장 잘 작동된다. 또한 치료자는 내담자가 말하고 경험하는 것을 맛보기 위해 속도를 늦출 필요가 있다. 2가지 주요 변경 지점 중 첫 번째인 '의미 연결'이 더디게 다가온다면 막다른 골목에 이른 것을 기꺼이 받아들이고 내담자를 상황의 두드러진 측면으로 다시 데려가야 한다.

Stage 3. Step 6. 내담자의 정서적 반응의 차별화된 특성 탐색

내담자의 문제 반응이 정서적이고 생생한 현재형으로 표현되었다면, 먼저 정서적인 측면을 탐색하는 것이 현명할 수 있다. 내담자가 느낌의 독특한 특성에 대해 보다 차별화된 인식을 하도록 돕는다. 더 복잡한 정서를 표현하기 위해 일상생활에서 사용되는 대부분의 정서 언어는 대개 약칭[3)]으로 표현된다. 내담자가 자신의 정서 반응에 대해 차별화된 의식을 얻도록 돕는 것은 치료자와 내담자가 차별화된 설명을 시도하고, 내담자가 그것을 내면에서 확인하거나, 거부, 수정 또는 이상적으로는 내적 의식을 조금 더 전달하는 것이 포함된다. 느낌은 설명되기를 기다려야 되는 것이 아니

3) 메모 같은 간단한 전달법을 말한다.

라, 탐색이 계속됨에 따라 내담자가 더 차별화된 방식으로 재경험하는 것이다.

또한 장면의 생생한 부분을 사용하여 느낌을 자극하되 내면의 느낌을 강조하고 열린 지점들을 남겨 두는 것이 도움이 된다. 예를 들어, 내담자가 방금 두려움을 느낀 것을 언급하였다면, "당신이 거기에서 앉아 있으면서, 그의 목소리를 듣고 두려움이 스멀스멀 올라오기 시작했어요."라고 말할 수 있다. 만약 내담자가 명확한 느낌을 언급하지 않았다면, "그래서 그녀가 당신을 향해서 소리를 지르는군요. 그리고 당신의 느낌은…… 잘 모르겠지만…… 정말 이상할까요……?"라고 말할 수 있다.

특정 기본 정서에는 다양한 정서적 특성이 있다. 거기에는 이글이글 타오르는 분노나 마음을 좀먹는 분노, 무력한 분노가 있을 수 있다. 또한 대부분의 정서에는 '메시지'가 있다. 예를 들어, 두려움은 '끔찍한 일이 일어날 것'이라는 평가를 수반할 수 있다. 또는 일종의 '위축되는' 행동 경향이 포함될 수 있다. 정서적 반응에 대한 탐색이 전개됨에 따라 여러 면에서 더욱 차별화될 수 있다. 단순히 '차갑고 무례하고, 뒤틀린 분노'가 아니라 좀 더 특이한 표현이 될 수 있다. 또는 분노의 다른 대상이 포함될 수 있다. "나는 그들에게 그다지 화난 것이 아니라 나 자신에게 화가 났었어요." 또는 정서의 새로운 측면이 나타날 수 있다. "화가 났지만 약간 두렵기도 했어요." 또는 변화가 포함될 수 있다. "내가 지금 깨달은 것은, 그때 나는 그렇게 화나지 않았었어요……. 상처가 정말 중요한 것이었어요."

차별화된 느낌을 얻기 위해서는 신체적인 감각도 중요할 수 있지만, 이에 대한 내담자의 진술이 더 깊이 전달되어야 한다. 예를 들어, 만약 내담자가 "내 손을 꽉 쥐고 있었어요."라고 말하면, 잠정적으로 다음과 같이 말함으로 자각을 느끼도록 나아갈 수 있다. "두 손을 주먹 쥐고, 내 생각에는……. 화낼 준비가 된 건가요?" 또는 만약 내담자가 '목이 꽉 조이는 느낌'이라고 말하면, "잘 모르겠군요.…… 어떤 느낌이었죠?" 라고 물을 수 있다.

정서에 대한 보다 정확하고 차별화된 인식을 얻으면, 자극과 관련된 특성을 갖게 될 수 있다. 분노는 "나는 그의 잘난 척하는 얼굴에 주먹을 먹이고 싶었어요."로 바뀔 수 있다. 또한 두려움은 "내가 그들이 하는 일에 압도될 것 같아 두려웠어요."가 될 수 있다. 이것은 자연스럽게 자극이 해석된 방식에 초점을 맞추는 전환으로 이어질 수 있다. 정서가 계속 차별화되지 않고 덜 생생해 보이는 경우 자극 측면에 초점을 맞추는 진입점인 자극 상황으로 다시 돌아가는 것이 현명하다.

Stage 3. Step 7. 자극 측면

이 측면에서 치료자는 상황에 대한 주관적 해석에 내담자가 초점을 맞추도록 촉진하고, 내담자는 해석의 특정 주관적인 성향을 더 잘 자각하도록 노력한다. (가끔 이 측면은 정서적 반응 측면보다 먼저 접근되지만, 자극 측면에 대한 접근은 어느 쪽이든 비슷하다.) 진정한 재경험이 되도록, 치료자는 내담자가 높은 수준의 생생함과 각성을 가지고 그 장면으로 다시 들어가도록 돕는다. 하지만 내담자가 의도적인 탐색적 자세로 주의 에너지의 일부를 유지하는 것 또한 중요하다. 내담자가 자신의 주관적 해석을 탐색하는 시작점으로 이전 Stage에서 도출된 경험의 현저성에 관한 자각을 사용할 수 있다. 이를 수행할 방법에는 여러 가지가 있다. 예를 들어, 만약 내담자가 '그 잘난 척하는 표정'을 식별하였다면, 그 잘난 척하는 표정에 대해 말할 수 있다. "그 잘난 척하는 표정이 당신에게 준 느낌적인 맛을 나도 알고 싶군요." 또는 그 현저성이 암시하는 것을 시도할 수 있다. 예를 들어, 내담자가 교통 체증으로 인한 압박감을 탐색할 때, 치료자는 "거의 그 차가 당신 차의 뒷좌석에 처박힌 것 같군요."라고 말할 수 있다. 치료자는 생생한 반영을 하지만, 자신의 기대치를 강요하는 방식이 아니라 잠정적인 방식으로 전달하는 것이 중요하다.

치료자는 내담자의 해석이 전개되는 동안, 따라가려고 노력하며 새로운 부분을 찾아내기 위해 개입하면서, 내담자가 주관적 해석을 유지하도록 돕는다. 좋은 경험적 치료에서와 마찬가지로, 내담자에게 생동감 있고 새로워 보이는 측면을 반영해야 한다. 또 그 작업에서 여러 번의 막다른 골목이 있을 수 있음을 기억하는 것도 중요하다. 유력해 보이는 새로운 길이 사라지거나 주지화될 수 있다. 탐색하는 동안 여러 번 다시 장면으로 돌아가서 현저성을 탐색하고 자극 해석의 새로운 측면을 펼쳐야 할 수도 있다.

만약 탐색의 Stage 3이 성공적이면, 내담자는 자기 관련 영향에 대한 자신의 주관적인 해석의 본질, 즉 자극 상황과 이에 따라 유발된 영향의 잠재적 영향에 대한 자발적인 인식에 도달한다. 자극 상황에 관한 자기 해석의 본질과 자신의 당혹스러운 반응의 본질 사이의 인과 관계를 자각하고 이 해석에서 자기를 행위자로 인식하게 된다. 내담자가 이 중요한 인과 관계를 발견하고 소유했기 때문에 이것을 '의미 연결'이라고 부른다. 치료자가 이러한 자각을 인정하는 것이 중요하다.

다음의 예는 Stage 3의 축약본이다. 내담자는 뒤에서 운전하는 차가 너무 신경이

쓰여서 백미러를 접어 올리고 일주일 동안 그대로 놔두었던 적이 있다고 언급하였다. 초기 두 Stages 후에 그는 정서적 측면과 자극 측면을 추적하여 자극 상황에서의 개인적 의미를 추적하기 시작하였다.

내담자 1: 나는 내 뒤에서 오는 차들이 너무 신경 쓰였어요.

치료자 1: 네. 당신이 차안에 타고 있는 것이 보여요. 당신 뒤에 있는 모든 차들도요. 차들은 너무 빨리 가고…… 아니면 무언가를 하고 있어요……. [장면을 생생하게 가져오고 중요한 부분에 접근하도록 질문]

내담자 2: 네, 차들이…… 내 뒤에 와서 뭔가를 하도록 압력을 주는 것 같았어요.

치료자 2: 오…… 그렇군요…….

내담자 3: 도로가 그렇게 붐비는 것도 아니었는데. 그런데 차들이 거기에 있으니까, 나는 속도를 내거나 무언가를 해야 했어요. 그가 뒤에…… 내 뒤에…… 있는 걸 만족하는지 모르겠어요.

치료자 3: 음.

내담자 4: 그가 거기에 있으니까 내가 뭔가를 해야 할 것 같은 느낌이었어요.

치료자 4: 아. 당신이 무슨 말을 하는지 알겠어요. 만약 그가 거기에 있지 않았다면, 당신은 그냥 편하게 운전할 수 있었을 거예요. [내담자에게 미치는 영향에 중점]

내담자 5: 그래서 나는 더 빨리 가거나 옆으로 차를 세워야 해요.

치료자 5: 그래서 제 생각에는, 그러면 당신 속이 더 편하게 될 테니까요. [내적 반응에 집중]

치료자 6: 자유로운 느낌 같은…… 내 생각엔…….

내담자 7: 예, 사람들이 내 바로 뒤에 있으면 나는 계속 긴장하게 돼요.

치료자 7: 내 생각엔 차가 바로 뒤에 있을 때 당신은 책임감을 갖는 것 같군요. [자극 상황의 요구적인 특성 해석에 집중]

내담자 8: 네, 맞아요.

치료자 8: 주변에 차들이 있는 것에 대해 당신이 반응하는 것에 무언가가 있는 것 같군요. [자극 상황의 특정 영향에 대한 탐색]

내담자 9: 나는 항상 내 뒤에서 무엇이 일어나고 있는지에 신경 쓰는 것 같아요.

치료자 9: 그것이 항상 거기에 있군요.

내담자 10: 왜 그런지 모르겠지만. 꼭 내가 해야만 할 것 같은 느낌이에요.

치료자 10: 안에서 어떤 느낌인지 아직 잘 모르겠군요……. 일종의 화난 느낌인가요?…… 아니

면…? [자극에 대한 정서적 반응을 잠정적으로 주의]

내담자 11: 나는 자주 화를 내는 편은 아니어서…… 그래서 내 생각에는…… 좀 더 불안함 같아요.

치료자 11: 불안한, 떨리는 느낌……. [더 차별화된 정서적 반응]

내담자 12: 나는 그들에게 화난 것이 아니에요. 그 화는 나를 향한 것이에요.

치료자 12: 잘 이해가 되지 않네요…….당신에게요?

내담자 13: 글쎄요, 만약 내가 뒤에 있는 그 사람들을 그렇게나 걱정한다면…… 글쎄요……. 어쩌면 나는 나 자신에 대해서는 충분히 생각하고 있지 않을 수도 있어요.

치료자 13: 네……. 당신이 무엇이 필요한 지를 생각하는 것……. [의미 연결의 시작 의식]

내담자 14: 내가 이 사람들을 만족시키는 것에 대해서 이렇게나 걱정해야 될까요? 아니면 어쩌면 그러면서 나 자신을 걱정해야 할까요?

치료자 14: 네……. 그렇군요…….

내담자 15: 그리고 어쩌면 그때였던 것 같아요……. 내가 거울을 올렸을 때…… 어쩌면 나는 나 자신을 걱정하기로 결정했었던 것 같아요.

Stage 4. 자기만의 기능 방식 탐색: 확장, 심화, 그리고 소유를 통한 해결

의미 연결에서의 새로운 이해 후, 대다수 내담자는 그 상황에서 자신이 기능하고 있던 방식이 자기 기대와 일치하지 않는 광범위하고 일반적인 기능 방식의 예라는 것을 자발적으로 인식하기 시작한다. 이런 인식은 그들이 보다 더 확장된 경험적 탐색 과정에 참여하도록 동기 부여한다. 이러한 자기 주도적 탐색 과정은 훌륭한 내담자 중심 탐색과 매우 유사한 방식으로 치료자에 의해 촉진되며, 탐색이 진행되는 동안 지적 분석을 피하고 내담자 자신의 내면 의식에 초점을 유지하려고 노력한다. 탐색은 일반적으로 확장되어 이러한 규칙이 만들어지는 다른 종류의 상황을 탐색하여 유사한 종류의 내부 또는 외부 반응으로 이어진다. 이는 여전히 경험적 탐색 과정이지만 내담자 자신의 암묵적인 질문에 따라 진행될 수 있다. "이 개인적 취향은 무엇인가? 무엇을 위한 것인가? 나의 경험의 나머지 부분과 어떻게 연결되는가?" 그것은 마치 필요와 욕구, 가치와 기본 신념이 서로 관련하여 '음미'하는 것 같다. 이런 자기 주도적 경험적 탐색 과정을 촉진할 때 치료자의 공감적 반응은 내담자 자기 탐색에서 새롭게 부상하는 지점을 반영해야 하지만 탐색이 진행되어야 하는 영역을 예상하거나 특정 결론을 향해 나아가려고 해서는 안 된다. 이런 경험적 탐색 과정은 독특하고 매우 중요한 과정이다.

이 탐색 과정이 성공하면 내담자는 '해결'에 도달하게 된다. 해결은 문제를 재구성하는 방식으로 자신의 기능 방식의 중요한 측면에 대한 새로운 자각으로 정의된다. 여전히 경험적으로 참여하고 있지만 이제 자신이 무엇을 바꾸고 싶은지에 대한 감각과 변화를 촉발할 힘이 있다는 새로운 감각을 갖게 된다.

다음의 예는 Stage 4(자기 기능 방식의 의식과 재검토)의 축약본이다. 이 내담자는 그녀의 친한 친구가 "David와는 어때?"라고 물었을 때의 반응을 설명하였다. David는 그녀가 친밀하고 진지하게 만나고 있던 사람이었다. 그녀는 이 질문에 깜짝 놀라고 모욕감을 느꼈으며, 그녀는 친구에게 화를 내며 소리쳤다. 내담자는 자신의 반응이 상식을 벗어나고, 예상치 못했으며 이상하다고 느꼈다.

치료자가 이 반응을 자세히 탐색할 가치가 있다고 제안했을 때, 내담자 C는 동의하며, "내 안에 사람을 불신하게 만드는 무언가가 있어요."라고 말하였다. C는 자신의 반응을 더 자세히 탐색하면서 'David와의 일'에 관한 질문은 그녀와 David와의 모든 관계, 특히 그가 확실히 다른 여자와 관계를 맺고 있다는 증거를 그녀 스스로 발견한 것을 연상시켰다. 그녀는 여전히 그에게 마음이 있지만, 그녀의 신뢰는 줄어들고 있었다. 그녀는 그 친구가 그저 평상시의 친근한 질문을 던졌을 뿐인데도, 그녀 자신의 적대적이고 방어적인 반응이 '몰래 보다가 들킨 것' 같은 느낌에서 촉발되었음을 깨달았다. 그녀가 일부러 찾은 것이 아님을 알았어도, 여전히 죄책감과 방어적 감정을 느꼈다. 이 의미 연결에 도달한 후, 탐색은 확장되고 깊어졌다. 그녀는 복잡한 죄책감을 탐색하기 시작하고 자신의 가치에 관한 폭넓은 탐색을 시작하였다.

내담자 1: 내가 진짜 그런 게 아닌 걸 알면서도 나는 죄책감을 느끼는 것 같아요.

치료자 1: 잘 이해가 안 되네요……. 죄책감이요? [추가 설명을 권장]

내담자 2: 내가 우연히 알게 되었든 아니든, 나는 잘못을 저질렀어요. 했어요. 내가 찾은 거니까 난 책임이 있어요.

치료자 2: 그래서 일부러 찾은 게 아닌데도, 당신이 그것을 보았으니 당신의 잘못이라고 느끼는 거군요. 그것을 보았을 때 당신은 고개를 돌렸어야 했었겠네요……. 아님……? [잠정적으로 가치에 집중 반영]

내담자 3: 음. 나는 그렇게 느꼈어요……. 하지만 또한 내 생각에…… 만약 내가 몰랐다면, 날 귀찮게 하지도 않겠죠. 그리고 내가 상관 할 필요도 없겠죠.

치료자 3: 그러면 더 깊이 들어가지 않아도 되었겠죠?

내담자 4: 내가 상관 안 하고 싶은 거는 아니에요. 하지만 내가 이런 것들을 알고 있다고 그에게 말하면, 그는 아주 방어적이 될 것을 난 알아요. 미쳐 버릴 거 같아요!

치료자 4: 그래서 이게 당신에게 매우 중요한 정보일 거예요. 하지만 당신은 그와 이런 식으로 계속할 수 없다고 느끼는 건가요?

내담자 5: 이전에 그가 나를 실망시켰기 때문에, 지금은 그를 믿을 수 없어요. 자동적으로 나쁜 생각들을 하게 돼요.

치료자 5: 그래서 거기에서…… 이 증거를 꺼내는 것이…… 그것에 대해서 말하는 것이 잘못 됐나요……? [가치에 재집중]

내담자 6: 내가 찾아낸 방식은 옳지 않은 것 같아요……. 그는 나에게 그런 것에 대해 말하지 않았어요.

치료자 6: 당신은 알 권리가 없다……라는 건가요……? [가치에 더 집중]

내담자 7: 하지만 지금 난 알고 있고, 그리고 나는 설명을 들을 자격이 있다고 생각해요. 하지만 내가 그의 주변을 파고 다녔다고 생각할 거예요. 나에게 화를 낼 거예요.

치료자 7: 그래서…… 확실하지 않은 것 같아요……. 당신은 그에게서 설명을 들어야 한다고 생각하나요?

내담자 8: 저는 이런 사실들을 알고 있고 이 사실을 다루는 법을 배워야 할 것 같아요. 이런 나쁜 생각을 숨겨야 할까요?

치료자 8: 그리고 그것들을 숨긴다는 부분에서…… 잘 모르겠군요……. 당신을 두렵게 하나요? [정서적 영향에 집중]

내담자 9: 마치 난 폭발할 준비가 된 것 같아요! 하나만 더 하면 터져버릴 거예요.

치료자 9: 마치 당신이 이 모든 정서들을 당신 안에 억누르고, 거기 앉아서, 나오지 않게 하고 있는 것 같군요. [긴장감 반영]

내담자 10: 거의 내가 거짓말을 하는 것 같아요. 왜냐하면 난 내 생각을 말할 수가 없으니까요……. 내 마음을 열 수도 없어요. 난 평소에 숨기는 것이 없었는데…… 미치겠어요. 평소에 나는 누구에게든 바로 말할 수 있었어요……. 그리고 그들도 나에게 화내지 않았어요. 나 역시도 누군가가 나에게 그러면 화내지 않았어요. 왜냐하면 그들은 그저 나에게 솔직했던 거니까요…….

치료자 10: 당신에게는 솔직한 것이 정말 중요하군요. 당신의 생각을 말한다는 것이. [중요한 가치를 반영]

내담자 11: 진실과 정직은 첫 번째 기본 원칙이죠. 만약 내가 정직할 수 없다면, 할 수 없다면…… 상관없어요. 나는 잊어버릴 수 없다면…… 나는 당신과 가까이 하고 싶지도 않아요!

치료자 11: 그래서 David에게 당신의 생각을 말하지 않는 것이 당신에게는 아주 잘못된 것이라고 생각하는 거죠. [상황에 중요한 가치의 적용]

내담자 12: 네. 나는 너무 불편해요……. Jane 이 "David 와는 어때?"라고 물었을 때 내 안에서 끔찍한 느낌이 들었어요. 내가 뭔가를 잘못한 것처럼요.

치료자 12: 그래서 당신 스스로 당신이 정직하지 않은 것을 들킨 것 같은 거죠. [다시 의미 연결 재언급]

내담자 13: 예……. 내가 거짓말쟁이 같고 비뚤어진 것 같은 느낌이에요. David와 있을 때는 내 자신의 기본 원칙에 진실되지 않은 것 같아서 너무 불안해요. 그의 반응 때문에 나는 정직해질 수 없어요. …… 하지만 그러면서 나는 죄책감을 느껴요…… 봐 봐요, 나에게는, 당신이 잘못하고 그것에 정직할 때, 타인은 여전히 당신에게 화를 낼 권리가 있어요. 그러나 그럴 때 …… 당신은 용서받을 수도 있는 거죠. 적어도 당신은 정직했고 그리고 신뢰를 배신하지는 않았으니까요.

치료자 13: 그래서 신뢰를 배신하는 부분에서 뭔가가 있는 것 같군요……. [중요한 가치 탐색 강조]

내담자 14: 나는 내 자신의 신뢰를 배신하고 있어요. 나 스스로에게 거짓말하고 나 자신을 배신하는 것 같아요.

치료자 14: 개방적이고 정직해야 하는 …… 이것에 어떤 중요한 것이 있는 것 같아요. [정직함의 기본 가치로 돌아가기]

내담자 15: 나는 계속 진실이 아닌 것에 갇힐 수 없어요. 싫어요! 참을 수 없어요! …… 거짓말은 우리 가족에게 '접근 금지'였어요. 만약 당신이 우리 가족이 동의하지 않는 일을 하고 싶다면, 그들에게 말했어야 했어요. 그러고선 그들이 그것을 좋아하지 않으면, 당신과 그것에 대해 논의할 것이고, 당신도 타협 할 수 있는 부분에 도달하게 될 거고요.

치료자 15: 그래서 당신은 사람들과 함께 앉아서 논의하고, 당신이 생각하는 것을 나누고, 그렇게 일을 해결하는 것을 배웠군요.

내담자 16: 그것이 나에게 가장 중요한 거예요. 그런 정직함 없이, 나는 그 관계 안에 있을 수 없어요. 접근도 하면 안 돼요!

회기가 끝날 무렵 대부분 치료자는 내담자에게 회기에서 무엇을 얻었는지, 그것이 새로운 생각이었는지를 묻는다. 이것은 해결에 도달한 내담자에게 중요한 새로운 인식에 주의를 기울일 수 있도록 하는 데 유용할 수 있다. 명확한 해결이 이루어지지 않은 때에도 가치는 있을 수 있고, 일부 가치 있는 탐색은 내담자가 탐색에서 나타난 새로운 측면 중 어떤 부분에는 더 명확하게 인식할 수 있게 된다. 또한 돌아오는 다음 회기에서 관련 경험을 자각하도록 동기를 부여할 수 있다.

제9장 불명확한 감각 느낌을 위한 체험적 포커싱

체험적 포커싱의 핵심 가정은 그것을 상징화하려는 시도 안에 독립적으로 존재하는 경험적 '감각 느낌(felt sense)'이 있다는 것이다(Gendlin, 1974, 1981, 1984). 이 '감각 느낌'은 내적 참여와 경험적 과정을 통해 접근할 수 있는 암묵적 정서 도식에서 나온다. 감각 느낌은 내재 된 상위 수준의 의미인 생각, 정서, 지각, 내적 행동과 맥락을 포함하는 어떤 것의 감각이다. 감각 느낌에 내적으로 참여하는 것 외에도, 이름 붙이기, 비유, 또는 이미지의 형태로 감각 느낌에 대한 상징적 표현을 개발하는 것이 치료적으로 유용하다. 따라서 포커싱의 중심 과정은 정서 도식, 즉 신체적 감각 경험과 언어적 명제적 표현을 포함한 다양한 수준의 과정을 통합하는 인지적 · 정동적 구조이다.

하지만 우리가 경험, 또는 감각 느낌과 개념적 상징 사이의 관계에 대해서는 '변증법적 구성주의'(Pascual-Leone, 1991 참조)의 관점을 취하고 있음을 주목하길 바란다. 이 관점에 따르면 이름 붙이기는 정서적 처리에 대한 설명으로 구성되지만 자기 임의대로 하지 않는다(모든 상징이 '딱 맞을 수' 없음). 동시에, 상징은 감각적인 참조물을 '구성'하여 형태를 부여하고 그 성질에 영향을 미친다. 따라서 상징과 감각 느낌 사이에는 순환적 상호작용이 있으며, 상징화가 되면서 정서적 경험도 변화한다(Gendlin, 1984, 1990).

하지만 더 기본적인 수준에서 포커싱은 경험 처리에서 일반적으로 중요한 2가지 주요 내담자 작업 기술, 즉 내적 상상의 '작업 공간'을 개발하는 능력과 내부 느낌에 주의를 기울이는 능력을 다룬다. 이러한 맥락에서 포커싱은 내담자가 경험적 처리와 순전한 개념적 처리의 차이점을 더욱 명확하게 이해하도록 도울 수 있으므로 치료 초기에 가치가 있을 수 있다.

과정-경험적 접근의 더 넓은 맥락 내에서 개입으로서의 포커싱에 대한 우리의 공식화는 Gendlin(1981)에서 채택되었으며 부분적으로 포커싱의 '미세 과정(micro-process)'에 대한 Leijssen(1990)의 설명에 의존한다. 이 관점의 중요한 측면은 포커싱을 상대적으로 독립적인 '하위 작업(subtask)' 또는 '미세과정'으로 구성된 '모듈식' 작업으로 설명한다는 것이다. 결과적으로, 포커싱은 하나의 완전한 작업으로 수행되거나, 특정 치료 상황에서 특정 하위 작업으로 적절하게 활용될 수 있다.

포커싱 태도

포커싱은 일반적으로 6가지 단계(그리고, 7번째 '더 나아가기' 단계)로 구성된다(Gendlin, 1981). 하지만 Leijssen(1990)은 이 작업의 본질은 내담자와 치료자 모두가 채택하는 더 일반적인 '포커싱 태도'라고 제안하였다. 이러한 관점에서 포커싱은 기법(technique)이나 기술(skill)이 아니라, 적합한 환경과 적합한 준비를 통해 자연스럽게 발생하는 과정이다. 그녀는 이러한 태도를 "아직 말할 수 없는 것, 형성되지 않은 것을 수용하는 것"(p. 228) 앞에서 인내심을 갖고 기다리는 것으로 묘사한다. 내담자와 치료자는 일시적으로 그들의 언어적-개념의 활동과 선입견을 제쳐 두어야 하는데, 이는 어떤 면에서는 동양의 명상 수련과 일부 유사한 면이 있지만 이 과정은 특정 대상, 내면의 느낌을 향한 과정이다.

무엇이 바뀌어야 하는가: 근본적인 과정 처리의 어려움

제4장에서 정서 도식은 항상 비언어적-경험적(신체적-감각적, 표현적-운동적) 구성 요소와 상징적 또는 언어적-개념적 구성 요소 모두를 포함하는 복잡한 구조로 설명되었다. 또한, 우리는 경험이 언어적-개념적 요소와 연결될 때 의식적 주의와 선택에 더 쉽게 접근할 수 있다고 주장하였다.

중요한 역기능 과정은 개인의 정서적 경험 처리에 있어서 언어적 상징적 요소나 경험적 요소가 없다. 이에 따라 내담자는 특정 경험에 내적으로 자기의 주의를 '초점화' 할 수 없다. 대신, 내담자는 경험적 내적 참조 없이, 추상적으로 또는 주지화로 생각하고 말하거나, 상황적 세부 사항을 설명하며(자주 빙빙 도는 방식으로) 외적으로 참여하고 순전히 개념적 유형으로 작업한다. 두 경우 모두 내적 경험에 대한 즉각적인 자각은 없다. 어떤 의미에서, 과정의 어려움은 감각 느낌의 '부재' 중 하나라고 말할 수 있다.

대안으로, 내담자는 그것을 말이나 이미지로 적절하게 묘사할 수 없어도 어떤 특정한 내적 경험에 참여할 수 있다. 즉, 감각 느낌은 존재하지만 '불명확'하다고 할 수 있다. 언어적–개념적 요소가 없기에 내담자는 일반적으로 무엇인가 잘못되었거나 불안정한 상태로 남아야 한다는 막연한 감각을 갖게 된다.

다음 Section에서 논의하는 것처럼, 이 2가지 어려움은 기본 포커싱 표식의 변형을 일으키며, 이는 차례로 다양한 내담자의 기능적 정서 도식을 개발하는 데 도움이 되도록 포커싱이 어떻게 다양해질 수 있는지 제안할 것이다.

개입의 기회: 불명확한 감각 느낌

포커싱을 위한 기본 표식은 불명확한 감각 느낌이다. 또한, 내담자가 내적 작업 공간과 초기 참여(attending) 방식 개발에 도움이 되는 일반적인 '과정 작업'을 정의하는 2가지 변형 표식이 있다. 이 변형 표식은 불명확한 감각 느낌 표식을 이끌 작업 기회를 나타낸다.

불명확한 감각 느낌

Gendlin의 글에서 포커싱의 원형 표식은 불명확한 감각 느낌, 즉 적합하지 않은 것에 대한 막연한 감각(짜증이나 예측, 불안에 대한 일반화된 감각)이며, '균형에서 벗어난' 듯, 이해할 수 없는 어느 부분이 약간 '엇나간' 듯한 것이다. 이 표식에는 3가지 식별 기능이 있다. 첫 번째, 내담자는 특정 내적 경험(추상적, 일반적 또는 외적 경험과 비교)을 참조한다. 두 번째, 내담자는 이 경험을 표현하거나 상징화하는 데 어려움을 설명

한다. 세 번째로, 내담자는 경험과 관련하여 약간의 고통이나 혼란을 표현한다. 예를 들어,

내담자: 이별에 대해 내가 어떤 정서를 느끼는지 잘 모르겠어요. 뭔가 잘못된 것 같은 느낌은 들지만, 무엇인지 잘 모르겠어요.

내담자: 나는 지금 어떤 상처 받은 기분이 드는데 그걸 말로 표현하기가 어려워요.

내담자: 새로운 직업에 대해서 내 안에 무슨 일이 일어나고 있다는 것은 알겠어요. 왜 내가 그런지 알았으면 좋겠어요.

변형 표식

불명확한 감각 느낌 표식을 사용하여, 내담자가 작업해야 할 명확한 과제를 제시한다. 내담자는 이미 내적 감각과 접촉했으며 그것을 명확히 하는 데 도움을 원한다. 하지만 내담자는 내적으로 느껴진 감각을 경험하는 지점에 도달하지 못한다. 포커싱에 대한 일반적인 변형 표식은 내담자가 자기의 경험에 관한 언급 없이 광범위하게 말할 때 발생하며 치료자의 공감적이고 탐색적인 반영이 내담자가 내부 초점을 개발하는 데 도움이 되지 않을 때 나타난다. 이것은 내담자가 외부화되거나 '겉돌고 있는' 또는 정체된 경우이다. 예를 들어, 내담자는 거리를 두고 외부화하는 방식으로 말할 수 있으며, 자주 자신에게 중요한 것이 무엇인지 이해하지 못한 채로 주제에 대해 겉돌면서 이야기할 수 있다. 내담자는 치료자가 자주 공감적이고 탐색적인 반영을 사용하여도 자신의 실제 경험에 관한 개인적인 세부 사항을 건너뛰고 표면적으로나 추상적 방식으로 계속 이야기한다. 이런 변형 표식을 '외부화'라고 한다.

외부화에는 4가지 특징이 있다. 첫째는, 내담자나 치료자 어느 쪽이든 겉돌면서 내담자에게 정서적으로 관련되거나 중요한 것에 도달하지 못하는 경험을 하는 것이다. 둘째, 겉도는 경험은 즉각적이고 현재적이다. 셋째, 공감적 또는 탐색적 반영을 사용하여 과정을 심화시키려는 치료자의 노력이 성공적이지 못했을 때이다. 네 번째로, 내담자는 피상적인 느낌, 겉도는 느낌을 직접적으로 표현한다. 내담자가 외부적이거나 추상적이며 겉도는 상태에 있음을 감지한 치료자는 그것을 가정하기보다 확인하는 것이 매우 중요하다. 내담자가 아직 명확하게 밝히지 않은 목적이나 과제가 있는

경우, 치료자는 조바심이 나지만 내담자가 자신에게 중요한 것에 '들어설' 때까지 기다려야 한다. 일반적인 경험적 탐색은 다음을 수행한다.

내담자: (멍하니): 그리고 올해 1월부터는 우리 부서의 다른 모든 사람들을 어떻게 해야 할지 모르겠네요. 당신은 요즘 세대의 매니저들이 내가 시작할 때와는 달리 이익에만 관심이 있다는 것을 알고 있나요?

치료자: 우리가 대화하는 동안 지금 당신이 무엇을 경험하고 있는지 궁금하네요.

내담자: 나는 계속 말하고 있는데도 아무 말도 하지 않은 것 같은 느낌이에요.

반면에, 내담자는 압도되거나, 산만한, 꼬인, 혼란스러운, 정신없음, 혹은 일반적으로 불안한 정서, 또는 공백이거나, 정체된, 공허한 정서를 표현할 수 있다. 그리고 내담자는 '4가지 다른 방향'으로 갈등을 느낄 수 있다(2가지 방향으로 갈라지는 것은 두 의자 대화의 표식이다; 제10장 참조). 기본적으로, 그들에게 너무 많은 일이 일어나고 있거나 너무 불안하거나 우울하여 무기력한 느낌을 받아 치료 회기를 진행할 수 없을 수도 있다. 때때로 그들의 말과 태도는 초조하거나 우울해 보일 수 있다. 이런 변형은 '정체'라고 하며 다음과 같이 설명된다.

내담자: 나는 무슨 이야기를 해야 할지 모르겠어요. 오만 가지 일들이 머릿속에 생각나서, 아무것도 집중할 수 없어요!

내담자: 지금 내 머리는 완전 비어 있어요. 여기 오면서 얘기할 것들 몇 가지에 대해 생각했던 건 기억하는데, 지금 당장 아무것도 생각나지 않아요.

해결 과정

포커싱에 있어 내담자 변화 과정

체험적 포커싱은 Gendlin(1981)은 '단계'라고 하고 Leijssen(1990)은 '미세 과정'이라고 하는 6~7개의 하위 작업으로 구성된다. 첫 번째 단계는 [그림 9-1]에 표시된 것처럼 '포커싱 예비 단계'이며, 마지막 단계는 다른 활동과의 연결을 제공한다. 이 그림은 내담자가 체감하지 못하거나, 또는 불명확한 감각 느낌을 해결하는 과정을 포함한 모든 단계의 이상적인 모델을 나타낸다. 먼저, 내담자의 수행 관점에서 각 step을 설명한 다음, 잠재적으로 도움이 될 수 있도록 치료자의 작업 관점에서 설명하겠다. 연구 목적으로 고안된 평가자의 해결 척도의 축약형(Degree-of-Resolution Scale)은 〈표 9-1〉에 나와 있다. 이것은 6가지 단계들의 해결을 나타내며 해결 과정에서 어느 정도 진행되었는지 추정하기 위한 지침으로 사용할 수 있다.

〈표 9-1〉 포커싱 과제 해결 정도

1.	비참여	내담자는 불명확한 감각 느낌(또는 외부화, 정체된 느낌)을 제시하거나 확인하지만 포커싱에 참여하지 않는다.
2.	공간 비우기	내담자는 내면의 공간을 상상하고, 집중할 문제나 경험을 나열하고, 선택한다.
3.	감각 느낌	내담자는 모든 느껴진 감각에 참여한다. 전반적 느껴진 감각을 얻는다.
4.	단서 찾기	내담자는 올바른 것을 찾을 때까지 느껴진 감각에 적합한 이름, 이미지를 탐색, 테스트(공명)한다.
5.	감각 변화	내담자는 신체의 불편감이 완화되고 명확하지 않은 경험이 사라질 때까지 이름 붙인 감각 느낌을 더 깊이 탐색한다.
6.	감각 변화에서 더 나아가기	새롭게 변화된 느낌(수용)에 머무른 후 내담자는 치료 외부에서의 변화에 대한 함의를 탐색한다.

예비 단계: 공간 비우기

포커싱을 위한 완전한 기능 모델은 내담자가 변형 표식의 표현으로 외부화되거나 정체된 상태에서 시작한다고 가정한다. 따라서 첫 번째 하위 과제 또는 단계는 내담자가 경험 과정을 위한 적절한 내부 '작업 공간'을 개발하는 것이다. 내담자는 편안해지고 이완되는 것, 인상적인 정서가 형성되는 내면의 장소를 상상하는 것, 자신과 문제 사이에 거리를 두고 생산적인 '작업 거리'를 찾는 것, 즉시 해결해야 할 문제를 나열하고 제외하는 것, 그리고 작업할 1가지 문제를 선택하는 것 등이 포함된다. 이 '포커싱 예비 단계'는 '공간 비우기'라고 하며 뒤따르는 다른 모든 단계에 필수적이다. 이것은 내담자가 자신의 문제와 분리되어 있지만 자신의 문제와 접촉하는 친근하고 수

A. 표식

불명확한 감각 느낌(Unclear Felt Sense)

(단계 C로 시작)

변형 표식:

외부화(Externalized) 또는 꼼짝 못하는

B. 예비 단계

(1) '공간 비우기': 상상한 내면 공간에서 문제 나열하기 —— 안심, 부담 완화

문제 선택

C. 초점 맞추기

(2) 모든 느껴진 감각에 주의 ('감각 느낌') —— 전반적인 감각 느낌 형성

(3) 이름 붙이기/이미지 탐색 ('감각 느낌을 위해 처리됨'으로 표현되는 것을 찾아봄)

(4) 이름표 붙이기/이미지 확인 ('공명' resonating) —— 부분적 해결: 감각 세분화(differentiation); '가벼운' 감각 느낌

(5) 선택: 명명한 이름표 더 깊이 탐색 ('물어보기') (순서 2로 되돌아가기) —— 더 깊은 해결: '감각 전환'(Felt shift); 새로운 생각, 느낌이 나타남

(6) 새롭게 붙인 이름표 감각 느낌에 유지 ('받아들임'). —— 초점화의 '다음 단계'에 대한 관심 (순서 2로 되돌아가기)

(7) 새롭고 명확한 과제로 이동 (회기 안이나 밖) '앞으로 나아가기(Carrying Forward)' —— 새로운 과제에 대한 준비

[그림 9-1] 체험적 포커싱을 위해 수정된 수행 모델

* Gendlin(1981)과 Leijssen(1990) 적용.

용적인 내부 공간의 감각에 도달할 때 달성된다. 이에 따라 보통 안도감을 경험하며, 다음 단계로 넘어가기 위해 1가지 문제를 선택할 준비가 된다. 주요 표식인 불명확한 감각 느낌을 제시하는 내담자는 일반적으로 이 단계를 이미 완료했거나 바로 달성할 수 있다.

감각 느낌

불명확한 감각 느낌 순서에는 3가지 전제 조건이 있다. 첫째, 내담자는 이제 내부 '작업 공간'을 형성할 수 있다(즉, 외부화되거나 정체되지 않음). 둘째, 포커싱에 대한 주요 표식이 있다. 즉, 내담자는 불명확한 내적 '감각 느낌'을 경험하고 있다. 셋째, 내담자는 치료자 앞에서 고통스럽고 모호한 경험을 허용하는 것이 안전하다고 느낀다. 하지만 이 지점에 도달한 후에도, 내담자는 여전히 선택된 경험이나 문제에 대한 내적 감각 느낌에 참여하지 않을 수 있으며 아직 내적 작업 공간을 생산적으로 사용하지 않을 수 있다.

따라서 다음 하위 작업은 내담자가 내면으로 주의를 돌려 어떤 불명확한 '경험적 대상'에 집중하게 함으로써 전체적인 감각이 형성되도록 하는 것이다. 특정의 불명확하거나 어려운 내부 대상에 대한 이런 주의 전환은 포커싱의 초기 단계인 '불명확한 감각 느낌' 단계에서 발생한다. 경험적 대상은 일반적으로 불명확하고 고통스러운 내적 측면이나 자신의 어려움을 포함한다. 하지만 여기에 타인이나 외부 상황에 대한 내담자의 내적 경험이나 반응도 포함될 수 있다. 이 단계에서, 내담자는 불명확한 경험적 대상을 외부로 발산(수렴적이 아닌)하는 방식으로 경험하려고 하며, 될 수 있는 한 많은 다양한 측면을 감지하려고 한다. 이 단계는 내담자가 내부로 방향을 돌리고 포커싱 태도를 취하여 복잡하고 풍부한 감각 느낌을 형성할 수 있을 때 성공적으로 완료된다.

이름 붙이기(혹은 단서 찾기)

내담자가 복잡한 내적 감각 느낌에 참여하고 더 깊이 들어갈 준비가 되었다고 느낄 때, 포커싱의 다음 단계를 준비한다. 그러나 '이 문제가 무엇에 관한 것인지'에 관한 전반적 감각은 언어적 상징화가 여전히 없기에, 최적의 정서적 처리에 충분하지 않다. 그래서 다음 단계는 내담자가 비언어적 감각 느낌에 관한 초기의 언어적 명칭 및 그림 상징을 개발하는 것이다. 이를 위해 내담자는 자기의 감각 느낌과의 '대화'를 통해 감각 느낌에 대한 설명과 명칭을 요청하고 내면적으로 탐색한 후 자발적으로 답이 나타날 때까지 기다린다. 이런 상징은 자주 '꼬인' 또는 '아주 큰 호수처럼 차가움'과 같은 특성, 또는 형용사의 형태를 취한다. 이 단계에서 시작된 대화는 다음 단계에서 이어지며, 나타나는 명칭은 확인되거나 '공명'된다. 이 두 단계에서 내담자는 '적확히 맞는' 명칭을 찾기 위해 경험적 탐색 방식(제2장)을 사용한다. 명칭을 붙이는 단계는 잠재적으로 이름, 또는 '실마리'가 나타날 때 완료되지만, 내담자는 나중에 이 단계로 다시 돌아올 수 있다.

명칭 확인 또는 '공명'

내담자가 감각 느낌에 대한 잠재적 이름에 도달하면, 그다음 포커싱 단계인 확인 또는 '공명' 단계를 수행할 준비가 된 것이다(Gendlin, 1981). 잠재적인 이름을 갖는 것만으로는 불편하거나 불명확한 느낌을 해결하는 데 충분하지 않다. 우선 이름이 내담자의 느껴진 감각과 '딱 맞지' 않을 수 있다. 따라서 잠재적인 이름은 감각 느낌을 확인하고 악기를 조율하는 것과 유사한 과정인 '적확함'이 발생할 때까지 조율되어야 한다. 포커싱의 확인 단계는 이름의 연속성과 감각 변화 사이의 앞뒤 탐색을 포함한다. 내담자가 적합한 이름을 찾았을 때, 이것은 대부분 더 명확한 방식으로 그리고 치료자와의 개방적이고 친근한 접촉과 비언어적 방식으로 표시된다(Iberg, 1990). 적절한 이름을 찾음으로써 확인 단계가 완료되면, 언어-개념적 요소와 비언어-경험적 요소를 통합하여 생산적인 경험적 처리를 촉진하는 '과정 작업'을 성공적으로 해결하게 된다. 내담자 확인 단계는 내담자가 지나치게 추상적이거나 지적인 자기 추측에 관여하는 경우와 같은 다른 치료의 시간에도 유용한 미세 과정이기도 하다.

물어보기: 문제 해결이 어려울 때 선택적으로 사용되는 단계

포커싱에서 내담자는 '물어보기'라고 하는 다음 단계를 선택하여 계속 진행할 수 있다. 이 단계에서 내담자는 완전한 해결 또는 '감각 전환'에 도달하기 위해, 지금-이름(now-labeled)을 붙인 감각 느낌으로 대화를 계속하고, 다양한 자기 주도적 태도를 통해 더 깊이 탐색하고 세분화한다(Gendlin, 1981). 이런 지속적인 탐색은 새로운 생각과 느낌으로 자주 이어진다. 만약 내담자가 문제가 되는 경험을 명확히 하는 것뿐만 아니라 변형도 하기 시작하였다면, 상징화하는 것만으로 충분하지 않을 수 있다. 더 적절한 이름을 찾는 것이 완전한 해결을 촉진하기에 충분할 수 있지만, 일반적으로는 해결을 위해 추가 작업이 필요한 문제를 더 명확하게 공식화하는 것을 요구한다. 그러므로 물어보기 단계에서 내담자의 과제는 여전히 성가시고, 충분한 해결이 필요한 경험의 감각 느낌을 성공적으로 상징화하고, '감각 변화'가 발생할 때까지 다양한 방식으로 탐색하는 것이다. 내담자는 경험적 탐색 방식을 유지하며 내면적 대화를 사용하여 개방적이고 탐색적인 태도로 내적 질문에 답하고 스스로 무엇이 일어나게 되기를 기다린다. 그러면서, 앞의 3가지 단계(불명확한 감각 느낌, 이름표 붙이기, 확인하기)를 다시 '반복'한다. 전체적 해결은 일반적으로 주저함이 없음, 개방적이고 행복한 표정, 그리고 신체적 안도감, 자유 또는 만족 등을 포함한 명확한 언어적, 비언어적 지표를 수반한다(Iberg, 1990; Leijssen, 1990). 부분적 해결의 경우, 이런 요소가 없거나 훨씬 낮은 수준으로 나타난다.

받아들이기

내담자가 적절한 이름을 찾고 문제에 관한 깊은 감각 전환을 통하여 해결에 도달하게 되면, 내담자는 새로운 이름이나 이해 또는 변화된 느낌을 '수용'할 준비가 된다. 포커싱의 수용 단계의 기본 과정은 자각 변화의 영향에 의한 자기 반영이다(제2장에서 설명). 이것은 변화를 통합하고 일반적으로 긴급한 변화를 저해하는 내적 과정을 극복하는 데 도움이 된다. 이때 내담자가 새로운 변화와 차이점을 되새기고, 그것을 즐기고, 맛보며 감사하면서 머무르는 것이 중요하다. 이것은 내담자가 그 변화를 기억에 확고하게 새기고 감각 전환에 수반되는 자존감 향상과 성취감을 즐길 수 있도록 도와준다. 이 단계가 없으면 새로운 명확성과 이해가 잊히거나 길을 잃을 수 있다.

하지만 포커싱에 표시된 새로운 경험은 자주 미숙하고 유아적인 것으로 경험된다. 따라서 내적 갈등, 특히 자기 평가적 분열을 활성화할 가능성이 높다. 특히, 일부 내담자는 자신을 비판하거나 공격함으로써 앞으로 나아갈 수 있는 모든 단계를 의심하거나 부정하는 경향이 있다(Leijssen, 1990). 이러한 이유로 내담자가 '현실 세계'에서 변경 사항을 테스트하기 전에 잠시 시간을 두고 검토하고 변경 사항을 즐기는 것이 중요하다(아래의 더 나아가기 참조). 진행 상황을 검토하기 위해 비평과 실제 적용을 미루면 내담자는 자발적으로 계속할 준비가 되어 있고 다음에 오는 모든 것에 대한 개방성을 경험할 때까지 자유롭게 반영하고 변화를 음미할 수 있다.

더 나아가기

변화된 감각 느낌은 더 깊은 자기 이해나 치료 밖의 행동을 위해 그 의미를 추구하려는 내담자의 관심을 자연스럽게 자극한다. 달성한 변화를 통합한 후, 내담자는 자주 "더 많은 것을 할 준비가 되었다"고 느낀다. 이러한 자발적인 '더 나아가기' 과정은 내면적 참여와 경험적 탐색 유형에서 끊임없는 자기 탐색의 형태로 내담자를 더 많은 탐색으로 다시 이끈다(감각 느낌 단계로 돌아가기, [그림 9-1] 참조). 그리고 내담자는 포커싱의 해결 및 더 확장된 연결과 문제에 관한 잠정적인 새로운 이해를 개발하기 위해 앞서간다. 한편, 내담자는 다른 사람과 대면하거나 좀 더 개방적인 태도를 취하는 등 새로운 행동을 취하기로 결정하거나 준비함으로써 해결이 치료 외적 의미를 추구하는 데 자발적으로 관심을 표명할 수도 있다. 즉, 내담자는 문제 해결 영향에 관한 회기 중 증거를 보여 줄 수 있다(제2장 참조).

포커싱에서의 치료자 태도와 작업

내담자가 불명확한 감각 느낌을 해결하기 위한 단계를 설명했으므로, 이제 내담자의 과정을 촉진하는 데 사용되는 치료자의 태도와 개입에 관해 설명하고자 한다.

포커싱 태도

앞서 언급했듯이, 포커싱 태도는 내담자와 치료자 모두에게 필요하다. 치료자는 내담자가 아직 명확하지 않거나 말로 표현되지 않은 것을 참을성 있게 기다려야 한다(Leijsen, 1990). 이러한 태도는 치료적 환경을 조성하여 내담자가 모호함을 용인하고,

순전히 개념적이거나 비경험적인 처리 과정 통제를 포기할 만큼 안전하게 느낄 수 있게 한다. 만약 내담자가 안전하지 않다고 느끼는 상황에서 포커싱을 시도하면 내담자는 위협을 경험할 수 있다. 치료자는 이 포커싱을 어떻게 실행하는가? 본질적으로 치료자는 Gendlin(1984), Leijssen(1990), 그리고 Mathieu-Coughlan, Klein(1984)이 제안한, 제6장에서 설명한 3가지 권장 사항에 반영된 3가지 관계 원칙을 따른다. 첫째, 치료자는 '의사소통의 모든 부분'을 공감적으로 들어야 한다. 둘째, 치료자는 계속해서 진정성을 유지하며, 내담자에게 경험적으로 현존해야 한다. 셋째, 치료자는 회기 중에 내담자에게 포커싱 과정을 조금씩 소개해야 한다.

이제 〈표 9-2〉에 나와 있는 포커싱의 치료자 작업에 관해 설명하려 한다. 또한, 우리는 두 가지 실행 예들을 제공하며, 이러한 예는 내담자 과정과 치료자 작업의 서로 다른 측면을 보여 준다(Clark, 1990에서 착용).

예비 단계: 내담자의 포커싱 준비 돕기

이상적으로는 내담자가 이 예비 단계를 자발적으로 빠르게 완료하고 다음 단계인 초점 맞추기 단계로 넘어가는 것이 바람직하다. 하지만 만약 내담자가 자발적으로 '공간 비우기'를 어려워하면(즉, 변형된 외부화 또는 정체 표식이 표현되는 경우), 치료자는 이 단계를 용이하게 하기 위해 필요한 다양한 개입 중 하나를 활용할 수 있다(〈표 9-2〉 참조). 따라서 대부분 표식을 확인하고 난 후 내담자가 개입 시도하기에 동의하는지 확인하는 것이 좋다. 내담자가 긴장하고 있다면, 치료자는 심호흡을 한두 번 하고 긴장을 풀 것을 제안할 수 있다. 만약 내담자가 혼란스러워하면, 일부 과정 정보를 제공할 수도 있다(예: '초점' 사용에 대한 정보 등).

그런 다음 치료자는 내담자에게 내부 공간, 대부분 상상의 방이나 숲속의 공터를 상상하도록 요청한 다음, 내담자가 연속적인 문제가 나타나는 것을 허용하도록 제안한다(예: "내 기분이 좋은 것을 유지하는 데 방해되는 것은 무엇인가?"라는 질문을 내담자가 하도록 제안하기). 그런 다음 내담자가 연이은 문제들을 공간 안(예: 상자, 틈새, 항아리)에 넣어 두는 상상을 하도록 제안한다. 전반에 걸쳐 치료자는 내담자가 포커싱 태도를 모델링하고 제안된 내적 행동을 수행할 시간을 허용하기 위해 천천히 그리고 명상하듯 말한다.

〈표 9-2〉 포커싱을 위한 치료자 작업

A. 예비 작업
 1. 내담자가 초점 맞추기를 준비하도록 돕는다.
  1) 표식을 확인하고 개입을 시도하기 위해 내담자의 동의를 얻는다.
  2) 내담자가 편안함을 느낄 수 있도록 도와준다.
  3) 내담자에게 내부 공간을 상상하도록 제안한다.
  4) 내담자에게 연속적인 문제들이 나타나도록 허용하고 그런 다음 각각을 공간 안에 넣어 두는 것을 상상하도록 제안한다.
  5) 내담자에게 집중할 문제 하나를 선택하도록 묻는다.
B. 작업 시작: 초점 맞추기의 시작
 2. 감각 느낌을 촉진한다.
  1) 내담자가 내면의 문제에 주의를 기울이도록 제안한다.
  2) 내담자가 느껴진 전체 감각을 포괄하도록 격려한다.
C. 탐색 작업: 초점 맞추기의 나중 단계
 3. 내담자가 이름표 또는 '단서' 단계를 찾도록 촉진한다.
  1) 잠재적인 이름표를 듣고 반영한다.
  2) 필요에 따라, 초점 맞추기를 자극하는 것으로 내담자를 격려한다.
  3) 잠재적인 이름표의 출현을 촉진한다.
 4. 이름표 확인 또는 '공명'
  1) 꼭 맞춤(fit)이 발생할 때까지 필요에 따라 내담자에게 이름표를 감각 느낌에 비교해서 확인하도록 한다.
 5. 내담자가 이름표에 붙은 의미를 더 깊이 탐색하도록 돕는다('물어보기' 순서).
  1) 필요에 따라, 일반, 핵심 그리고 감각전환 질문을 사용할 수 있다
D. 마무리 작업
 6. 내담자가 새롭게 등장하는 경험을 '수용'하도록 돕는다.
  1) 필요에 따라, 내담자에게 새로운 경험에 머물기, 또는 일시적으로 자기비판을 내려놓도록 제안한다.
  2) 진보에 대한 공감적 탐색과 진정한 가치 및 진보에 대한 감각을 제공한다.
 7. 더 나아가기
  1) 새로운 연결 또는 가능한 행동을 듣고 반영한다.

대부분의 이런 개입은 회기에서 막힌 느낌으로 반복적인 어려움을 겪었던 다음 여성 내담자의 예에서 설명된다. 예제는 불명확한 감각 느낌 표식의 '정체' 변형으로 시작한다.

예시 9-1

내담자 1: (잠시 멈춤) 나는 무슨 이야기를 해야 할지 모르겠어요. 갇힌 느낌이에요. (잠시 멈춤) [잠재적 내담자 표식]

치료자 1: 그 갇힌 느낌은 어떤가요? [표식 확인을 위한 탐색 질문]

내담자 2: 모르겠어요. 이 모든 것들이 나를 미치게 만들어요. 내 안에서 모든 게 꼬인 것 같은 느낌이에요. [내담자 표식의 명확한 형태]

치료자 2: (천천히 말하며) 알겠습니다. 우리가 그것들을 풀기 위해서 해 볼 수 있는 게 있어요. 한번 해 보실래요? [과제 수행을 위한 내담자 동의 구함]

내담자 3: 네.

치료자 3: 알겠습니다. 시작하죠. (잠시 멈춤) 당신은 눈을 감아도 되고요, 어느 한 부분을 바라봐도 됩니다. [과제 지시]

내담자 4: (고개를 끄덕임)

치료자 4.1: 어느 것이든, 당신이 편한 것을 하시면 돼요. 그렇지만 저를 보는 건 아마도 당신에게 방해가 될 수 있을 거예요. 편하게 크게 심호흡을 해 볼까요?

내담자, 치료자:(동시에 심호흡을 하고, 잠시 멈춤) [치료자는 초점 맞추기의 비언어적 측면을 모델링하고, 초점 맞추기를 안내하기 위해 스스로 천천히 한다.]

치료자 4.2: 긴장을 좀 풀어 볼까요? 스스로에게 시간을 주면서 (잠시 멈춤) 자? 할 준비가 되셨나요? (잠시 멈춤) [긴장을 풀도록 요청]

내담자 5: (고개를 끄덕임)

치료자 5: 이제 나는 당신이 자신의 내부 공간, 즉 당신이 느낄 수 있는 곳을 상상해 보라고 말할 거예요. 나는 그 공간을 숲속의 공터나, 방으로 상상했어요. (잠시 멈춤) 그리고 나는 당신이 스스로에게 이 질문을 하라고 할 거예요. (잠시 멈춤) "지금 나를 괴롭히는 것이 무엇인가?" 당신 스스로에게 물어보세요. "나는 지금 왜 기분이 좋지 않지?" (잠시 멈춤) 그리고 무엇이 나오는지 보세요. 나오면 나에게 말해 주세요. (잠시 멈춤) 한 번에 하나씩 하는 거예요. 알겠죠? [내부 공간을 상상할 것을 제안하고 연속적인 문제들이 나오는 것을 허용한다.]

내담자 6: 으흠.

치료자 6: "지금 나를 괴롭히는 것은 무엇이지?" (잠시 멈춤)

내담자 7: 나는 아빠를 생각하고 있어요.

치료자 7: 그렇군요. 아빠와의 일이 있군요. (잠시 멈춤) 알겠어요. 아빠와의 일을 꺼내서 한쪽에 치

워 볼까요? 그렇게 할 수 있나요? [문제를 제쳐 두기 위한 과정 제안]

내담자 8: 으흠.

치료자 8: 이제, 당신 스스로에게 "지금 나를 괴롭히는 또 다른 것은 무엇이지?" 라고 물어보세요.

내담자 9: Ed와 관련된 일이요.

치료자 9: 그렇군요. Ed와 관련된 일이군요. 이제 Ed와 관련된 일을 꺼내서 한쪽에 치워 볼까요? 당신의 공간의 한 가장자리에 밀어 놔 주세요. 네, (잠시 멈춤) 됐나요?

내담자 10: 으흠.

치료자 10: 알겠습니다. 과정을 반복할거에요. "또 나는 괴롭히는 것은 무엇이지?" 다른 어떤 것? (긴 멈춤)

내담자 11: 내 사촌이요.

치료자 11: 그렇군요. 사촌과 관련된 것이군요. 알겠어요. 그것을 꺼내서 다른 가장자리에 밀어 주세요. 또 스스로에게 물어볼까요? "거기에 나를 괴롭히는 것이 또 다른 무엇이 있는지?" (잠시 멈춤)

내담자 12: 내 딸이요.

치료자 12: 당신의 딸이군요. 그렇군요. 그녀에게 어떤 문제가 있군요. 알겠어요. 그것을 꺼내서 다른 곳으로 치워 볼까요? 당신을 괴롭히는 다른 것은 무엇인가요? (잠시 멈춤)

내담자 13: 내 직장이요.

치료자 13: 당신의 직장이군요. 알겠습니다. 당신의 직장을 꺼내서 다른 곳에 두고요. "또 무엇이 있나요?" (긴 멈춤)

내담자 14: 내 어머니요.

치료자 14: 당신의 어머니군요. 네? 어머니와의 문제가 있군요. 그것 또한 치워 보죠. (잠시 멈춤) 스스로에게 물어 볼까요? "나를 괴롭히는 또 다른 것은 무엇이지?" 나는 당신이 더 이상 나오지 않을 때까지 물어볼 거예요. 알겠죠?

내담자 15: (긴장한 듯 웃으며) 내가 아는 모든 남자요.

치료자 15: 알겠습니다. 그래서 당신이 아는 모든 남자들이 한 무리의 그룹으로 거기에 앉아 있죠? 그 그룹이.

내담자 16: 으흠.

치료자 16: 알겠습니다. 일반적으로 표현해서 이 남자들과의 일들도 꺼내서 다른 곳에 두겠습니다. (일시 중지) 또 다른 것은? 당신을 괴롭히는 다른 것들이 또 있나요?

내담자 17: 아니요.

치료자 17: 알겠습니다. 그래서 당신에게 빈 공간이 생겼네요. 그 빈 공간을 상상할 수 있나요? [내부 빈 공간에 참여하도록 제안]

내담자 18: 으흠.

치료자 18: 그래요? 당신의 기분은 어떤가요? [공간 비우기 순서의 해결 확인]

내담자 19: (웃음) 기분이 좋네요.

상상한 내부 작업 공간을 성공적으로 생성하고 정리한 후, 내담자는 관심을 둘 문제 하나를 선택하여 포커싱의 다음 단계를 준비한다. 만약 필요한 경우, 치료자는 내담자가 하나의 문제를 '스스로 선택'하는 과정을 안내할 수 있다.

예시 9-1, 연결

치료자 19: 당신의 공간으로 다시 들어가서 (일시 중지) 집중할 것 중 하나를 선택해 볼까요? 당신에게 생각나게 해 보죠. 머리로 선택하지 마세요. 지금 가장 중요하다고 느끼는 것이 무엇인지 보세요. (치료자 눈을 감고, 목소리를 부드럽게) 지금 당신에게 가장 중요하다고 느껴지는 것. (잠시 멈춤) 당신 스스로에게 말해 볼까요? "이 모든 것 중에서, 지금 나를 가장 괴롭히는 것이 무엇이지? 지금 내 관심이 필요한 것은 무엇이지?" (일시 중지) 그것이 당신에게 오게 두세요. [과제 지시]

내담자 20: (잠시 멈춤) Ed와 관련된 것 같아요.

이 시점에서 내담자는 '작업 준비' 상태에 있다. 그녀는 내부 작업 공간을 상상하고 자신과 자신의 문제 사이에 적절한 작업 거리를 형성하고 집중할 특정 문제 또는 경험 대상에 초점을 맞춘다.

때때로 내담자들이 자발적으로 내적 감각 느낌 그 안으로 들어가지만, 많은 내담자에게 불명확한 감각 느낌 단계는 가장 어려운 단계이다(Leijssen, 1990). 따라서 치료자는 내담자에게 불분명하거나 문제가 되는 것이 무엇이든 내면에 주의를 두도록 지시하거나 방향을 바꾸도록 제안하는 것이 유용하다. 이렇게 함으로써, 치료자는 참여적 연대를 통해 수용적인 기다림의 포커싱 태도를 나타내며 내담자에게 시간을 가질 수 있도록 허용한다. 치료사가 내담자의 감각 느낌의 전체 범위, 즉 '그것에 관한 모든 것'을 포괄하려는 다양한 태도를 채택하도록 격려하는 것도 유용할 수 있다. 이는 내담자가 조기 폐쇄나 주의 집중 경향을 우회하는 데 도움이 될 수 있다. 마지막으로, 치료자는 이 과정에서 내담자가 안전하지 않다고 느끼는 징후에 주의를 기울이고 탐색하는 것이 중요하다(Leijssen, 1990). (이러한 작업은 〈표 9-2〉에 요약되어 있다.)

다음 발췌는 이전 예시와 연결된다.

예시 9-1, 연결

내담자 20: Ed와 관련된 것이요. [예: 지금 나를 가장 괴롭히는 것]

치료자 20: 알겠습니다. 그래서 그것이 지금 제일 성가신 것이군요. (잠시 멈춤) 그것을 그 공간 가운데에 둘 수 있나요? 당신과 너무 가깝지도 너무 멀지도 않게요? [내담자가 문제에 참여하도록 준비]

내담자 21: 으흠. (잠시 멈춤) 글쎄요, 그는 타인들만큼 나에게 고통을 주지는 않았어요.

치료자 21: 가능한 한 당신과 가까이 둘 수 있을까요? 바로 저기에 있다고 상상할 수 있나요? [내담자가 문제에 참여하도록 지시]

내담자 22: 으흠.

치료자 22: Ed와 관련된 모든 것, 그것이 무엇인지. 너무 급하게 말고요. 아직 말로는 표현하지 말아 주세요. 그 전체, 모든 것들을 느낄 수 있나요? [내담자에게 모든 느껴진 감각에 참여하도록 지시].

내담자 23: (고개를 끄덕임)

불명확한 감각 느낌 단계는 주로 침묵 속에서 발생한다. 내담자가 경험을 말로 표현하려고 시도하자마자 다음 단계로 넘어간다. 따라서 앞에서 제시된 예의 치료자 22처럼, 치료자는 내담자에게 아직 경험을 상징화하지 않도록 제안할 수 있다. 이는 조기 폐쇄를 방지하고 그것을 말로 표현하기 전에 느껴진 감각이 완전히 나타나도록 하기 위해서이다.

내담자가 이름 또는 '단서' 찾기

일반적으로 내담자는 치료자의 지시나 자극이 없어도 자발적으로 이 순서로 진행한다. 따라서 이 단계에서 치료자가 해야 할 가장 중요한 일은 공감적으로 경청하고 내담자가 말하는 것을 반영하는 것이다. 여기서 일반적이고 유용한 반응은 치료자가 핵심 설명 단어를 듣고 반복하는 것이다(잠재적 단서들; Leijssen, 1990). 때때로, 내담자가 경험을 말로 표현하는 데 어려움을 겪을 때, 치료자는 다음과 같은 자극으로 내담자를 격려할 수 있다.

- **치료자**: _______에 대한 이 모든 감각을 느끼면서 어떤 단어나 이미지가 떠오르나요?
- **치료자**: 이 느낌에서 가장 중요한 특징은 무엇인가요?

또한, 치료자는 잠재적인 이름이나 이미지가 내담자에게 나타나도록 하게 할 수 있다. 하지만 이것을 내담자에게 강요하지 않아야 하며 집중을 방해하거나 다른 방향으로 벗어나지 않도록 하는 것이 중요하다.

이 단계는 학대하는 누나에 대한 자신의 정서에 포커싱하는 남성 내담자의 다음 예에서 잘 설명된다.

예시 9-2

치료자 1: 네, 지금 기분이 어떤가요? [느껴진 감각에 참여]

내담자 1: 더워요.

치료자 2: 덥군요. (잠시 멈춤) 좋아요, 그 열기의 특징을 설명할 수 있을까요? 그림이나 문구로요? (잠시 멈춤) 열기는 어떤가요? (잠시 멈춤) [자극에 이름표 붙이기]

내담자 2: 마치 (잠시 멈춤) 가스레인지 같아요. 그중에서 특정 한 부분이요. 꼭 커피를 끓이는 것처럼. [치료자: 음] 그리고 그 밑에는 불이 있어요.

치료자 3: 아하. (잠시 멈춤) 그래서 그 안에는 불이 있군요. 그리고 그 위에 어떤 것을 끓이고 있고요.

내담자 3: 네. (잠시 멈춤)

치료자 4: 하지만 그중 한 부분만이고요. 나머지는 어떤가요? (잠시 멈춤) [자극 정밀화]

내담자 4: 그렇게 강렬하지 않은 것 같아요.

치료자 4는 내담자 2에서 내담자의 의미를 구별하고 정교화하도록 돕는 시도가 포함된다.

내담자의 이름 확인 혹은 '공명' 돕기

포커싱의 이 단계에서 치료자의 가장 중요한 역할은 내담자가 적합한 또는 '딱 맞는' 감각이 나타날 때까지 감각 느낌과 잠재적인 이름 사이의 접촉을 유지하도록 돕는 것이다. 필요에 따라 내담자에게 감각 느낌의 이름을 확인하도록 지시한다. 만약 주저한다면, 내담자는 '딱 맞음'을 달성할 때까지 감각 느낌과 상징 사이를 계속해서 오가도록 권유된다.

앞서 언급한 바와 같이, 포커싱에서 내담자의 확인 과정을 촉진하기 위한 치료자의 개입은 치료의 다른 시간에도 유용할 수 있다. 따라서 치료자는 확인 단계에서 발생하는 '미세 표식'을 듣기 위해 주의를 기울이는 것이 유용하다. 이는 대부분 지적인 자기 추측의 형태로 가장 자주 나타난다. 예를 들어,

- **내담자**: (경쾌하게) 어쩌면 나는 그가 나를 실망시킨 모든 시간을 되갚으려는 것인지도 모르죠.

또한, 내담자는 때때로 경험에 대해 부정적인 주장을 하며(예: 자신이 무언가를 느끼지 못한다고 말한다), 치료자는 내담자의 감각 느낌에 단어를 제공하기도 한다. 이런 다양한 경우, 내담자에게 자기의 경험의 잠재적인 이름을 확인하도록 제안하는 것이 유용할 수 있다.

우리의 첫 번째 포커싱 예시에 명시적으로 확인하는 단계가 포함되어 있으므로 다시 돌아갈 가치가 있다.

예시 9-1, 연결

치료자 23: (천천히) 이제 Ed와 관련된 당신을 괴롭히는 모든 감각이 생겼으니, 그것을 포착하는 단어나 그림을 찾아볼까요? 당신에게 다가오도록 놔둬 보세요. (잠시 멈춤) [자극에 이름표 붙이기]

내담자 24: (주저하는) 생각나는 단어는 '통제'예요.

치료자 24: (천천히) 알겠습니다. 어떻게 느껴지는지 확인해 보세요. (잠시 멈춤) [자극 확인]

내담자 25: 확실하지 않아요. (잠시 멈춤)

치료자 25: '확실하지 않은' (잠시 멈춤) 그게 더 맞는 것 같군요. (잠시 멈춤) 이제 '확실하지 않음'을 확인해 볼까요? [자극 확인]

내담자 26: (한숨) (더 확고하게) 분노요.

치료자 26: 그것도, 맞는 것 같나요?

내담자 27: (고개를 끄덕)

다음은 포커싱의 두 번째 예시에서 가져온 확인 단계의 또 다른 예시이다. 내담자가 누나를 향한 분노를 탐색하고 있을 때 자동으로 확인 단계가 나타난다. 여기에서 내담자는 복잡한 느낌에 대한 복잡한 이미지로 끝난다는 점에 유의하라.

예시 9-2, 연결

치료자 8: 그래서, 당신의 누나를 무시하면 당신이 (잠시 멈춤) 분노의 은행을 만드는 것을 막을 수 있겠네요? [비유적 반영 제공]

내담자 8: 저수지를요. 맞아요. [비유 수정]

치료자 9: 아하. (잠시 멈춤) 저수지요. 그래서 마치 큰 저장통 같은 건가요?

내담자 9: (웃음) 호숩니다.

치료자 10: 오! 호수라, 기름이 끓는 호수인가요? 그런가요?

내담자 10: 아니요, 그냥 호수입니다. [치료자 버전을 확인 그리고 수정]

치료자 11: 그냥 호수군요. (잠시 멈춤)

내담자 11: 아주 큰 호수, 그런 거죠. 허드슨만 같이요.

치료자 12: 아하. (잠시 멈춤) 꽤 큰 호수네요.

내담자 12: 네 (잠시 멈춤)

치료자 13: 이제 그 호수에 대한 감각이 있나요? (잠시 멈춤) [감각 감지 자극]

내담자 13: 네, 그것에 대한 제 의식은, 차가워요.

치료자 14: (속삭이며) 차갑군요.

내담자 14: (단호하게) 그리고 그렇게 내가 가끔 누나를 봅니다. (잠시 멈춤) 누나는 차갑거나 (잠시 멈춤) 죽음을 예고하는 요정(밴시) 같아요. 만약 내가 누나를 두 단어로 설명해야 한다면 그 두 개가 될 거예요.

이름을 붙인 감각을 내담자가 더 깊이 탐색할 수 있도록 돕기 (선택적 단계)

Gendlin(1981)과 다른 연구자들(Clark, 1990; Hinterkopf, 1984)은 성공적으로 이름이 붙은 후에도 치료자가 내담자의 문제가 되는 경험을 계속해서 해결하도록 도울 수 있는 일련의 3가지 유형의 질문을 제시하였다. 이것은 일반 질문, 핵심 질문, 그리고 감각 변화 질문이다. 이 질문들은 감각 느낌 단계의 초기 질문("그것이 무엇에 관한 것인지?")의 변형이며, 치료자가 문제 경험을 더 깊이 진행하기 위해 해당 순서로 되돌아가는 데 도움이 된다.

내담자가 이름을 더욱 세분화하도록 촉진하기 위해 일반적 질문을 먼저 사용하고, 그의 대부분 아래의 형식을 취한다.

- **치료자**: 이 (문제)에 대해 (이름)은 무엇입니까?

와 같이

- **치료자**: 아내가 당신에게 어떤 일을 하라고 요청할 때 당신이 느끼는 정서가 그토록 '뒤틀린' 이유는 무엇입니까?

필요한 경우, 치료자는 다음으로 '핵심' 질문을 시도할 수 있다.

- **치료자**: 이 (이름) 느낌의 핵심(가장 중요한 부분, 가장 나쁜 부분, 결론, 마음)은 무엇입니까?

와 같이

- **치료자**: 스스로에게 물어보세요. "내 안에 있는 이 '뒤틀린' 느낌의 핵심은 무엇인가?"

마지막으로, 다른 방법을 시도했지만 내담자가 여전히 '정체'되어 있는 경우, 감각 전환 질문을 사용한다. Gendlin(1981)이 언급했듯이, 이런 질문은 중간 단계를 파악할 수 있도록 수학 문제의 답을 찾기 위해 '책의 뒷면(답안지)을 보는 것'과 유사하다. 치료자는 내담자에게 문제가 해결된다면 어떨지 상상하게 한다. 예를 들어서,

- **치료자**: 이제 다음 질문을 타는 듯한 느낌을 향해서 하고 싶습니다. (잠시 멈춤) "이것이 바뀌려면 (잠시 멈춤) 무엇이 필요할까요?"

이러한 질문을 적합하고 적절한 시기에 사용하며 내담자가 해결을 방해하는 중요한 '걸림돌 지점/고착 지점'에 접근하는 데 도움이 될 수 있다.

내담자가 새로운 경험을 수용하도록 돕기

치료자는 몇 가지를 수행함으로써 내담자의 수용 단계를 촉진할 수 있다(Leijssen, 1990). 첫째, 다른 작업과 마찬가지로, 해결이 이루어졌을 때 치료자가 이를 의식할 수 있는 것이 중요하다. 치료자는 앞서 설명한 두 가지 수용 단계의 미세 표식(감각 변화 또는 해결, 혹은 새롭게 등장한 경험이나 정서 도식의 자기비판 등)을 관찰한다.

예시 9-1에서, 내담자(남자 친구와 문제가 있는 여성 내담자)는 Ed에 대한 불편함을 '나를 게임을 하듯 취급하는' 그의 짓으로 인한 분노로 이름을 붙였다. 그 후에 그녀는 자신을 비난하기 시작했고 다른 작업(자기 평가 분리)로 넘어갔다. 따라서 그녀가 어려움에서 벗어나 치료 과제를 찾도록 돕는 '과정 과제'가 해결되었고, 그녀는 더욱 활력이 넘치고 과제 중심적으로 되었다. 하지만 그녀가 Ed를 다루는 방법에 대한 그녀의 갈등을 해결하는 '내용 과제'는 여전히 남아 있으며 초점 맞추기에서 직접 해결되지 않았다.

두 번째 예시인 9-2에서는, 내담자가(내담자 14에서) 자기 누나와의 경험에 대한 이중 이미지를 확인했을 때, 해결이 실제로 발생하였다. 치료자와 내담자는 이것을 몇 분간 더 탐색한 다음, 더 명확하게 수용하는 단계로 넘어갔다.

내담자가 변화와 그 의미를 검토하고 탐색하는 동안, 치료자는 공감적 탐색과 진정한 인정을 통해 내담자의 자기 존중감을 가치 있게 여기게 되었다. 예시 9-2에서 치료자는 내담자가 자신의 좋은 특성을 확인하고 폭력적인 누나로부터 자신을 분리하도록 돕는다.

예시 9-2, 연결

내담자 21: 누나는 사랑을 표현 할 줄 몰라요. 자기 손자에게조차도요.

치료자 21: 그것이 당신에게 무엇을 불러일으키나요?

내담자 22: 어쩌면 나는 누나가 조금은 불쌍한 것 같아요. (잠시 멈춤)

치료자 22: 당신은 어떤가요? 지금 당장 당신은 어느 정도 인가요?

내담자 23: 그 부분에선 나는 누나보다는 나은 것 같아요. 나에게 사랑 표현하는 것은 자연스러워요.

치료자 23: 그녀보다 우위에 있는 듯한 느낌인데요. 어떤가요?

내담자 24: 좋아요. 기분이 정말 좋습니다. 그리고 그녀는 절대로 그것을 못 느낄 것 같아요.

치료자 24: 그것에 대해 나에게 더 말해 주시겠어요? 특징을 말해 줄 수 있나요?

내담자 25: 따뜻해요.

치료자 25: 마치, 당신이 스스로를 칭찬하고 안아줄 수 있을 정도 같은데요? (내담자와 치료자 같이 웃는다.)

마지막으로, 만약 자기비판이 존재한다면, 치료자는 내담자에게 적어도 일시적으로 자기비판을 내려놓도록 부드럽게 제안한다. 필요한 경우, 치료자는 내담자가 새로운 경험에 '머물도록' 제안한다. 다음은 이를 수행하는 치료자의 반응 예시이다.

내담자: 와우! 그 분노가 정말 나를 많은 문제에 빠뜨렸었군요! 그게 없어지면 좋겠어요.

치료자: 그래서 당신의 어떤 부분은 이런 반항적인 정서가 때때로 당신을 곤경에 빠뜨릴 수 있다고 생각하지만, 내 생각에 그것들은 당신을 위한 것인 것 같아요. 당신 스스로가 조금 더 느낄 수 있도록 할 수 있을까요?

더 나아가기

이 마지막 단계에서 치료자의 역할은 명확하다. 새로운 연결이나 행동 방식이 내담자에게 잠정적으로 나타나기 시작할 때 이를 듣고 공감적으로 반영하는 것이다. 또한, Leijssen(1990)은 치료자가 다음과 같은 변형의 과정을 장려하는 자극을 제공할 수 있다고 제안한다.

- **치료자**: 지금 무엇을 발견했나요? 이것이 당신을 어디로 떠나게 하나요?

앞으로 나아가는 단계는 회기 안에서 포커싱의 영향을 받고 회기 밖에서 수행된다. 예를 들어, 회기 이후 설문지에서 예시 9-2의 내담자는 위에 설명된 작업을 계속 진행하고 있다고 설명하였다. "어쩌면 앞으로 누나를 공감할 수 있을지, 진정한 관계의 가능성이 있는지 결정할 수 있을 것 같다. 또는 그냥 누나를 잊고 누나에 대한 분노를 씻어낼 수 있을 것 같다."고 말하였다. 만약 그것이 회기 안에서 나왔다면, 치료자는 내담자가 이 새로운 방향을 탐색하도록 반영하고 도울 수 있었을 것이다.

포커싱에서의 막다른 골목과 일반적 실수들

치료자들이 체험적 포커싱을 수행할 때 가장 흔히 하는 실수는 무엇인가? Leijssen (1990)은 조바심, 모델을 따르는 것에 엄격함, 치료 관계를 무시하는 것, 그리고 '독서치료'의 부적절한 사용을 포함하여 치료자가 경계해야 할 여러 가지 빈번한 실수를 설명하였다.

치료자의 조바심은 내담자의 경험에서 무엇이 드러날지 열린 상태로 기다리는 것과 같은 '포커싱 태도'를 유지하기 어려운 상태를 반영한다(Leijssen, 1990). 해결 과정을 제시하는 6가지 단계의 명시적인 지침들이 존재하기 때문에, 치료자는 '치료 모델을 밀어붙이고' 싶은 유혹이 있을 수 있다. 예를 들어, 내담자가 적합한 작업 거리에 도달하기도 전에 감각 느낌에 초점을 맞추도록 하거나, 감각 느낌이 완전히 형성되기 전에 그것을 상징화하도록 내담자를 강요하거나, 또는 해결이 발생하기 전에 행동을 장려하는 것이다.

또한 치료자는 포커싱 지침을 너무 엄격하게 따를 때 실수를 저지르는데, 종종 내담자에게 이미 통과한 단계를 다시 거치도록 강요한다. 내담자들이 포커싱의 어떤 단계는 쉽게 통과하고 어떤 단계는 어렵게 지나가는지에는 큰 차이가 있으므로 치료자의 민감성과 유연성이 필요하다. 특정 순서를 우회하거나 때로는 역순으로 수행하는 것은 자주 있는 일이다. 이런 이유로 여기에 설명된 전체 포커싱 과정은 일반적으로 치료에서 수행되지 않는다. 대신 치료자는 표식의 성격과 패턴에 따라 필요한 단계를 사용한다. 전체적인 포커싱 절차가 수행될 때에도 대부분 치료 초기에 한 번만 수행된다.

또한 치료자들이 포커싱의 언어가 특정 내담자에게 적용되지 않을 때 문제가 발생할 수 있다(Leijssen, 1990). 예를 들어, 어떤 종교적인 내담자는 자기의 신체 감각 느낌은 신뢰할 수 없고 '죄'라고 생각하기 때문에, 그것을 불편해할 수 있다. 반면 다른 내담자들에게는 단순히 내부 작업 공간이라는 용어가 익숙하지 않거나 내적 참여의 제안이 당혹스럽고 부끄러울 수 있다. 또 다른 내담자들은 '감각 느낌'이나 '단서'와 같은 '캘리포니아 어[지방 사투리(California-speak)]'라는 용어로 인해 이를 밀어내기도 한다. Leijssen(1990)은 치료자와 내담자가 서로 실제 접촉을 피하거나 치료적 관계에 대한 내담자의 경험을 무시하기 위해 이 기법을 사용하는 것과 같은 문제도 지적한다.

결론

우리가 언급한 바와 같이 결론적으로 포커싱은 각기 고유한 미세 표식이 있는 서로 다른 미세한 과정으로 구성된 개별적 모듈식 과제다(Leijssen, 1990). 포커싱은 전체 작업으로 사용할 수 있으며, 하위 과제는 내담자가 회기에서 보다 효과적으로 작업할 수 있도록 하는 데 사용될 수 있다. 또한, 치료에서 포커싱을 체계적으로 가르쳐서는 안 되며 유연한 방식으로 구현되어야 하고 내담자의 즉각적인 요구에 맞게 조정되어야 한다(Gendlin, 1984, 1991; Leijssen, 1990; McGuire, 1991).

제10장

분열과 두 의자 대화

우리가 말했듯이 역기능 상태는 근본적인 도식 처리의 어려움으로 인해 발생한다. 이러한 어려움은 자신과 세상에 대한 정보를 처리하는 정서 도식의 내용, 구조 그리고 구성에서 발생한다. 특정 유형의 처리 어려움은 보다 적응적인 정서 처리를 방해하거나 차단하는 특정 유형과 관련될 수 있다.

무엇이 바뀌어야 하는가: 근본적인 과정 처리의 어려움

유기체의 적응적인 기능을 방해하는 주요 방법의 하나는 더 기본적인 필요, 목표 또는 관심사와 정도 차이가 있는 사회적 기준, 태도, 사고 및 행동 방식을 통합하는 것이다(Perls et al., 1951). 다양한 이유로 인해 문화적 · 가족적 영향이 개인의 선호도나 욕구를 압도하는 경우가 많다. 이는 인지된 사회적 규범을 준수하거나 타인의 승인을 얻기 위해 개인의 필요와 선호를 무시하는 경우가 많기 때문이다. 따라서 사람들은 다양한 환경 자원 중에서 자신의 필요에 가장 잘 부합하고 개인적으로 수용할 수 있는 것과 수용할 수 없는 것을 구별하는 능력을 상실하게 된다. 또한, 자신의 욕구를 구별하고 환경과 관련하여 자기를 정의하는 과정이 어려워지는 경우도 많다. 이는 타인과의 갈등과 차이를 견디는 능력이 필요하기 때문이다. 사람들은 종종 자신이 어떠해야 하는지에 관한 가치, 기준 및 판단을 통합하여 이를 차별적으로 처리하지 않고, 그저 자신에게 적합한 것은 선택하고 그렇지 않은 것은 거부한다. 그러면 타인들의 '해야 한다', '당위', 평가, 기대가 그들의 후속 경험과 행동에 과도한 영향을 미치게 된다. 외부 기준과 평가의 통합이 의식적인 결정으로 인해 이루어지지 않는 경우가 많다는 점에 주목해야 한다. 이러한 기준과 평가는 암묵적으로 획득되어 도식에 통합된다. 그곳에서 이것은 자동으로 작동하며 사람들이 완전히 의식하지 못하는 영향력을 행사한다.

이러한 자동적 기준과 평가가 유기체의 정서와 욕구를 금지하거나 억제하도록 작동할 때, 사람들은 혼란과 투쟁을 경험하고 명확한 행동 방침을 결정할 수 없게 된다. 또는 결정한 후에도 계획을 실행하지 못하는 자신을 발견하기도 한다. 여기서 중요한 문제는 이러한 유형의 갈등에서 자기 평가 과정과 유기체적 정서 및 욕구가 모두 개인의 의식 범위 밖에서 자동으로 나타나는 경우가 많다는 것이다. 자각 속에 있는 것은 투쟁과 혼란의 결과적인 느낌, 또는 결정할 수 없거나 행동할 수 없는 무능력이다. 때때로, 전반적으로 갈등 자체는 의식될 수 있지만 갈등의 기초가 되는 특정 자기 평가 및 유기체적 과정은 초점 의식에 있지 않다.

이 작업에서 변경되어야 하는 일반적인 도식적 처리 어려움은 양립할 수 없는 행동, 생각, 정서, 욕구 중 하나 또는 둘 다 의식할 수 없는 두 가지 반대되는 도식 구조를 동시에 불러내는 것이다. 이러한 형태의 역기능에서 특히 중요한 것은 두 개의 상충되는 도식이다. 하나는 생물학적으로 적응적인 정서와 욕구를 나타내는 정서 도식을 기반으로 하고, 다른 하나는 정서와 욕구에 반대되는 사회적 학습을 기반으로 한 부정적인 평가와 내재적 기준을 기반으로 한다. 이러한 도식은 내부 또는 외부 단서에 의해 동시에 유발되거나 서로 반응하여 순차적으로 유발된다. 이는 곧 갈등 경험으로 이어진다. 의식되고 변화되어야 하는 것은 사회적 의무를 포함하는 도식과 유기체적 정서와 욕구를 포함하는 도식 사이의 갈등이다.

필요와 욕구를 의식하지 못하면 그 사람은 불분명하고 혼란스러워지지만, 기준과 가치를 충족하지 못하면 부정적인 자기 평가와 자기 가치 상실을 초래한다. 또한 이러한 갈등에서 부정적인 평가 도식이 우세하면 종종 사람을 움직이지 못하게 만들고 불안, 우울증, 자존감 상실 및 기타 증상을 유발할 수 있다. 예를 들어, Greenberg 등(1991)은 비판자의 부정적인 인식과 자기를 향한 적대감 또는 혐오의 강도가 결합되어 어떤 형태의 우울증을 만들어 내는 데 중요함을 지적하였다. 비판자의 강렬한 적대감은 적극적으로 반응하는 자기 능력을 압도하고 우울증의 특징인 약하고 나쁜 모듈식 자기 조직(즉, 우울 도식)을 활성화한다.

이러한 갈등의 특정 언어적 · 준언어적 표식은 치료에서 나타난다. 우리는 자신의 2가지 반대 측면을 나타내는 표식을 '분열'이라고 이름하였다. 다양한 분열 표식이 확인되었으며, 각각은 고유한 언어 특징을 가지며 다양한 유형의 갈등 과정을 나타낸다(Greenberg, 1979). 이 장에서 다루는 첫 번째 분열은 '갈등 분열'이다.

개입의 기회: 갈등-분열 표식

이러한 유형의 분열 표식은 자기의 두 측면이 반대된다는 내담자의 구두 진술이다. 이는 그 사람이 현재 부분들 사이의 투쟁이나 압박감을 경험하고 있다는 일부 언어적 또는 준언어적 지표를 동반한다. 반대되는 두 부분은 종종 두 개의 서로 다른 '나' 상태로 명확하게 식별된다. 두 개의 '나'를 반대되게 설정하는 '그러나' 또는 '다른 한편으로'와 같은 언어적 병치 표시가 있다. 전형적인 분열은 다음과 같다. "한편으로는 정착해서 결혼하고 싶지만 다른 한편으로는 지금이 적절한 때인지 그리고 그가 적절한 남자인지 결정할 수 없어요. 너무 혼란스럽습니다." 두 개의 '나'는 반대되는 자기의 2가지 측면을 나타내며, "나는 단지 결정할 수 없습니다……. 나는 너무 혼란스러워요."라는 진술은 언어적으로나 음성적으로 투쟁의 의미를 나타낸다.

우리는 이러한 유형의 명시된 갈등의 경우, 일반적으로 내담자는 한편으로는 기준과 가치 사이의 갈등을 경험하고, 다른 한편으로는 유기체적 정서적 반응과 욕구 또는 욕구 사이의 갈등을 경험하고 있음을 발견하였다(Greenberg, 1984). 우리는 변화를 위한 매우 중요한 기회로서 이러한 분열에 초점을 맞추게 되었고 많은 갈등 분열이 자기 평가나 자기 강압을 포함하는 대화로 발전한다는 것을 발견하였다. 따라서 "내 일부는 이것을 원하지만 다른 부분은 저것을 원한다"와 같은 갈등은 일반적으로 일종의 '해야 한다'와 '원한다' 사이의 갈등으로 발전한다. 예를 들어, 결정적 갈등에 관한 우리의 연구(Greenberg & Webster, 1982)에서 도시에 머물고 싶은지 아니면 도시를 떠나고 싶은지 사이의 갈등은 빠르게 "너는 머물러야 해"와 "나는 떠나고 싶어" 사이의 갈등으로 변하였다. 자기 평가나 금지 명령에 관한 더 직접적인 지표가 나타나는 경우가 많다. 따라서 "이것을 해야 하는데 할 수 없습니다" 또는 "이것을 해서는 안 되지만 멈출 수 없습니다"는 어떤 형태의 금지 명령의 작동을 나타내는 빈번한 유형의 표식이다. "나는 이 일을 하고 싶지만 능력이 없다" 또는 "나는 너무 수줍음이 많다"라는 말은 일종의 자기 평가 처리가 작동되었음을 보여 준다. 자기 평가와 자기 강요의 분열은 갈등 분열에서 가장 많이 나타나는 중요한 유형이다.

실제 회기에서의 전형적인 형태의 표식은 다음과 같다. "나는 더 많은 일을 할 수 있어야 합니다. 나는 너무 게으르기 때문에 일어나야 합니다. 잔디를 깎아야 하고, 해야 할 모든 일을 해야 합니다. 하지만 오히려 아무것도 안 하고 빈둥거리기만 하고 의욕이 안 생기는 것 같아요." 이와 같은 갈등 분열에 관한 명시적인 언어적 진술이 나타날 때, 이는 자기의 두 부분 사이에 경험된 갈등을 나타낸다. 이 경우, 우리는 내담자가 반대 측면의 도식이 활성화되는 특정 유형의 도식 처리의 어려움과 연관되어 있다고 가정한다. 갈등은 한편으로는 사회적으로 '해야 할 것' 또는 자기비판적 평가와 다른 한편으로는 유기체의 정서와 연관된 욕구와 필요 사이에 있다. 각 도식이나 도식 세트에는 정서, 욕구, 신념이 포함되어 있지만 내부 비판자 도식에는 처음에 더 많은 개념적 처리가 포함됨을 반복적으로 관찰하였다. 우리는 이것을 '내부 비판자'라고 부르며, '해야 한다'와 부정적인 평가에 큰 비중을 두고 있다. 우리가 '경험 자기'라고 부르는 다른 도식은 주로 더 많은 경험적 처리를 포함하고 정서적 반응, 필요 및 욕구가 더 많이 담겨 있다.

암묵적 표식

종종 갈등 분열의 표식은 암묵적 자기의 한 측면에서 발생한다. 이러한 예는 '나는 무가치하다', '나는 실패자다', '나는 나쁘다'와 같은 부정적인 자기 평가의 형태로 발생하거나 '나는 해야 한다'와 같은 자기 강압적 진술의 형태로 발생한다. '더 열심히 일하라', '화내지 말아야 한다'는 자기의 한 측면인 화자가 명시적으로 언급되지 않은 자기 경험이나 행동의 두 번째 측면을 평가, 비난, 강요하는 것을 의미한다. 또한 정서 상태에 대한 특정 다른 진술은 암묵적인 분열을 나타내는 것으로 해석될 수 있지만 이것이 사실인지 확인하려면 탐색이 필요하다. 따라서 "나는 죄책감, 우울함, 절망감을 느낀다"와 같은 진술은 자기의 한 부분이 자기의 다른 부분을 부정적으로 평가하는 것과 관련된 것으로 볼 수 있고, "나는 두렵고, 확신이 없거나, 불안하다고 느낀다"와 같은 진술은 미래에 대해 파멸을 일으키거나 과거나 미래에 대해 위협적인 견해를 구축함으로써 다른 측면을 두려워하는 자기의 또 다른 한 측면으로 볼 수 있다.

갈등 귀인 표식

때때로 개인은 갈등 분열의 중요한 측면이 마치 타인에게서 시작된 것처럼 경험할 수 있다. 예를 들어, 해외여행을 원하는 21세 남성이 갈등에 빠져 있는 이유는 "아버지가 먼저 대학을 마치는 것이 현명할 것 같다"고 말했기 때문이다. 이러한 종류의 진술은 타인으로부터의 방해되는 평가나 금지 명령을 활용한 자기 욕구를 표현한 것으로, 자기 평가나 강요가 타인의 탓이라고 돌리는 분열 귀인 표식을 나타낸 것이다. 표식은 그 사람이 귀속시키는 진단지표 역할을 하기보다는 내적 갈등이 있는지 탐색하는 기회로 활용된다.

여기에서 제시된 가정은 부모, 교사 또는 타인의 부정적인 평가나 기대에 노출된 개인이 자기비판적이거나 자기 강압적인 태도를 배우고 타인들로부터 이를 기대하는 것이다. 이러한 기대는 개인이 타인의 비판이나 기대에 대한 사소한 징후에 적응하고 민감하게 만든다. 즉, 개인은 자신에 대한 부정적인 평가 또는 기대와 타인의 부정적인 평가 또는 기대에 대한 기대를 모두 포함하는 도식적 표상을 구성한다. 이러한 도식은 경험이 자동으로 처리되는 필터이다. 이러한 처리 편향을 의식하지 못하면 이러한 기대를 깨뜨릴 수 있는 새로운 경험을 쉽게 얻을 수 없다. 앞과 같은 예에서 우리는 내담자가 대학을 떠나는 것에 대한 자신의 의심을 어느 정도 의식하지 못하고 있으며, 자신의 내적 의심보다는 그 의심을 타인의 탓으로 돌리거나 타인의 반대 의견이나 비판적인 의견에 집중하고 있을 수 있다고 가정한다. 앞의 예에서 아버지는 실제로 그 계획을 승인하지 않았을 가능성이 높다. 그러나 내담자 자신이 스스로 원하는 것이 무엇인지 분명하다면 그는 아버지의 견해에 그다지 민감하지 않을 것이다. 대신에 그는 다른 방식으로 문제를 경험하게 되는데, 아마도 아버지의 도움 없이 여행할 수 있는지와 같은 실용적인 문제에 초점을 맞추었을 것이다.

개인이 외부에 귀속되고 타인이 비판적이라고 경험하는 한, 자신의 내부 갈등을 해결할 수 없을 뿐만 아니라 자신이 타인의 견해에 의해 희생되고 통제되는 경험을 할 수도 있다. 타인으로부터 주입한 것을 차별하고 동일시를 거부한 개인은 개인의 가치와 기준을 타인의 평가 및 기대와 더 쉽게 구별할 수 있다. 그들은 일반적으로 타인들의 비판, 반대 또는 기대에 흔들리지 않는다.

평가 또는 반대의 귀인에서 내담자는 자신이 무언가를 하고 싶지만 타인이 승인하지 않거나 동의하지 않기 때문에 할 수 없다고 보고할 수 있다. 우리가 말했듯이, 개인이 타인의 비판이나 반대를 무시하고 스스로 결정을 내리는 데 어려움을 겪는 것은 주로 타인의 통제적인 행동이나 부정적인 의견의 결과가 아니다. 결정과 행동의 장애물은 개인이 해야 한다고 믿는 것과 하고 싶은 것 사이의 내부적 갈등이다.

갈등 귀인의 표식으로 볼 수 있는 또 다른 형태 경험은 수치심과 당혹감이다. 여기서 수치심은 자신을 타인의 눈에 경멸, 혐오, 경멸의 대상으로 여기고, 열등하고, 하찮고, 약한 존재로 보는 것을 가리킨다. 따라서 수치심이나 당혹감은 갈등 귀인의 암묵적 표식이다. 흥미로운 문제는 일반적으로 사람들은 상대방이 비판하거나 경멸하지 않아도 부끄러움을 느낀다는 것이다. 이는 사람들이 수치심으로 이어지는 자기혐오/경멸의 내부 분열을 발전시켰기 때문이다. 부끄러운 상태는 타인에게 혐오/경멸을 돌리는 것으로 볼 수도 있고, 타인의 눈에 경멸/혐오감을 상상하는 것으로 볼 수도 있다. 그러면 자기를 수치스럽게 만드는 복잡한 내면화 과정이 있다. 그러므로 수치심의 경험은 갈등 귀인을 암시하는 좋은 표식이며, 두 의자의 대화는 내면화된 수치심의 과정을 설명하는 훌륭한 수단이다.

변화는 어떻게 일어나는가

이 개입의 기본 가정은 개인이 자기의 상충하는 양측 간의 대화에 참여함으로써 양측 간의 창의적인 접촉이 일어나고 이는 통합적인 해결을 개발하는 데 도움이 된다는 것이다. 이는 갈등을 이야기하거나 갈등이 왜 발생하는지 탐색하는 과정이 아니라, 새로운 해결책을 찾기 위해 현재의 갈등을 살아나게 하는 과정이다. 제2장에 설명된 참여(attending) 방식의 관점에서 볼 때, 이는 갈등의 각 측면을 적극적으로 표현하고, 양측의 경험을 생성하는 각 측면의 경험 요소에 주의를 기울이고, 갈등과 관련된 암묵적 도식에 접근하기 위한 경험적 탐색 과정을 포함한다. 대화는 경험의 두 가지 측면을 동시에 의식할 기회를 제공하고, 명확하고 느린 방식으로 서로에게 자신을 완전히 표현할 기회를 제공한다. 따라서 은밀한 내적 대화가 공개되어 양측이 자기의 입장을 더 완전하게 표현하고 탐색할 기회를 제공한다. 이는 반대의 접촉이라는 변증법적 과정을 통해 새로운 종합의 구성을 더욱 가능하게 만든다. 이 과정에서 변화는 일종의 자기 수용을 수반한다.

그 과정에서 변화는 사람들이 자신의 필요와 욕구를 수용할 수 있는 자기 수용의 한 형태를 포함하며, 그들 자신이 인정받는 과정에서 발달시킬 수 있다. 근본적인 문제는 '해야 할 것'과 욕구를 어떻게 조화롭게 할 것인지, 자신이 원하는 것에 대한 부정적인 평가를 어떻게 자기 수용으로 전환할 것인지. 그리고 어떻게 자신의 가치와 기준에 수용 가능한 방식으로 욕구를 충족시킬 것인가 하는 것이다. 여기에는 '해야 할 일'과 기준을 재평가하여 이들 중 어느 측면이 진정으로 자기 가치를 가졌는지 구별하고 이전에 부인했던 정서와 욕구를 인정하는 것이 포함된다. 일단 자신의 내적 가치와 요구 사항을 명확히 하고 나면 두 가지를 조화로운 방식으로 통합하는 새로운 구성의 개발을 촉진하여 해결이 이루어진다. 이를 우리는 통합적 자기 수용이라고 부른다. 양측이 더욱 통합되고 상호 긍정하게 되기 때문이다. 더 이상 양측 간의 불협화음적인 관계는 존재하지 않는다. 이제 그들은 서로를 받아들이며 상황이 불러일으켜졌을 때 더 자기 수용적이고 비갈등적인 반응으로 통합한다.

이 과제의 변화에는 주로 적극적인 표현과 경험적 탐색 과정이 포함된다. 표현 과정에서 각 측면은 실제로 자신의 관점을 큰 소리로 표현함으로써 상대방과의 변증법적 접촉을 더욱 명확하게 경험하고 참여하게 된다. 이러한 적극적인 표현의 과정은 경험을 생생하게 인식하게 하고, 경험의 반대 측면을 직접적으로 접촉시킴으로써 새로운 조직의 구성 가능성을 형성한다. 경험적 탐색 과정에서, 특정 측면의 경험은 경험된 것을 상징하기 위해 그 측면의 내부 경험에 내부적으로 주의를 기울여 개발된다. 이 과정은 다른 의자에서도 가끔 나타나기는 하지만 경험하는 의자에서 주로 발생하며, 특히 이 의자가 비판적 입장을 누그러뜨릴 때 더욱 그렇다.

우리는 다양한 내담자 집단의 갈등 분열 해결 과정을 연구했으며 해결 단계 모델을 개발하였다(Greenberg, 1984). 두 의자 대화(Two-Chair Dialogue) 맥락에서 갈등을 해결한 내담자의 회기 내 작업을(performances) 집중적으로 분석하여 해결하지 못한 경우의 작업과 비교하였다. 이를 통해 성공적인 해결의 측정 가능한 구성 요소를 경험적으로 식별할 수 있었다.

해결 과정 모델

해결 모델은 [그림 10-1]에 나와 있다. 해결 방법에는 여러 Stage와 step이 포함된다. 대화는 반대, 확인과 접촉, 통합의 세 가지 주요 Stage로 나눌 수 있다. 이에 대해서는 다음에서 자세히 설명하겠다. 또한 연구 목적으로 고안된 해결 정도 척도(Degree-of Resolution Scale)의 축약본을 〈표 10-1〉에 제시하였다. 이는 해결의 6가지 상태를 나타내며 해결 과정이 얼마나 진행되었는지 추정하는 지침으로 사용할 수 있다.

반대 Stage

대화의 첫 번째 단계에서는 처음에 양측의 역할극을 한 후 내담자가 더 많이 참여하게 되어 이 갈등을 관리하는 도식이 활성화된다. 그런 다음, 가혹한 비판, '해야 할 일', 기대, 자기 평가가 하나의 의자에 나타나며, 이를 우리는 비판자라고 부른다. 한편, 이러한 비판에 대한 정서적 반응은 우리가 경험하는 의자라고 부르는 또 다른 의자에서 나타난다. 경험 의자의 초기 정서적 반응은 무력감과 복종감, 반항적인 분노와 반항 등 주로 반응적인 영향이다. 대화가 전개됨에 따라 비판자는 그 사람의 삶의 구체적인 에피소드를 언급하면서 더욱 구체화된다. 비판은 더욱 자세해지고 적절한 태도와 정서로 표현된다. 이제 내담자는 비난을 표현하면서 입을 삐죽이고, 꾸짖을 때 손가락으로 가리키며 흔들며, 목소리와 자세가 내용과 일치한다. 이러한 표현적인 행동 및 정서적 징후는 도식이 활성화되기 시작했음을 나타낸다. 그런 다음 이러한 징후는 명확하게 초점 의식으로 가져와 더욱 정교해진다. 이는 도식 연관 네트워크를 더욱 활성화하는 데 도움이 된다.

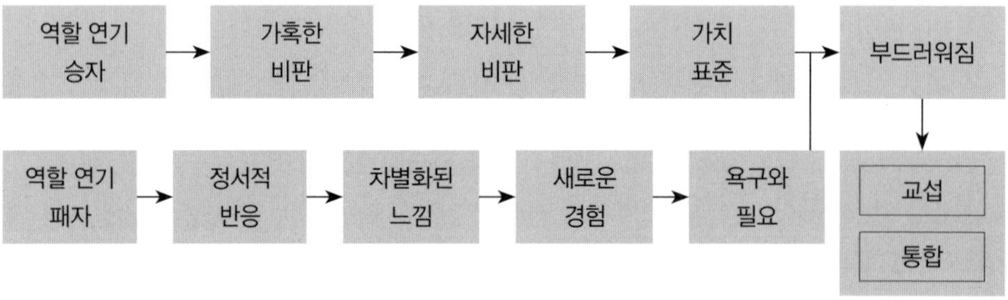

[그림 10-1] 갈등 해결을 위한 개선된 수행 모델

〈표 10-1〉 해결 정도 척도(축약형)–분열

1. 자기의 한 측면이 다른 측면을 받아들이지 않거나 강요하는 분열에 대해 설명한다.
2. 비판, 기대, 또는 '해야 할 것'이 구체적이고 자세한 방식으로 자기에게 명확하게 표현된다.
3. 비판에 대한 반응으로 내담자의 일차적 핵심 정서를 드러낸다.
4. 새롭게 경험하는 정서와 관련된 욕구와 필요를 명확하게 표현한다.
5. 내담자는 자신의 정서와 욕구를 진정으로 수용한다. 자기 연민, 관심, 자기존중감이 나타날 수 있다.
6. 다양한 정서, 욕구 및 기대를 수용하는 방법과 이전의 적대적이었던 자기의 측면이 작업관계에서 어떻게 조화를 이룰 수 있는지에 대해 명확하게 이해한다.

확인과 접촉 Stage

경험 의자에서 초기 정서적 반응은 더 복잡한 정서로 분화되어 결국 슬픔이나 외로움과 같은 좀 더 핵심적인 기본 정서로 자각된다. 이 느낌이 내담자 자신과 치료자 모두에게 완전히 들리면 이전 느낌과는 다소 다른 새로운 느낌이 나타나는 경우가 많다. 아마도 이것은 자기를 들어주지 않는다는 분노의 정서일 것이다. 이는 다시 검증되어야 할 필요성에 관한 단호한 진술로 이어지는 원함이나 필요로 정교화된다.

해결 과정에서 비판적 의자는 이제 본질적으로 비난하고 외부에 초점을 맞추는 태도에서 자기중심적이고 자기 탐색적이며 자기 표현적인 입장으로 전환한다. 이제 비판자는 "당신은 실패했습니다"가 아니라 "나는 항상 누군가보다 더 나은 사람이 되고 싶었습니다"라고 말한다. 목소리는 내면에 집중하고 탐색적이며, 표현 자세에서는 외면적이고 비난하기보다는 내면적이고 자기표현이 많아지면서 초점의 변화가 눈에 띄게 두드러진다. 이제 비판자 자리에 있는 사람은 자신의 가치와 기준을 구별하고 개인적인 희망과 이상을 공식화하고 진술하기 시작한다. 이 시점에서 그 사람은 내부 가치와 기준, 유기체의 필요와 욕구 사이의 변증법적 대립이 있는 대화 단계에 있다. 이제 반대 경향이 완전히 의식되고 완전히 소유되었다는 사실은 새로운 통합, 즉 통합된 결의안 구축을 위한 토대를 제공한다.

통합 Stage

이전에 비판적 의자였던 사람은 이제 경험하는 의자의 유기체적 관심에 좀 더 우호적인 태도를 보이고 부드러워졌다. 유기체적 관심사는 필요할 때 다른 의자의 관심사를 인정함으로써 통합에 더욱더 개방적이다. 갈등의 성격과 내용에 따라 해결은 해결된 상태에서 원래 측면의 우세 정도가 달라지면서 다양한 방식으로 발생한다. 따라서 연속체의 한쪽 끝에는 자기에 통합된 유기체적 욕구가 완전히 우세하며, 이는 가치 있는 어떤 것도 포함하지 않는 '해야 한다'는 것을 본질적으로 거부하였다. 연속체의 중간에는 양측의 측면을 의식하고 통합하는 일종의 협상, 타협 해결 방식이 있다. 연속체의 반대쪽 끝에는 이상을 위해 욕구를 버리는 것과 관련된 덜 자주 관찰되는 유형의 해결이 있다. 유기체적 욕구를 수용하는 것이 충동 표현을 장려하는 것을 의미하는 것은 아니라는 점을 주목하는 것이 중요하다. 충동적인 행동은 욕구의 표현이라기보다 자기의 진정한 욕구를 의식하지 못하는 데서 더 많이 발생한다. 이 과정에서 수용되는 요구 사항은 생존과 성장을 향상시키는 것에 관한 것이다.

해결에 관한 연구에서 우리가 관찰한 중요한 점은 눈에 띄게 다른 2가지 방식으로 비판자가 부드러워지는 것처럼 보인다는 것이다. 하나는 한 부분이 자기의 취약성에 대한 일종의 이해 지원을 느끼는 연민으로 부드러워지는 것이다. 또 다른 하나는 이전에 가혹한 비판자가 존재가 중단되거나 독단적인 필요나 욕구에 압도당하는 것에 불안을 표현하는 두려움으로 부드러워지는 것이다. 연민으로 부드러워지면 자기 수용을 통해 해결이 이루어진다. 두려움으로 부드러워지면 통제력 상실에 대한 두려움이나 통제하는 측면의 파괴에 대한 두려움을 인정하고 일종의 안심을 제공함으로써 새로이 주장하는 자기 부분으로 인해 해결이 이루어진다. 마지막으로, 2가지 일반적인 해결 형태가 나타나는 것으로 보인다. 하나는 양측 간의 명시적인 협상이고, 다른 하나는 양측이 더 이상 불화를 멈추고 더욱 통합되었다고 느끼는 더욱 자발적인 통합이다.

요약하자면, 두 가지 중요한 해결 과정은 다음과 같다. ① 더욱 경험적인 자기 조직화를 통한 정서, 욕구 및 필요의 표현, ② 더욱 인지적인 자기 조직화에서 이전에 가혹한 비판이 부드러워졌다. 변화 과정은 자기의 다양한 측면을 통합하는 일종의 자기 수용에 도달하는 과정인 것 같다. 개인이 자기 수용과 통합을 경험하기 위해서는 자신의 개인적 가치와 기준, 정서와 욕구를 모두 구별할 필요가 있다. 이는 내담자가 자신의 기준과 평가 중 어느 것이 외부적인지 확인하고 자신의 진정한 욕구와 양립할 수 없는 것을 재평가하거나 거부함으로써 발생한다. 또한 내담자는 부차적인 반응적 정서와 욕구가 아닌, 진정으로 일차적으로 느끼고 원하는 것이 무엇인지 식별하고 인정할 수 있어야 한다. 이 과정에는 자동 평가 및 기준을 의식하고 개인의 기본 정서,

행동 경향 및 이러한 정서와 관련된 요구 사항을 인정하고 주장하는 것이 포함된다.

치료적 개입

치료적 개입은 자신의 경험적 측면과 자기 평가/강압적인 측면 사이에서 핵심 갈등이 나타날 때까지 내담자가 자기의 반대되는 측면 간의 대화에 참여하도록 돕는 것을 포함한다. 치료자는 내담자가 각각의 측면을 쉽게 알아볼 수 있도록 돕고 생각과 정서를 서로에게 직접적으로 표현함으로써 서로 심리적인 접촉을 할 수 있도록 돕는다. 이 과정의 목표는 이러한 표현을 듣고 해결될 때까지 반응하도록 돕는 것이다. 인생에서 이러한 자기의 반대 측면은 직접적인 갈등을 피하고자 서로 분리된 상태로 유지된다. 그러므로 새로운 통합을 만드는 데 필요한 반대 측면의 대립에 관한 변증법적 과정에 관여할 기회를 결코 얻지 못한다. 이 개입에서 대립하는 측면이 서로 접촉함으로 갈등에 직면하도록 돕는다.

치료 작업에는 내담자의 경험을 한편으로는 자기 평가와 명령, 다른 한편으로는 자기 경험이라는 뚜렷하게 구별된 2가지 측면으로 명확하게 분리하는 지속적인 과정이 포함된다. 치료자의 임무는 이 2가지 개별 경로를 따라 내담자의 경험을 개발하는 것이다. 때로는 내담자 경험의 새로운 변화를 따르고 '비판자'의 출현과 '경험자'의 출현을 주의 깊게 추적하면서 두 측면의 분리나 접촉을 순조롭게 하는 과정을 안내한다. 다른 때에는, 치료자는 내담자가 다른 의자에서 진술하도록 제안함으로써 적극적으로 표현하도록 지시하거나, 언어적 그리고 비언어적 행동에 주의를 기울이고 과장되게 표현하도록 안내한다. 또 다른 경우에 치료자는 내담자의 정서를 반영하고 내담자의 새로운 경험을 확인하고 지원함으로써 경험적 탐색을 촉진한다. 치료자는 내담자가 두 측면이 상반되는 교착 상태에서의 모호한 느낌에서 두 측면이 서로 경청할 수 있도록 돕는 것을 목표로 한다. 치료자의 임무는 적대적인 두 측면 사이의 대화를 촉진하고 2가지 측면을 구별하도록 돕는 것이다. 이것은 내담자가 자기를 통제하는 것과 자기 비난의 과정을 기꺼이 포기하는 것이다. 그리고 자기의 이야기를 듣고 경청하는 데 에너지를 사용하는 경험을 만들도록 돕는 것이다.

이 개입에서 치료자는 내담자의 현실을 정의하는 사람이 아니다. 또한 어떤 '해야 할 것'이 사회적이고 어떤 정서와 요구가 일차적이고 유기적인지를 결정하지 않는다.

오히려, 치료자는 무엇이 이질적이고 내재된 것인지, 유기적으로 일치된 것인지에 내담자가 자기의 경험을 통해 스스로 탐색하고 발견하도록 돕는다. 치료자의 방식은 실험적이고 내담자가 경험한 것을 탐색적으로 바라보고, 내담자가 자기의 경험에서 자신에게 맞는 것을 수용하도록 자극한다. 이러한 과정에서 치료자는 멀리 떨어져 있는 권위주의적인 태도가 아니라, 공감하고 돌보는 자세를 취한다. 이러한 이유로 아래 대화 내용을 읽을 때, 관심과 참여를 전달하는 목소리, 얼굴과 자세 신호를 읽는 것 그리고 치료자의 참여 방식과 어조가 통제적이거나 이미 다 알고 있다는 식이 아니라 평등하고 따뜻하다는 것을 기억하는 것이 중요하다(Greenberg, 1990).

치료자 작업

이 개입 과정은 대화의 전후 단계, 그리고 대화의 3가지 Stage인 반대, 확인과 접촉, 통합으로 설명될 것이다. 각 단계는 〈표 10−2〉에 나와 있고 다음에서 설명하는 것처럼 여러 특정 유형의 치료자 작업이 포함되어 있다.

대화 이전 단계

이 단계의 목표는 내담자를 작업에 참여시키는 것이다. 이것은 두 가지 주요 방법으로 수행된다.

협업 관계 구축

내담자의 표식이 확인되면 치료자는 분열 작업 수행을 위해 내담자와 합의한다. 치료자는 치료의 초점을 제안하고(다음에 설명된 자기의 두 가지 측면을 확인함), 근거를 제시하고 분열 작업에 관한 내담자의 동의를 얻는다. 이는 과정의 목표를 설정한다.

〈표 10-2〉 치료자 작업

A. 대화 이전 단계
1. 협업 관계 구축
2. 실험 구조화하기
B. 반대 단계
3. 자기의 두 가지 측면 확인
4. 양측 간의 분리 및 접촉 생성
5. 양측 간의 입장에 대한 책임감 증진
C. 접촉 단계
6. 자동적 자기비판과 금지 명령에 대한 내담자의 의식 촉진
7. 내담자의 자기비판과 금지 명령의 구체성 높이기
8. 핵심 부정적 자기 진술 식별
9. 경험자의 기본 정서에 접근하고 표현하기
10. 경험자의 필요와 욕구를 의식하고 확인하도록 독려
11. 가치, 기준에 대한 의식 높이기
D. 통합 단계
12. 부드러워질 때 내적 경험에 대한 비판자 집중과 표현 촉진
13. 협상 또는 통합 촉진
E. 대화 이후 단계
14. 의미 관점 생성

실험 구조화하기

치료자는 예를 들어 여분의 의자를 끌어오거나 사용할 용도로 지정함으로써 물리적인 공간을 준비한다. 그리고 반대 측면과의 대화를 할 수 있도록 아이디어를 도입하여 실험을 구조화한다. 치료자는 빈 의자와 대화하는 것이 처음에는 이상해 보일 수 있다고 내담자에게 안심 시킨다. "이것을 시도하고 무슨 일이 일어나는지 봅시다"라는 실험적인 태도를 내담자에게 설명한다. 작업의 목표 설정과 작업 동의가 합의되면 치료자는 다음과 같은 순차적 단계로 진행한다.

반대 단계

이 단계에서의 목표는 반대 측면들을 분리하여 접촉하게 하는 것이다.

자기의 두 가지 측면 확인

실험을 시작할 때 치료자는 갈등에 대한 내담자의 이야기를 들으면서 "그래서 당신의 일부는 이것을 하고 싶어 하는 것 같지만, 다른 부분에서는 정말 두려워하는군요."라고 하며 분열을 반영함으로써 두 가지 반대 측면을 최대한 명확하게 구별하도록 돕는다. 작업에 대한 동의를 얻은 후, 치료자는 두 의자 대화 기법을 사용하여 내담자가 갈등의 각 측면이 완전히 드러나도록 돕는다. 이것은 내담자가 현재 더 '살아있는(생생한)' 것처럼 보이는 갈등의 측면에서 먼저 말을 할 수 있도록 지시함으로 시작된다. 예를 들어, "지금 어느 측면과 더 가까운 것 같습니까?" 그런 다음 내담자가 그 한 측면에서 말할 수 있도록 "그 측면에서 말할 수 있습니까? 당신이 무엇을 느끼거나 원합니까?"라고 한다. 또는 한 측면에서 다른 측면에게 "당신이 무엇을 느끼거나 원하는지를 상대방에게 말해 보세요."라고 제안한다. 일반적으로 내담자는 어느 측면이 더 생생감이 있는 것 같은지 쉽게 구별할 수 있다. 그렇지 않으면 치료자는 내담자의 언어적 그리고 비언어적 의사소통의 생생감을 관찰하고 그것을 근거로 하여 내담자가 어디에서 시작할 수 있는지를 제안한다. 처음의 생생감은 때때로 자신을 가혹하고 자기비판적이며 비난하는 태도로 표현하는 자기의 측면에 있다.

Perls가 '승리자(1969)'로 묘사한 자기의 이 측면은 마치 자기가 아닌 진정한 타인에게 말하는 것처럼 자기의 다른 측면을 공격하고 잔소리하는 것 같다. 내담자가 자신의 두 가지 상충되는 측면을 분열하는 경험을 증가시키기 위해서 치료자는 내담자가 반대 측면에서 말하기 전에 다른 의자에 앉도록 지시한다. 치료자는 비판자가 한 가장 가혹하거나 가장 비판적인 내용을 요약하고 다시 말한 다음 "그것에 대해 어떻게 대답할까요?"라고 질문을 할 수 있다. 이러한 반응은 종종 Perls가 '패배자'라고 묘사한 것의 특징인 자기방어이고 자기변명인 것이다. 치료자는 내담자가 패배자 자세의 특징인 비난과 반박에 얽매이지 않도록 해야 한다. 마치 각 측면이 다른 측면의 말을 듣지 않고, 자체적으로 잘 준비되고, 잘 훈련되어, 자주 전달하려는 말을 가지고 있는 것과 같다.

치료자는 갈등의 각 측면을 세밀하게 구분하고 경험자가 비난에 어떻게 경험하는지 자신의 반응에 주의를 기울여 집중하도록 함으로써, 이러한 막다른 끝을 피하도록 한다. 치료자는 내담자가 표현한 각 측면의 내용과 스타일을 주의 깊게 듣고 대화가 전개되도록 도와준다. 또한, 다음에서 설명하는 바와 같이 치료자는 자기비판의 '무엇'과 '어떻게'를 둘 다 명시한다. 목표는 핵심 비판을 제거하고 내담자가 비판이 전달되는 방식을 의식하고 확인하며 표현할 수 있도록 돕는 것이다. 이것은 비판자의 영향과 강도를 알아차리는 데 도움이 된다. 따라서 "넌 쓸모없어" 같은 종합적인 평가로 대화를 시작하는 내담자와 함께 작업을 할 때, 치료자는 내담자에게 "구체적으로 무엇 때문에 당신이 쓸모가 없는지 말해 보세요."라고 요청함으로써 정교함과 차별화를 촉진하도록 한다. 이것은 내담자가 "당신은 너무 겁쟁이야"와 같은 핵심 비판에 도달할 때까지 진행된다. 그 후에 치료자는 "당신이 당신 자신에게 어떻게 말하는지, 당신의 목소리 톤을 알고 있습니까?"라고 질문함으로써 그 사람이 경험 자기와 어떻게 관계되어 있는지 알아차릴 수 있도록 한다. 내담자가 꾸짖거나 경멸적인 성질을 알게 되면 치료자는 내담자에게 꾸짖거나 경멸적인 태도를 취하고 이러한 성질을 과장되게 표현하도록 요청한다.

또한 치료자는 경험 의자에서 내담자가 비판에 대한 반응으로 현재 주요하게 느끼는 정서적 경험에 참여하도록 돕는 데 집중한다. 이러한 내적 관심을 통해 내담자는 처음의 반응적 정서를 지나서 일차 정서를 구별하는 방향으로 이동한다. 내담자가 각 측면을 세밀하게 구분하고 일차적 정서에 접근하도록 도와줌으로써 치료자는 접촉과 협상이 일어날 수 있는 장소를 만든다.

두 가지 측면을 확인하는 역동적 과정

이 단계는 단일 분열로 구별하는 것보다 성격의 반대되는 측면을 확인하고 조정하는 지속적이고 역동적인 과정이 포함됨을 의식하는 것이 중요하다. 만약 성격의 진정한 반대가 확인되지 않으면, 대화는 정서적이고 변화를 일으키는 경험이 될 수 없다. 오히려, 더 개념적이고 그저 역할 연기를 해 본 경험이 될 것이다. 대화가 진행됨에 따라 자기의 발전하는 반대 측면을 분리함으로써 분열을 지속적으로 다듬어야 한다. 따라서 사람들은 "나는 이것을 해야 하지만 할 수 없어"라는 분열로 시작할 수 있다. "나는 할 수 없어"라는 측면은 "나는 하고 싶지만, 두려워"라는 두 가지 측면으로 구별될 수 있다. 그러면 이것은 "두렵다"가 "이렇게 하면 너 자신을 바보로 만들 것이다"라는 두려움을 낳는 경험을 표현하는 한쪽과 다음과 같은 "나는 절망적이거나 두렵다"의 효과로 갈라지는 새로운 분열이 된다.

반대되는 힘을 정확하게 의식하는 예는 다음에 나와 있다. 처음에 내담자는 관계에서 벗어나는 데 어려움을 겪는다고 이야기한다. 그녀는 먼저 "나는 그를 떠나야 하는데 하지만 나는 그럴 수 없어요"의 분열이 나타난다. 이것은 의자에서 "당신은 그를 떠나야 해요"와 "나는 머물고 싶어"로 발전한다. "나는 머물고 싶다"를 탐색하면서 이러한 경험적 측면을 적극적으로 표현함으로써 "그가 없으면 두려워"라는 새로운 분열로 구별된다. 두려움의 경험은 공포감을 만들어 내는 측면에서 두 개의 의자에서 탐색해 볼 수 있다. 치료자는 그녀에게 "이리로 오세요. 어떻게 그녀를 두렵게 만드나요? 이것을 실험해 볼 수 있나요? 지금 당장 그녀를 두렵게 해 보세요." 그녀는 먼저 자신이 과거의 외로움을 떠올리고 미래의 고통을 예상함으로써 두려움을 일으킨다는 것을 발견한다. 치료자는 그녀가 어떻게 자신을 불안하게 만드는지 계속해서 그것에 대해서 말하도록 요청함으로써 그녀가 더 깊이 탐색하도록 격려한다. 그녀는 내적 평가를 생성하는 핵심적인 불안감을 활성화하기 시작하고, 자신의 정서가 만들어지는 미묘하지만 강력한 자기 과정을 표현한다. 여기에는 자신을 무가치한 사람, 실체가 없는 사람 또는 비열한 사람으로 평가하는 것이 포함될 수 있다. 그녀 자신을 평가하는 것 외에도, 그녀는 내적 불안정을 유발하는 과정의 더 많은 행동 관련 측면을 일으키기 시작한다.

여기서의 목표는 사람들이 말하는 것과 자신에게 하는 행동을 모두 파악하는 것이다. 따라서 자신을 침범하고, 자신을 사라지게 하거나, 자신을 파괴하는 것과 같은 내적 공포를 유발하는 특정 과정은 그 경험의 중심인 근본적 불안의 현재 경험을 만들어 낼 때까지 생성되고 실험된다. 이러한 과정의 활성화는 제3장에서 논의된 자동적 행동 순서로 접근된다. 수행된 내용보다는 말한 내용만 설명하는 선언적 처리와는 반대되는 도식적 처리 과정에 의해 제어된다. 일단 공포 생성자와 기본적 불안의 기본적 대립이 명확해지면 대화는 내담자의 기본적 불안이 심화되고 탐색되는 추가 단계를 통해 진행된다. 결국에는 그녀의 내적 자원과 유기체적 잠재력과 자신감이 접촉된다. 이들은 두려움 생산자에게 도전하여 입장을 완화하고 양측은 더 큰 지원 관계를 협상한다.

갈등 대화는 승리자가 "이거 해, 저거 해", "더 자신감을 가져, 목소리를 내"라고 말하는 '코칭' 위치를 차지하면서 시작된다. 이는 분명히 도움이 되도록 고안된 것이다. 이 코칭은 반대의 효과를 가져서, 그 사람을 불안하게 하고 불확실하게 만든다. 코칭의 역설, 또는 누군가는 자신에게 무엇을 어떻게 해야 하는지 알려 주는 것은 그 사람이 그것을 하는 방법을 모르거나 충분하지 않다는 암묵적인 가정을 포함한다는 것이다. 이런 코칭 대화는 경험자를 평가하는 자기 평가적 측면으로 발전해야 한다. 이것은 자기비판의 과정에서 자기 자신이 확신이 없다는 것을 느끼게 되며, 진정한 반대는 비판자와 경험자 사이에 있다는 것을 명확히 하는 데 도움이 된다.

진정한 반대 측면을 의식하는 데 중요한 또 다른 유형의 대화는 우울 및 불안과 관련된 것이다. 우울증과 불안에서, 코칭은 증상을 악화시키는 역할을 할 수 있다. 이것은 비판자가 우울하거나 불안해하지 않도록 '해야 한다'고 말하면서 발생한다. 비판자의 행동은 우울이나 불안을 악화시킬 뿐이며, 장애를 완화하기 위해서는 이를 넘어서야 한다. 따라서 "너는 움직여야 해. 너무 우울하거나 불안하지 말아야 해"라는 대화와 경험하는 자기의 "당신이 옳아"의 반응은 더 근본적인 반대 또는 핵심 갈등으로 구별될 필요가 있다. 이것은 "넌 쓸모없어"와 같은 우울을 일으키는 비판적 입장과 "나는 기분이 나빠"라는 우울한 사람의 초기 반응 사이의 갈등이다. 또는 파멸자의 불안을 조성하는 "넌 실패할 거야"와 불안감을 초래하는 유기체 "나는 확신이 없어" 사이의 갈등이다. 대화의 이러한 진정한 반대 측면이 확인되면 대화는 더욱 유익하게 진행될 것이다.

개인의 경험에서 진정한 반대를 촉진하거나 핵심 갈등을 구별하는 것이 중요하다. 왜냐하면 이것이 되지 않으면 대화가 발전하지 않고 혼란스러운 지적 활동만 되기 때문이다. 따라서 치료자는 그 순간의 성격에서 발생하는 진정한 반대가 확인될 때까지 분열을 수정하기 위해 민감하게 노력해야 한다. 그런 다음 반대 측면이 서로 접촉하도록 한다.

양측 간의 분리 및 접촉 생성

분리와 접촉을 유지하기 위해서, 치료자는 내담자에게 자신의 한 측면(현재 내담자에게 더 생생감 있는 측면)의 경험에서 말하고 다른 측면으로 진술을 지시하도록 요청한다. 내담자가 반대 측면의 경험에서 말하기로 전환할 때는 의자를 바꾸도록 함으로써 분리 경험을 강화한다. 접촉은 내담자가 다른 의자에 정서와 필요를 표현함으로써 야기된다. 이런 일이 발생하면, 양 측면이 살아나고 풍부하게 표현되면서, 대화는 더 생생감 있게 된다.

양측 간의 입장에 대한 책임감 증진

이 단계를 통해서, 치료자는 내담자가 각 의자에서 나타난 경험을 바탕으로 말하도록 계속해서 제안한다. 경험자로부터 정서를 포착하기 위해서 말을 할 때는 '나' 진술로 하도록 장려하고, 다른 의자에서 말을 할 때는 '당신(너)' 진술로 하도록 하는 것은 비난하는 자기를 포착하는 데 도움이 된다. 양측은 자기의 경험을 이야기하거나 상대방의 경험을 이야기하기보다는 각자가 자신이 소유한 것을 표현해야 한다. 목표는 그 순간 자신이 점유하고 있는 측면의 경험을 표현하는 것이다.

반대 단계 예시

대화의 초기 단계의 예는 다음과 같다.

내담자: 내가 특정한 일을 할 때 느끼는 정서예요. 죄책감을 느끼지 않고 그것을 하고 싶은데 그럴 수 없어요. 그냥 기분이 안 좋아요. [갈등 분열]

치료자: 으-흠.

내담자: 나는 그 일을 하고 싶고, 모든 인간이 할 권리가 있다고 느끼고 싶어요. 그래서 나는 그 일을 할 권리가 있지만, 나는 그것을 느끼지 못해요. 오히려 나는 스스로 죄책감을 느껴요.

치료자: 여기로 와서 그것에 대해 실험해 봅시다. 어떻게 자신이 스스로 죄책감을 느끼게 할 수 있을까요? 해 보겠어요? 그녀에게 죄책감을 느끼게 하고 권리가 있다고 느끼지 않게 만들어 보세요. 그것이 당신이 어려워하는 이유인 것 같이 보이는군요. [실험 구성]

내담자: 인간은 이 땅에서 정말 많은 시간을 가지고 있는데, 그 시간을 경솔하고, 무의미하고, 비생산적인 활동으로 낭비해서는 안 돼요. (발을 두드림).

치료자: 당신의 오른발을 느끼셨나요? [자기의 측면 확인]

내담자: 네, 선생님!

치료자: 맞아요. 맞아요. 선생님, 그 발에 대한 부분 [그 측면의 책임감 증진]

내담자: 주어진 것을 소중히 여겨야 해요. (손가락을 가리키고 발을 두드림. 웃음) 잘 사용하세요.

치료자: 그리고 낭비하지 말고…….

내담자: 쓸모없는 일에 시간과 삶을 낭비하면 안 돼요.

치료자: 그녀에게 기대하는 것을 말해 줄래요? [금지와 비판에 대한 의식 증진]

내담자: 나는 당신이 쓸모 있길 기대해요. (잠시 멈춤) 나는 당신이 어른이 되기를 기대해요. (예

yeah) 철들어요. 놀이는 잘 모르는 아이들을 위한 거예요. 놀이는 생각이 덜 성장한 아이들이나 하는 거예요. 성인 되면 여러 가지 일을 즐겨야 해요.

치료자: 바꿔 볼까요? 어떻게 말씀하시겠어요? [분리와 접촉]

내담자: [경험자] 나는 항상 생각을 해야 하는 게 피곤해요.

치료자: 으-흠. 당신 목소리가 피곤한 것 같군요. 그녀에게 말해 주세요. 당신이 어떤지 그녀에게 말해 주세요. [확인과 책임 증진]

내담자: 그녀는 신경 쓰지 않아요. (킥킥 웃음)

치료자: 으-흠. 당신을 신경 쓰지 않는 느낌을 주는군요. [공감적 탐색]

내담자: 맞아요!

치료자: 그것에 대해 그녀에게 말해 주세요. [책임 증진]

내담자: 나는 명령 받는 기분이에요. 나를 신경 안 쓰는 느낌이에요. (잠시 멈춤)

치료자: 그래서 무엇을 경험하고 있나요? [정서에 접근하기 위한 경험적 질문]

내담자: 갇혔어요. (한숨) 난…….

치료자: 그녀에게 그것을 말해 주세요. [책임 증진을 위한 과정 제안]

내담자: 특히 내가 알고 있으니까 더 갇힌 느낌이에요!

치료자: 무엇을 아나요?

내담자: 나는 항상 마음을 쓸 때 제대로 사용하지 못한다는 걸 알아요. 나는 매일 지친 마음을 사용해요. 그리고 그것을 회복시킬 기회가 나에게는 전혀 없어요.

치료자: 그녀에게 말해 주세요. [책임감 증진과 접촉을 위한 과정 제안]

내담자: (한숨) 나는 배터리를 재충전할 기회가 전혀 없어요. 한 번도 멈추는 기회가 없었어요. 당신이 몹시 가고 싶어 하는 그곳, 많은 에너지를 갖고 있는 그곳, 당신이 사물에 대해 명확하고 좁은 관점을 가지고 있는 그곳.

치료자: 으-흠 그래서 당신이 그녀에게 정말 하는 말이 무엇이죠? 당신은 무엇을 원하나요? [요구의 의식을 장려하는 경험적 질문]

내담자: 나는 원해요……. 나는 머리를 쓰지 않는 일을 하고 싶어요. 나는 쉬고 싶어요. 그냥 나는 쉬고 싶어요.

이 대화에서 치료자는 자기의 2가지 측면을 확인하고 분리하여 내담자가 각 측면을 취하도록 한다. 또한 내담자는 대화의 두 번째 단계에 들어가는 비판과 정서를 확인하기 시작한다.

첫 번째 추가 단계: 귀인 확인

대화가 귀인 분열로 시작될 때, 반대 단계 이전의 첫 번째 단계에서는 귀인의 내적 측면을 자각하는 것이다. 귀인이 있는 경우, 치료 작업은 평가 또는 반대의 중요한 원천이 자신에게 있다는 것을 내담자가 발견하도록 돕는 것으로 시작된다. 이것은 내담자가 내적 요소를 발견하기 위해 타인의 비판이나 반대를 일으킴으로써 달성된다. 그런 다음 대화를 시작할 때, 반대 단계 이전에 치료 작업의 단계를 추가한다. 이것은 귀인을 확인하는 것과 관련이 있을 수 있는 단계를 추가하는 것이다.

이 단계에서, 치료자는 내담자에게 상대방의 평가나 반대의 내용과 방식을 표현하도록 지시한다. 치료자는 타인의 역할에서 내담자의 내용, 표현, 비언어적 행동 모두에 세심한 주의를 기울이고 내담자가 이 역할에서 매우 구체적이 되도록 돕는다. 이러한 상황이 전개됨에 따라, 내담자는 자기 자신의 비판과 의심, 또는 타인으로부터가 아닌 '해야 할 것'이라는 것이 자신의 목소리인 것이 분명해진다. 이것은 '타인'이 접근할 수 없는 비판이나 금지 명령의 세부 사항과 구체성의 정도에서 분명해진다. 따라서 내담자는 '타인'에게 귀속시켰던 입장이 자신에게 불분명하거나 지금까지 대부분 알지 못했던 자신의 관점을 나타내는 측면임을 인식하기 시작한다. 그런 다음 치료자는 내담자가 자기 경험의 이러한 측면을 '동일시'하고 평가나 반대가 자신의 외부에서 비롯된 것으로 계속 경험하기보다는 자신의 자기 평가나 강요를 의식하도록 장려한다. 대화는 위에서 설명한 것과 같이 자기의 반대되는 두 측면 간의 자기-자기 대화(self-self dialogue)로 진행된다. 내담자가 갈등을 내부적 갈등으로 식별하지 않으면 그 자체의 용어로 대인 갈등으로 탐색한다.

접촉 단계

이 단계에서 치료자는 내담자에게 의자를 자주 바꾸라고 지시한다. 비판자와 경험자 사이의 접근과 접촉을 순탄하게 하면서 서로를 자극한다. 치료자는 한 측면에서는 내담자가 자신의 더 깊은 정서와 관련된 필요와 욕구가 있고, 다른 한편으로는 자신의 가치와 기준을 공식화하고 동일시할 수 있도록 상충되는 측면을 개선하는 작업을 한다.

전체적으로, 치료자의 주요 임무는 내담자가 자신의 두 측면 사이의 구별을 유지하고 더 큰 차별화를 촉진하도록 돕는 것이다. 치료자는 내담자의 언어적 그리고 비언어적 의사소통에 내재된 모든 내용이 명시되도록 한다. 대화의 내용을 듣는 것 외에도 고객의 몸, 얼굴, 음성, 제스처에 주의를 기울이고 변화에 주목하고 이를 내담자의 의식 안으로 가져오는 것을 포함한다. 내담자는 의사소통의 이러한 측면의 의미를 발견하고 대화에 추가 할 수 있다.

이 단계에서는 다음의 개입이 활용된다.

자동적 자기비판과 금지 명령에 대한 내담자의 의식 촉진

치료자는 자기비판적이고 자기 강압적인 진술을 먼저 듣는 자기 평가 경로를 따른다. 그것은 대화를 펼치고 내담자가 자기 진술을 지정하도록 도와준다. 내담자가 자신의 기대치 또는 '해야 할 일' 목록을 명확하게 표현하고 자신의 다른 측면에 표현하도록 제시해야 한다.

내담자의 자기비판과 금지 명령의 구체성 높이기

이 단계에서 초점은 더 자세하고 구체적으로 되는 것이다. 따라서 치료자는 "당신은 더 열심히 일해야 해"라는 비판자의 말에 개입해서 "더 구체적으로 말해 줄 수 있나요? 그가 무엇을 해야 할까요?"와 같은 질문과 과정을 지시한다. 이것은 내담자의 다음 진술을 촉진한다. "어젯밤 10시 30분에 포기하지 말았어야 했어요. 적어도 한 시간은 더 버텼어야 했어요." 전체적인 '해야 할 것'을 구체적인 진술로 구별하는 것은 그 사람의 비판의 특이한 내용과 특성을 훨씬 더 많이 드러내기 시작한다. 내용을 더 자세히 설명하는 것 외에도 치료자는 내담자가 자기 평가 방식과 스타일에 주의를 기울이도록 하여 내담자가 말하는 내용뿐 아니라 이것이 어떻게 발생하는지 알아차릴 수 있도록 돕는다. 이것은 가혹하거나 죄책감을 유발하는 것과 같은 방식을 만들기에 최대한 충분히 설명한다. 자기와 관계하는 방식은 종종 그 사람의 성격 구조를 잘 나타낸다. 따라서 거만하고 자기비판에 우월한 사람은 "그건 충분하지 않아"와 같은 성향을 성격의 일부로 가지고 있으며, "당신이 어떻게 이럴 수 있어?"라고 하며 비난을 퍼붓고 강한 죄책감을 만드는 사람과는 다르다. 그런 다음 거만함이나 죄책감을 유도하는 과정은 내담자에게 거만하거나 조롱하듯이 말하라고 요청함으로써 대화의 내용을 바꾼다. 그러면 내담자는 자신의 비판이 무엇인지 뿐만 아니라 자신이 어떻게 비판하는지, 즉 자기 관계 방식을 알게 된다. 내담자는 자기비판의 구체화와 설명에 몰두하면서, 비판의 장소가 내면에 있고 진정한 정서적 강렬함으로 끊임없이 작동하고 있다는 것을 경험적으로 깨닫게 된다.

핵심 부정적 자기 진술 식별

핵심적인 부정적 자기 진술의 식별은 부정적인 자기 진술의 주요 측면을 강조함으로써 가능하다. 내담자에게 자기 부정과 관련된 문구나 비언어적 표현을 반복하고 과장하도록 지시한다. 예를 들어, 내담자가 "당신은 무가치한 사람이에요."라고 말하거나 비판하면서 비웃는 경우, 내담자에게 "그것을 다시 해 보세요.", "그것을 조금 더 해 볼까요?", "그것을 좀 더 설명해 보세요."라고 제안한다. 이 작업은 내담자의 정서적 각성을 강화하고 핵심 비판에 접근하는 데 도움을 준다.

경험자의 기본 정서에 접근하고 표현하기

자기 평가적/강압적인 측면이 완전히 개발되면 치료자는 '경험하는' 과정에 집중한다. 여기서 처음에 치료자는 구체적으로 고양된 자기 평가에 대한 반응으로 내담자의 정서에 접근하는 것을 목표로 한다. 치료자는 정서적 반응을 끌어내기 위해 핵심적인 평가 또는 '해야 할 것'을 요약하거나, 재언급 또는 강화할 수 있다. 그런 다음 치료자는 내담자가 자기의 내면에 집중하고 정서에 주의를 기울이도록 안내한다. 필요한 경우에는 가르치는 방식으로 내담자가 일차 정서에 접근하도록 돕는다. 치료자는 다음과 같이 질문할 수 있다. "당신이 좋지 않다고 말하는 그 부분에서 무엇을 경험하나요?" 내담자가 "나는 패배감을 느껴요."라고 반응한 것은 내담자의 일차 정서를 반영하여 응답한 것이다. 이러한 반영 뒤에 치료자는 내담자가 양측 간의 대화에 계속 집중할 수 있도록 이 느낌을 다른 의자에게 표현하도록 제안한다. 치료자는 정서가 변할 때 이를 추적하고, 새롭게 떠오르는 경험에 초점을 맞추고, 새로운 경험을 탐색하고 표현하도록 장려한다.

작업의 이러한 측면에서 내담자의 성과 있는 참여는 내담자의 경험과 표현 방식에서 의식할 수 있다. (경험적 측면이 대화의 첫 번째 단계에서 하는 것처럼) 유창하게 말하거나, 자기방어적으로 표현하거나, 변명하기보다 이제 내담자는 자신에게 새로 일어난 정서와 일치하는 단어를 경험적으로 찾을 것이다. 내담자가 내재된 정서에 접근하는 것에 어려움을 겪는다면, 치료자는 내담자가 잠시 자기 평가 경로로 돌아가도록 함으로써 정서적 반응을 더욱 자극하도록 도울 수 있다. 자기 평가를 반복하고 강화함으로 비로소 자기의 경험을 불러일으킬 수 있게 된다. 이 개입에서 다른 의자의 비판은 내담자의 정서를 불러일으키는 데 도움이 되는 보조 수단으로 사용된다.

치료자는 정서를 확인하기 위해서 내적인 즉각적인 경험에 초점을 맞추는 것 외에도 정서를 적극적으로 표현하도록 촉진한다. 이 과정은 경험의 다양한 측면 간의 접촉을 촉진할 뿐만 아니라, 실연(enactment)을 통해 정서에 접근하는 데 도움이 된다. 치료자는 "당신이 느끼는 것을 그녀에게 말해 주세요.", "저쪽 측면에게 하고 싶은 말이 있나요?", "그녀에게 그것에 대해 말해 주세요."라고 말할 수 있다. 이 과정은 정서를 명확하게 하고 선명하게 하며 또한 정서와 그것을 생산하는 주체에 대한 내담자의 동일시를 구축한다.

이 단계에서의 정서적 변화 과정

대화의 이 단계에서 결정적으로 중요한 것은 경험하는 의자에서 고통스러운 정서를 다루는 방법이다. 내담자는 무엇보다도 슬픔, 절망, 불안, 피로, 부적합 등의 강렬한 정서를 경험하고 표현할 것이다. 우리는 어떻게 반응하고, 어떻게 이런 정서의 변화를 촉진하는가? 누군가가 "나는 나약함을 느껴요." 또는 "나는 슬픔을 느껴요."라고 말하며 고통스러운 상태에 들어갈 때, 치료자는 내담자가 그 느낌에서 멀어지기보다는 그 느낌에 머물도록 돕는다. 치료자는 내담자에게 "그 슬픔에 머물러 보세요." 또는 "슬픔을 말로 표현해 보세요." 또는 "당신의 정서를 더 설명해 주실 수 있을까요?"라고 제안함으로써 내담자가 그 정서에 완전히 몰입하도록 요청한다. 이것은 본질적으로 경험과 동일시하고, 가능한 한 완전하게 소유하고 정확하게 상징화하기 위해서 경험에 최대한의 주의를 집중하도록 촉진한다. 한번 자신의 것이라고 주장하고 상징화한 고통스러운 정서로 "삶이 나를 스쳐 지나갈까 봐 두려워", "나는 연약하고 혼자 있는 것 같아" 또는 "나의 연약한 부분이 취약해" 등의 표현으로 더욱 차별화되고 발전된다. 유발된 경험에 대한 이러한 주의 집중과 상징화는 발견과 창조를 모두 포함한 변증법적 구성으로 새로운 의미의 창조를 수반한다. 경험은 상징화되고 새로운 가능성이 만들어진다. 내담자 안에 성장 경향의 지속적인 작업과 성장 경향성에 대한 치료자의 공감적 조율은 앞으로 나아갈 수 있도록 이끈다.

정서를 확인하고 상징화하는 것에 따른 핵심적인 치료자 개입은 내담자의 경험, 특히 그들의 욕구와 필요를 알아보는 탐색적 질문을 하는 것이다. 이를 통해서 정교함과 차별화가 촉진된다. 탐색적인 어조로 "당신의 내면은 어떤가요?"라고 질문하는 것이 "무엇을 느끼나요?"라고 묻는 것보다 상징화를 촉진하는 데 훨씬 더 효과적이고 유용하다. 전자의 질문은 차별화된 상향식 설명을 촉진하고, 후자는 종종 개념적인 하향식 명명화를 낳는다.

이러한 정서의 분화 과정은 새로운 경험의 출현으로 이어지고 궁극적으로 새로운 정서와 관련된 욕구의 표현으로 이어진다. 이는 정서적 처리의 원리 중 하나인 "한 가지가 다른 것으로 이어진다"와 같다(Polster & Polster, 1973; Greenberg & Safran, 1987). 이것은 일종의 '법칙' 과정이다. 본질적으로, 정서적인 정보에 주목하여 처리하고, 새로운 특징을 상징화한다. 이러한 새로운 상징을 구별하고 통합하는 것은 새로운 의미 생성과 새로운 경험의 출현으로 이어진다. 따라서 "나는 두려워요" 또는 "나는 취약하다고 느껴요"는 경험의 새로운 특징에 주의를 기울일 때 "나는 섬세하고, 이 느낌이 좋아요"로 발전할 수 있다. 또한 "나는 무가치하다고 느껴요"는 "나는 최선을 다했는데 당신은 나에게 너무 많은 것을 기대했어요"로 분화되고 "나는 화가 나요"로 변형되어 결국 상대방에게 "당신은 나에게 너무 많은 기대를 해요"라는 주장으로 바뀔 수 있다. 정서는 욕구와 관련된 평가에 근거한 행동 경향이라는 점을 고려할 때, 일단 떠오르는 정서가 확인되면 그와 관련된 행동 경향과 욕구를 확인하는 것이 중요하다. 일반적으로 '피곤한 느낌'은 노력을 뒤로 미루거나 중단하려는 경향과 긴장을 풀고 싶은 욕구를 포함한다. 그리고 "나는 화가 나요"는 일반적으로 공격적으로 밀어붙이거나 방어하거나 벗어나고자 하는 욕구를 포함한다. 그러나 모든 인간의 경험은 궁극적으로 독특하다는 점을 유의하는 것이 중요하다. 사람마다 피로와 분노의 유형이 다르고, 같은 사람이라도 때에 따라 다른 유형의 분노가 있다. 따라서 각각의 정서는 현재의 독특한 행동 경향과 욕구에 따라 탐색 되어야 할 필요가 있다.

내담자의 고통이나 기본적인 불안이 경험자에게 접촉했을 때, 이 불편함에서 벗어나려는 경향은 치료자의 지원과 협력으로 그것을 받아들이고, 거기에 함께 머물며 발전할 수 있도록 허용함으로써 극복된다. 그 사람은 불안정하고 불안전한 느낌을 느낄 수 있고, 실존적으로 취약한 느낌, 즉 넘어지거나, 무너지거나, 사라지거나, 혼란스러워질 것 같은 느낌을 두려워할 수 있다. 이것은 통제 불능의 공황 상태가 아니다. 그것은 그 사람이 어떤 식으로든 자신의 고통, 두려움 또는 근본적인 불안에 직면하는 것을 허용하고 경험하는 과정이다. 이것은 그 사람이 포용감을 느끼도록 돕는 수용과 안정감을 제공하는 타인의 존재 속에서 안전하게 이루어진다. 이 안전을 경험한 사람은 고통이나 불안을 허용하고 자신의 내적 자원, 유기체적 능력 및 자신감에 접촉하는 변형적 과정들이 일어난다. 역설적으로 "나는 확신이 서지 않아" 또는 "나는 무엇을 해야 할지 모르겠어"를 인정하고 당당하게 주장하면 이런 일이 자주 발생한다. 불안감, 취약성, 고통 등 '무엇인가'라는 느낌의 일치하고 자기 수용적인 기반으로부터 그 사람은 더 잘 대처할 수 있다고 느끼기 시작한다. 그 사람의 내적 자원과 주의력을 너무 많이 활용하여 그 사람을 약하고 분열되게 만든 것은, 이러한 정서 및 또는 자신의 이러한 측면을 보호하려는 욕구에 대한 투쟁이었다. 정서를 허용함으로써 정서를 수용하고, 자신이 정서에서 살아남는다는 것을 발견하면 자기에 대처하는 것보다 세상에 대처하는 능력을 향상하는 데 사용할 수 있는 내적 자원을 확보할 수 있다. 비판자가 자기 비난에서 벗어날 수 있게 하는 것은 유기체의 일차 정서에 대한 이러한 유형의 인정과 표현이다.

경험자의 필요와 욕구를 의식하고 확인하도록 독려

경험하는 자기의 필요와 욕구를 확인하는 이 작업에서 새로운 정서와 관련 필요와 욕구가 나타날 때 치료자가 이를 확인하고 지원을 제공함으로써 이루어진다. 이전에 확인되지 않은 요구 사항이 확인되고 지원된다. 이 시점에서 치료자는 내담자에게 공감적으로 반응할 수 있다. 그러나 이러한 반응에는 내담자가 적극적으로 정서와 욕구를 다른 측면에게 표현하도록 "다른 측면에게 이것을 말하세요."와 같은 지시를 따라야 한다. 일단 내담자가 내재된 정서에 접근하고 표현하면, 그 사람은 좀 더 적극적으로 확신에 찬 정서 표현을 시작할 수 있다. 예를 들어, 그 또는 그녀는 "나는 나 자신이 될 기회가 없습니다."라고 말할 수 있다. 이는 나 자신이 되어야 한다는 것을 의미한다. 또는 "나는 완벽하지 않습니다. 당신은 너무 많은 것을 기대합니다." 또는 "나는 지쳤습니다." 욕구나 욕구를 암시하는 정서가 표현되면 치료자는 "무엇을 원하세요?"라고 묻는다. 또는 "그녀에게 필요한 것이 무엇인지 말해 주세요." 경험의 방향성을 제공하는 것은 정서를 동반한 욕구나 행동의 경향이며, 이러한 경향들을 자각해야 한다.

이러한 욕구의 표현은 아래에 설명된 기준의 확인과 연계되어 욕구와 필요의 표현과 가치와 기준들 사이에 필요한 접촉을 촉진한다. 이 접촉은 새로운 것을 창조하고 통합할 기회를 제공한다.

가치, 기준 및 기대에 대한 의식 높이기

내담자가 '자기비판' 의자에서 말하는 동안 치료자는 내담자가 바라는 것에 집중하고 이러한 바람들을 표현하도록 도와준다. 이것은 치료자가 내담자의 가치를 확인하도록 가르치는 교육적 개입이 아니다. 그 사람이 현재 경험하고 있는 핵심 기준과 비판의 근거가 되는 가치가 나타날 때 이를 상징화할 수 있도록 돕기 위해 고안된 탐색적 과정이다.

확인과 접촉 단계 예시

이 인용문은 경험하는 의자에 앉아 있는 내담자가 다른 의자에 있는 두 부모와 나눈 대화에서 가져온 것이다. 그녀의 부모에 대한 통합된 의식은 '해야 할 것'과 기대에 접근하기 위해 실연되고 있다. 이 경우 부모는 개인에게 내사된 가치 또는 '해야 할 것'을 전달하는 내면화된 표상으로 볼 수 있다.

내담자: (경험자) 하지만 만약에 내가 당신이 원하는 대로 된다면 좋을 거라는 걸 알아요. 하지만 난 좋지 않아요. 난 나예요.

치료자: 네…… 알았어요. 이쪽으로 와주세요. 그녀에게 "당신은 잘해야 해, 당신은 ……을 해야 해"라고 말하세요. 그들이 당신을 어떻게 만들려고 했나요? [비판자 의식]

내담자: (신음, 한숨. 낮은 목소리, 차분한) 엄마는 항상 이렇게 엉뚱하고 귀여운 말을 하셨어요. (큰 숨을 들이마시는)

치료자: 아-하. 그것을 말해 보세요. [책임감 증진]

내담자: 우리와 함께 있는 게 너무 좋았던, 뺨에 보조개가 있고 모자를 쓴 사랑스러운 어린아이에게 무슨 일이 일어났어요?

치료자: 맞아요. 그런 기대로, 그녀에게 어떻게 해야 하는지 말해 주세요. 그녀가 어떻게 되어야 하

는지에 대한 핵심 메시지는 무엇인가요? [핵심 평가 확인]

내담자: 그녀는 어떤 파도도 만들면 안 돼요. 그녀는 가족을 방해해서는 안 돼요.

치료자: 너는 하면 안 돼……. [책임]

내담자: 너는 여기에서 아무것도 방해하면 안 돼.

치료자: 이것을 특정 상황으로 만들 수 있을까요? 그녀가 가족에게 방해해서는 안 되는 것은 무엇인가요? 그녀에게 말해 주세요. [구체성 높이기]

내담자: 그건 그냥 큰 카탈로그에요. "당신은 왜 가족과 잘 어울리지 않나요?" 너무 시끄럽게 굴지 마. 당신도 우리와 같은 '다른' 사람이야. (속도 상승) 사랑하고, 베풀고, 선행을 해. 세상으로 나가. 자신을 희생해. 타인들을 돌봐야지. (속도가 느려짐) 좀 더 너를 열고, 세상에 베풀어 봐.

치료자: 좋아요. 다시 말씀해 주세요. [핵심 금지 명령 확인]

내담자: 하지만 이것은 내가 지금 스스로에게 하는 말이에요.

치료자: 어휴. 그래서 그녀에게 말해 주세요. 내가 당신에게서 들은 것은—당신은 마음을 열고 세상에 베풀어야 한다— 이네요. [핵심 금지 명령 확인]

내담자: 너는…… 부드럽고…… 착하고 (한숨) 그리고 용감하고 (목소리가 갈라짐) 그리고 똑똑해…… 또…… 개방적이고 사랑스러워.

치료자: 네. 당신은 사랑해야 해요. [핵심 명령]

내담자: 너는 사랑해야 하고(킁킁 거리며) 너는 용감해야 해 (심호흡).

치료자: 맞아요……. 사랑과 용감함이라는 두 가지 중요한 요소가 있어요. 다시 말해 주세요. [핵심 명령]

내담자: 너는 사랑해야 하고 용감해야 해. (심호흡)

치료자: 으흠. 그리고 당신은 어떻게 대답하나요? (의자를 바꾸라고 지시) [기본 감정을 분리하고 접촉하며 접근하는 경험자]

내담자: 네. 그리고 난 할 수 없어요. (흐느낌)

치료자: 네. 이 정서에 머물러 보세요. [경험자의 기본 정서 지원과 접근]

내담자: 도저히 안 되겠어요. (흐느끼며) 하고 싶지 않아요.

치료자: 다시 한번 말씀해 주세요. [필요와 욕구 확인]

내담자: 나는 원하지 않아요..

치료자: 네. 다시 한번 더.

내담자: (더 깊게, 천천히, 단호하게) 난 원하지 않아요.

치료자: 당신이 원하는 것을 그녀에게 말해 보세요. [욕구 의식]

내담자: 난 그냥 나 자신이 되고 싶어요. 나는 내 길을 따라 내가 하는 일을 하고, 그리고 그것을 잘 하고 싶어요.

치료자: 으흠. 나는 나의 나됨을 허락받고 싶고, 나의 재능을 키우고 싶어요. [필요 확인]

내담자: 네.

치료자: 그녀가 무엇을 말하는지 바꾸어 보세요. [분리와 접촉]

내담자: 글쎄. 이기적인 것은 좋지 않아. 네가 되지 말라는 말이 아니야. 그저 타인들에게 나누는 것도 중요하다는 거야. 너 스스로만을 위하지 마. 너를 베풀어야지.

치료자: 바꿔 보세요. [분리와 접촉]

내담자: 나는 나를 희생하고 싶지 않아요. 나도 나누고 싶어요. 하지만 나는 나를 포기하지 않을 거예요.

이를 통해 치료자는 내재된 비판의 분별을 촉진하고 이를 더욱 구체적으로 만들고 핵심 비판을 분별하는 데 노력한다. 내담자의 근본적인 정서와 필요는 경험자에게서 확인되고 기준과 가치는 다른 의자에서 나타난다.

통합 단계

부드러워질 때 내적 경험에 대한 비판자 집중과 표현 촉진

이전에 표현되지 않았던 유기체적 요구가 표현되고, 비난이 중단되고, 기준과 가치가 명확해지기 시작하면 치료자는 내담자에게 다시 자기 평가 경로로 바꾸도록 지시한다. 여기서 치료자는 비판자가 부드러워지고 있는지 아닌지 징후를 확인한다. 비판자가 경험자와 관련된 자신의 위치를 재검토하기 시작하는 징후가 있는지 관찰한다. 상태의 변화가 있는 경우, 치료자는 비판자에게 "당신은 지금 경험하는 자기에 대해 무엇을 느끼고 있습니까?"라고 질문함으로써 내담자가 내면에 집중할 수 있도록 돕는다. 새로 접근한 정서는 처음에 표현된 가혹한 비판 및 비난 정서와 눈에 띄게 대조되며 관심, 이해 그리고 자기 존중을 포함할 수 있다. 이것들은 경험자에게 표현된다.

협상 또는 통합 촉진

자기의 두 측면 사이를 오가며 각자 자신의 관점과 필요를 표현하도록 함으로써 자기의 두 측면의 협상이나 통합이 촉진되어야 한다. 어떤 때는 명시적인 협상이 촉진된다. 다른 때에는, 새로운 통합의 자발적인 출현이 통합되기도 한다.

비판자의 일차적 정서가 접근되고 표현되었을 때, 치료자는 이런 변화에 대한 내담자의 반응을 탐색한다. 경험하는 의자에서 내담자는 이제 새롭고 보다 더 적극적인 관점을 표현한다. 치료자는 내담자의 자신감 있는 어조와 표현 방식으로 이것을 의식할 수 있다. 치료자가 내담자에게 이 두 가지 위치 사이를 이동하도록 지시할 때 내담자는 두 가지 측면의 차이점이 하나의 통일된 관점으로 녹아드는 것처럼 두 측면이 합쳐지는 것을 경험하기 시작할 것이다. 통합 단계의 예는 다음과 같다. 대화는 내담자가 비판적 의자로 이동하는 것으로 시작된다.

내담자: [경험자] 나는 공간이 필요해요. 나에게 공간을 좀 주세요.

치료자: 으흠. 바꿔 보세요.

내담자: [비판자] 흠…… 나는 사라지지 않아요. 지금 당신에게 경고 하는 거예요. [치료자: 으흠] 당신은 나를 제거할 방법이 없어요.

치료자: 당신은 무엇을 하고 있나요……?

내담자: 나는 주위에 숨어 있어요.

치료자: 그녀가 공간을 달라고 하면 어떻게 하죠? [내면 경험에 초점을 맞춘 비판자]

내담자: 흠…… 저는 좀 두려워요. (목소리가 더 내면에 집중) 나, 나는 일종의 뒤로 빠져 있는 것 같아요, 하지만 주시하고 있어요.

치료자: 그녀에게 당신이 두려워하는 것을 말해 주세요. [내면 경험 표현]

내담자: 음…… 네…… 난 당신이 정말 무서워요……. 난 당신이 다칠까 봐 두려워요 [치료자: 예] 그리고…… 그…… 나는 미래에 대해 두려워요, 현재는 그렇게 두렵지는 않아요. [치료자: 으흠] 내 생각에는 그렇지 않아요. 흥미롭군요. 네, 갑자기 이런 느낌이 들었어요……. 마치…… 마치…… 10년 뒤에는 일어날 일처럼. [치료자: 으흠] …… 아…… 아…….

치료자: 그녀를 향한 정서는 어떤가요? [내면 경험 표현]

내담자: 오…… 매우 보호적이요. [치료자: 아하]…… 나도…… 그녀에 대해 많은 사랑을 느낀다는 것을 방금 깨달았어요. [치료자: 아하] 어…… 하지만 나는 그녀가 상처받는 것이 두려워서

그런 것을 원하지 않을 뿐이에요.

치료자: 그래요. 그녀에게 말해 주세요.

내담자: 그리고…… 나는 당신이 다치는 걸 원치 않아요. 그리고 내가 하고 있는 것은 당신을 돌보는 것이에요. 내가 하고 있는 것은…… 내…… 내 재능이나…… 능력이나 뭐든 사용해서…… 내 인지력…… 음…… 그리고 당신을 조심하면서…… 당신을 돌보는…… 네. 음…… 그리고…… 다치지 않도록 하려고 하는 거예요. 당신이 현명한 결정을 내리도록 노력하고…… 음…… 별만 보고…… 도망치지 마세요.

치료자: 아…… 그래서 이 자리로.

내담자: [경험자] (웃음) 글쎄요. 하지만 저는 별을 보고 달려가고 싶어요. (웃음) 그게 중요한 거죠. (웃음) 음…… 내 생각엔 당신은 모든 것을 놓친 것 같아요. 음…… 나는 당신이 보는 것도 상관없고, 만드는 것도 상관없어요……. 당신은 문제를 제기하지만 당신도 알다시피…… 당신은 '젖은 담요'(흥을 깨는 사람)가 될 수가 있어요…… .

치료자: 아하 (웃음)…….

내담자: 그리고 난 정말 당신이 옆에 있는 것을 원치 않아요. 음……. 당신을 원해요. 아니 그 모든 것이 진실은 아니에요. 당신이 거기에 있어 주었으면 좋겠어요……. 나는 당신이 필요할 때 바로 부를 수 있게…… 하지만 젖은 담요처럼 하는 건 이제 그만해요.

치료자: 그래서 그녀에게서 원하는 것이 무엇인가요? [협상 촉진]

내담자: 당신이 볼 때 내가 만들 거예요. 내가…… 비참한 결정을 내리려고 하는 것을 보면, 당신이 개입할 수 있어요. 하지만 나머지 시간 동안은…… 내가 숨을 쉴 수 있게 해 줘요. [치료자: 으흠] 나에게 공간을 줘요. 날 숨 막히게 하지 말아요.

치료자: 흠…… 그래서…… 바꿀 수 있을까요? 무엇을……. [분리와 접촉]

내담자: (한숨) 네, 하지만 당신은 내가 있다는 사실에 아주 고마워해야 해요. 네, 나는, 내가…… 숨이 막힐 수도 있지만…… 저는 아마도…… [치료자: 으흠]…… 산만하고 많은 일에 제동을 걸 수 있지만…… 내가 당신을 많은 문제에서 지켜주기 때문에…… 필요한 거죠……. 많이 혼란스러워요…… 네…….

치료자: 무엇을 경험하나요? [내부 참석]

내담자: 숨을 멈추고 있어요. [치료자: 어허] 나는 그냥 모든 것을 가만히 잡고 있을 뿐이에요……. 음…… 내가 잘라 버렸어요. [치료자: 네, 네] 네…… 나는…… 잠시만…… 음…… 모르겠어요……. 모르겠어요……. 그런 거 있잖아요. 그냥 상황 따라 가는 거…… 내가 제동을 걸었어요.

치료자: 그래서 그녀에게서 무엇이 필요한가요? [필요 의식]

내담자: 흠, 그녀에게 필요한 것이 무엇일까요? 내가 그녀에게서 필요한 것은 무엇일까요?

치료자: 당신의 목소리가 겁에 질린 것 같아서요. [추측]

내담자: 음……. 나는 어떤 면에서는 겁이 나요. 네…… 음…… 그녀가 내 말을 들어주기를 원해요…… 음…….

치료자: 지금, 그녀가 어떤 것을 듣기 원하나요? [협상 촉진]

내담자: …… 아, 나는 정말…… 마치…… 내가…… 음……. 저기에서 잘 있어야 할 것 같아요.

치료자: 좋습니다. 바꾸죠.

내담자: 음…… 흠…… 지금 내가 당신의 말을 들은 것 같아요……. 그리고…… 당신을 말을 들었어요, 알죠? 당신의 경고를 들었어요. 당신이 뭐라고 했는지 들었어요.

치료자: 당신이 들은 것을 그녀에게 말해 주세요. [협상 촉진]

내담자: 음…… 글쎄요……. 당신이 하는 말을 들었어요, 당신도 아는…… 오…… 오…… 그는 [그녀의 삶의 새로운 남자]는 믿을 만하지 못하다라고…… 당신도 알지만…… 그와 관련되면 당신도…… 알다시피 이건 순전히…… 단기적인 것이에요……. 그리고…… 나는 그에게 어떤 주식도 넣지 않았어요. 알다시피, 내 말은…… 나는 그것에 너무 많이 투자하지 않았어요. [치료자: 아하] 다 들었어요……. 당신이 하는 말 다…….

치료자: 그리고…….

내담자: 그리고 나도 알아요, [치료자: 으흠] 당신이 말하는 많은 것들이…… 완벽하게 사실이라는 것을 알고 있어요…….

치료자: 그리고 나는…… [협상 촉진]

내담자: 나는 위험을 감수하고 싶어요…….

치료자: 그리고 이 부분에서 당신이 바라는 것은…… [협상 촉진]

내담자: 흠–저의 그 부분에서요.

치료자: 으흠.

내담자: 나는 당신이 나를 신뢰해 주길 바라요.

치료자: 바꿔 보세요. 당신은 뭐라고 말하실 건가요? [분리와 접촉]

내담자: 나는 당신을 신뢰 할 것이고, 당신도 나의 말에 귀를 기울이기를 원해요.

이 대화에서 우리는 치료자가 비판자의 변화를 들을 때, 그녀가 비판자의 내면 경험에 초점을 맞추고, 비판자는 두려움과 연민으로 부드러워지는 것을 본다. 그런 다음 치료자는 양측 간의 협상을 촉진한다.

대화 이후 단계

의미 관점 생성

이 단계에서 적절한 경우, 치료자와 내담자는 내담자의 회기 내 경험을 이야기한다. 이것은 내담자가 일어난 일을 상징화하고 실험에서 개인적 의미를 추출하도록 돕기 위해 수행된다. 실험에서 얻은 자기의 새로운 경험은 동화되고 통합된다. 해결에 이르지 못 했을 때, 치료자는 무슨 일이 일어났는지 요약하고 대화에서 발견된 것과 관련된 의식 과제를 설정할 수 있다. 과제는 종종 자기 평가를 의식하기, 정서와 욕구를 의식하기, 또는 내부 비판을 전달하거나 반대할 때 개인이 채택하는 방식 의식하기와 같은 것을 사용한다. 인지하는 것 외에도 내담자는 주중에 앞의 과정 중 하나에 의도적으로 관여하도록 지시받을 수도 있다. 이는 자동 처리를 통제된 처리로 전환하여 자각하고 통제할 수 있도록 한다(Greenberg & Safran, 1981, 1987).

작업 이후 대화 단계 예시

치료자: 만약 당신이 가능하다면, 나에게 그것을 설명해 줄 수 있을까요? 당신은 어떤 느낌이 드나요?

내담자: [경험자] 음…… 사실 저는 느낌이 좀 더…… 음…… 어떻게 말로 표현해야 할지 모르겠네요……. 음…… 좀 더 윤곽이 잡힌 것 같아요…….

치료자: 네, 네…… 이해해요……. 당신은 윤곽이 잡힌 느낌이군요.

내담자: 네, 아시다시피, 그 사람은 항상 그런 것처럼 보였는데, 그 사람은 항상 할 말이 더 많았던 것 같아요…….

치료자: 하지만 지금 당신은 느끼고 있어요. 당신이 어떻게 앉아 있는지 알고 있나요?

내담자: (잠시 멈춤) 언제나 그렇듯이. (웃음)

치료자: (웃음) 당신은 머리를 좀 더 높이 들고 있어요……. [과정 관찰]

내담자: 아, 정말요?

치료자: 그것은 어떤가요……. 그래서 그녀에게 어떤 말을 할 건가요?

내담자: 음…… 어, 그건 내가 꼭 듣고 싶었던 말이에요. 사실. (웃음) 음…… 당신이 나에게 줄 수 있는 지원이 필요하다는 것을 알잖아요. 그리고 사실, 당신이 나에게 지원을 줄 수 없다면, 당장 여기서 나가요……. 짐싸요…… .

치료자: 맞아요.

내담자: …… 그리고 가 버려요!

치료자: 맞아요.

내담자: (웃음)

치료자: 맞아요. 그래서 만약 당신이 나를 지원할 수 없다면, 적어도 나를 쏘지도 말라는 거죠.

내담자: 그냥 거기 있지 말아요, 알다시피…….

치료자: 맞아요.

내담자: ……그냥, 그저 공허하거나 뭐 그런 뭔가가 있는 거죠. 아, 그것도 좋지는 않지만…… 음…… 하지만 나는 지원에 감사해요. 그리고 내 생각에는…… 나는 확실히 나 자신으로부터의 어떤 자원이 필요해요. 그리고 나는 필요한 지원을 얻기 위해 싸워야 하고, 그녀가 나를 실망시킬 때 그녀와 맞서 싸워야 한다는 것을 깨달았어요.

치료자: 음.

내담자: …… 내 말은, 내 삶을 돌볼 수 있는 유일한 사람은 나뿐이라는 거죠! 그리고 음…….

치료자: 음. 이 말을 다시 해 볼까요?

내담자: 내 인생을 책임질 수 있는 사람은 나밖에 없다고 말했어요.

치료자: 으흠.

내담자: 그리고…….

치료자: 당신이 이것을 말할 때 당신은 무엇을 경험하나요?

내담자: 더 강해진…… 느낌이었어요.

치료자: 네, 네, 네.

내담자: 나는…….

이 예시에서 치료자는 의미 생성을 촉진하는 것과 대화 통합 단계의 일부 측면을 마무리하는 것 사이를 번갈아 가며 진행한다.

결론

해결 과정 단계와 순서가 확인되고 명시되었지만, 해결이 이루어지기 위해서는 내담자로부터 자발적으로 발생해야 한다는 점을 강조하는 것이 중요하다. 그러한 것들은 내담자에 부과되지 않는다. 치료자의 입장은 수정이나 지시가 아닌 촉진의 입장이다. 대화는 개념적 처리가 아니라 경험적 처리에 내담자를 참여시켜야 한다. 모델과 Stage는 치료자가 자신의 위치와 내담자가 작업에서 경로를 유지하거나 너무 멀리 가지 않게 하도록 돕는 지도 역할을 한다. 또한, 이 모델은 내담자가 자연스럽게 달성한 해결 단계를 방해하지 않도록 치료자를 안내하는 데 도움이 된다.

제11장

자기 차단 분열을 위한 두 의자 실연

정서 경험과 표현은 사회적 영향을 미칠 수 있으며, 이러한 방식으로 인간은 정서 조절 과정을 진화시켜 왔다. 정서 조절은 건전하고 기능적이지만 정서 경험과 표현을 과소 통제하거나 과도하게 통제하는 문제가 때때로 발생한다. 이 장에서는 적응적 정서 경험 및 표현의 중단 또는 과잉 규제와 이와 관련된 과잉 통제 문제에 중점을 둔다. 일차적 적응적 정서를 차단하면 자기감과 욕구와의 접촉을 잃게 된다. 이는 절망감과 무력감, 냉소주의, 공허함 또는 소외감을 초래할 수 있으며 다양한 정신신체적 증상과 관련되어 있다.

이 장에서 우리는 정서 경험과 표현의 차단과 관련된 두 번째 유형의 분열에 초점을 맞춘다(Perls et al., 1951). 이 분열의 표시 및 해결 과정은 갈등 분열의 과정과 약간 다르다. 자기의 한 부분이 자기의 두 번째 부분을 차단하는 이러한 분열을 처음에는 주체/객체 분열이라고 불렀다(Greenberg, 1979). 이를 이제 자기 차단 분열이라고 한다. 이는 표현의 중단을 수반하는 분열과 자기 평가 또는 자기 강압을 수반하는 갈등 분열의 본질적인 차이를 강조한다. 두 가지 유형의 분열 모두 자기의 두 측면 사이의 갈등을 수반한다. 하지만 자기 차단 분열과 관련된 과정은 자기에 대한 평가나 강압적 권력의 사용보다는 자기 차단 활동을 강조한다.

무엇이 바뀌어야 하는가: 근본적인 과정 처리의 어려움

유기체는 일차적인 정서적 반응과 그에 관련된 욕구를 경험할 수 있을 때 최적으로 기능하며, 자신의 욕구를 충족시키기 위해 환경이 무엇을 제공할 수 있는지와 욕구를 연결 짓는다. 욕구를 만족시키려면 사람은 환경에 대해 적절하게 행동해야 한다. 욕구 자각은 욕구 만족을 보장하지 않으며, 욕구가 가장 잘 충족될 수 있는 수단을 지정하지도 않는다. 하지만 그것은 최종 목표를 제공하며, 그 목표를 달성하면 더 큰 유기체적 만족과 균형을 얻게 된다. 욕구가 어떻게 만족스럽게 충족되는지는 복잡한 심리적 과정이다. 여기에는 기존 자원, 과거 학습과 필요한 경우, 새로운 기술 개발의 활용이 포함된다. 일반적으로 사람들은 효과적으로 기능하는 데 필요한 것을 환경으로부터 주도적이고 적극적으로 얻을 수 있다는 점에서 이익을 얻는다. 하지만 욕구 충족을 지향하는 생물학적 적응 행동 경향성이 차단되거나 방해받으면 유기체는 좌절감을 느끼고 욕구를 충족할 수 없게 된다.

이 장에서 논의할 자기 차단 일은 과잉 규제의 역기능에 중점을 둔다. 이는 유기체의 자연스러운 표현 및 관련 요구 사항이 차단되는 것을 말한다. 이는 사회적으로 적절하거나 개인적으로 유익할 때 정서를 억제하는 의식적인 선택을 포함한 건전한 자기 규제와 구별되어야 한다. 예를 들어, 공개적인 회의 중에 분노를 억제할 수 있다. 건강에 해로운 과잉 규제는 정서 반응과 표현 경향의 일관되고 자동적이며 무의식적인 차단을 수반하며, 결과적으로 사람은 무기력해지고 반응하지 않게 된다.

사람들은 유기체적 표현과 자기주장 행동을 억제하는 법을 배울 수 있다. 이는 욕구를 충족시키려는 적응적 시도가 계속해서 좌절되거나 무시되거나 처벌될 때 발생한다. 따라서 욕구를 표현하거나 이를 충족시키기 위해 환경에 영향을 미치는 행위가 금지된다. 자신의 요구 사항을 의식하고, 검증하고, 대응하지 못하는 것은 고통스러운 일이다. 이는 다시는 그렇게 실망하거나 굴욕감을 느끼는 것을 허용하지 않겠다는 결정으로 이어질 수 있으며, 그렇게 취약해지지 않도록 보장하는 일련의 방해자 또는 자기 통제 과정의 개발로 이어진다. 이는 "앞으로 필요를 느끼거나 나 자신 자체를 느끼는 일을 없게 하겠어"와 같은 다짐과 같다.

또는 압도적으로 고통스럽거나 위기 상황에 있을 때, 고통스러운 경험으로부터 자신을 보호하고 대처할 수 있도록 적응적으로 차단한다. 적응적 행동 경향성이 억제되거나 중단될 뿐만 아니라, 행동 경향성과 관련된 개인의 정서적 경험도 자동으로 차단된다. 현재의 차단 과정에서 개인은 '실행자(차단자)'이자 '완료(차단된 자)'의 분열된 자기로 움직인다. 개인이 자기 경험과 표현에 반대되는 자동 내부 활동에 참여하게 되면서 환경 및 필요한 대상과 접촉하려는 모든 노력이 상실된다.

표현이 차단되면 자기의 한 측면이 자동으로 조직되어 자기의 다른 부분의 표현 활동을 통제하는 표현 운동 활동에 참여하게 된다. 정서적 행동 경향성에 대응하는 활동은 다양하다. 근육 긴장부터 숨을 참는 것, 울거나 소리치고 싶은 충동을 억제하는 것 등 다양하다. 이러한 활동에는 내부 인지/정서 작업이 포함될 수도 있으며, 이는 경험과 표현을 방지하거나 방해하는 역할도 한다. 스스로에게 침묵하라고 말하는 것, 정신적으로 자신을 채찍질하거나 고문하는 것, 묵묵히 말로 자제하는 것, 정서를 짓누르는 것 등의 내부적 행위는 모두 표현을 차단하는 작동이다. 자신에 대한 차단 행위가 만성화되면 사람들은 자신을 표현할 수 없게 된다. 이러한 자기 차단이 자동으로 이루어지면 사람들은 공허함, 무력함, 패배감, 혼란스러움을 느끼고 필요한 것을 얻기 위한 행동을 할 수 없게 된다.

정서적 경험과 표현적 운동 출력과 관련된 정서 도식에서는 의식적 처리가 자동으로 차단된다. 차단 과정은 아마도 자기의 표현 운동 및 인지/정서 반응을 억제하기 위해 개발된 두 번째 도식 조합으로 인해 발생하는 듯하다. 이 도식은 개인이 경험을 차단하고 회피하도록 이끈다. 통제된 것은 자신을 너무 압도하는 위협적이거나 고통스러운 정서인 경우가 많다. 본질적으로 이는 고통을 미리 방지하기 위해 작동된다.

자기 차단적 분열에서는 주로 내부 절차적 행위에 따라 표현이 제한된다. 이는 평가나 금지 명령을 내리는 선언적 과정을 포함하는 갈등 분할 과정과 다르다. "너는 나빠"라는 평가나 "하지 말아야 해"라는 명령 대신에 근육을 쥐어짜거나 제지하고 억압하고 얼어 버리는(멍한) 내적 정신 작용을 한다. 자기 통제 과정과 표현의 차단이 이러한 분열의 특징이다. 실제로 갈등과 자기 차단적 분열은 구별하기 쉽지 않다. 겹치는 특성이 많기 때문이다. 하지만 이 2가지는 서로 다른 내부 과정을 가지고 있으며 그 본질을 구별하는 것이 도움이 될 것이다. 하나는 평가/강제에 기초하고, 다른 하나는 절차적 차단 행위에 기초한다. 각 표식은 개입과 해결에서도 각각 다른 의미가 있다.

이 개입의 목표는 궁극적으로 표현이 의식되도록 허용되고 적절한 적응 방식으로 실행될 수 있도록 차단 경향을 의도적으로 통제하는 것이다. 억제된 표현 경향은 내담자가 흔히 두려워하는 것만큼 위험하거나 고통스럽지 않다. 어떤 경우에는 경향(분노, 애정 욕구 등)을 자동으로 차단하거나 억제하여 원시적이고 미분화된 상태로 남아 있기도 하다. 정서의 지속적인 좌절은 불균형한 강화로 이어질 수 있다. 이러한 경향은 치료 시간의 안전성 속에서 공개적으로 허용되고 표현될 필요가 있다. 사람들이 자신을 차단하는 것을 멈추고 자기의 경험을 다시 소유하게 되면, 욕구 충족의 적절한 표현으로 자신의 반응을 편안하고 자유롭게 구체화하고 발전시켜 갈 수 있다. 따라서 억제된 분노는 좌절된 분노와 적대감으로부터 필요와 권리의 주장으로 전환될 수 있다. 또는 절박한 궁핍함과 집착하려는 욕구에서 필요한 것을 요청하는 능력으로 바뀔 수도 있다.

개입을 위한 기회-표식

자기 차단적 분열의 특정 언어적 및 비언어적 표식은 회기 중에 나타난다. 이 분열 유형 명시적 표식은 자기표현의 한 부분이 이와 반대되는 자기 통제 행동에 참여하고 있음을 전달하는 보고 혹은 행동이다. 내담자는 종종 무기력하거나 수동적이라고 느끼면서 반대 활동의 일부 측면에서 자신을 '대상 또는 피해자'로 경험한다고 보고한다. 그들은 그들이 '짓누르거나', '자신을 없애거나' 혹은 짓밟혔거나 지워졌다고 느낄 수도 있다. 그들은 '나 자신을 걷어차는 것'이나 '나 자신을 처벌하는 것'과 같이 종종 자기 처벌적인 행동을 보고할 수도 있다. 기본적인 언어 구조는 '나'를 주어와 행위자로 하고 '자신'을 객체와 행동의 희생자로 하는 "나는 내 자신에게 어떤 것을 하였다"이다. 또한, 현재의 절망감, 무력감, 체념은 분열이 현재 자동으로 활성화되고 있음을 나타내며, 단지 말로만 설명하기보다는 차단을 경험하고 있음을 보여 준다. 차단 과정과 차단 표현이 현재 작동하고 있기에 더 쉽게 자각될 수 있어서 개입하기가 더 쉽다. 자기 차단 분열에서는 자기 평가나 금지 명령 중 일부가 존재할 수 있지만 강조점은 없다는 점을 기억하길 바란다. "나는 나 자신을 차다"라는 진술의 강조점은 자신에게 무언가를 하는 것, 즉 발로 차는 것이다. 회기의 예는 다음과 같다.

> 나는 아무것도 느끼지 못하게 됩니다. 어찌 됐든 성적 정서를 끊고 나서 모든 정서를 끊었습니다. 나는 느낄 수 없습니다. 나는 종종 며칠이 지나도 내 기분이 어떤지 알지 못합니다. 나는 이제 그에 대한 정서를 끊었습니다.

차단의 명시적인 언어 표식 외에도 신체적인 압박의 징후는 차단 행위의 표식이 될 수 있다. 자신을 꼬집거나, 이마를 때리거나, 손을 사용하여 신체의 어느 부위에 압력을 가하는 등의 비언어적 활동이 이에 해당한다. 여기서 개입의 문제는 이러한 행동을 자기 차단으로 해석하기보다는 오히려 경험적 탐색 촉진을 위해 이를 자각하도록 하는 것이다. 때로 긁힌 상처는 단순히 가려움증을 완화하기 위한 것일 뿐 자신에게 상처를 입히는 것이 아니라는 사실을 받아들이는 것이 중요하다. 하지만 신체적 긴장에 대한 보고는 표현의 중단이나 차단을 나타낼 수 있다. 예를 들어, 고통스러운 경험을 이야기하는 동안 내담자는 머리나 가슴 주위에 긴장감이 느껴진다고 보고할 수 있다. 그리고 긴장을 경험하고 탐색할 때, 내담자는 긴장감을 만들기 위해 뭔가를 하는 사람이 자신이라는 것을 발견할 수도 있다. 그리고 촉진을 통해 그 또는 그녀는 이전의 자동적 과정을 통제할 수 있다. 이는 실제로 무언가를 쥐어짜는 행동과 자신을 쥐어짜는 행동의 실연을 통해 식별될 수 있다. 이러한 예를 내담자가 다음과 같이 말한다.

> 나는 여기에서 이 모든 압력을 느낍니다(그녀의 목과 가슴을 마사지하고 문지른다). 좋아하기가 너무 힘들어요……. 그것은 단지 하나의 큰 악이에요. 여기는 멍에와 같습니다. 나는 항상 그것을 풀어 놓으려고 노력합니다. 하지만 난 항상 나쁨 속에 있어요. 절대로 놓여날 수 없어요.

다른 암묵적 표식으로는 절망적인 한숨, 사임 선언, 이별 자체에 대한 명시적인 언어적 표식이 없는 절망의 언어적 또는 비언어적 표현 등의 표식이 있다. 이러한 징후는 내담자에게 무슨 일이 일어나고 있는지 묻고 그들이 자기 차단적 분열을 명확히 표현하는지 확인함으로써 자기 차단 과정의 존재 가능성에 대해 탐색할 필요가 있다.

우리가 말했듯이, 이러한 유형의 분열 특징은 갈등 분열에서와 같이 자기 측면에 대한 부정적인 평가와는 반대로 자기표현의 차단 또는 억압이다. 따라서 그 원형적 상태는 환경적 영향에 대한 분노 또는 단호한 반응이 제한되고, 문자 그대로 근육의 압박, 턱의 악물기 또는 몸의 긴장으로 '제지'되는 상태이다. 이는 자기의 한 부분은 자기의 다른 부분에 대항하는 활동에 참여하는 것으로 해석될 수 있다. 따라서 무력감을 느낀다는 보고는 자기의 두 측면 사이의 능동적-수동적 관계의 표식과 결합한 자기 차단 분열의 원형 표식이다. 실제 예로는 "목이 졸리는 것 같아 숨이 막힌다", "그냥 발로 차는 것뿐이야"와 같은 진술이나 "필요한 것을 얻으려는 노력을 포기했습니다" 같은 말들이다.

차단 귀인

자기 차단 갈등의 귀인 형태를 살펴보면, 내담자는 타인과의 관계에서 무력감을 느낀다고 보고하거나 누군가가 자신을 우울하거나, 무력하거나, 절망적이거나, 당혹스럽거나, 굴욕적이거나, 서투른 느낌을 '느끼도록 만드는' 것처럼 보고한다. 여기서 가정하는 것은 무력감, 자격이 있다고 느끼고 자신을 주장하는 데 어려움이 궁극적으로 타인을 대하는 자신의 심리적 수단에서 비롯된다는 것이다. 이는 타인의 행동과 말로 인해 직접적으로 그러한 정서가 생성되는 것과는 대조적이다. 정치적 · 경제적 · 행정적 · 관료적 방식에서 사람들은 확실히 타인들로 인해 무기력하게 되는 것이 사실이지만, 다른 유형의 상황에서는 스스로 자격이 없다고 느끼는 경우 자기를 차단하기도 한다. 주의가 필요한 것은 이러한 심리적 기반의 차단 과정이다. 따라서 내담자가 차단한 것을 다시 소유하기 전에 이것이 내담자를 괴롭히는 내부 과정이라는 공유된 관점이 상담자와 내담자 사이에 확립되어야 한다. 그렇지 않으면, 실제로 환경이 억압자이거나 힘을 약화시키는 매개체일 때 치료자가 그 사람을 무기력하게 할 수 있는 실수를 범할 수도 있다.

변화는 어떻게 일어나는가

이 개입에서 내담자는 표현되지 않은 행동 경향을 동원하고 포기된 행동 경향을 되찾으면서 자기 통제 또는 자기 차단 과정을 적극적으로 실연한다. 이 과정에서 매우 중요한 것은 활동에 실제로 참여하고 수동적 상태 또는 그 강화를 발생시키는 것이다. 그리고 회기에서 이 일이 일어나도록 하는 것이 가장 중요하다. 그 사람은 무엇이 억압되는지 자각하지 못하더라도 차단하고 있음을 보여 주는 징후들이 나타난다. 이는 자각되고, 과장되고, 소유된다. 그 과정은 거의 즉각적으로 발생하는 일련의 압축되고 숨겨졌던 과정들이 쏟아져 나오고 실시간으로 이를 명시적이고 확장된 과정으로 변환하는 작업이 포함된다.

이러한 과정에서 내담자는 차단 과정과 관련된 다양한 자동적 과정을 알아차리게 된다. 차단 과정을 다시 소유하게 되면 이를 더 잘 자각하게 된다. 자기 차단을 해제하려면 억압된 경향을 동원하고 이를 표현해야 한다. 이 상황에서 또한 중요한 것은 전반적인 각성 수준을 높이기 위해 신체 활동을 높이는 것이다. 베개를 꽉 쥐는 등의 활동에는 종종 자신에 대한 적대감이 포함된다. 신체적 · 정서적 각성의 증가는 이전에 표현되지 않은 적대적 정서의 각성을 증가시키는 데 도움이 된다(Berkowitz, 1990). 이는 개인의 일반적인 각성 수준을 증가시켜 정서적 경험을 증폭시키는 방식으로 작동한다. 또한 억압되었던 다른 분노나 정서 도식을 불러일으키거나 촉진한다.

이러한 상황에서의 치료적 작업은 내담자가 자기표현을 억압하거나 차단하는 주체가 바로 자신이라는 점을 자각하게 하는 것이다. 그런 다음 차단된 표현을 불러일으킨다. 차단된 정서의 표현은 내담자에게 힘을 실어주고 그가 세상에 더 적극적으로 참여하고 환경과 더 자유롭게 접촉할 수 있도록 한다. 따라서 좌절 후 절망감을 느끼는 사람은 분노를 동원하여 자신의 경계와 권리를 주장할 수 있다. 또는 고립감을 느끼는 사람은 슬픔과 괴로움을 동원하여 고립을 깨고 요청하거나 손을 내미는 방식으로 접촉을 시도할 수 있다.

자동 차단은 자동으로 활성화된 정서 도식과 관련된 행동 경향을 차단함으로써 발생한다. 표현의 차단 또는 억압은 도식의 신호를 받은 억제 표현 운동 및 관념적 반응의 자동 활성화로 인해 조정된다. 이는 원래 의식적으로 실연되었을 수 있다. 자기를 통제하는 것이 상황에 대처하는 가장 좋은 방법이라고 여겼을지 모르지만, 나중에는 이것이 자동으로 이루어진다. 따라서 건전한 주장 표현(위반에 대한 분노, 도움이 필요할 때 연락 요청 등)이 차단되고 방지되어 수동적이고 무기력한 자기의식만 남는다. 핵심은 개인에게 자기의 경험을 더 잘 통제할 수 있는 감각을 제공하는 것이다. 여기에는 차단이 '그냥 일어난다'거나 '타인이 나에게 그런 일을 하고 있다'는 관점이 아니라 '나를 차단하고 있는 사람은 바로 나'라는 사실을 자각하도록 돕는 것이다. 결국 차단된 정서와 행동 경향의 의식이 서로 결합하게 된다. 차단의 자동적 처리는 실연 절차에 따라 통제된 처리로 천천히 변환된다(Greenberg & Safran, 1981). 그러면 사람들은 차단 처리 과정을 더 효과적으로 관리할 수 있다. 그런 다음 차단된 정서를 자각하고 이를 관련 상황과 연결할 수 있으며 건설적인 방식으로 표현하는 방법을 배울 수 있다. 그들은 이를 원동력으로 삼아 세상에서 더욱 적극적으로 행동할 수 있게 된다.

해결 과정 모델

자기 차단 분열의 해결 과정을 집중적으로 분석한 결과, [그림 11-1]에 표시된 해결 모델이 만들어졌다. 이 모델은 추가 개선이 가능한 예비 모델이다. 해결 과정은 실연, 주체성 인식, 접촉의 3단계로 구성되어 있다. 이에 대해서는 아래에서 자세히 설명하겠다. 또한 연구 목적으로 고안된 평가자의 해결 정도 척도의 양식은 〈표 11-1〉에 제시하였다. 이는 해결의 6단계를 나타내며 해결 과정이 얼마나 진행되었는지 추정하는 지침으로 사용된다.

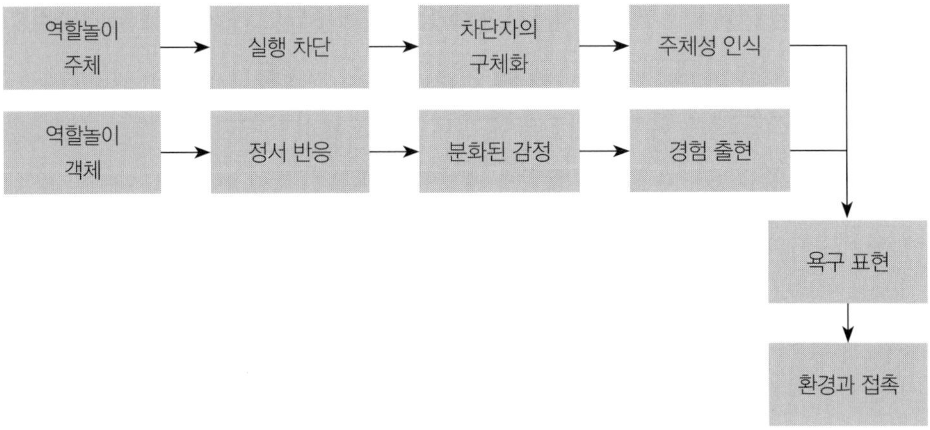

[그림 11-1] 자기 차단 해결

〈표 11-1〉 해결 척도 정도(축약형)

자기 차단 분열

1. 내담자는 표현을 차단하기 위해서 자기에게 행동하고 한 부분이 다른 부분을 어떻게 차단하는지가 기술된다.
2. 내담자는 구체적이고 특정한 방식으로 자기 차단 과정에서 차단자로 활발하게 관여한다.
3. 내담자의 수동적이고 단념적인 느낌은 접촉되고 분화된다.
4. 사람은 차단된 정서를 분명히 표현한다.
5. 정서에 관련된 욕구는 분명히 표현된다.
6. 역량이 강화되었다고 느끼면서 사람은 욕구를 충족하게 하려고 세상에서 새로운 행동을 마음에 그리거나 계획한다.

실연

이 실연의 첫 번째 단계는 내담자가 행위자의 역할과 수행된 역할, 실연의 능동적 역할과 수동적 역할을 맡는 매우 의도적인 차단 역할극이다. 역할극을 한 후, 내담자는 더 많이 참여하게 되고 이는 자기 차단 도식의 활성화로 이어진다. 내담자는 차단하는 과정을 언어적 · 비언어적으로 실연하기 시작한다. 쥐어짜거나 짓밟는 행동이거나 언어적 · 비언어적으로 자신을 지우려는 행동이다. 초기의 신중한 실험 이후에는 더 유동적이고 자발적인 실연이 시작된다. 내담자가 차단을 식별함에 따라 차단 과정은 더 구체적이고 상세해진다. 이는 도식이 활성화되어 실연 중이라는 신호이다. 내담자가 자신을 처벌하고, 제지하고, 멈추게 한다는 사실을 자각하고 결국 억압된 정서와 욕구의 경험 및 표현을 차단하는 것은 바로 그들 자신임을 깨닫게 된다.

궁극적인 핵심 변화는 자신의 필요를 충족시키기 위해 환경에 적극적으로 접촉할 수 있는 충분한 힘을 느끼는 것이다. 이를 위해 내담자는 자신의 새로운 경험을 차단하는 방식을 자각할 필요가 있다. 그들은 자신의 정서와 필요를 자각하고 이에 대한 자격이 있음을 느껴야 한다. 유기체의 정서와 욕구에 대한 의식이나 표현이 없어도 차단 과정의 몇몇 작은 신호들은 항상 존재한다. 이는 작업을 시작하는 지점으로서 사람들이 ① 자신이 자기를 차단하고 있다는 사실과 ② 그들이 어떠한 방식으로 자기를 차단하는지를 좀 더 알아차릴 때이다. 자신이 자기를 차단한다는 사실과 이를 수행하는 방법을 알게 되면, 차단한 내용이 천천히 자각되기 시작한다.

자기 의자에 앉으면, 사람들은 차단을 받을 때 느끼는 정서적 반응을 더욱 생생하게 경험하기 시작한다. 그들은 체념하여 한숨을 쉬고, 소극적이거나 절망적이라고 느끼거나, 마음이 편치 않다. 여기에서 벗어나기보다는 이 정서에 주의를 집중하고 동일시함으로써 나쁜 정서는 막연한 반응에서 더 구체적인 반응으로 세분화되기 시작한다. 실연이 진행되면서 사람들이 자신의 반응과 자기를 어떻게 차단해 왔는지 구체화할수록 차단한 경험과 표현이 더욱 분명해진다.

주체성 인식

내담자는 자신의 차단 방법과 수단을 자각하게 되면서 자신이 피해자일 뿐만 아니라 이 행위의 주체임을 깨닫기 시작한다. 정서가 다양해질수록 새로운 정서가 생겨나고 표현된다. 이는 차단한 분노일 수도 있고, 불확실한 느낌일 수도 있고, 허용되지 않은 고통과 패배일 수도 있다. 분노와 같은 정서는 접촉-지향적일 수 있다. 또한 두려움 같은 정서는 철수-지향적일 수도 있다. 중요한 것은 단절된 정서적 반응의 공백, 무감각, 공허함을 경험하는 것이 아니라 지금 정서가 느껴진다는 것이다.

접촉

새로운 정서의 출현과 내담자가 차단 사실을 자각함으로써 개인은 다시 자신의 욕구를 표현할 힘을 갖게 된다. 그리고 이러한 욕구는 새로 등장하는 경험 및 행동 경향과 연관된다. 누군가를 밀어내고 싶은 욕구이든, 손을 뻗어 누군가를 더 가까이 데려오고 싶은 욕구이든 그 욕구를 실험하여 적절한 표현을 찾는다. 억압된 정서와 욕구가 경험되면 표현적 행동으로 전환되고 환경과 접촉하여 구체화된다. 따라서 사랑에 대한 충족되지 않은 욕구, 또는 자율성이나 분리에 대한 압도적인 욕구가 소유되고 주장된다. 차단한 표현을 다시 소유한 후에는 요구 사항을 적절하게 충족할 수 있는 다양한 방법을 탐색하고 논의하고 실험한다. 이는 원하고 필요한 것을 얻을 방법을 개발하는 데 도움이 된다. 내담자는 경험 부족 또는 불안으로 인해 자신의 필요를 충족시키기 위한 행동에 능숙하지 않으며 이를 개선하기 위한 연습을 통해 발전될 수 있다.

[그림 11-1]에 제시된 해결 과정의 두 가지 중요한 측면은 ① 차단 과정에서 자신이 주체임을 의식하는 것과 ② 권한이 부여된 요구의 표현이다.

변화를 가져오는 치료적 개입

이 개입의 주요 치료 단계는 내담자의 주체 의식과 자기 차단의 책임을 장려하는 것이다. 치료자는 내담자가 다음과 같이 하도록 도와줌으로써 내담자의 통제감을 촉진할 수 있다. ① 차단이 방금 일어났다거나 타인이 차단하고 있다고 느끼기보다는 차단의 주체가 바로 자신임을 자각한다, ② 단절된 정서와 행동 경향을 알아차린다. 각 정서에는 방향성 요소가 있으므로 각 정서는 행동에 대한 의미를 내포하고 있다. 치료적 개입은 회복된 정서가 암시하는 욕구, 원함, 행동 경향의 의미를 설명할 수 있어야 한다(Greenberg & Safran, 1987).

치료 작업이 신체적 긴장에 초점을 맞추면 치료자는 내담자가 긴장의 위치를 찾고, 어떻게 긴장을 조성하는지 발견하고, 의식 속에서 의도적으로 이를 수행하는 실험을 하도록 돕는다. 이를 통해 내담자는 자동 처리 속도를 늦출 수 있다. 내담자가 긴장 생성과 관련된 운동 활동에 관한 자각을 하면 이와 관련하여 주체성을 회복하기 시작한다. 내담자는 긴장이나 통증이 '그냥 일어났다'고 느끼기보다는 '나 스스로 이런 일을 하고 있다'는 사실을 깨닫기 시작한다. 내담자는 자신을 경험의 적극적인 주체로 인식함으로써 개인적인 힘을 회복한다. 내담자가 자기 차단적 활동을 식별하고 다시 소유하게 되면, 차단한 정서를 자각하는 데 도움이 된다. 치료자의 도움으로 내담자는 이를 건설적으로 표현하는 법을 배울 수 있다.

치료 작업이 언어적 또는 비언어적 무기력감을 표현하도록 초점을 둘 때, 내담자는 무기력한 경험에 관여된 자기의 능동적인 측면을 자각할 필요가 있다. 여기에서는 일반적으로 능동적인 측면이 잘 자각되지 않는다. 치료자는 내담자의 수동성의 경험을 다루면서 그가 그 행위의 주체임을 인식하도록 돕는다. 만약 내담자가 숨이 막히는 느낌을 받는다고 보고하면 치료자는 내담자에게 "자신을 질식시키는 실험을 비유적으로 해 보세요. 이 경험을 하기 위해 무엇을 할 수 있습니까?"라고 지시한다. 첫째, 치료자는 내담자가 의식적으로 그리고 의도적으로 자기 차단 활동에 적극적으로 참여하도록 돕는다. 그런 다음 치료자는 내담자가 어떻게 자신을 차단하고 어떤 행동을 취하는지 완벽히 자각할 때까지 자기 차단 활동을 강화하고 구체화하도록 돕는다. 또한 치료자는 다양한 수준의 자기 차단 활동을 파악하고 각각에 대한 내담자의 자각을 높이도록 돕는다. 여기에는 인지적 · 정서적 · 운동적 측면과 이들의 조합이 포함된다. 내담자는 분노의 표현을 억제하기 위해 목 근육을 수축시키고 있음을 발견할 수도 있고, 가슴이 답답하고 자기가 지워지는 느낌을 동반한 극도로 가혹한 자기 대화에 참여하고 있음을 알아차릴 수 있다. 자기 차단적 활동을 의도적이고 의식적으로 '실연'하는 것은 내담자에게 '내가 나에게 이 일을 하고 있다'는 경험적 깨달음을 가져다준다. 소유하지 못한 자기 차단 활동을 다시 소유하는 자각은 이러한 분열을 해결하는 데 중요하다.

그런 다음 치료자는 다음 2가지 방법 중 하나 또는 두 가지 모두 ① 자기 보존적인 유기체적 반응을 끌어내기 위해 내담자에게 자기 차단 활동을 강화하도록 지시함으로써, ② 유기체적 측면이 특히 수동적이고, 패배하고, 체념하는 경우 유기체적 행위자 또는 유도 저항이 불러일으켜질 때까지 내담자에게 체념 경험을 높이도록 지시함으로써 자기의 '필요' 측면을 강화하고 권한을 갖도록 하는 데 도움을 줄 수 있다.

자기 차단에 대한 치료 작업에서 피해자를 비난하는 태도를 피하고 내담자의 경험에 관한 수용과 공감을 하도록 한다. 동시에 치료자는 내담자에게 자기의 경험을 구성하는 주체로서 자신을 경험할 기회를 제공하도록 한다. 또한 치료자는 내담자 자신의 힘에 대한 경험 및 자각을 촉진할 필요가 있다.

치료자 작업

치료 작업 단계는 대화 이전 및 이후 단계, 실연 단계, 주체성 인식 단계, 접촉 단계로 구성되어 있다. 각 단계에서는 〈표 11-2〉에 요약한 것처럼 특정 유형의 치료자 작업이 포함되며, 다음에서 자세히 설명하겠다.

대화 이전 단계

협업 관계 구축

치료자는 자기 차단을 작업의 초점으로 제시하고 자기 차단 과정을 수행할 수 있도록 내담자에게 동의를 구한다.

실험 구조화하기

치료자는 두 의자 기법에서처럼 실험을 소개하고 구조화하지만 여기서는 자기의 한 부분이 자신에게 뭔가를 하는 것처럼 느끼게 될 것이라고 안내한다. 이 시점에서는 많은 논의 없이 내담자에게 직접 '이 작업을 스스로 수행'하도록 요청하는 것이 가장 좋다. 이는 과정에 빠르게 진입하고 내담자가 자신에게 하는 현재 경험을 놓치지 않기 위해 수행된다.

〈표 11-2〉 치료자 작업

A. 대화 이전 단계
1. 협업 관계 구축
2. 실험 구조화하기
B. 실연 단계
3. 분리와 접촉 생성
4. 내담자의 경험 소유 촉진
5. 내담자의 신체 의식 증진
6. 자기 차단 활동에 대한 의식 촉진
C. 주체성 인식 단계
7. 주체자로서 내담자의 각성 강화
8. 자기 차단 측면의 차별화
9. 자기 차단 행동에서 내담자의 주체 의식 촉진
10. 경험의 수동적 유기체적 측면에 대한 내담자 의식 증진
11. 차단된 표현 식별
12. 느낀 욕구의 자기주장 자극
D. 접촉 단계
13. 느낀 욕구의 새로운 자기주장 지원
14. 대인관계적 욕구 표현 실험
15. 내담자에게 권한 부여
E. 대화 이후 단계
16. 의미 관점 생성

실연 단계

자기의 두 측면을 분리하고 접촉하도록 한다. 이는 갈등 분열 작업 과정과 유사하다. 그 순간 내담자에게 더 생생한 자기 측면의 경험 내에서 말하고, 다른 측면에 직접 진술하도록 지시한다. 일반적으로 대화가 진행되도록 하려면 활동적인 부분인 차단자부터 시작한다. 내담자가 다른 측면에서 말하기로 전환할 때 의자를 바꾸게 함으로써 분리 경험이 강화될 수 있다.

작업은 일반적으로 치료자가 내담자의 자기 차단 활동의 '무엇'과 '어떻게'를 명시적으로 나타내기 위해 내담자에게 자기의 적극적인 측면을 실연하도록 하는 것으로 시작한다. 이는 여러 형태 중 하나를 취할 수 있다. 여기에는 내담자가 눈물을 흘리지 않도록 근육을 쥐어짜거나 분노를 표현하지 않도록 의도적으로 턱을 고정하는 것을 지시하는 것이 포함될 수 있다. 또는 자신을 짓누르거나 제한하는 행위가 포함될 수도 있다. 내담자의 경험이 신체적 · 근육적 억제라면 치료자는 근육에 대한 내담자의 감각적 의식을 높이기 위해 노력한다. 내담자의 경험이 정서적/인지적/운동 과정의 조합인 경우, 치료자는 내담자가 이러한 과정을 자각하고, 표현하고, 자기표현에 반대하는 행동으로 전환하도록 돕는다.

내담자의 경험 소유를 촉진한다. 내담자가 각 측면의 경험 내에서 말할 때 '나'로 진술하도록 제안한다. 능동적인 측면은 무엇을 하는지 묻고, 수동적인 측면은 무엇을 느끼느냐고 묻는다.

항상 강조점은 내담자가 자기에 관해 이야기하기보다는 스스로 작업을 수행하도록 하는 것이다. 이 과정에서 치료자는 내담자가 스스로 표현을 차단하고 있다고 말하는 것에 어떻게 표현을 차단할 수 있는지를 묻는다. 이 개입은 처음에 내담자로부터 개념적인 인식을 자극한다. 내담자는 실제로 자신이 이 일을 어떻게 하는지 생각해 보아야 한다. 이때 치료자는 가능성을 추측하거나 제시함으로써 도움을 줄 수 있다. 차단 과정이 어떻게 작동하는지 자각하는 데 도움이 되는 공동 탐색 팀을 형성하게 되는 것이다. 이제 그 사람이 이런 일을 자신에게 하고 있다는 의견 제시를 통해 적극적인 표현으로 전환된다.

내담자의 신체 의식을 높인다. 내담자에게 차단 과정의 능동적 및 수동적 측면과 관련된 신체적 감각에 주의를 기울이도록 지시한다. 몸을 꽉 쥐거나 입을 가리거나 때리는 등 치료자가 관찰한 내담자의 자기 차단과 관련된 자세 및 기타 비언어적 표현을 그에게 제공한다. 차단 과정의 효과를 구별하기 위해 내담자에게 신체적 긴장, 압박감, 통증 및 불안이 있는 위치를 찾도록 지시한다.

자기 차단 활동에 대한 자각을 높인다. 내담자의 언어적 · 비언어적 표현에 주의를 기울이고 내담자가 자기를 압박하거나 질책하거나 질식시키는 활동 등을 인식하도록 돕는다.

자기 차단 과정에 대한 초기 아이디어가 형성되면 치료자는 내담자에게 자신의 표현을 억압하거나 차단하는 방법을 실험하도록 요청한다. 이제 자기 차단이 어떻게 달성되는지 발견하고 활동의 주체를 식별하기 위해 '실연'에 중점을 둔다. 따라서 내담자는 의식적으로 의도적으로 자신을 질식시키거나 침묵시키는 등 자신에게 어떤 일을 하는 실험을 한다. 내담자들은 베개를 사용해 이를 시도하거나 치료자에게 도와달라고 요청하기도 한다. 후자의 경우, 내담자들이 자신에게 자주 하던 행동이 타인들이 꺼리는 행동이라는 것을 알게 될 때, 그들이 자신에게 하는 행동이 얼마나 잔인한지를 깨닫게 된다. 이 실연은 사람들이 자기 차단적 활동에 대한 관점을 얻고 자신이 능동적인 사람이라는 경험을 하도록 돕는다.

귀인 식별 단계

내담자가 자기 귀인 표식을 제시하면, 대화는 식별 과정으로 진입한다. 자기 귀인에 대한 치료 작업은 '타인'이 내담자의 힘을 약화하는 것으로 시작된다. 치료자는 타인이 경험케 하는 대로 내담자가 무엇이든 하도록 지시한다. 이러한 행동이 더 자세하고 구체적일수록, 자신을 제지하고 억제하고 무력화시키는 사람은 바로 자기 자신이라는 것이 내담자에게 분명해진다. 그런 다음 치료자는 내담자가 자신에게 하는 일을 소유하거나 동일시하도록 격려한다. 이는 자기 차단적 분열 작업의 첫 번째 단계를 구성하며, 이후 실연 단계에서 위에서 설명한 대로 자기 대화가 계속된다.

주체성 인식 단계

이 단계의 목표는 내담자가 자기의 경험을 창조하는 주체임을 자각하고 경험에 기여하는 자신의 능동적인 측면을 식별하도록 돕는 것이다.

주체로서의 내담자 인식을 강화한다. 내담자에게 어떤 행동을 반복하거나 더 격렬하게 과장하도록 지시하여 자기 차단 행동의 정도를 높인다. 그런 다음 내담자에게 차단 과정에 소리를 내도록 지시한다. 치료자는 내담자가 자기를 차단하는 자신만의 독특한 방식을 확인하도록 돕는다. 이것이 더욱 구체화됨에 따라 내담자는 자신이 실제로 반복적이고 자기 성찰적인 활동에 참여하고 있다는 것을 더 많이 인식하게 된다. 목표는 이러한 활동을 의도적으로 통제하여 자신에게 반하는 활동을 차단할 기회를 제공하는 것이다.

자기 차단적 측면을 구체화한다. 내담자가 자기 차단 활동의 내용과 방법에 주의를 기울이고 설명하도록 안내한다. 내담자에게 "그 사람에게 무슨 짓을 하고 있나요?"라고 물어본다. (다른 의자에 있는 자신의 다른 측면을 나타냄) 내담자가 이 활동의 독특한 스타일과 방식(어떤 방식인지)을 발견하도록 돕는다.

흔히 볼 수 있는 현상은 사람이 눈물을 짜내거나 참는 등의 예방적 기능을 발휘하는 것이다. 울음을 방지하기 위해 내담자가 자동으로 수행하는 작업을 의도적으로 수행하면 어떤 근육이 압박되고 있는지, 어떻게 숨을 참고 있는지를 구체적으로 자각하게 된다. 실제로 의도적으로 이러한 작업을 수행하면 자동성이 무시되고 표현이 흐르기 시작한다.

자기 차단적 활동의 주체에 대한 내담자의 인식을 촉진한다. 내담자가 불안, 긴장, 자기 압박, 자기 패배 또는 우울의 원인이 바로 자신임을 진정으로 경험하고 깨달을 때까지 의도적으로 자기 차단 활동을 실험하도록 안내한다. 내담자가 자신의 차단 방법을 자각하도록 돕기 위해 치료 밖에서도 실연을 계속하도록 숙제를 내어주기도 한다.

표현

경험의 수동적이고 유기체적인 측면에 대한 내담자의 인식을 증가시킨다. 내담자를 '경험하는' 의자로 물리적으로 이동시킨다. 자기 차단 활동의 반응으로 내담자를 내면으로 집중시킨다. 내담자에게 수동성, 체념, 또는 거기에 있는 모든 것에 대한 내적 경험에 주의를 기울이도록 지시한다. 처음에 내담자는 자신의 수동적인 측면과 완전히 동일시된다. 이 행위에서 치료자는 차단한 경험에 접근할 때까지 차단 활동의 행위와 수동적 측면 사이를 앞뒤로 이동하도록 내담자를 안내한다.

차단된 표현을 분별하고 표현한다. 치료자는 새롭게 차별화된 유기체적 표현이 자각될 때까지 느낌에 집중함으로써 내담자가 수동적이고, 체념하고, 무기력한 입장을 극복하도록 돕는다. 내담자가 이전에 억압되었던 새로 떠오르는 경험이나 표현에 주의를 기울이거나 차단된 것으로 알려진 것에 목소리를 내도록 지시한다. 그런 다음 정서와 관련된 행동 경향, 그리고 궁극적으로 충족되지 않은 욕구를 모두 표현하도록 내담자에게 지시한다. 표현이 활성화되면 차단 과정은 (적어도 잠시 동안은) 해소되고, 가장 도움이 되는 방식으로 정서를 표현하기가 쉬워진다.

느낀 욕구에 관한 주장을 촉진한다. 이는 그 사람에게 필요한 것이 무엇인지 물어봄으로써 직접적으로 이루어지지만, 다음과 같이 뚜렷하게 다른 2가지 방법으로도 이루어질 수 있다.

1. 내담자에게 자기 차단적 측면으로 전환하고 자기 차단적 활동을 강화하도록 지시한다. 행동에 참여하거나 차단 활동을 확대하여 반응을 유발함을 통해 유기체의 각성 수준을 증가시킴으로써 핵심 자기가 불러일으켜진다.
2. 내담자의 수동성, 절망, 체념 등의 경험을 강화하고 구체화한다. 내담자가 '함께 머물도록' 돕고 이 정서에 관해 이야기한다. 치료자는 내담자에게 자신이 있는 곳에만 있을 수 있으며 이를 받아들이지 않으면 변화할 수 없음을 전달한다. 이는 곧 욕구의 출현과 자기의 반응으로 이어진다.

접촉 단계

느낀 욕구의 새로운 자기주장 지원

내담자가 느낀 욕구를 구체적으로 명시하도록 돕는다. 정서와 욕구를 진심으로 표현할 수 있도록 지원, 검증, 격려를 제공한다. 내담자가 행동 경향과 이전에 차단된 정서에 내재된 욕구를 자각하도록 돕는다.

추가 치료 작업에는 내담자가 특정 정서와 욕구를 보다 일반화된 방식으로 타인에게 표현하도록 하는 것이 포함된다. 또한 표현을 완성하고 욕구를 충족시키기 위해 개인이 환경과 진정한 접촉을 할 수 있도록 돕는 역할도 한다. 이 단계에는 표현 능력을 일반화하고 표현을 적절한 표현 행동으로 전환하도록 돕는 것을 포함한다.

대인관계적 욕구 표현 실험

내담자가 확인된 요구 사항을 표현할 수 있는 '타인'을 분별하도록 한다. 그런 다음 내담자에게 이러한 욕구를 빈 의자에 있는 '상상의 타인'에게 표현하거나 치료자에게 직접 표현할 기회를 주는 작은 실험을 구성한다.

그 사람은 차단자에게 정서를 표현하거나, 더 잦은 반응이 처음에는 이루어졌으나 이제는 차단된 상상의 타인에게 표현해 본다. 내담자는 자신에게 교통 딱지를 끊은 가상의 경찰관에게, 비판하는 상사에게, 상처나 거절의 친구에게 차단된 분노를 표출할 수도 있다.

권한 부여

자신의 필요를 충족시키기 위해 내담자가 현실 세계에서 무엇을 할 수 있는지를 물어본다. 그런 다음 내담자가 행동하도록 다음 단계를 계획하도록 도우며 이를 통해 내담자가 자신을 위한 적극적 내응을 할 수 있노록 돕는다.

치료자는 내담자가 치료 환경 밖에서 이러한 행동을 시도하도록 지원한다. 이 단계에는 이전에 표현되지 않았고 구체화되지 않은 정서와 이러한 정서가 적절한 표현 수단으로 발전할 수 있도록 하는 욕구와 욕구 만족을 구체화하는 것이 포함된다. 따라서 새롭게 접근된 접촉의 욕구는 포옹을 받거나 자신의 정서를 드러내고자 하는 무분별한 욕구에서 적절한 시간, 장소, 욕구 표현의 정도와 방식의 더 차별화된 선택으로 발전될 필요가 있다. 치료자는 일반적으로 내담자에게 사회적 기술을 가르치지 않고 오히려 내담자가 새로운 행동을 실험하고 무엇이 효과가 있었는지 배우도록 돕는다.

대화 이후 단계

의미 관점 생성

내담자와 치료 경험을 주제로 토론한다. 필요에 따라 표현하고 행동하는 자기의 경험을 평가하고 의미를 창출하도록 돕는다. 내담자가 회기 외부에서 진행 중인 경험에서 차단 과정을 자각하도록 돕기 위해 숙제를 부여할 수 있다. 예는 다음과 같다.

두 의자 행동 작업 예

다음은 우울, 불안, 대인관계 어려움을 경험한 여성을 16회 동안 치료하는 과정에서 나온 것이다. 예시를 읽을 때, 치료자가 공감하고 관심을 가지고 내담자를 밀접하게 따르고 있다는 것을 듣는 것이 중요하다. 지침은 부드럽고 협력적인 방식으로 제공된다. 내담자와 치료자가 함께 어려움을 극복하기 위해 함께 노력한다는 진정한 의미가 있다.

대화 이전 단계

내담자: 네, 전…… 난 심지어…… 생각하고 싶지도, 기억하고 싶지도 않아요. 그냥, 모든 정서를 차단하고 싶어요. 난 하고 싶어, 멈추고 싶어요, 난, 난, 아무 느낌이 없도록 모든 걸 막으려고 노력하고 있어요. [자기 차단 분리]

치료자: 느끼기에는 너무 고통스러워 보입니다.

내담자: 난…… 네, 더 이상 느끼고 싶지 않아요.

치료자: 그렇군요……. 전혀 느끼고 싶지 않군요. 어떻게 된 거예요? [내담자의 표정에 반응]

내담자: 음, 생각나는 이미지가 있어요. [치료자: 음] 제가 아주 어렸을 때, 하지만 그게 [같은] 거절인지 아닌지 모르겠어요.

치료자: 음. 뭐? 그 이미지가 뭔데요?

내담자: 음. 제 말은, 기억은 나는데, 사실 그 사건이 잘 기억나진 않아요. 단지 이야기만 기억해요. [치료자: 괜찮아] 제가 다섯 살쯤 되었을 때 그 얘기를 들었어요. 넷이요, 이모랑 같이 살았어요. 그중 한 번은, 왜 그런지 이유는 모르지만, 우리는 이리저리 옮겨 다녔어요. (음) 그리고 나는 홍역에 걸렸어요. 그리고…… 2주쯤 지하실에 갇혔어요. 하녀가 하루에 두 번씩 식사를 가져다주곤 했죠. 그게(웃음) 바로 제가 느끼는 이미지였죠. [치료자: 아]

치료자: 느낌…….

내담자: 난 그게 어쩌면……실제 그곳이 있다고 느꼈어요.

치료자: 음, 음, 음. 기분이 어때요? …… 지하실에 있었던 기분.

내담자: 글쎄. 버려졌다. 나는 완전히 버려졌다. [치료자: 음, 음] 여기 영원히 여기서 데려가지 않을 거예요. [치료자: 맞아, 맞아] (내담자가 몸을 웅크리고 팔짱을 낀다.) 버려져 있을 거 같은 느낌. 그리고 아무도 오지 않을 거고, 아무도 신경 쓰지 않을 거예요. 그리고…… 아무도 날

치료자: 무슨 일이야? 이게 뭐야? (자신을 꽉 움켜쥐고 있는 앤을 가리킴)

내담자: (웃음) 이게 뭐야? [치료자: 음] 그건…… 왠지 포기할 때 하는 것 같아요.

치료자: 어떤 느낌인가요?

내담자: 이렇게 몸을 꽉 쥐면, 그래서 나는……. 우리가 여기에 다시 왔어요.

치료자: 이 손이 되어 봐. 너 뭐하니? 이 팔. [자기 차단 측면의 소유를 촉진]

내담자: 아, [치료자: 음] 고통 속에서 참고 있어요. 아시겠지만, 만약 배나 목구멍에도 이런 느낌이 있어도, 그냥 참을 거예요. [치료자: 음, 음] 네, 우리가 다시 한번 가는 것 같은 기분이 들어요. 그리고 난 그냥 오랫동안 살 거예요.

치료자: 그건 버티는 거잖아, 일종의 버팀?

내담자: 네. 그리고 난 그냥. 그게 내가 가진 유일한 응답이에요. 비명을 지르는 건 의미가 없어요. 아무도 들을 수 없을 거예요 [치료자: 음. 음.]

실연 단계

치료자: 그래서 네가 할 수 있는 건 참고 참는 것뿐이야. [내담자: 예] 이 팔이 되어, 참아요, 고통을 참아요. [능동적인 차단 부분의 소유 촉진]

내담자: 그게 제가 하고 있는 거예요.

치료자: 그래. 팔이 되어요. 그들에게 목소리를 내세요. 고통에게 말하세요. 그녀에게 당신이 무엇을 하고 있는지 말하고 실제로 해 보세요. 당신을 붙잡고 있거나 아니면, 내가 당신을 억누를 거예요, 난 당신이 비명을 못 지르게 막을 거예요…….

내담자: 네, 팔이 기분이 나쁘지 않네요. 그들이 잘 보호해 줄 거예요.

치료자: 그래, 맞아. 팔에게 이걸 말해 줘.

내담자: 난 널 보호하는 거야. [치료자: 맞아, 맞아] 난 널 보호할 거야. 다만 당신이 가슴에서 느끼는 고통 외에는 널 보호할 게 없다는 것만 빼면. 그리고 내가 할 수 있는 건 아무것도 없어. [치료자: 음] 하지만 내가 널 꼭 안아 주는 걸 제외하면 [치료자: 맞아] 더 작아질 거야. 고통을 줄이도록 할 거예요. [치료자: 맞아]

치료자: 그래서 실제로 당신은 그녀를 보호하려고 하는 건가요, 아니면…….

내담자: 그녀를 더 작게 만들 거예요. 그래서 고통을 줄일 거예요.

치료자: 음, 변화. 이제 네가 고통이 될 수 있겠니? 고통이 되어 보세요. 고통은 어떨 거 같아요. 아주 중요한 고통입니다. [소극적 부분 소유 촉진]

내담자: 고통은 단순해요. 매우 무섭고요. [치료자: 음] 왜냐하면 날 완전히 압도할 것 같거든요. (울

음) 제 생각에 고통은, 음, 꽤 어두워서 밖에서 일어나는 것보다 아주 조금 위협적이지만, 그래도 살아 있는 것처럼 보여요. [치료자: 으음]

치료자: 네가 할 수만 있다면, 그 고통 속으로 들어가 봐. 조심하고. 그리고 내가 여기 있다는 것과 네가 충분히 빠져나올 수 있다는 것을 알았으면 좋겠어. [경험 소유 및 관계 지원 제공]

내담자: (울음) 뭐라고요? 이걸 더 이상 할 수 있을지 모르겠어요. 너무 고통스러워요. (운다)

치료자: 그래서 무슨 일이 일어나죠?

내담자: 무슨 일? [치료자: 음] 글쎄, 잘 모르겠어요. 한편으로는 여기 있고 다른 한편으로는 여기 있는 것 같아요(다른 의자를 가리키며) [치료자: 음]

치료자: 의자를 옮겨요. "더 이상 느끼지 마"가 맞죠, 그렇죠? 그녀가 고통을 느끼는 않도록 해 주세요. [차단의 소유 촉진]

내담자: 그녀가 고통을 느끼지 못하게요? 네, 그건 쉬울 거예요. [치료자: 음]

치료자: 그녀가 더 이상 느끼지 않도록 하세요. 어떻게 하면 되나요? [자기 차단 행동 인식 촉진]

내담자: 알겠어요, 그녀는 고통을 느낄 수 있어요. 난 더 이상 눈치 채지 못할 거예요. [치료자: 음, 음] 보세요, 그녀가 느끼는 걸 막을 수가 없어요.

치료자: 그렇군요. 하지만 난 그냥…….

내담자: 전 그냥 도망가야 해요. 그걸 느끼지 않도록 여기서 나가야 해요.

치료자: 그녀에게 말해요. 이건 너무…… 난 정말 널 느끼고 싶지 않아요.

내담자: 글쎄, 제가 여기 있고, 제가 고통을 참으면, 여기 모든 것이 정말 잘 진행되고 있고, 제 마음은 정상으로 돌아올 거예요. 내 안의 모든 악마를 정복한 기분이에요. 그러고 나서 [치료자: 예] 아주 우연히 문을 열어 놓고 그 모습을 보게 되고 [치료자: 예] 그리고 느낌 말입니다. 내 뱃속에 난 그저…… 항상 끔찍한 충격이에요.

치료자: 음. 그녀에게 말해요, 넌 항상 너무 충격적이야 라고.

내담자: 글쎄요, 당신은 항상…… 내가 우연히 이 문을 열었을 때 당신이 거기 있길 바라요.

치료자: 그러면 당신은 어떻게 해요?

내담자: 문을 닫습니다.

주체성 인식 단계

치료자: 그래. 문에 더 가까이 와라. 문을 어떻게 닫아요? [차단 행동의 의식 촉진]

내담자: 어떻게 문을 닫죠?

치료자: 그래, 그래.

내담자: 저는 다른 쪽으로 봐요. [치료자: 맞다, 맞다]

치료자: 정말 그렇게 할 수 있어? 물리적으로 해 봐. 다른 쪽을 봐. [주체성 대리인 각성 강화]

내담자: (웃음) 다른 쪽을 볼게요. [치료자: 그래, 그래]

치료자: 당신이 뭘 하고 있는지 그녀에게 얘기해 줘요. 나는……. [자기 차단 행위 구체화]

내담자: 난 돌아설 거야, 그리고 네가 갈 때까지 여기 있을 거야. [치료자: 음, 음]

치료자: 그대로 있어. 난 널 보고 싶지 않아. 난 널 보고 싶지 않아. 어쨌든…….

내담자: 내가 널 알아챘다는 걸 잊기 위해 내가 할 수 있는 모든 걸 할 거야. [치료자: 음]

치료자: 의자를 옮겨요. 지금 여기서 무슨 일이 일어난 거예요? [소극적 경험에 대한 자각]

내담자: 여기서 무슨 일이 일어났어요? [치료자: 음] 저는 그냥 여기에 있어요. [치료자: 음] 그럼, 당신은 나를 무시할 수 있지만…… 난 항상 여기 있을 거예요.

치료자: 당신은 누구죠?

내담자: 내가 누구냐고요? 작은 사람이 고통에 웅크리고 앉아 있어요. [치료자: 음]

치료자: 고통은 어떤가요? [신체 자각 증가]

내담자: 고통이 뭔가요? [치료자: 그래, 네가 조금 전에……] 이건…… 이건 테러가 아니에요. 이건 그냥…… 피할 수 없는 공허함이에요.

치료자: 너는 그것에 들어가서 자신을 고통스러운 공허함으로 묘사할 수 있겠니……. 난…… [소극적 유기체 경험에 대한 자각 증가]

내담자: 글쎄, 내가 아플 때 난 비어 있지 않았어. [치료자: 음] 숨이 턱턱 막히고, 지우고, 어, 고통으로 가득 차 있어요. 이건…… 이건 넘겨받을 것 같은 느낌이에요.

치료자: 실제로 고통이 될 수 있나요? 목소리를 내세요. "난 마치…… 뭐라고요?"

내담자: 제가 고통이에요? [치료자: 음]

치료자: 고통이 되어라.

내담자: 고통이 되어라. 글쎄요, 내 뱃속 어딘가에서 시작해서, 온몸으로 퍼졌어요. [치료자: 음] 짙은 색이 많죠. 갈색과 검은색. 그리고 난 숨이 막혀요. [치료자: 음]

치료자: 다시 말해 봐요.

내담자: 숨이 막혀요. [치료자: 네] 나가려고 노력 중이에요. [치료자: 네] 그리고 당신은 나를 허락하지 않을 거예요. 당신은 모든 걸 억누르고 있어요. 당신은 그냥 날 꽉 조이고 가둬 두고

있는 것 뿐이에요. 당신은 비명을 지르게 될 거에요. 당신은 날 내보내지 않을 거예요. 당신은 날 여기 가둬 놓고 있어요.

치료자: 의자를 옮겨요. 사냥꾼이 되세요. 압착기. 이걸 어떻게 사용하나요? [자기 차단 구체화]

내담자: 이것을 어떻게 해야 하죠? [치료자: 음] 글쎄, 난 고집이 세서. [치료자: 네] 아무도 신경 안 쓴다는 거 알아…….

치료자: 그녀에게 이걸 말해 주세요. 아무도 신경 안 써.

내담자: 아무도 신경 안 써. 비명을 들을 만한 사람은 아무도 없어요. 그리고 만약 그들이 들었다면, 그들은 이해하지 못했을 거예요. [치료자: 예] 그들은…… 날 벌줄지도 몰라요.

치료자: 그러니, 그냥 참아요.

내담자: 네. 갈 곳이 없어요. [치료자: 음]

치료자: 당신은 듣지 않을 겁니다. 아무것도 없어요.

내담자: 아뇨. 내가 할 수 있는 건 당신을 붙잡는 것뿐이에요. 그게 내 유일한 능력이에요. [치료자: 맞아요. 맞아]

치료자: 그녀에게 다시 말해 줘요. [차단 각성 강화]

내담자: 최대한 꽉 끌어안아 조여 줄 거예요. 당신을 그냥 안에 있게 할 거예요. [치료자: 왜냐하면……] 왜냐하면 아무도 들을 수 없으니까 소용없어요. 당신을 내보내도 소용없어요. [치료자: 음. 아무도……] 아무도 들을 수 없어요.

치료자: 거기엔 아무것도 없어요. 아무도…… 다시는.

내담자: 아무도 들을 수 없어요.

치료자: 당신은 무엇을 경험합니까?

내담자: 글쎄, 전 체념을 느껴요. 거기에 아무도 없는 거 알아요, 나도 알아요. [치료자: 음] 그건 분명해요. [치료자: 맞아] 아무도 거기에 없을 거고, 만약 그들이 있다면 그들은 이해하지 못할 거예요.

치료자: 그렇다면…… 손으로 뭘 하고 있는 거죠?

내담자: 네. (웃음) 버티고 있어요.

치료자: 음, 음, 붙잡고 있는 모습을 설명해 봐요. 좀 더 자세히요. [방해의 각성 강화]

내담자: 짜고 있어요. [치료자: 이걸 설명해 봐요] 짜기. 그냥 꽉 붙잡고 있어요, 그래서…… [치료자: 흠] 내 생각엔 이건…… 그냥 나 자신을 굳건히 하고 있는 거예요……. 피할 수 없는 것을 위해서.

치료자: 그리고 피할 수 없는 건…….

내담자: 글쎄, 피할 수 없는 것은 여기 있는 것뿐이에요.

치료자: 음. 또.

내담자: 고통과……고립이 있어요. [치료자: 그래. 이것을 나에게 말해 줄 수 있나요? 비명을 지르고 싶지만 아무도 내 비명을 못 들을 거야.] [차단된 표현 인지]

내담자: 말해도 될까요? [치료자: 음]

치료자: 그래, 아무도 내 말을 듣지 않을 거야.

내담자: 모르겠어요. 내 말은, 내가 말하면 그게 사실이 아니라는 걸 아니까, 내가 울면 사람들이 듣는다는 거 알아요.

치료자: 하지만 어쨌든 이게…… 그녀에게 "아무도 듣지 않을 거야"라고 이야기하세요. [차단 구체화]

내담자: 네, 내 생각엔 항상 알고 있었던 것 같아요. 결국엔 아무도 없다는 걸요. 당신이 여기 있는 그 순간, 타인들이 여기 있지만, 그러나 당신이 정말로 조사해서 모든 걸 벗겨낸다면, 아무것도 없어요.

치료자: 그녀에게 이걸 말해요. 결국 아무도 없어.

내담자: 결국 아무것도 없어. 아무도 신경 쓰지 않아.

치료자: 어허, 신경. [내담자: 음] 궁극적으로 아무도 진정으로 당신을 돌보거나 당신이 보살핌을 받아야 하는 방식으로 당신을 돌볼 사람은 없습니다.

내담자: 글쎄. 그건 그 이상이에요. [치료자: 음] 그들은 거기에 있지만 신경 쓰지 않는 것과 같아요. [치료자: 맞아] 그들은 거기에 없어요. [치료자: 맞아] 결국 아무것도 없어요.

치료자: 결국 당신을 돌봐 줄 사람은 아무도 없어요. [내담자: 네] 그렇지? 그리고……. [자기 차단 구체화]

내담자: 그리고 결국 당신은 완전히 혼자입니다. (알 수 없음) …….

치료자: 의자를 옮겨요. 그 외로움에는 무엇이 필요한가요? [필요한 느낌의 자극]

내담자: 그 외로움에 무엇이 필요한가요? [치료자: 네] 글쎄, 한편으로는, 편안해요. [치료자: 네] 왜냐하면 어, 내가 다시 여기 있다고 느끼기 때문입니다. 진짜처럼 느껴져요. 이것이 연극이 아니라는 거 알아요. [치료자: 음, 음, 음] 완전 진짜처럼 느껴지네요. 나는…… 나 자신으로 돌아간 느낌이에요. [치료자: 음] 내가 항상 알았던 것으로 돌아간 것 같아요.

치료자: 이건 매우 현실적이고, 중요하며, 가짜가 없는 부분 [내담자: 네]…… 그러나 그렇게 혼자 있는 것은 매우 고통스러운 일입니다.

내담자: 오, 끔찍해요.

치료자: 어떻게든 비명이나 욕구나 고통을 들어줄 누군가가 그곳에 있기를 바라는 것입니다. [내담자: 음] 방금 함께 한 경험을 통해, 정말로 나를 보고, 나를 돌봐 주는 사람이 이 세상에 아무도 없다고 느낌이 들었습니다. 단지 나를 보고, 내 고통을 보고, 내 투쟁을 보는 것입니다.

내담자: 네. 알겠습니다.

치료자: 아무도 눈치 채지 못했습니다. [내담자: 네] 네. 그 비명은 어쩌면 "난 주목받고 싶어"입니다. [요구 주장 자극]

내담자: 네. 비명을 지르면 벌을 받을 수 있어요. 네, 비명을 지르면 뭔가 달라지겠죠. 비명 소리는 다른 형태로 주의를 환기시킬 거예요. [치료자: 네, 네.] 그러나 그것은 아닐 거예요…….

치료자: 주의(notice)가 필요합니다.

내담자: 글쎄, 그렇지 않을 거예요. 주의는 실제로 일어나지 않았어요. 그건 기분 전환이 될 거예요. 비명은 분명 기분 전환을 가져올 거예요.

치료자: 음, 음. 하지만 실제로 일어난 일은 일종의 취약성이나 보살핌을 필요로 하는 것이었습니다. 필요성—무엇이 필요했습니까? [필요한 느낌의 자극]

내담자: 글쎄요, 나는 그곳에서 나가는 게 필요했던 것 같아요. [치료자: 음] 그렇지 않다는 걸 보여주기 위해 [치료자: 네] 그런 일은 일어나지 않았어요. 그리고 여전히 그렇지 않아요.

치료자: 그래서 어떻게든 그것은…… [내담자: 예] …… 고통에서 벗어날 필요가 있습니다.

내담자: 음. 나 혼자서는 할 수 없어요. 제가 할 수 있는 것은 버티는 것뿐이에요. [치료자: 음]

치료자: 버텨 보고, 그런 다음, 가능한 작게 만들려고 노력하세요. [내담자: 네] 그렇게 하지 않도록…….

내담자: 그러다가 잠들 수도 있어요.

치료자: 네. 그건 정말 고통스럽습니다. 당신이 말했듯이, "아무도 나를 데려가지 않을 거예요. 나는 나갈 수 없어요"는 일종의 체념한 느낌입니다.

내담자: 아니요, 그래요. 나는 나갈 수 없어요. 거기에 누군가 있으면 나를 밖으로 데려갈 수 있지만, 그렇지 않았어요. 내가 거기 있는 동안 사람들이 돌아다니는 것과는 달라요. 아무것도 없어요. [치료자: 흠] 아무것도 없어요. 밖에는 아무 소리도 들리지 않아요. 아무것도 없어요. [치료자: 네, 네] 그래서 제 자신을 꽉 잡고 있었어요.

치료자: 어쩐지, 이렇게 꽉 잡고 있고, 밖에 아무도 없다는 느낌이 들지 않아 소리를 지르거나 손을 내미는 것은 쉽지 않은 일이죠. [내담자: 네, 그건……] 날 안아 줘야 한다고 말해요, 위로가

필요해요. [마음속 요구 주장 지원]

내담자: 내가 거기 있을 때, 어쨌든 그렇게 말할 사람은 아무도 없었어요. 무엇보다도 지금 나는 그곳에 아무도 없으면 느끼지 못해요. [치료자: 네, 네], 음, 평소엔 사람이 있을 때 잘 느끼지 못하는데 놀거나(웃음) 무언가를 하거나 해서 다른 삶을 살고 있어요. [치료자: 네, 네] 그것은 [치료자: 이해합니다]……. 그래서 제가 거기 있을 필요가 없어요. 제 생각에는 좋아하지는 않지만…… 난 결코 무언가 필요한 게 싫었어요.

치료자: 네.

내담자: 나는 내가 필요한 것이 무엇이든 누구에게도 말하지 않았어요.

치료자: 이것을 나에게 말해 줄 수 있나요? "저는 도움이 필요하지 않습니다."

내담자: 알았습니다. 필요한 건 없다고 말씀드리고 싶군요. 그냥 좋습니다. 나는 아무것도 필요 없고 그저 내 일을 할 뿐입니다.

치료자: 나는 그냥 돌아다니며 내 몸을 꼭 안고 있어요. 이걸 어떻게 하면 되나요? 이리로 와서 이렇게 하고 그녀를 꽉 조일 수 있습니까? 어떻게 합니까? [자기 방해 의식]

내담자: 꽉 조여라. 음, 전…… 충분히 오랫동안 해 왔으니 계속할 수 있어요. 난 아무것도 필요 없어요.

치료자: 이리 와서 꼭 잡아 봐요. 직접 해 봐요. [주체성 대리인 인식 촉진]

내담자: (내담자가 상상의 자신을 의자에 밀어 넣어 으스러뜨리고 숨을 몰아쉰다.)

치료자: 네, 좀 더 하세요. 소리를 낼 수 있나요? [주체성 대리인으로서의 각성 강화]

내담자: 으으으으! (노력, 가장 큰 소리)

치료자: 이제 단어를 덧붙여 보세요.

내담자: 아무것도 필요 없고, 필요하더라도 묻지 마세요. 제기랄, 묻지 마! 그냥 네 일이나 해. 묻지 마세요.

접촉 단계

치료자: 그래, 좋아요. 바꿀 수 있나요? 여기서 무슨 일이 일어나든지 어떤가요? [소극적 측면 인식]

내담자: 너무 얽매인 느낌이 드는데…… 끔찍해요. 여기서는 숨을 쉴 수가 없어요. 난 필요가 없어요. 물론 나도 필요가 있어요. 그때 공허함 속에서 나를 위로해 줄 누군가가 필요했어요.

치료자: 그녀에게 말해요. 당신이 필요한 걸 말해요. [필요한 주장 자극]

내담자: 난 도움이 필요해요. 위로와 지지가 필요해요.

치료자: 이것을 내게 연락해 줄 수 있나요? 당신의 필요에 대해 말해 주세요. [필요한 대인관계 표현 실험]

내담자: 난 도움이 필요해요. 네. 당신의 도움이 필요해요. 내가 원하는…… 나는 사람들이 내게 반응하고 내 고통을 달래 주고, 그 고통이 사라지도록 도와줬으면 좋겠어요.

치료자: 어허, 다시 한번 말해 봐요. 나는 위로가 필요해요. [새로운 필요성 주장 지원]

내담자: 네. 나는 위로가 필요해요. 가끔 무섭거나 혼자 있을 때 도움이 필요해요. 난 사람들이 필요해요. 나 혼자 지하실에 갇히고 싶지 않아요. 정말 도움이 필요해요.

치료자: 네, 이것은 중요합니다. 도움이 필요하고 도움을 요청할 수 있는 것이 중요합니다. 당신의 삶에서 당신이 필요로 하는 것을 누구에게 요청할 수 있습니까? [주장 지원 및 권한 부여]

내담자: 많은 사람들. 예를 들면 내 남자 친구.

치료자: 좋아요, 그를 여기 의자에 앉히고 도움을 요청하겠습니다. [대인관계적 욕구 표현 실험]

내담자: 너의 도움이 필요해. 내게 필요한 게 있어. 내가 필요할 때 언제든 도움을 요청할게.

결론

다시 한번 강조하지만, 이것은 지시나 교정이 아니라 촉진 과정이다.

제12장 빈 의자 기법과 미해결 과제

유기체가 압도적이고, 고통스럽고, 절망스러운 상황과 정서적 경험을 처리하는 한 가지 방법은 정서의 표현과 정서를 일으키는 욕구를 모두 차단하는 것을 비롯해 정서를 억압하는 것이다. 하지만 충족되지 않은 욕구는 완전히 사라지지 않는다. 오히려, 충족되지 않은 욕구와 상황은 기억에 부호화되어 개인에게 '미해결된 과제'(Perls et al., 1951)로 남게 되며, 현재 처한 상황에 적절히 대처하는 것을 방해한다. 미해결 과제는 욕구가 충족되지 않은 결과로 나타난다. 정서의 각성과 표현의 자연스러운 순서의 완결 없이 욕구를 자각하고 이를 충족시키고 직면한 장애물에 대처하기 위한 행동을 하게 된다. 이 순서가 완성되지 않으면 각성과 긴장감이 자극되지만 줄어들지는 않는다. 정서는 고조되지만, 장애물이 너무 크다고 느끼면 사람은 해결을 포기한다. 이처럼 욕구/목표가 충족되지 않으면 불만이 남고 불평을 동반한다. 분노는 미해결 과제의 가장 일반적이면서도 중요한 징후 중 하나이다.

무엇이 바뀌어야 하는가: 근본적인 과정 처리의 어려움

미해결 과제는 상황과의 정서적 욕구/목표 지향적 상호작용에서 실패한 해결을 기억하는 부호화를 말한다. 이는 인지 작업의 중단에서 발견되는 완성을 향한 추진, Zeigarnik[1] 효과와 정서적으로 유사하다(Zeigarnik, 1927). 표현되지 않은 정서들은 도식화된 정서 기억 속에 남게 되며, 다시 쉽게 자극될 수 있다. 이러한 정서들은 반복적으로 자극되기에 오랫동안 남아 있게 되며, 정서가 되살아나면 표현과 해결을 강요받는다. 하지만 모든 불완전한 욕구/정서/행동의 해결 과정이 도식화된 정서 기억으로 저장되지는 않는다. 매우 두드러지거나 트라우마 경험 또는 그와 유사하게 좌절이 반복되는 사례만이 정서 도식으로 구조화되고 저장될 가능성이 높다.

특히 중요한 것은 신뢰, 자율성, 능력, 정체성, 친밀감, 생산성 개발과 같은 것으로, 삶의 주요 발달 과정에서 중요한 타인과의 관계 안에서 시간이 지남에 따라 축적된 미완성된 경험들이다. 미해결 과제들은 부모, 형제, 연인, 배우자 또는 친구와의 대인관계 영역이나, 개인의 안녕감에 영향을 주는 친밀하고 오랜 관계를 맺고 있는 사람들과의 관계에서 발생한다. 미해결 과제에는 종종 분리와 이별의 어려움이 수반된다. 중요한 타인과의 관계가 끝이 났는데도 '매달리는' 반응을 보인다. 이 어려움 속에서 사람은 표현되지 않은 정서들과 충족되지 않은 욕구를 비롯하여, 관계에서 완전히 다루어지지 않았던 문제들을 계속해서 재작업하려고 한다. 마치, 그 사람에게는 오랫동안 표현되지 않은 원한과 좌절, 상처, 죄책감, 표현되지 않은 감사와 사랑이 남아 있는 것 같다. 결국에는 관계가 끝나버림으로써 남아 있는 억압된 정서는 미해결된 관계를 초래한다. 이때 필요한 것은 정서적인 관계를 내적으로 끝내고 놓아 주고 분리하는 것이다.

또 다른 경우의 미해결 경험은 비극적인 상실, 폭력, 죽음, 재난, 학대와 같이 트라우마, 스트레스 유발 상황 또는 고통 경험에서 발생한다. 아마도 가장 해로운 미해결 과제는 트라우마가 중요한 타인과 관련되어 발생하는 경우이다. 중요한 타인의 상실 혹은 학대 경험은 가장 압도적이고 강렬한 경험을 남긴다. 이러한 상황은 일반적으로 강한 슬픔과, 분노, 혐오, 무력감 또는 공포의 강력한 정서들을 각성시킨다. 이러한 정서들은 종종 표현되지 못하고 그 상황에서 다루어지지 않아 오히려 기억 속에 부호화되어 있다가 외상 후 스트레스의 측면에서 침습적인 이미지와 정서로 회상된다.

개인은 각기 다른 시기와 다양한 이유로 정서의 완전한 표현과 경험을 종종 중요한 타인에게만 제한한다. 분노, 상처, 적개심, 실망, 슬픔, 때로는 배려와 사랑 같은 정서는 대처의 필요성과 표현이 다른 사람에게 미치는 영향에 대한 두려움, 고통스럽고

---

1) 역자 주: 마무리하지 못한 일이 계속 마음속에 남아 있는 현상을 말한다. 이 이론을 처음 제시한 러시아 심리학자 블루마 자이가르닉의 이름을 따서 만든 용어이다.

원치 않는 정서에 대한 공허함과 두려움 등의 이유로 제한된다.

정서 표현이 불완전하고, 행동 경향이 구현되지 않고, 욕구가 충족되지 않는 한, 개인은 상황이나 관계를 종결할 수 없다. 표현되지 않은 정서, 충족되지 않은 욕구, 끊임없이 희망하던 기대는 도식적인 기억 속에 남는다. 이에 따라 개인의 현재 관심을 기울이는 것과 처리 능력 일부가 미해결 과제와 관련하여 현재 상황을 잘못 인식하거나 과잉 반응을 보이도록 관여한다.

가장 일반적으로, 정서 표현은 강렬한 정서의 표현에 대해 사회적으로 내면화된 금지 때문에, 그리고 강한 정서를 표현하는 것이 자신이나 타인에게 상처를 줄 것이라는 두려움 때문에 차단된다. 그리고 사람들이 자신의 강한 욕구를 자각했으나 욕구가 좌절되거나 만족에 대한 위험이 감지된 상황에서 정서 표현의 억제는 만성화된다(Perls et al., 1951). 그 사람은 고통받지 않고 위험에서 벗어나려고 일부러 욕망과 욕망에 대한 인식을 억제한다. 욕구, 정서, 표현, 제스처 및 감각적 인상의 전체 복합체가 복잡한 내적 작업으로 인해 비활성화된다. 왜냐하면 트라우마 상황은 아직 중요한 처리들이 끝나지 않았기 때문에, 관련된 현재 상황에서 트라우마가 재활성화되는 것을 방지하기 위해 많은 에너지가 소요된다. 유기체는 도식이 활성화되지 않도록 억압하거나 억제하기 위해 움직인다. 처음에는 의도적으로 차단했지만 나중에는 자동으로 차단된다.

미해결 과제를 지속시키는 차단에는 눈물을 참거나 분노를 삼키는 것과 도망치려는 경향을 억제하는 것과 같은 강력한 제약이 포함되어 있다. 이러한 활동은 무의식 중에 자동으로 발생한다. 따라서 미해결 과제는 긴장을 풀지 않고 사건을 기억하며 표현을 차단하는 것이 어려움에 대처하는 친숙한 방식이다. 이러한 패턴은 새로운 반응의 가능성을 제한한다. 예를 들면, 사람들은 상처나 상실에 대해 계속 생각하고 기억할 때마다 정서와 눈물이 솟구치거나 분노가 치밀어 오른다.

미해결 과제의 현재 경험과 관련된 인지/정서적 과정은 다음과 같다. 현재 상황의 단서는 완료되지 않은 상황에 대한 도식적인 정서 기억을 활성화한다. 활성화된 도식은 현재 개인의 의식을 통제하고 이와 관련된 정서적 및 표현적 반응뿐만 아니라 이러한 반응에 대한 차단도 생성한다. 그 사람은 과거의 좌절이나 위험을 포함한 상황을 경험한다. 결과적으로 과거를 떠올리고, 각성과 차단의 전체 과정이 반복적으로 발생하여, 사람은 긴장, 불만, 원망, 체념, 또는 무력감을 느끼게 된다.

따라서 중요한 타인과의 해결되지 않은 정서 반응과 도식화된 정서 기억이 촉발되면서 미해결된 과제를 경험하게 된다. 도식이 활성화될 때마다 고통스러운 정서를 다시 경험하게 된다. 그러므로 그 사람을 생각하거나 떠올리거나 상상만 하더라도 해결되지 않은 정서가 뒤따른다. 해결되지 않은 정서, 욕구, 의식 등 중요한 타인과의 상황을 포함하여 변화가 필요한 것은 도식이다. 미해결 과제는 정서와 행동하려는 성향이 표현되기 위해 다시 경험될 필요가 있다. 이는 치료 상황의 안전 속에서 그 과정을 거쳐 재처리되어야 한다. 이는 결국 자신과 타인과의 관계 마무리와 재구성으로 이어질 것이다.

개입 기회: 미해결 과제 표식

내담자가 치료에서 과거 관계와 삶을 이야기할 때 명확하게 정의된 미해결 과제의 경험이 드러난다. 예를 들어, 내담자는 아버지가 자신을 대하는 방식에 대해 심하게 불평할 수 있고, 내담자는 전 배우자로부터 배신감이나 버림받은 것에 대해 오랫동안 쓰라린 원한이나 분개를 표현할 수도 있다. 중요한 사람과의 관계에서 이러한 유형의 미해결 과제의 표식에는 다음과 같은 구성 요소가 있다. ① 상처나 원한과 같은 해결되지 않은 정서가 존재, ② 이 정서는 부모나 배우자와 같이 발달적으로 중요한 타인과 관련이 있고, ③ 이러한 정서를 현재 경험하고 있으며, ④ 정서가 온전히 표현되지 않고 차단되거나 억압된 표현의 징후가 있다.

이러한 경험의 중요한 특징은 그 사람이 현재 해결되지 않은 느낌을 느끼지만 막혀 있어서 무력감이나 체념을 느끼거나, 그것에 대해서 이야기함으로써 해방이나 안도감을 얻을 수 없다는 것이다. 이럴 때 내담자는 중요한 타인과 미해결 과제를 경험하는 것이다. 우리는 분노와 상처가 미해결된 정서의 가장 흔히 나타나는 징후라는 것을 발견하였다. 하지만 체념과 절망도 미해결 과제의 징후로서, 원래의 미해결된 정서 그 자체의 경험이라기보다는 그 정서를 해소하려 노력하다가 포기한 정서의 특징이 반영된 것이다. 내담자가 욕구 충족이나 인정받기 위해 의존했던 사람들에 대한 불평의 정서가 존재한다. 이 불평은 표현되지 않은 분노와 상처의 융합 또는 결합을 나타낸 것이다. 더 나아가 해결되지 않은 슬픔은 미해결 과제의 또 다른 유형으로 나타나는데, 그것은 해결되지 않은 상실감이다.

분노와 체념 모두를 나타내는 원형적인 표식이 이어진다.

> 나는 어머니에게 화가 많이 나요. 어머니는 항상 나를 비난했고 내 주변을 맴돌았어요. 가끔은 어머니에게 소리 지르고 싶었지만, 결코 그럴 수 없었어요. 지금도 소리치고 싶은 충동을 느낄 수 있지만 그건 너무 오래전 일이에요. 지금 소리를 지르면 무슨 소용이 있을까요? 결코 아무것도 변하지 않을 거예요.

마지막으로, 미해결 과제의 덜 직접적인 다른 징후로는 갈망, 슬픔, 체념 및 절망이 있다. 혹은 다른 중요한 타인과 관련하여 유발된 정서의 차단 신호를 포함할 수 있지만, 남아 있는 나쁜 정서를 이야기하지는 않는다. 예를 들면, 전 배우자에 대해 이야기할 때 그리움이 있을 수 있는데, 이는 자신은 가족이라는 의식을 원했고 자녀에게 두 부모가 있어야 한다는 것을 언급함으로써 나타난다. 또는 돌아가신 부모에 대해 이야기할 때의 슬픔 또는 부모의 방임에 대해 "나는 상관하지 않는다"라고 냉정하고 객관적으로 말하지만 '눈물을 흘리는 것' 등이다. 이러한 예들은 모두 상대방과의 대화에 참여하게 함으로써 자신의 유발된 정서를 표현하고 미해결된 과제를 완성하는 것이 생산적이다.

변화는 어떻게 일어나는가

개입의 기본적 가정은 그 사람이 빈 의자에 있는 중요한 타인에게 해결되지 않은 정서를 표현하면, 상대방에 대한 이전의 억제되었던 정서 표현의 각성과 완성으로 이어진다는 것이다. 이것은 남아 있는 관계 문제를 해결하거나 재구성하는 데 도움이 되며, 일반적으로 관계를 있는 그대로 또는 원래대로 수용하는 결과를 가져온다. 이 과정에는 과거의 대인관계 문제를 해결하거나 트라우마를 다시 경험하는 것, 이전에 표현되지 않은 정서를 적극적으로 표현하는 것, 충족되지 않은 욕구를 인정함으로써 종결시키는 것이 포함된다. 또한 욕구 충족과 관계 종결에 관한 고통을 유발하는 역기능적 신념에 직면하는 것도 포함될 수 있다. 대화는 정서를 충분히 표현하고, 정서들이 방해받지 않고 흘러갈 기회를 제공한다. 이것은 뒤로 물러서 저지하려는 긴장과 고통으로부터 해방되는 결과를 가져온다. 따라서 개입에서는 정서의 각성과 이전에 억압한 것을 완결하기 위해 표현하도록 안내한다. 이 강렬한 표현의 과정은 안도감과 회복으로 이어진다.

Marcus(1976)는 '집요한 요구'를 하다가 어머니로부터 꾸짖음을 당한 내담자와 함께 빈 의자 기법의 작업을 기술하였다. 어머니는 그에게 착한 아이가 되고 징징대는 것을 멈추라고 말하였다. 치료 환경에서 내담자는 자신 앞에 놓인 빈 의자에 앉아 상상 속의 어머니와 재회하고, 한때 억압되었던 어머니에 대한 분노를 느끼기 시작하였다. 그는 어머니의 꾸지람과 훈계를 기억하고 조용하고 착한 아이가 되고 싶은 충동을 다시 느꼈다. 그런 다음 그는 강한 분노의 압박감을 느꼈고 자신은 착한 아이가 될 수 없으며 어머니에게 그의 말을 들어 달라고 요구하고 주장하였다.

빈 의자 기법은 내담자가 자신의 오래된 정서 경험과 관련된 새로운 정보와 의미에 대한 자각과 관심을 촉진한다. 여기에는 표현을 차단하는 과정으로 인해 이전에 사용할 수 없었던 정보가 포함된다. 이전에 억압했던 정서를 표현하면서 얻은 긴장의 방출은 사람들이 경험의 의미를 계속해서 명확하게 하도록 자유롭게 풀어 주는 것으로 보이며, 이 과정은 해당 영역에서 표현되지 않은 감정의 긴장과 불편함으로 인해 방해받은 것으로 보인다.

안도감과 회복 경험 이외에도 대화를 통해서 자신과 타인에 대한 상호 간의 새로운 견해가 나타난다. 이러한 견해를 기반으로 도식 재구성의 기회가 만들어진다. 도식 재구성은 새로운 정보를 상대방에 대한 도식과 상황에 통합함으로써 이루어진다. 때로는 타인에 대한 이해가 나타나며 좋은 특징과 나쁜 특징을 모두 통합하게 된다. 다른 때에는 내담자는 상대방을 매우 강하고 자신은 나약하다고 생각하는 관점을 바꿈으로써 대인관계 고통을 유발하는 신념(예: 자책)을 버릴 수 있다. 따라서 타인, 자기, 상황과 관련된 도식의 활성화는 내담자의 정서 각성과 표현의 기회를 제공하며 이를 통해 도식의 재구성이 가능해진다.

정서적 변화가 일어나려면 관련된 도식에 접촉해야 한다. 내담자가 중요한 타인과의 어려움을 순수하게 개념적 처리 방식만으로 논의하는 것은 충분하지 않다. 모든 수준에서 변화의 가능성을 높이려면 개념적 · 정서적 · 동기적 · 표현적인 행동 측면의 모든 도식이 살아나야 한다. 그런 다음, 치료자는 내담자의 현재 자원과 능력을 활용하여 경험을 재처리하도록 돕고 도식적 재구성과 마무리를 촉진한다.

일반적으로 중요한 타인에 관한 도식이 유발되면 처음에 내담자는 정서를 느끼고 다음에는 경험이나 표현을 억압하여서 불평하고 불만족스러운 정서를 갖게 된다. 개입의 목적은 내담자가 빈 의자에서 중요한 타인에 대한 정서를 경험하고 충분히 표현할 수 있도록 하는 것이다. 이러한 개입은 억압된 욕구와 욕구에 대한 권리의식을 회복하는 데 도움이 된다. 욕구를 활성화하고 인정하는 것은 내담자가 상대로부터 적절하게 분리될 수 있도록 힘을 준다.

미해결 과제를 해결하는 데 필요한 것은 충족되지 않았던 모든 욕구가 충족되는 것이 아니라, 자신의 정서와 욕구를 충분히 표현하고 인정하는 것이다. Perls 등(1951)은 사람이 환경에 진정으로 직면할 때 어떤 일이 일어나는지 다음과 같이 설명하였다.

> 원하는 것을 얻기 위해 절망 또는 분노 속에서 전심전력으로 노력했을 때, 필요한 것을 얻을 수도 있고 불가능한 것을 포기할 수도 있다……. 분노와 애도를 통해 불가능한 일에 대한 욕구가 사라진다(p. 362).

따라서 이 투쟁에서 유기체는 상황에 대해 창의적으로 적응한다. 빈 의자 대화를 통해 내담자는 치료적으로 안전한 환경과 함께 지지적인 치료자의 존재 속에서 상상 속 타인들에게 차단되었던 모든 것을 충분히 표현할 수 있다. 그리고 새로운 해결책을 만들기 위해 고군분투할 기회를 얻게 된다. 욕구와 대상 사이에 접촉이 생성된다. 이러한 접촉은 새로운 해결을 만들 가능성을 제공한다.

이 과정에서 해결은 궁극적으로 2가지 방식으로 발생한다. 첫째, 자기 관련 도식에 변화가 있다. 여기에는 자기를 타인으로부터 분리하고, 자기보다는 타인이 잘못에 대해 책임지도록 하여 자기 행동을 수용하고 검증하는 것이 포함된다. 둘째, 타인 관련 도식의 변화이다. 이것은 타인에 대해 더 잘 이해함으로써(아마도 용서를 포함하여) 타인을 덜 위협적이고, 덜 강력하고, 덜 지배적인 사람으로 봄으로써 타인을 새로운 시각으로 보게 된다.

빈 의자 기법은 미해결 과제의 표식으로 시작된다. 표식이 나타나면 치료자는 내담자가 자기와 중요한 타인 사이의 대화에 참여하도록 돕는다. 이 개입의 초점은 내담자가 타인과 대화하거나 대인관계 갈등 해결 기술을 가르치는 것이 아니라, 이전에 차단되었던 정서를 표현하도록 하는 것이다. 갈등 분열을 위한 두 의자 대화 기법보다 빈 의자 기법에서는 다른 의자가 차지하는 빈도가 훨씬 낮다. 일반적으로 대화에서 2가지 주요 지점에서만 사용된다. 처음에는 정서를 불러일으키는 것을 돕고, 나중에는 해결을 확인하는 데 도움이 된다. 이 작업의 주요 참여 방식은 적극적인 표현 방식이다. 주요 목표는 내담자가 차단된 정서를 적극적으로 표현하고 욕구를 활성화하여 표현하도록 하는 것이다.

이 개입에서 치료자는 내담자가 타인의 존재를 상상하고 그 사람의 외모와 태도의 핵심적인 세부 사항을 묘사하도록 지시한다. 이러한 이미지 표현은 정서적 반응을 자극하는 데 사용된다(즉, 관련 도식을 활성화하기 위해). 이 단계에서 내담자는 가능한 한 구체적으로 상대방, 특히 가장 문제가 되었던 상대방의 측면을 재연하도록 권유한다. 이것은 애타는 표정일 수도 있고 목소리의 불만스러운 어조일 수도 있다. 이러한 표현 운동 방법은 관련 정서 도식을 불러일으키는 이미지의 효과를 높이기 위해 심상

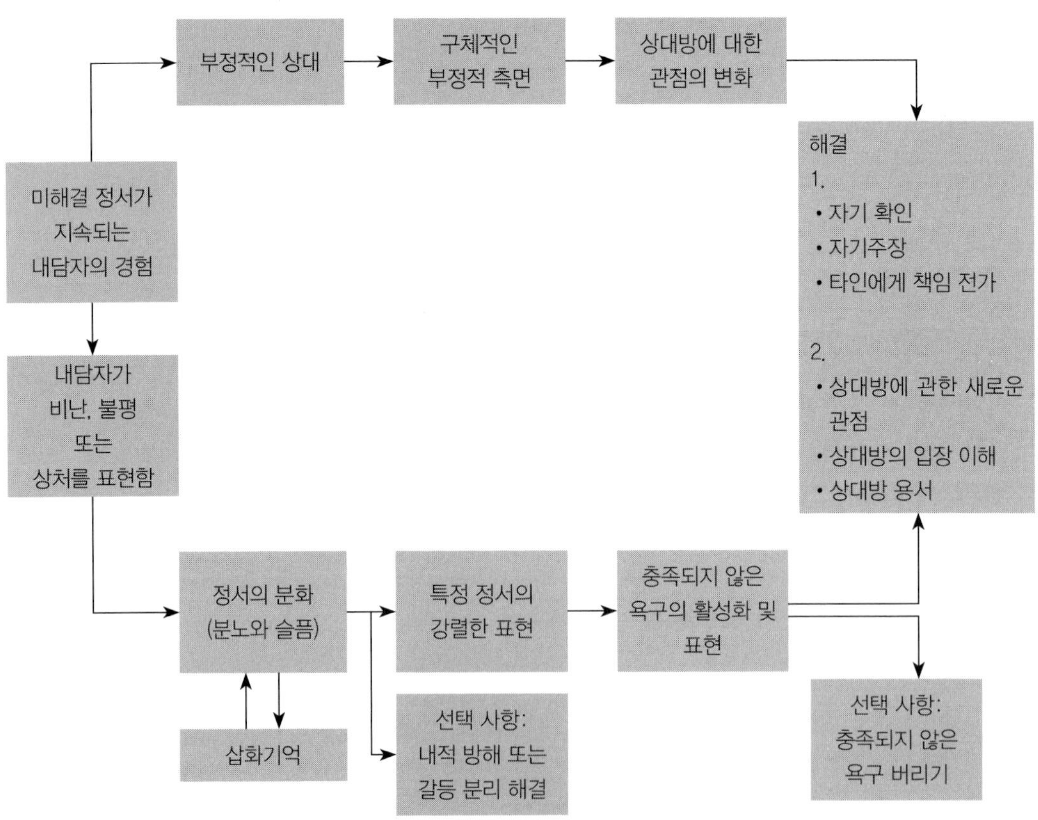

[그림 12-1] 미해결 과제의 해결

사용을 적극 활용한다.

이 대화의 해결 과정은 해결과 비해결 대화를 구별하는 해결의 구성 요소를 결정하기 위해 엄격하게 모델링되었다(Greenberg, 1991; Foerster, 1991). 해결 모델은 [그림 12-1]에 제시하였다. 해결 경로는 각성, 표현 및 완료의 3단계를 포함하는 것으로 볼 수 있다.

이 모델에 관한 내용은 아래에 자세히 설명되어 있다. 또한 연구 목적으로 고안된 평가자의 해결 정도 척도의 축약형은 〈표 12-1〉에 제시하였다. 이것은 해결의 정도를 6단계로 나타내며, 해결 과정에서 진행된 정도를 추정하기 위한 지침으로 사용할 수 있다.

첫 번째 단계는 내담자가 자신의 해결되지 않은 정서를 상대방에게 표현하는 것이다. 그 사람은 예전의 관계 방식이나 현재 관계 방식을 그대로 받아들일 수 없다. 불편함과 나쁜 정서를 동반한 불평, 괴로움 또는 후회의 표현이 있다. 그 사람은 종종 상대방을 비난하거나 불평하거나 치료에서 받은 상처를 표현함으로써 대화를 시작한다. 상대방은 자신이 하지 않은 일에 대해 비난받는다. 표현된 이 상처는 위축되는 특성을 가진다. 이 시점에서 내담자는 일반적으로 다른 의자로 이동하여 부정적인 상대방을 실연하고 그 사람의 행동과 태도에 문제가 되는 특징들을 포착하게 된다. 내담자는 상대방과의 이전 경험을 바탕으로 그 사람에 대한 자신의 내적 표상을 사용한다. 따라서 내담자는 타인을 무시하거나 비판할 수 있다. 타인에 대한 내담자의 도식적 기억에 접촉될 때, 상대방에 대한 표현은 더욱 구체화된다. 내담자는 상대방의 부정적인 어조와 표정뿐만 아니라 거칠고 거부하는 말을 포착하여 구체적으로 실연한다.

〈표 12-1〉 해결 정도 척도(축약형): 미해결 과제

1. 내담자가 중요한 타인을 비난하거나 불평하거나 상처나 그리움 등을 표현한다.
2. 내담자는 타인과 접촉하고 해결되지 않은 정서, 종종 분노나 상처를 표현한다.
3. 불평은 내재된 정서로 구분되며, 일반적으로 슬픔과 분노와 관련된 정서는 높은 수준의 정서적 각성을 경험하고 표현한다.
4. 내담자의 충족되지 않은 욕구가 유효한 것으로 경험되고 적극적으로 표현된다.
5. 내담자는 타인을 긍정적인 관점에서 이해하게 되거나, 그 사람도 자신만의 문제가 있는 덜 강력한 사람으로 새로운 방식으로 이해하게 된다.
6. 내담자는 자신을 확인하고, 타인을 용서하거나 타인에게 책임을 물음으로써 해결되지 않은 정서를 놓아준다.

그런 다음 내담자는 상대방의 부정적인 측면들을 실연하는 것에 반응한다. 처음에는 정서가 좀 더 포괄적이지만 내담자가 이러한 반응을 과감하게 표현하면 할수록 더 명확하고 구체화된 정서 표현을 한다. 불평과 상처에 분노와 슬픔이 뒤섞인 것이 순수한 분노의 표현과 순수한 슬픔의 표현으로 분화된다. 해결은 느낀 강도에 비례하는 정서 표현의 강도를 요구하는 것 같다. 격렬한 정서 표현은 표현이 완성될 때까지 울기, 애도, 소리 지르기, 발로 차기, 다른 의자를 치는 등의 행동을 동반한 표현들도 허용한다. 여기에 "배신당했어", "미워해", "너무 외로웠어" 등의 표현이 함께 붙어 그 정서를 상징적으로 표현한다. 예를 들면, 표현이 완결된 후에도 차단에 대한 분노 또는 상실에 대한 슬픔의 표현이 자주 나타난다. 반면에 슬픔을 표현한 후에는 자신의 자율성과 권리주장 및 경계의 생성과 함께 분노가 나타날 수 있다. 이러한 과정은 다음의 예로 설명된다.

빈 의자 대화에서 내담자는 병든 어머니를 부모로 둔 것과 자신이 너무 빨리 어른스러워진 것에 대해 어머니에게 분노를 표출하였다. 내담자는 여섯 살 때의 기억을 떠올렸다. 내담자가 학교에서 집으로 돌아오는 길에 엄마가 그녀를 만나러 왔다. 내담자는 '90파운드 나가는 몸'을 가진 엄마가 바람에 날아가는 것을 목격하였다. 눈물을 흘리며 그 경험에 대한 고통과 분노 속에서 그녀는 "바람을 이겨내지 못해서 당신이 원망스럽다"고 말하였다. 원망을 표현한 뒤 그녀는 무력감을 표현하며, "엄마가 바람에 뜨는 것을 보기 전까지 학교에서 잘 걸어가고 있었고, 엄마가 나를 위해 마중 나와서 바람에 날아가게 된 것에 죄책감을 느꼈다. 그러나 더 중요한 것은 이제 내가 엄마를 돌봐야 한다는 책임감이 생긴 것"이라고 말하였다. 이것은 그녀의 어머니에 대한 명백한 분노의 정서로 이어졌다. 어머니에게 잘하기 위해서 항상 '등이 휘어져' 왔다고 말하는 내담자에게 이 분노는 자기를 더 명확하게 정의하고 어머니와 자기를 분리하는 중요한 기점이 되었다.

해결 과정에서 특히 흥미로운 점은 내담자가 (예를 들어) 분노와 원한의 정서를 완전히 표현하면, 상대방의 약점, 나약함, 한계를 인정하기 시작하고, 내담자가 이러한 정보를 상대방에 대한 내적 표상으로 인정할 수 있다는 것이다.

자기 의자 대화의 다음 단계는 정서와 관련된 충족되지 않은 욕구를 활성화하고 표현하는 것이다. 이러한 욕구는 자격이 없다는 느낌 때문에 원래의 관계에서 절대로 표현되지 않았던 경우가 많다. 이제 내담자는 이러한 진심 어린 욕구를 상상하는 타인에게 표현한다. 욕구는 강렬하게 표현된 정서에서 흘러나오며 일반적으로 애착이나 분리, 자존감 등 기본적인 대인관계의 욕구 충족과 관련이 있다. 욕구는 자신의 것이며, 다른 사람의 박탈이나 비난이 아니라 자신에게 속하고 자신에게서 나오는 것으로 표현된다. 그것은 욕구에 대한 권리의식과 정당성으로 표현된다. 이때 내담자가 자신의 경계를 주장하고 침범에 대해 "아니요"라고 말하며, 자신의 권리를 다시 주장할 수 있는 능력을 갖추도록 돕는 것이 중요하다. 욕구를 충족할 수 없거나 충족시키지 못할 상황에서 내담자는 자신의 욕구가 타인으로부터 충족 받아야 하는 권리임을 인식함과 동시에 중요한 타인에게 이를 요구할 수 있는 권리를 내려놓는 법도 배운다.

우리의 경험적 연구와 모델에서 아직 완전히 처리되지 않은 해결의 측면 중 하나는 자극된 정서와 욕구의 표현을 작업할 때, 내담자는 종종 자신의 욕구나 욕구가 충족되지 않은 상황에 대한 역기능적 신념에 직면한다는 것이다. 욕구의 정당화는 욕구의 활성화와 인정을 방해하는 신념을 극복하는 것을 내포한다. 예를 들어, 내담자가 리볼버 총을 든 알코올 중독자인 아버지로부터 징계받는 대화에서, 그녀는 자신이 이런 취급을 받을 만큼 충분히 나빴다는 역기능적 신념에 직면하였다. 그리고 그녀는 "내가 나쁜 게 아니라, 당신이 아픈 거야"라고 주장한다. 또 다른 내담자는 그녀의 결혼 생활에서 성적인 긴장감에 대해 작업을 하고 있었다. 남편이 그녀에게 '그렇게 당해도 싸다'라고 말했던 데이트 강간 경험을 재구성하였다. 그녀는 몇 년 동안 그러한 (남편이 한 말대로) 신념을 가지고 있었다. 하지만 경험을 떠올리면서 자신의 정서와 욕구가 정당함을 느꼈을 때, 그녀는 "나는 이것을 원하지도 않았고 이러한 대우를 받을 어떤 것도 하지 않았어. 잘못한 것은 내가 아니라 당신이었어"라고 말하였다. 유사하게, "나는 죽었어야 했어" 또는 "나는 살기 위해 겁쟁이였어"라는 신념을 형성하는 트라우마적 상황에서 사람들은 자신의 정서와 욕구의 정당성으로 인해 강화된 역기능적 신념에 직면한다.

대화의 다음 단계에서는 빈 의자에 있는 중요한 타인에 대한 표현이 바뀐다. 표현을 통해서 정서의 각성과 자신의 욕구에 대한 정당성이 증가하여 자기를 강화하게 되고, 내담자는 이전에 덜 두드러지게 나타났던 상대방의 긍정적인 측면을 이제는 확인할 수 있게 된다. 개인은 이전에 지나치게 제한적이었던 상대에 대한 관점을 확장할 수 있다. 이제 타인에 대해 다른 묘사가 활성화되는데, 일반적으로 더 친근하거나 덜 지배적인 사람으로 표현된다. '다른' 도식은 2가지 중 하나로 바뀐다. 이전에 부정적이라고 여겼던 타인이 더 긍정적이고 배려하는 타인으로 변하거나, 괴롭히고 지배적이었던 사람을 약하고 내적인 실패의 관점에서 볼 수 있게 되는 것이다. 다른 표현은 내담자에 대한 더 많은 사랑과 이해를 표현하고 내담자의 욕구를 충족시키지 못한 것에 대해서 유감을 표현한다. 타인은 내담자의 욕구를 충족시킬 만하지 않은 자기 삶의 상황적인 측면을 분명히 말할 수 있다. 또 다른 하나는 내담자의 이해와 용서를 요청할 수 있다. 학대적인 타인들은 자신들의 질병이나 역기능으로 인한 자기 행동에 대한 책임을 질 수 있다.

대화의 마지막 단계는 내담자가 자기 확신과 자기주장의 형태로 해결을 경험한다. 그리고 타인의 행동을 무조건 용납하지 않고 상대에 대한 더 큰 이해와 용서의 형태로 해결을 경험하는 것이다. 자기 확신은 내담자가 자신이 나쁘지 않고, 타인이 자신의 욕구를 충족시키지 못한 것은 자기의 잘못이 아님을 내담자가 안다는 것을 의미한다. 종종 어려움이 있음에도 불구하고, 성공하고 스스로 만족스러운 삶을 살았다는 성취감과 자신의 강점과 특성에 대한 자부심을 느낀다. 자기 확신은 자기와 타인을 명확하게 분리할 수 있으며, 타인에게 책임을 묻을 수도 있다. 내담자는 상대방과 마주하고 상대방의 상황에 직면하면서 좌절된 욕구의 만족을 얻는다. 관계가 자신의 욕구를 충족시켜 주지 못하는 것을 의식하고 그러한 욕구들의 정당성을 선언한다.

내담자는 자신의 욕구가 충족될 것이라는 기대를 버리고 실제로 상대방이 제공할 수 있는 것과 제공할 수 없는 것에 대해 받아들인다. 때때로 해결 상태는 상대방에 대한 이해가 늘어나 그것을 바탕으로 명확하게 표현하는 것이 특징이다. 내담자는 타인에 대한 수용, 즉 놓쳐 버린 것을 채우지 못했던 상대의 어려움을 새롭게 이해하게 되면서 이를 수용할 수 있게 된다. 또한 내담자는 주어진 것에 대한 감사와 과거에 일어난 일을 용서 또는 수용을 표현한다.

이 작업에서 중요한 해결 과정은 다음과 같다. ① 욕구의 활성화를 동반한 강렬한 정서적 각성과 정서적 표현의 완성 그리고 ② 상대방에 대한 내적 표현의 변화. 이 변화 과정은 내담자가 중요한 타인과 자신의 역할 관계 위치에서 자신이 더 강력하고 관대하다고 느낄 수 있도록 바꾸는 것이 과정 중 하나이다. 해결 과정에 관한 연구에서, 해결을 경험한 사람은 해결하지 않은 사람보다 더 강력하고 관대하다고 보고하였다(King, 1988). 사람이 자기-타인 역할 관계에 대한 인식을 바꾸기 위해서 자신이 힘이 있다는 것을 느낄 필요가 있다. 이것은 이전에는 인정되지 않았거나 부인되었던 강력한 정서와 욕구를 표현하고 이러한 욕구의 정당성을 인식함으로써 가능해진다.

변화를 일으키는 치료적 개입

개입은 내담자가 상상한 중요한 타인과 대화에 참여하거나 차단된 정서가 재경험되고 표현될 때까지 트라우마 상황에 재진입하도록 격려하는 것이다. 치료자는 내담자의 표현되지 않은 정서의 각성과 표현을 촉진한다. 이 과정의 목표는 이전에 충족되지 않은 욕구를 활성화할 수 있도록 하고 자기와 타인 또는 상황에 대한 자신의 견해를 바꿀 수 있도록 정서의 표현을 완성하는 것이다. 과거에는 정서 도식이 활성화되었을 때 정서가 억압되어 충분한 표현이 허용되지 않았다. 그 결과 긴장의 해소나 안도감의 경험도 없었고, 도식 재구성의 기회도 없었다. 이 개입에서 해결되지 않은 정서가 유발되고, 표현되며, 자신의 과정을 실행하도록 허용한다.

치료적 개입은 강화된 표현을 촉진하고 이전에 충족되지 않은 욕구를 활성화하고 확인하는 것을 포함한다. 치료자의 임무는 표현되지 않은 정서의 표현을 자극하는 것이다. 치료자는 내담자가 비난, 불평, 상처와 같은 이차적 반응 정서를 벗어나 분노와 슬픔의 더 일차적인 표현을 하도록 도와야 한다. 치료자는 매 순간 가장 중요한 것에 귀를 기울이고 이 표현을 대화로 가져오기 위해 개입한다. 정서에 접근하기 시작하면 치료자는 정서의 강렬한 표현을 촉진하도록 한다. 이것은 내담자가 그 느낌을 충분히 경험하고, 표현하고, 놓아주는 것을 돕기 위해 표현적인 운동 실험을 사용할 수 있다. 따라서 때리거나 소리 지르거나 발로 차며 분노를 표현하도록 격려하는 반면, 흐느끼거나 슬퍼하는 것은 슬픔을 표현하도록 도울 수 있다. 정서의 고의적인 표현이 장려되고, 내담자가 정서 표현을 강화하도록 돕기 위해 단계적 실험이 사용된다. 이 개입에서 내담자는 정서를 불러일으키려고 일부러 화나거나 슬픈 방식으로 말하고 행동하도록 요청받는다. Berkowitz(1990)가 보여 주듯이, 의도적인 표현은 정서를 불러일으킬 수 있다. 그리고 감정이 자연스럽게 흐를 때까지 사람을 충분히 격려하고 진정한 표현을 촉진한다. 치료자는 내담자가 적극적으로 표현하도록 지시하는 것과 내담자가 경험에 참여하도록 돕는 것 사이의 전환을 도울 필요가 있다. 표현하는 것과 참여하는 것 사이의 동요는 정서적 경험이 살아나게 하는 데 도움이 된다.

표현되지 않은 정서를 불러일으키려고 시도하는 것 외에도 치료자는 표현에 방해되는 방식에도 주의를 기울인다. 미해결 과제의 표현을 방해하는 2가지 주요 방법이 있다. 여기에는 2가지 유형의 갈등 분열이 포함된다(제10장 및 제12장 참조). 표현에 대한 자기 평가나 '해야 할 것', 또는 더 강력하고 자동적 표현의 억압을 수반한 자가 차단(self-interruptive)이다. 정서 표현에 대한 자기 평가나 '해야 할 것'은 일반적으로 치료자에 의해서 주목하게 된다. 하지만 치료자는 명시적으로 작업하기보다는 '해야 할 것'에 맞서도록 도전하고, 정서를 표현하는 것이 적절하고 중요함을 제안함으로써 수행 불안을 극복하도록 한다. 이것은 부드럽게 처리되어 보통 효과적이다. 하지만 내담자가 표현에 대해 큰 갈등을 겪거나 표현을 방해하는 강력한 가치가 있는 경우, 이를 해결하기 위한 작업을 수행한다. 미해결 과제의 완결보다 자가 차단(self-interruptive) 분열 해결이 우선되어야 하는 2가지 상황이 있다. 첫 번째는, 차단이 경험과 표현의 무의식적인 방해로 인해 한순간 있다가 다음에 사라지는 경우이다. 두 번째는, 그 사람이 처음부터 단절되어 문자 그대로 경험할 수 없는 경우이다(그 또는 그녀가 해서는 안 된다고 느끼는 것과 반대로). 이러한 상황에서, 차단된 분열의 해결은 미해결 과제 해결을 위해 필요하며, 강렬한 정서의 각성을 활성화하는 데 중요한 하위 작업으로 간주한다.

주요 하위 목표는 표현의 각성이다. 이 실험 과정에서 무엇보다 강조되는 것은 자기와 중요한 타인 사이의 수준 높은 상호작용의 오고 가는 대화를 촉진하는 것이 아니라, 타인과의 미해결 과제를 표현하고 완성하는 것이다. 오고 가는 대화는 대인 갈등의 역할극을 촉진하는 경향이 있다. 어떤 사람들은 부정적인 타인의 역할을 하는 것이 정서의 각성을 자극하는 데 유용하지만 그 목적은 서로 간의 논쟁을 하는 것이 아니다. 표현되지 않은 정서에 접촉하게 되면 목표는 표현을 촉진하는 것이다. 이 작업은 주로 내담자를 자기 의자에 앉히고 표현의 각성과 욕구에 관해 주장하게 함으로써 이루어진다.

내담자는 욕구에 대한 활성화와 주장을 한 후에, 상대방의 반응을 알아보기 위해 중요한 타인의 역할을 다시 수행하도록 요청받는다. 상대방의 입장이 바뀌지 않았다면 좀 더 표현력 있는 작업이 필요하다. 만약 다른 쪽이 태도를 바꾸면 두 사람의 대화가 촉진된다. 이 단계에서 내담자는 상대방에게 반응하도록 요청받는다. 자발적으로든지 또는 치료자의 질문에 대한 반응으로든지 내담자는 자신의 태도를 재평가하는 경향이 있다. 여기에는 상대방을 이해하고 용서하거나 책임을 물을 수 있는지와 기대를 놓을 수 있는지가 포함된다. 그런 다음 내담자는 작업을 끝내는 수단으로써 상대방에게 "지금은 안녕"이라고 말하도록 요청받는다. 그리고 현재의 자신에게 돌아와 자신의 기분이 어떤지 점검하도록 한다. 따라서 이러한 과정은 현재의 감각적 경험에 기반을 두고 있다. 대화에서 일어난 일의 의미는 필요에 따라서 더 논의되고 처리된다.

치료자 작업

치료적 개입은 내담자가 이전에 표현하지 않았거나 해결되지 않은 정서를 표현하기 위해 중요한 타인과의 대화에 참여하도록 촉진하는 것이다. 치료자는 내담자가 어느 정도 안도감을 느끼고 표현을 완성할 수 있을 때까지 내담자가 이러한 정서를 상대방에게 표현하도록 돕는다. 개입의 목표는 해결되지 않은 정서들을 완성하거나 놓아주는 것이다. 인생에서 이러한 정서들은 종종 간직되어 사라지기보다는 곪고 쓰라린 것처럼 보인다. 이 개입에서 내담자의 해결되지 않은 정서들이 공개되고 표현되어 도식 재구성을 생성한다.

치료 작업에는 정서를 느낀 정도와 일치하는 강도로 정서를 불러일으키고 올바른 목표를 향해 표현하도록 한다. 치료자의 임무는 정서적인 안정과 회복을 가능하게 하고 자신과 상대방, 그리고 관계에 대한 관점의 변화를 가져오도록 충분히 각성시키는 것이다. 이는 내담자가 정서와 충족되지 않은 욕구를 놓아주거나 덜 부담스러운 방식으로 자신의 삶을 영위할 수 있기 위해 수행된다.

치료 작업은 각성, 표현 및 완결의 3가지 핵심 단계와 대화 전후 단계로 나눌 수 있다. 각각은 〈표 12-2〉에 나와 있고 다음에서 논의되는 여러 특정 유형의 치료자 작업을 포함한다.

〈표 12-2〉 치료자 작업

A. 대화 이전 단계
1. 협업 관계 구축
2. 실험 구조화하기

B. 각성 단계
3. 중요한 타인을 감각적인 존재로 활성화
4. 자신과 중요한 타인 사이의 접촉 형성
5. 책임감 촉진
6. 중요한 타인에 대한 반응으로 내담자 초기 정서에 접근
7. 중요한 타인의 실연을 촉진하고 중요한 타인의 가치 자극을 강화
8. 구체적으로 회상된 사건이나 에피소드 기억을 떠올림
C. 표현 단계
9. 중요한 타인에 대한 정서 구체화
10. 단계별 표현 실험을 통해 구별된 일차적 · 적응적 정서를 중요한 타인에게 충분히 표현하도록 촉진
11. 내담자가 표현과 내적 대상과의 접촉 사이의 균형을 유지하도록 도움
12. 중요한 타인에 관해 충족되지 않은 욕구와 기대를 중요한 타인에게 표현하도록 촉진
D. 완결 단계
13. 타인에 대한 새로운 긍정적 표현을 지지함
14. 타인 그리고 타인과의 관계에 대한 새로운 이해를 지지함
15. 내담자에게 권한 부여
16. 타인과 적절하고 긴밀한 접촉
E. 대화 이후 단계
17. 의미 관점 생성

대화 이전 단계

다른 작업에서와 마찬가지로 치료자는 2가지 전제 조건 단계에서 시작한다.

협업 관계 구축

표식이 나타나면 치료자는 작업의 초점으로 미해결 과제를 제안하고 작업에 대한 내담자의 동의를 얻는다.

실험 구조화하기

치료자는 대화를 제안하고, 의자를 가져와, 가장 적절해 보이는 방식으로 대화를 시작하도록 내담자를 초대한다.

각성 단계

중요한 타인을 감각적인 존재로 활성화

내담자가 선호하는 감각 방식을 활용하여 중요한 타인의 존재를 불러일으키도록 제안한다. 치료자는 그 사람을 방으로 데려가라고 제안할 수 있으며, 아마도 빈 의자를 가리키며 그 사람이 여기에 앉아 있는 것을 상상하도록 안내할 수 있다. 필요한 경우, 치료자는 내담자에게 상대방, 특히 얼굴을 묘사하거나 상대방의 목소리를 상상하도록 요청할 수 있다. 치료자는 "그녀가 보이나요?", "그의 목소리가 들리나요?" 이어 "무슨 느낌이 드시나요?"라고 질문하여 내담자에게 확인한다.

자신과 중요한 타인 사이의 접촉 형성

치료자는 내담자에게 빈 의자에 앉아 있는 중요한 타인이 진술하도록 지시함으로써 내담자가 상상된 중요한 타인의 존재에 반응하도록 지시한다.

치료자는 감각적 이미지를 사용하여 (빈 의자에 있는) 중요한 타인의 존재를 떠올리도록 내담자를 안내한다. 내담자는 상대방에게 반응하면서 현재 경험하고 있는 것을 상대방에게 표현하도록 지시받는다. 치료자는 내담자의 표현이 자발적인지 고의적인지, 표현되는 반응이 일차적인지(진정한 분노, 슬픔, 또는 상처), 반응적인지, 도구적인지(반응적인 분노, 징징거림, 패배 또는 무력감)에 주의하면서 내담자의 표현에 주의를 기울인다. 종종 내담자는 표현되지 않은 정서뿐만 아니라 미분화 상태로 남아 있는 정서를 나타내는 데 불만을 표현한다. 그런 경우에는, 내담자가 이를 구별하고 표현할 수 있도록 돕는 것이 치료자의 임무이다.

책임감 촉진

타인에게 비난을 퍼붓는 것을 막기 위해 내담자가 자기의 경험을 확인하고 책임을 질 수 있도록 돕기 위해 내담자는 자기의 경험을 '나' 관점에서 이야기하고 정서를 표현하도록 안내한다.

중요한 타인에 대한 반응으로 내담자 초기 정서에 접근

필요에 따라, 치료자는 내담자가 상상한 중요한 타인의 존재에 대해 반응하며 내면에 집중할 수 있도록 돕는다. 그 과정에서 치료자는 진정성 있는 불만, 종종 구별되지 않는 상처나 분노를 찾는다. 내담자를 각성시키기 위해 치료자는 내담자에게 자신의 비언어적 표현 중 일부를 반복하거나 강화하도록 제안할 수 있다. 특히, 이러한 표현이 자발적이고 일차적 정서를 반영하고 있는 경우에는 더욱 그러하다.

중요한 타인의 실연을 촉진하고 중요한 타인의 가치 자극을 강화

이것은 반복, 과장, 실연 등을 통해 의미 있는 타인의 형상적 · 부정적 · 언어적 · 비언어적 표현을 고조시키는 방식으로 이루어진다. 내담자의 정서적 각성을 증가시키기 위해 치료자는 내담자에게 빈 의자에서 중요한 타인을 실연하도록 안내한다. 치료자는 내담자에게 언어적 표현과 비언어적 표현 모두에서 중요한 타인의 주된 부정적인 측면에 초점을 맞추어 표현하도록 지시한다. 이 시점에서 치료자는 빈 의자에 있는 '나쁜' 타인이 내담자의 반응 수준을 자극하고 각성시키는 강력한 동맹자임을 인식하는 것이 중요하다.

구체적으로 회상된 사건이나 에피소드 기억을 떠올림

때때로 내담자는 특히 고통스럽고 끝나지 않은 특정 상황을 기억할 것이다. 그렇다면 치료자는 내담자가 현재형 언어를 사용하여 사건의 세부 사항을 상세하게 묘사하고 실연할 수 있도록 도와줌으로써 내담자가 그 상황에 재진입하여 생생하게 상기할 수 있도록 돕는다. 그렇지 않았을 때 치료자는 내담자가 특히 끝나지 않은 특정 상황이나 사건을 회상하도록 묻고 내담자가 일화적 기억을 떠올릴 수 있도록 돕는다. 어떤 경우든지 현재의 이 에피소드에 대해 생생하게 다시 이야기하는 것과 기억된 맥락에서 자신과 중요한 타인을 실연하는 것은 내담자의 경험을 더욱 자극하고 활기차게 할 것이다.

표현 단계

이 단계에서 치료자는 중요한 타인과 관련된 내담자의 정서 표현을 온전히 구별할 수 있도록 촉진한다.

중요한 타인에 대한 정서 구체화

치료자는 다음 사항에 주의하면서 중요한 타인에 대한 정서 표현에 내담자의 주의를 집중하도록 한다.

- 정서 자체의 미세한 신호, 내담자가 자신의 일차 적응 정서를 알아차릴 수 있도록 한다.
- 정서적 경험과 표현의 회피 또는 차단하려는 표현적 신호

만약 내담자가 과거의 끝나지 않은 상황을 기억하고 회상하였다면, 치료자는 내담자가 그 상황 안에서 자기 입장에서 타인에게 반응하도록 격려하여 내담자가 그때 느꼈던 모든 범위의 정서를 재경험하고 구별할 기회를 제공한다.

단계별 표현 실험을 통해 구별된 일차적 · 적응적 정서를 중요한 타인에게 충분히 표현하도록 촉진

끝나지 않은 정서의 완전한 표현을 촉진하기 위해 치료자는 작게 시작하여(다시 주먹을 휘두르며) 더 크고 포괄적인 표현 행동(베개를 두드리며)으로 단계적인 방식을 구축할 수 있다. 이 과정이 진행됨에 따라 치료자는 의도적이기보다는 자발적으로 내담자가 표현하는 것에 초점을 맞춘다. 치료자는 또한 내담자에게 정서의 언어적 및 비언어적 표현을 위해 충분한 기회를 제공한다. 그 과정에서 반응적-도구적 정서의 고의적인 표현(예: 징징거림, 패배 또는 무력감)은 우회시키거나 방해한다. 그 대신에 치료자는 비통, 고통, 분노, 슬픔에 대한 내담자의 진정한 자발적 표현을 확인하고 지지한다.

내담자가 표현과 내적 대상과의 접촉 사이의 균형을 유지하도록 도움

표현 과정이 진행됨에 따라 치료자는 내담자가 표현과 내적 경험 사이를 오갈 수 있도록 돕는다. 이를 통해서 치료자는 내담자의 경험과 표현 사이에서 일치하는 것들을 탐색한다. 치료자는 내담자가 타인과의 접촉과 자신의 내적 경험 사이에서 균형을 유지하도록 도와줌으로써 그 표현이 진정성이 있음을 인정한다. 치료자는 정서 표현의 미세한 신호, 정서를 피하는 내담자의 징후, 내담자의 정서 표현 레퍼토리에

관심을 기울여야 한다. 예를 들어, 치료자는 내담자가 분노를 표현하는지 또는 내담자 자신이 슬픔을 경험하도록 허용할 수 있는지를 확인할 수 있다. 내담자의 주의를 끌어 내담자가 내면에 집중하도록 지시함으로써 치료자는 내담자가 자신의 무의식적이고, 인정받지 못한, 일차적 정서에 접근하도록 돕는다. 그런 다음 치료자는 내담자가 타인에게 정서를 표현하도록 격려하고 내담자가 분노, 혐오감 또는 그리움으로 타인과 접촉하도록 돕는다. 이를 통해 정서를 완결해 갈 수 있다.

중요한 타인에 관해 충족되지 않은 욕구와 기대를 중요한 타인에게 표현하도록 촉진

이 시점에서 치료자는 구체적으로 내담자가 자신이 필요로 했던 것(또는 여전히 필요한 것)을 상상한 타인에게 말하거나 그가 놓친 것에 대해 말하도록 지시한다. 치료자의 도움으로 내담자는 상대방에게 원하거나 필요로 했지만 받지 못한 것을 분명히 표현한다. 치료자는 내담자가 떠올린 모든 것을 타인에게 충분히 표현할 수 있도록 충분한 시간을 갖도록 한다. 치료자는 경계 설정에 관심을 기울이며 내담자가 자신을 주장하고 침범 당하거나 위반된 상황에서는 "아니요"라고 말할 수 있도록 돕는다.

완결 단계

이 단계에서 치료자는 중요한 타인과 관련된 충족되지 않은 기대를 내려놓도록 지지하고 촉진한다. 화를 내거나 분노, 상처 또는 실망이 충분하게 표현하게 되면 내려놓는 것은 자연스럽게 뒤따라오는 것처럼 보인다. 그렇지 않을 때 치료자는 내담자의 충족되지 않은 기대가 실제로 충족될 수 있는지를 탐색하고 평가하도록 돕는다. 그렇지 않은 경우, 치료자는 내담자가 기대에 매달리는 효과를 탐색하도록 돕는다. 여기서 치료자는 내담자가 "나는 당신이 내 필요를 충족시켜 주기를 절대 포기하지 않을 거예요"와 같은 것을 상대방에게 표현하고 그들이 이것을 어떻게 느끼는지 알아보기 위해 실험할 것을 제안할 수 있다. 이러한 제안은 종종 변화를 일으킨다.

타인에 대한 새로운 긍정적 표현을 지지함

이 시점에서 치료자는 내담자에게 빈 의자에서 타인을 다시 한번 연기하도록 지시한다. 이번에는 치료자가 타인에 대한 다른, 더 긍정적이거나 덜 통제적인 표현의 출현을 지원한다. 이는 종종 표현과 놓아주기가 일어난 후에 아주 자연스럽게 따른다.

치료자는 또한 타인이 자신의 부족함을 인정하고 용서를 구하는 경향이 있으면 이를 지원한다.

타인 그리고 타인과의 관계에 대한 새로운 이해를 지지함

치료자는 내담자에게 변화가 일어났을 때, 아마도 상대방에 대한 정서가 부드러워지거나 상대방을 절대로 용서하지 않겠다는 내담자의 결심을 알아차리게 된다. 변화의 특성이나 방향과 관계없이 내담자는 새로 발견된 관점을 주장할 수 있다. 여기에는 상대방에게 용서를 베풀도록 지지하는 것이 포함되어 있으며, 상대방에 대한 감사의 표현도 뒤따를 수 있다. 또는 수용에는 용서하지 않겠다는 결의가 포함될 수 있다. 어떤 경우든 관계의 해결은 내담자가 중요한 타인과 관련된 충족되지 않은 나머지 기대를 내려놓는 것을 포함한다.

내담자에게 권한 부여

내담자가 타인이 충족시키지 못한 기대를 놓을 수 없고 채워지지 못한 욕구가 있는 경우에 나머지 욕구를 충족시키기 위해서 내담자가 무엇을 할 수 있는지 묻는다.

타인과 적절하고 긴밀한 접촉

다음으로 치료자는 내담자가 욕구에 대한 표현을 어느 정도 완결했는지 평가한다. 그리고 충족되지 않은 기대를 내려놓고 내담자가 중요한 타인과의 빈 의자 대화 작업을 통해서 얻은 혜택이 있는지를 평가한다.

이 단계에는 내담자의 경험과 욕구에 맞는 적절한 방식으로 내담자가 상대방에게 작별 인사할 수 있도록 돕는 것이 포함된다. 치료자는 내담자가 타인에게 말하고 싶거나 원하는 것이 있는지 물어볼 수 있다. 이것은 문자 그대로 작별 인사를 하거나 다른 순간에 대화를 재개하고 싶다는 바람을 말하는 것과 함께 미래로 가는 다리를 건설하는 것이다. 따라서 정서와 욕구의 표현을 완결하고, 충족되지 않은 기대를 내려놓고, 상대방과 내담자의 관계를 수용하거나 해결하기 위해 더 많은 작업이 필요하다면 일시적인 작별은 적절하다. 다른 한편으로, 내담자가 이 작업을 완결하였다면 최종적인 작별 인사를 하는 것이 적합하다.

대화 이후 단계

의미 관점 생성

마지막으로 치료자는 내담자가 자신과 중요한 타인에 관한 새로운 경험이 상대방과의 실제 경험으로 통합하는 데 필요하거나 적절하다고 여겨지면 이를 위해 내담자를 돕는다. 이것은 내담자가 작업 종료와 상대방과 관계에서 어떤 행동이 적합한지를 결정하는 것을 통해서 타인과의 관계를 해결하는 데 도움이 된다. 치료자는 내담자의 대화 경험에 관해 논의하거나 내담자가 그 경험을 가지고 앉아서 그 의미를 드러낼 수 있도록 반영하고 안내한다.

완료된 대화의 예

다음 예시는 이전 회기에서 어머니와의 관계에 관해 이야기를 나누고 지난 한 주간 동안 우울함을 느꼈던 45세 여성과의 치료 중에 나온 것이다. 이 부분은 회기 중 약 8분 동안에 일어난 것이다. 이 예시는 읽는 방법에 따라 통제적이고 지시적으로 들릴 수 있다. 개입이 이루어지는 방식과 어조 모두 공감적이고 존중을 보이고 있음을 기억하길 바란다. 대화 스타일은 차갑지도 않고 권위적이지도 않으며 배려심이 있고 평등하다.

대화 이전 단계

내담자: 이런 말을 하는 게 바보 같고, 받아들여질 때까지 행복할 수 없을 것 같아요. 나는 특히 엄마로부터 받아들여졌다는 느낌을 받지 못했어요. 나는 엄마가 나를 받아 주고 나를 좋아했으면 좋겠어요.

치료자: 으-흠, 어머니에게 진정으로 받아들여진다는 느낌을 받은 적이 없군요. 어머니를 여기로 데려와 어머니와 대화를 나누는 것이 도움이 될 것 같아요. [실험 구조화]

내담자: 엄마와 대화요?

치료자: 네, 시도해 보시겠어요? 도움이 될 수 있어요. 거기에는 많은 것들이 있고 그중 일부를 어

머니에게 표현하는 것이 도움이 될 수 있어요. [협업 구축]

내담자: 네 알겠어요. 내가 엄마와 이야기하길 원하시나요?

각성 단계

치료자: 네, 어머니를 여기에 데려오세요. 여기에서 어머니를 상상할 수 있겠어요? [상대방의 존재 활성화]

내담자: 잘 모르겠어요. 엄마를 쳐다보고 싶지도 않은 것 같아요.

치료자: 어떤 느낌이 드시나요?

내담자: 분노와 상처가 한데 어우러져 있는 것 같아요.

치료자: 으-흠, 그래요. 좀 더 해 보세요. 소리를 내 보세요. [정서에 접근]

내담자: 할 수 없어요.

치료자: 단지 나쁜 느낌일 뿐이에요.

내담자: 제 말은, 엄마를 밀어내고 싶지 않아요. 음.

치료자: 어머니에게 이것을 말할 수 있나요? [접촉 형성]

내담자: 글쎄요, 알고 보면 웃겨요. 내가 믿을 수 없을 정도로. (혼자 중얼거림) 글쎄, 나는 엄마에게 이것을 말할 수 있을 것 같아요. (상대방에게): 나는 엄마에 대해 가장 믿을 수 없을 정도로 뒤죽박죽된 정서를 가지고 있어요. 엄마는 정말 불쾌한 여자였어요. 엄마가 얼마나 불쾌한 사람인지 아시겠어요? 엄마는 항상 엄마의 아버지처럼 되지 않을 것이라고 말했어요. 근데 근데 젠장할, 엄마도 모두 그렇게 했어요. 적어도 엄마의 아버지만큼 나빴어요. 고집스럽고! 젠장, 엄마는 완고했어요.

치료자: 그래요. 어머니에게 말해 보세요. (내담자 얼굴 찡그림) 그럼 어떻게 되나요?

내담자: 오, 그 고집으로 죽지 않고 살 수 없었다는 게 너무 속상해요. 엄마가 50세일 때, 내게 말하길 70세에 죽을 거라고 했잖아요. 엄마가 생일만 지나면 세상이 바뀔 거라고 생각했는데, 그 6개월 전에 죽었어요. 엄마는 대단한 의지를 가진 여자예요!

치료자: 당신의 좌절감은 무엇인가요? 당신의 얼굴은 매우…… 어머니에게 호소하고 있는 것 같아요. "나는 엄마가 더 필요했어요……." [책임감 촉진]

내담자: 네, 왜 더 못 살았어요? 왜 포기 해버린 거예요?

치료자: 어머니는 당신에게 무엇을 남기지 않고 떠나셨나요?

내담자: 엄마요. 할머니요. 그건 정말 아팠어요.

치료자: 어머니에게 그것에 대해 이야기해 주세요.

내담자: 엄마가 내 남편을 좋아하지는 않지만 그가 정말로 괜찮은 사람이라는 것을 결코, 결코 받아들일 수 없다는 것에 화가 났어요.

치료자: 어머니가 보이나요? 어머니와 접촉이 되고 있는지 잘 모르겠군요. [상대방과의 접촉 회상]

내담자: 네. 모르겠어요. 한편으로는 죽기 전의 엄마의 모습을 그대로 보는 게 견딜 수가 없어요.

치료자: 그렇군요. 그렇다면 보기가 어려워서 참을 수 없는 것은 무엇인가요?

내담자: 나는 차마, 엄마의 그렇게 야위고 창백한 모습을 보는 게 참을 수 없어요.

치료자: 그럼 지금 어머니를 한번 볼까요? [접촉 형성]

내담자: 나는 엄마를 그런 식으로 보고 싶지 않아요.

치료자: 으흠, 잘 모르겠어요. 보기에 너무 고통스럽다는 말씀이신가요?

내담자: 아니요. 내가 손을 뻗고 싶어도 엄마는 거기에 없을 거예요.

치료자: 으흠.

내담자: 쓸모없어요. 무의미해요. 나는 엄마의 인정을 받기 위해 몇 년 동안 노력했어요. 내 말은, 나는 세 명의 아이가 있어요. 엄마를 기쁘게 하려는 것은 아니었지만, 사람들은 손주들을 좋아해야 하잖아요. 그렇죠? 틀렸어요. 엄마는 나를 좋아하지 않았어요. 왜 엄마가 손주들을 좋아하겠어요? 그건 바보 같은 짓이었어요. [분열 발생]

치료자: 당신은 받아들여지기를 원하는 당신 자신에게 화난 것 같군요. 여기로 와서 어머니에게 이 사실을 말해 줄 수 있나요? [접촉 방지 위한 두 개 의자 분열 하위 작업 설정]

내담자: 글쎄요, 벽돌 벽에 머리를 몇 번이나 부딪혀야 그것이 더 단단하다는 것을 알게 되나요? 그저 다칠 뿐이에요.

치료자: 그래서…….

내담자: 그러니 포기하세요. 원하는 것을 포기하세요. 그것은 일어나지 않을 것예요. 엄마는 죽었고 그런 일은 일어나지 않으니 잊어버리세요.

치료자: 의자를 바꿔 보세요. (잠시 멈춤) 그래서 당신에게 어떻게 되었나요?

내담자: 사실이에요.

치료자: 하지만.

내담자: '하지만'이라는 느낌이 들지 않아요……. 그것은 사실이에요.

치료자: 당신이 원하는 것, 이 원하는 것을 받아들이면 어떻게 되죠?

내담자: 음. 나는 여전히 그 의자에 더 있을 거라고 생각해요. 알다시피 이제는 다 큰 소녀가 된 것

같아요.

치료자: 의자를 바꾸어 보세요.

내담자: 당신도 알다시피, 난 다 컸어요. 나는 나 자신과 많은 사람들을 돌볼 수 있어요. 난 유능하고 책임감이 있거든요. 그러니 죽은 말을 채찍질하는 게 무슨 소용이겠어요? [웃음] 엄마를 떠올리면 웃긴 이미지예요. [치료자: 음-흠]

치료자: 그래서 당신은 무엇을 경험하고 있나요? [참여]

내담자: 엄마와 말에 대해 무슨 일이 일어났던 것이 있어요. (고개를 흔들며 다른 의자로 돌아가려는 몸짓) 엄마를 거기에 앉혀도 될까요?

치료자: 물론이에요. [어머니와 재접촉 그리고 미해결 과제]

내담자: 아빠가 승마를 포기하라고 하셨을 때, 아빠의 말을 들었다는 게 정말 화가 났어요. 정말이지 엉망이었죠. 정말 바보 같았어요. 할아버지가 심하게 다쳤다는 걸 알아요. 하지만 엄마는 승마를 정말 좋아했어요. 엄마의 인생에서 엄마가 진정으로 사랑했던 유일한 것은 승마였어요. 엄마의 아버지와 함께 했던 것이에요. 몇 년 동안 매일 아침마다…… 그리고…… 나였어요. 젠장! [울음]

치료자: 숨을 천천히 쉬세요. 숨을 쉬세요.

내담자: 내 잘못이었어요? 엄마가 그것을 포기하게 한 게? 아버지는 엄마에게 이제 엄마가 되었고 더 이상 말을 타지 말아야 한다고 말했어요. 너무 위험하다고. (울면서) 나는 결코 그것을 만회할 수 없다고 느꼈어요.

치료자: 그녀에게 이것을 말해 보세요.

내담자: 내 잘못이었어요. 엄마가 말을 타지 않은 것은 내 잘못이에요.

치료자: 바꿔 보세요.

내담자: 너는 대체할 수 있는 존재가 아니었어.

치료자: 다시 말해 보세요. 당신을 대신할 수 없어요. [중요한 타인 실연]

내담자: 너는 그렇지 않아. 내가 그렇게 말해요. 나는 너보다 페키니즈가 더 좋았어, 나는 너의 머리를 쥐어짜지 않기 위해서 네가 두 살 때 유치원에 보냈어. 내가 만약 아이가 둘이었다면, 그 애들의 머리를 같이 박아 버렸을 거야. 아니. 너는 대체품이 아니야. 너는 그녀의 기쁨이 결코 아니었어.

치료자: 어머니에게 이렇게 말해 보세요. "당신은" [중요한 타인 실연]

내담자: 너는 기쁨이 아니었어. 모르겠어. 그게 정확한 표현은 아닌데 넌 귀찮았어.

치료자: 네, 네, 그래요.

내담자: 너는 귀찮은 사람이야. 작은 아이들, 나는 어린아이들을 별로 좋아하지 않아.

치료자: 당신의 표정을 보여 주실래요? 이렇게 "더러워" 이런 말이군요. "너는 귀찮아." 진짜로 어머니가 되어 보세요. 어머니가 당신에게 자신의 정서를 어떻게 전달했나요? 비언어적으로? [타인과 동일시]

내담자: 차가워요. 꽉, 꽉. 단단한 턱.

치료자: 단단한 턱, 맞죠? 단단하게? 이제 그 메시지는 무엇인가요?

내담자: 나는 네가 싫어.

치료자: 네, 다시 말씀해 주세요.

내담자: 난 네가 싫어. 난 동물이 더 좋아. 나는 사람을 별로 좋아하지 않아. 나는 엉망이 싫어. 근데 너는 엉망을 만들었어. [고요]

치료자: 무슨 일이에요?

내담자: 내 생각에 나는 단지…… 벽에 가둬진 것 같은, 힘든 느낌. 그냥, 정말 끔찍한 곳에서 살아가는 거…… 나는 너를 어떻게 해야 할지 몰랐어. 너는 내가 부족하다고 느껴지게 만들었어. 내 말은, 도대체 아기랑 어떻게 지내야 하는 거야? 난 확실히 너를 육아하는 것을 원하지 않았어, 말하자면.

치료자 : 네, 다시 해 보세요. 혐오스럽기 때문이에요. 이것의 일부를 표현하세요. 소리를 넣어 보세요. [중요한 타인 강화]

내담자: 우웩, 음. 안 돼요. 내 말은, 모성애가 그렇게 금이 간 건 아니야, 만약 네가 내 인생의 유일한 것이라면, 나는 그것에 대해 별로 기분이 좋지 않아. 내 말은, 너는 정말 나쁜 사람이 아니었어.

치료자: 이 모든 것의 중심에는 무엇이 있나요? 핵심 메시지는 무엇인가요? "너는…… 네가 내 앞을 가로막았어. 네가 내 길을 가로막았어. 너는 귀찮은 사람이야." [중요한 타인 강화]

내담자: 넌 귀찮은 사람이야. 자라, 빨리 자라. 나는 어린 아이들을 좋아하지 않아. 나는 어린아이들을 정말 싫어해. 나는 네가 가능한 한 빨리 자라, 그래야 절대적으로 더 이상 아이를 가질 필요가 없거든.

치료자: 바꿔 주세요.

내담자: 네, 했어요.

치료자: 이런 메시지를 받는 것이 어떤가요? "너 귀찮아. 네가 나를 방해해"…… 무슨 일이야? [정

서에 접근]

내담자: 그것은 나를 움직이지 못하게 해요. 어떻게 해야 하지요? 내 말은, 내 말은, 당신이 아이들을 좋아하지 않는다면 어쩔 수 없겠지만, 나는 당신의 아이였고, 정말 나에게 너무 좋지 않아요.

치료자: 당신은 어땠나요? [정서 구별]

내담자: 끔찍했어요. 내 말은, 당신의 어린아이가 되는 것은 정말로 끔찍했어요. 내 말은, 당신이 어린아이들을 돌보는 방법으로 너무 이상한 아이디어를 가지고 있다는 뜻이에요. 알다시피, 어머니들은 어린아이들이 여섯 살이 되었을 때 집에 혼자 두지 않아요. 너무 무섭거든요.

치료자: 당신은 어땠나요?

내담자: 무서웠어요. 그렇게 하지 말았어야 했어요.

치료자: 아이와 함께 있어요. 당신이 일종의 비판적인 부모가 되기 때문이에요. 혼자 남겨지는 것이 너무 두려운 일이에요. [정서에 접근]

내담자: 젠장 맞아. 나는 집에 있었어요. 인디언들이 와서 집에 돌을 던지고 개가 짖는데 아무도 없었어요. 계속해서 계속해서.

치료자: 그럼 그녀는 당신을 혼자 두었고 당신은 스스로를 지켜야 했군요. [에피소드 기억을 떠올리는 공감]

내담자: 밤에요.

치료자: 밤에요. 그래서 당신은 두렵고 정말로 버림받았다고 느꼈군요.

내담자: 내 말은 당신과 아빠, 둘 다, 정말로 말이에요. 어떻게 둘 다 그렇게 멍청할 수가 있어요?

치료자: 목소리가 들리나요? 무슨 일이에요? 무슨 소리가 들리나요? [참여]

내담자: 글쎄요, 아이들을 돌보는 것에 대해 알고 있는 내가 듣기로는, 이것은 말도 안 되는 어리석은 일이라고 판단했어요.

치료자: 맞아. "어떻게 이럴 수가 있을까요?" (멈춤) 외치고 있어요. 당신에게 어땠는지 그들에게 이야기하세요. 당신은 무엇을 느끼고 있었나요? "나는 사랑받지 못하고, 보살핌을 받지 못하고, 지지받지 못한다고 느꼈어요." [정서에 접근]

내담자: 네. 그런 것들을 다 느꼈어요. 나는 그저 어린 소녀였고, 정말 어린 소녀였고, 어린 소녀가 되어도 괜찮았어요. (여기서부터 아이 목소리로 바뀜) 조금만 더 소녀였으면 좋았을 텐데. 나는 좀 귀여웠어요. 나 같은 여자아이가 있었다면 더 잘 돌봐 줬을 텐데.

치료자: 음-흠. 다시 말해 보세요.

내담자: 만약 나 같은 어린 소녀가 있었다면 밤에 그 애를 혼자 두지 않았을 것이에요.

표현 단계

치료자: 네. 당신이 보기에 그 아이에게 무엇이 필요해 보이나요?

내담자: 나는 그 아이 곁에 누군가가 필요하고, 내가 떠날 때 큰 포옹이 필요했고, 그 아이의 엄마와 아빠가 밖으로 나가 그 아이를 떠나는 것이 아이에게 힘든 일이라는 것을 알아야 했어요. 어둠 속에서 그녀는 무서워서 울었고, 거기에 아무도 없었고 상관하지 않았어요.

치료자: 그녀에게 말하세요. 나는 울 때 무서웠어요. [정서 구별]

내담자: 네, 그랬어요. 나는 단지 나쁜 일을 꾸미는 것이 아니었어요. 나는 그림자를 보았고 그들은 무서웠어요.

치료자: 그녀에게 필요한 것을 말해 주세요. [충족되지 않은 욕구 표현]

내담자: 나는 엄마가 이모처럼 되기를 바랐어요. 그녀는 복도에 불을 켜두고 문을 열어 두었어요. 이모의 집에 어린아이가 있는 것은 괜찮았어요. 당신과 있을 때는 괜찮지 않았어요.

치료자: 네. 또 무엇이 필요한지 엄마에게 말해 주세요.

내담자: 나는 많은 포옹이 필요했어요. [치료자: 예] 나는 당신이 개보다 나를 더 좋아해 주길 원했어요. 나는 매일 아침 학교에 가는 내내 버스 안에서 무슨 일이 일어나고 있는지 당신에게 말하고 싶었어요. 그리고 그때 나는 무서웠어요. 학교까지 가는 것은 긴 여행이었어요. [치료자: 네]

치료자: 무슨 일이에요?

내담자: 음, 옆집 아이들은 정말 비열했고, 먼 길을 걸었어요. 12마일이었는데 나는 겨우 여섯 살이었어요.

치료자: 그래서 그녀에게 무엇을 원했어요?

내담자: 모르겠어요. 어쩌면 당신도 무기력했을 것에요. 나는 당신이 이해해 주길 바랐어요.

치료자: 이렇게 말하세요. 이해해 주길 바랐어요.

내담자: 나는 이해해 주기를 바랐어요, 항상 그렇게 나쁘지 않았다는 말을 하는 게 아니라. (깊은 한숨)

치료자: 다시 숨을 쉬어. 당신이 바뀌었으면 해요.

내담자: 여기서 몇 분 더 머물러 있어도 될까요? [치료자: 음–흠] 이렇게 작은 게 정말 좋은 것 같아요. 나는 내 인생에서 이렇게 하찮게 느껴 본 적이 거의 없었던 것 같아요.

치료자: 맞아. 그래서 엄마에게 무엇을 말하고 싶은가요? "나는 이런 어린아이인 것을 느끼고 싶었어요." [표현과 내적 경험의 균형]

내담자: 네. 나는 착한 여자 아이에요. 어렸을 때 어려도 괜찮아요. 나는 엄마를 안아 줬을 거예요. 엄마의 무릎에 앉았더라면 좋았을 텐데. 그래도 엄마가 읽어 준 모든 이야기는 좋아요. 우리는 그것을 함께 좋아했어요. 내가 아플 때 어땠는지 엄마가 알았으면 좋겠어요.

치료자: 어머니에게 말해 주세요.

내담자: 엄마는 나를 돌보았지만 내가 엄마를 보았을 때 엄마가 점점 작아져서 이렇게 작게 느껴지던 그 환각이 얼마나 끔찍한지 이해하지 못했을 것 같아요. (한숨) 그리고 난 그냥, 너무 무서워.

치료자: 그때 어머니에게 무엇을 원했나요?

내담자: 내 생각에는, 원하던 것을 얻은 것 같았어요. 정말 몇 번 안 했던 것 같아요. 그래, 내가 아플 때 엄마는 정말 좋았어요. 내가 건강염려증 환자가 아니라는 것은 놀라운 일이에요……. [치료자: 으-흠] 머리에 차가운 수건을 대어 준 것이 정말 고마웠고 가끔 등을 살짝 쓰다듬어 주는 게 좋았어요. 나는 그것을 다 좋아했어요. 그러나 그런 것들을 받으려고 아플 필요는 없어요.

치료자: "나, 나는 그러면 안 되나요."

내담자: 그러면 안 돼요. 아프지 않았으면 좋겠어요.

치료자: 그녀에게 말하세요. "엄마의 위로와 보살핌을 받기 위해 아플 필요가 없어요."

내담자: 네, 네, 그때가 엄마가 정말로 그곳에 있었던 것을 기억할 수 있는 유일한 시간이에요. 내가 정말 아팠을 때였어요. 그리고 엄마가 신경 쓰고 있다는 느낌을 받았어요. 그것이 엄마에게 중요했을 수도 있어요. (성인 목소리로 다시 함)

치료자: 이제 한 발짝 내딛으시길 바라요. 말과 승마는 내 잘못이 아니었어요. 그렇게 할 수 있나요? "어머니가 말을 포기한 것은 내 잘못이 아니에요." [내담자에게 권한 부여]

내담자: 네, 네 잘못이 아니에요. 죄송해요. 미안하지만 내 잘못이 아니었어요.

치료자: 어머니에게 이 말을 하면 어떤 느낌이 드나요?

내담자: 맞아요. 제 잘못이 아니었어요. 그리고 그녀가 그 똥 같은 늙은 말을 사서 슬펐어요.

치료자: 누구의 잘못인가요? 어머니에게 말해 주세요.

내담자: 아버지의 잘못이에요.

치료자: 잠시 아버지를 거기에 두고 말하세요.

내담자: 아버지에게 화내고 싶지 않아요. 네, 사실 그건 정말 어리석은 일이라고 생각했어요. 젠장, 엄마는 다섯 살 때부터 말을 탔어요. 그건 정말 바보 같은 짓이었어요. 어머니가 그 일에 대해 얼마나 소중하게 신경을 썼는지 몰랐어요? 사람들이 정말 사랑하는 것을 포기하게 만들면 안 돼요.

치료자: 그것이 당신에게 어떻게 나타났는지 그에게 말해 주세요.

내담자: 그것은 어머니가 나를 원망하게 만들었어요. 어머니를 그렇게 만들었어요.

치료자: "어머니가 나를 원망하지 않았으면 좋겠어……."

내담자: 맞아요. 아버지가 그렇게 하지 않았으면 좋겠어. 그것은 아주 나쁜 생각이었어요. 나는 아버지가 정말로 나와 어머니 사이에 쐐기를 박았다고 생각해요.

치료자: 어머니에게 돌아가 보세요. 당신의 잘못이 아니라고 어머니에게 말해 주세요. [권한 부여]

내담자: 그래, 그건 어머니와 아버지 사이의 일이었어요. 내가 아니었어요. 두 살짜리 아이들이 말을 타지 말라고 하지 않는다는 말이에요. 내 잘못이 아니에요.

치료자: 어머니에게 다시 말해 주세요.

내담자: 내가 어머니와 함께 탔더라면 좋았을 텐데. 타는 법도 가르쳐 주길 원했어요. 그리고 어머니는 텍사스에서 약간의 가르쳐 주셨고 나는 그것을 좋아했어요. 우리가 함께 할 수 있었던 것이었어요. 나도 말을 좋아했으니까요. 내 잘못이 아니길 바랐어요.

치료자: 무슨 일이? 어머니는 뭐라고 하시나요?

내담자: 글쎄, 너를 위한 일이 아니었다면 나는 그것을 포기하지 않았을 거야.

치료자: 그것은 당신에게 여전히 강력하군요. 그래서 어머니에게 뭐라고 대답하죠?

내담자: 할아버지가 다치지 않으셨다면 아버지가 다른 이유를 찾으셨을 거예요. 내가 태어나지 않았어도 어머니는 어쨌든 승마를 그만두었을 거예요. 제 잘못은 아닌 것 같아요.

치료자: 다시 말해 주세요.

내담자: 제 잘못은 아닌 것 같아요. 정말 제 잘못이 아닌 것 같아요. 내 잘못이 아니란 걸 알아요. [내담자 권한 부여]

치료자: 다시 해 주세요. "내 잘못이 아니에요."

내담자: 내 잘못이 아니에요. 누군가의 잘못이라면 65세가 될 때까지 말을 타러 가겠다고 아버지에게 맞서서 말하지 않은 것은 어머니의 잘못이에요. [치료자: 맞아요] 어떤 말이 다리에서 어머니를 밀어내어 떨어뜨렸어요. 근데 그게 어머니가 갔던 길보다 더 나은 길이에요. 그건 정말 확실해요.

치료자: 이제 어머니가 어떻게 죽었는지에 대한 분노가 다시 일어나요. 그러니 어머니에게 "나는 당신에게 화가 났어요"라고 말하세요. [기본 정서의 완전한 표현 촉진]

내담자: 나는, 나는. 나는 어머니 당신에게 화가 나요. 그것은 내가 오랫동안 보아 온 가장 멍청한 죽음의 방법이에요. 분명해요.

치료자: 그래서 어머니에게 당신이 얼마나 화가 났는지 말해 주세요.

내담자: 그래, 미쳤어요, 진짜 미쳤어요. 내 말은, 어머니는 죽을 정도로 술을 마셨어요. 다른 건 먹지도 않고 점점 가늘어지고 뼈가 부러져 엉덩이가 부러지고 다리가 부러져요. 다른 것은 하나님이 잘 아세요. 어머니는 72세까지 죽지 않고 어머니가 오랫동안 해 온 일을 스스로 할 수 있었던 강인한 사람이에요. 그런 면에서 어머니는 인상적이에요. 하지만 90세까지 살 수 있었다는 사실을 알고 계셨나요?

치료자: 그래서 자살은 최후의 거절이에요.

내담자: 맙소사, 네. 맞아요.

치료자: 어머니에게 말해 주세요. "그게 마지막이었던 것 같았어요……." 그런 말씀이신 것 같아요.

내담자: 당신 말이 맞아요. 당신이 절대적으로 옳아요. 그냥 갔어요, (배를 치며) 내 명치를 때리는 것 같아요.

치료자: 어머니에게 그것이 당신에게 어떤 영향을 미쳤는지 말해 주세요. [일차 핵심 정서의 완전한 표현 촉진]

내담자: 너무 거부당하고, 너무 무관심하다는 느낌이 들었어요.

치료자: 그랬군요. 바꾸어 보시겠어요? 어머니에게 최후의 거절에 대해 말해 보도록 하시겠어요?

내담자: 너는 내가 살 만한 이유가 되지 못했어. 절대로. 너는 그 깨끗하고 좋은 집에서 살고 있었고, 내가 방문할 때마다 나는 외부인 같이 느껴졌어. 너의 남편은 내가 담배 피는 것을 싫어했기 때문에 온 집안의 창문을 다 열고 다녔지. 그래, 너는 내가 살아갈 만한 이유가 되지 못했어.

치료자: 너는 살 만한 이유가 되지 못하였다고 다시 말해 보세요.

내담자: 너는 내가 살 만한 이유가 되지 못했어. 너는 내가 살아야 하는 이유가 되지 못했고, 나는 더 이상 살고 싶지 않았어.

치료자: 현재형으로 "나는 내 삶을 더 살 이유가 없어. 나는 너를 위해 살고 싶지 않아" 이러한 메시지네요. [타인과 동일시]

내담자: 음-흠. 나는 내 삶을 더 살 이유가 없고, 너를 위해 살고 싶지 않아. 내 인생에서 살 만한 이

유가 되는 것은 하나도 없고, 나는 이 삶을 그만둘래. 죽으면 다른 것이 있을 수도 있고 없을 수도 있지만, 나는 이제 그만하고 싶어. 그만하고 싶어. 나는 외롭고, 지루해, 적어도 술을 마시면 이러한 시간을 잊게 줘. 이제 나는 더 이상 살고 싶지 않아.

치료자: 그래요. 어머니에게서 원하는 것이 무엇인가요? [타인과 동일시]

내담자: 내가 해 줄 수 없는 것을 원하지 않았으면 좋겠어.

치료자: 그녀에게 다시 말해 주세요.

내담자: 내가 해 줄 수 없는 것을 원하지 않았으면 좋겠어. 네가 필요로 하는 것을 나는 줄 수 없어. 나는 줄 수 없었고, 너에게 그 말을 해줬었지. 그래서 미안하다고도 말했던 것 같아. 내가 아이를 잘 못 키운다고 했을 때 내가 너에게 잘해 줄 수 없다는 것을 말하는 거였어.

완결 단계

치료자: 그녀에게 이것이 어땠는지 말해 주세요. [드러난 표현 지원]

내담자: 나는 엄마가 될 자격이 없다고 생각해. 난 임원이 되었으면 좋았을 것 같아. 너는 정말 아니었어. 내 말은, 나는 네가 좋아, 네가 내 등 뒤에 업혔을 때를 제외하고는 네가 좋았어. 너는 항상 나를 바꾸려고 노력했지. 하지만 그 이상으로 나는 너를 정말 좋아해. 어렸을 때 너는 그렇게 나쁘지 않았어.

치료자: 그녀에게 "미안하다"라고 말해 주세요.

내담자: 네가 필요로 하는 것을 주지 못해서 미안해.

치료자: 다시 말씀해 주세요.

내담자: 네가 필요로 하는 것과 내가 필요로 하는 것을 주지 못해서 미안해. 내가 원하는 대로 너를 사랑하고 너와 함께 있는 것을 막은 것이 무엇이든, 내 인생의 모든 것에서 나를 멀어지게 했어. 그리고 나는 그 벽 뒤에서 사는 게 지쳤어. [치료자: 예] 그리고 더 이상 살고 싶지 않았어. 그리고 너의 아이들은 그것을 겪지 않을 것이고 나는 너무 늙었어. 나는 너무 늙어서 이것을 극복하기에 너무 늙었어.

치료자: 그리고 그녀에게 무엇을 원하세요?

내담자: 나를 놓아 주길 바라. (긴 멈춤. 울음)

치료자: 숨을 내쉬어 보세요. "나는 네가 마사지를 하게 해 줬어. 심지어 너한테도 부탁을 했어."

내담자: 네가 나를 안아 줄 시간이었어. 네가 나보다 더 잘했어. 이해할 수 있니? 나는 죽고 싶어.

치료자: 그래서 무슨 말을 했나요?

내담자: 나를 좀 봐 줄 수 있겠니?

치료자: 또한 "너를 내 벽 안에 들어오게 해 줬어"라고 말했어요. [새로운 이해 지원]

내담자 : 그래. 그랬어. 네가 가장 가까웠어. 누구보다 가까워졌어. 아주 가까웠지.

치료자: 그녀에게 다시 말해 주세요. "누구에게나 허락한 것보다 더 가깝게 해 줄게요" 해 줬어요.

내담자: 네, 그랬던 것 같아요. 나는 그 누구보다 너를 가까이 두었어. 그 어떤 것보다 더. 동물에 대해서는 맞는 말이었어. 그러나 나는 그들을 두려워하지 않았어.

치료자: 그녀가 이해해 주기를 바라는 것을 말해 주세요. "나는 네가 이해해 주었으면 하는 것이……." [새로운 이해 지원]

내담자: 내가 너를 사랑했어. 어쩌면 네가 원하는 것 전부는 다 주지 못했지만 내가 할 수 있는 최선이었어. 그리고 정말 신경 썼었어. 그리고 우리는 함께 좋은 시간을 보냈어.

치료자: 무슨 일을 경험하고 있나요?

내담자: 아. 나는 아무 말도 하지 않고 있어요.

치료자: 만약 원한다면 돌아올 수 있어요. 무슨 말을 하고 싶은가요?

내담자: 예, 알고 있었던 것 같아요. 하지만 쉽지는 않았어요.

치료자: 무엇을요?

내담자: 오, 일종의 그녀는 캐릭터였어요. [타인에게]: 당신은, 당신은 특별한 캐릭터였어. (웃음) 정말 다른 사람이었어. 당신의 지성(brain)을 이기고 싶을 만큼 나도 당신을 꽤나 좋아했어.

치료자: 그녀에게 당신이 어떤 부분을 좋아했는지 말해 주세요. [내담자에게 권한 부여]

내담자: 모르겠어요. 어떻게 했는지 모르겠어요. 당신이 거의 아무것도 남지 않은 상황에서 9명의 간호사를 해고했지. 당신은 모두를 그렇게 겁먹게 했지만, 굉장한 성격이라는 걸 당신도 알죠. 당신은 거칠고 강한 여자였어요. 그리고 나도 가끔 그런 내 자신을 좋아해요. 나도 강한 여자가 될 수 있기 때문이에요. 그리고 당신은 똑똑했어요. 당신은 정말 총명했어요. 그리고 당신이 날 좋아해서 좋았어요. 그리고 우리 사이가 너무 긴장되기 전에 우리가 나눈 대화가 좋았어요. 나는 당신과 이야기하는 것을 좋아했어요. 그리고 그것에 대해 좋은 기억이 많이 있어요. 나는 당신과 함께 휴가 가는 것을 좋아했어요. 재미있었어요. 최선을 다하였다고 생각해요. 차라리 살아서 그러한 불행한 상황에 있는 것보다 지금 돌아가신 게 낫다고 생각돼요. 왜냐하면 그것은 정말 최악인데 나는 아무것도 할 수 없었어요. 그건 마치 동물원 같았어요. 당신은 동물원 한가운데에 살았던 것 같아요. 어떻게 이런 일들이 당신에게 다 모여

있는지 모르겠어요. 동물원 같았어요. 그런데 그 누구도 당신과 동등하지 않았어요. 내가 유일한 사람이었던 것 같아요. 아버지에 대해 잘 모르겠어요. 거의 동등한 위치에 있는 사람은 나뿐이었어요.

치료자: 그녀에게 또 하고 싶은 말은 무엇인가요? 일단 작별인사를 해 주시겠어요? [접촉 마무리]

내담자: 나는 당신을 반대하지 않아요. 그랬는데 더 이상 안 해요. 이유가 무엇이든 간에 당신의 삶은 정말, 정말 힘들었다고 생각해요.

치료자: 어느 정도는 그때 상황을 받아들일 수 있다고 말할 수 있나요?

내담자: 네. 할 수 있어요. 당신이 어디에 있든 나한테 화내지 않기를 바라요. 프랑스 지방의 항아리(유골함) 대신 현대적인 놋쇠 항아리(유골함)를 얻었기 때문이에요. (웃음) [치료자에게: 내가 지금 하고 있는 일이 어머니가 돌아가신 후 내가 돌아와서 그리고 사실 내가 직접 항아리를 나 혼자 들고 아버지 옆에 있는 곳에 내가 본 적 없었던 그곳에 두었어요.] 나는 그곳을 본 적이 없어요. 나는 무덤은 온통 어둡고 암울하다고 생각했어요. 태양이 아래로 흐르고 있었어요. 아름다운 대리석이네요. 나는 당신을 아버지 옆에 놓았는데 거기에는 아버지가 있는 프랑스 지방의 항아리가 있고, 당신은 그 옆에 있는 현대식 항아리에 있어요. 그것은 어느 정도 어울리는 것 같아요. 그때는 잘 맞는 것 같았어요. 나는 그들이 대리석을 올려놓고 나사를 조이는 것을 보고 나는 당신에게 작별 인사를 했어요. 우리가 성인 여성으로서 더 재미있을 수 없었던 게 아쉬웠어요. 그것은 나에게도 당신에게도 손해였을 것 같아요.

치료자: 그녀에게 작별 인사를 할 수 있나요?

내담자: 네. 나는 당신이 좀 더 쉬운 곳에 있기를 바라요. 아니면 다시 시작해서 한다면 다음에 더 잘할 수 있을 거예요. 내가 어머니를 안아 줄게요. 그리고 난 어머니가 떠난 게 유감이에요. 내 이미지는 내가 내 뺨을 그녀의 뺨에 맞대고 그녀를 안아 주고 돌아서는 것이에요.

치료자: 그래요. 이제 당신 자신으로 돌아와서 당신 자신의 자리를 느껴 보세요.

내담자: 이 손수건 잘 썼어요.

치료자: 좋아요. 여기로 돌아온 느낌이 있나요?

내담자: 아직요.

치료자: 시간이 좀 걸릴 것이에요. 이제 어떻게 멈추시겠어요? 당신은……?

내담자: 다시 모일까요?

치료자: 맞아요. 잠시 앉아서 세상 밖으로 나가는 과정을 시작할 수 있을 때까지 이것을 흡수해 보세요. [의미 관점 생성을 촉진하기 시작]

결론

빈 의자 대화 기법에서 개입은 두 의자 기법의 개입보다 특히 표현 단계에서 더 지시적이지만, 여전히 교육보다는 촉진과 자극이 필요하다.

제13장 심각한 취약성 표식에 대한 공감적 지지

우리는 전체 과정을 다 살펴보고 다시 공감의 중요성으로 돌아와서 특정 작업에 대한 Section을 마무리하려고 한다. 특히, 취약한 자기(the vulnerable self)에 대한 공감적 지지를 제공함으로써 특정 작업에서의 공감의 중요성을 강조하고자 한다. 이 작업은 본질적으로 중요하며 다른 작업보다 우선한다.

치료에서 가장 강력한 순간 중 일부는 내담자가 극도로 고통스러운 자기 관련 정서를 경험하고 표현하도록 허용할 때 발생한다. 깊은 상처, 미래에 대한 절망, 극심한 수치심, 분노와 괴로움, 타인으로부터의 완전한 고립감 등의 정서는 매우 개인적으로 느껴진다. 비록 그것이 어떤 외부 사건에 의해 유발되었을 수도 있지만, 그것은 극도로 자기 관련성이 높으며, 부정적인 정서는 단순히 외부 자극의 기능이 아니라 자신에 대한 것으로 느껴진다. 따라서 사람들은 이러한 정서를 갖는 것에 대해 극도로 취약하다고 느낀다. 더욱이 그것은 문화에서 종종 '비정상적'이고 타인이나 심지어 자신에게도 받아들일 수 없는 것으로 여겨지는 정서이다. 그러므로 치료자가 이러한 취약한 순간에 개인의 경험을 의식하고 공감적으로 지지하는 것이 중요하다.

부정적인 정서가 강렬한데도 내담자는 그 정서를 그 강도 그대로 드러내는 것을 꺼릴 수 있다. 실제로 내담자가 두려움을 느끼게 만드는 것은 이러한 정서의 강도 때문인 경우가 많다. 내담자는 종종 자신을 드러내고 고통스러운 정서나 겉보기에 용납할 수 없는 측면을 온전히 표현하면 치료자가 자신을 판단하거나 소외감을 느끼거나 심지어 거부할 것이라고 예상하고 두려워한다. 그들은 치료자가 자신을 받아들일 수 없거나, 비정상적이거나, 결함이 있거나, 심지어 무서운 사람으로 여길까 봐 두려

위한다. 따라서 두려운 정서나 받아들일 수 없는 자신의 측면을 억압하거나 보류하고 이를 다루지 않으려 한다. 일부 내담자는 두려운 부정적인 정서를 완전히 의식하면 이러한 정서가 끝이 없고 휩쓸려 통제력을 잃고 압도당할까 봐 두려움을 느끼기도 한다.

이와 같은 매우 취약한 시기에 내담자를 경험적 탐색이나 적극적인 표현 과정과 같은 탐색 과정에 참여시키는 것은 도움이 되지 않을 수 있으며, 오히려 내담자에게 파괴적이거나 위협적일 수도 있음을 기억해야 한다.

무엇이 바뀌어야 하는가: 근본적인 과정 처리의 어려움

과정-경험적 접근법에서는 정서가 핵심 관심사이며, 치료자에게 잠재적으로 집중해야 할 중요한 지점을 안내해 준다. 하지만 다양한 치료 이론은 이러한 신호의 성격과 이에 대한 최선의 반응 방법에 대해 서로 다른 견해를 밝힌다. 이 책 전반에 걸쳐 강조했듯이, 우리의 견해로는 정서가 치료의 중심이다. 하지만 정서, 동기, 인지 사이의 복잡한 연결은 서로 다른 시점에 서로 다른 과정을 통해 특정 정서 도식에 가장 잘 접근되고 변경될 수 있다. 이러한 다양한 잠재적 변화 지점은 다양한 표식으로 자각될 수 있다.

'취약성' 표식과 갈등 분열 또는 문제 반응 지점(PRP) 등의 표식 간에는 명확한 구분이 가능하다. 심각한 취약성을 나타내는 표식은 치료자와 공감적이고 긍정적인 대인관계 경험을 할 수 있는 중요한 기회가 된다. 예를 들어, 다음 두 내담자 진술은 취약성 표식을 나타낸다. 첫 번째, 내담자는 통합하기 어려운 상실감과 이와 관련된 일종의 시기심, 괴로움을 표현한다. "저도 아이를 너무 갖고 싶었는데 그럴 수가 없어요(울음). 그리고 지금 시누이가 임신을 했는데, 그게 너무 끔찍해요. 그녀를 축하해 줄 수 없어요. 그녀 뱃속 아기도 미워요." 상실감을 경험한 또 다른 내담자는 '더 이상 아무 의미도 없는 것 같은' 깊고 압도적인 공허감을 표현하였다. 이 2가지 예에서 내담자는 동화하기 어려운 고통스러운 정서를 표현하며, 그들의 목소리와 표현 방식에는 강렬한 취약성이 묻어난다.

내담자가 강렬한 절망의 두렵고 무서운 측면을 충분히 표현할 수 있고, 치료자가 내담자의 이러한 정서를 온전히 공감하고 소중히 여기며 주저하지 않고 선뜻 내담자를 온전히 받아들일 수 있다면, 이것은 변화를 촉진하는 강력한 힘이 될 것이다. 내담자가 심각하게 취약한 순간을 나타내는 표식은 매우 중요하며 다른 유형의 표식 및 작업 과정보다 우선시한다. 다른 작업을 수행하는 과정에서 취약성 문제가 발생하였을 때 공감적으로 지지하는 태도로 반응해야 한다. 그러므로 치료자가 취약성 표식이 나타날 때마다 이를 자각하는 데 주의를 기울이도록 한다.

앞에서 설명한 것같이, 취약성 표식은 다른 사람들이 자신의 취약한 정서들을 온전히 수용하지 못하고 변화하도록 요구할 것이라는 기대가 필요하다. 즉, 많은 사람에게 강렬한 부정적인 정서는 정상의 한계를 넘어서는 것으로 여겨지며, 이러한 부정적인 정서나 자신의 측면이 완전히 표현되고 드러나면 다른 사람들이 이를 완전히 용납할 수 없고 어쩌면 기겁할 수 있다고 예상한다. 예를 들어, 강렬한 절망감은 '용서할 수 없는' 예측 요소를 가질 수도 있고, 강렬한 분노는 '무섭고 위험한' 것으로 여겨질 수도 있다. 이는 Goffman(1959)이 '낙인(stigma)'이라고 언급한 느낌과 같이 근본적으로 또는 회복할 수 없는 '결함'이 있거나 '흠'이 있다고 느끼는 정서이다. 따라서 취약성 도식에 접근하는 것은 이러한 정서에 대한 자신의 두려움이나 혐오감에 접근하는 것뿐만 아니라 극단적인 부정적인 정서가 치료자를 포함한 다른 사람들에게 수치스럽고 비정상적이거나 심지어 무서운 것으로 보일 것이라는 예측도 포함된다.

성공적인 치료의 어느 시점에서는 이러한 취약한 수치심, 강렬한 분노 또는 절망감이 명시적인 치료적 탐색의 초점이 될 것이며, 이러한 정서의 근원과 본질에 대한 재검토를 통해 정서 도식이 재구성될 것이다. 하지만 여기에서는 정서와 그 근원에 대한 탐색이 주요 초점이 아니다. 우선적으로 해결해야 할 것은 정서와 관련된 개인의 심각한 취약성이다. 취약성 표식의 중요한 첫 번째 단계는 내담자가 치료자의 공감적 지지와 수용을 경험하는 것이다. 이는 내담자가 자기의 경험에서 깊이 두려워하는 측면과 완전히 접촉하는 동시에 가치 있는 사람으로 완전히 받아들여지고 평가될 때 발생한다. 이전에는 정상의 한계를 넘어서는 것처럼 느껴졌던 강렬한 정서가 이제는 이해할 수 있는 보편적인 인간 정서 경험으로 완전히 인식되고 받아들여진다. 이것은 개인적이고 실존적인 고립감을 깨뜨린다. 이는 또한 자기 거부감이나 분열감을 완화하고 가치 있는 사람으로서 자기의 잠재력에 대한 자신감을 회복하는 데 도움이 된다.

이러한 과정에서 내담자의 참여 방식은 치료자와 관계 접촉을 하면서 현재의 강렬한 취약성의 정서를 표현하는 것이다. 내담자가 두려운 경험에 더 깊이 들어가면서 경험적 탐색이 이루어질 수 있지만 탐색보다는 드러내는 데 초점이 맞춰져 있다. 이 과정의 결과는 자기의 경험이 수용 가능하다는 중요한 대인관계 학습으로 더 큰 자기수용으로 연결된다.

이 모든 과정에서 내담자는 접촉하고 있는 그대로 받아들여짐으로써 지지받는다. 치료자가 그들의 독특함을 지지함으로써 그들은 독특한 자기가 되도록 도움을 받는다. 내담자의 독특한 내적 경험에 대한 치료자의 공감적 지지를 통해 내담자는 개별적인 경험의 중심이자 주체자로서의 자기의 존재를 확인한다. 내담자의 취약성이나 절망을 그 자체로 받아들이는 것은 내담자가 그런 식으로 남아 있거나 치료자가 내담자의 성장에 대한 희망을 포기하였음을 의미하지 않는다. 대신, 개인이 고통스러운 측면을 경험하고 드러낼 때 그 사람을 끊임없이 공감적으로 지지하면 그는 자기의 취약한 측면과 전체 자기를 구별하기 시작한다. 그는 취약성에 압도당하는 느낌을 멈추고, 두려운 측면을 자신의 전체가 아닌 일부로 볼 수 있게 된다. 그러면 그 사람은 더 강해지고, 힘을 얻고, 대처할 수 있는 능력이 더 향상된다고 느낀다. 이렇게 강화된 자기의식은 더 큰 변화와 성장을 가능하게 한다.

개입 기회: 취약성 표식

치료받는 대부분 사람은 자신의 가장 개인적이고 취약한 측면을 드러낼 때 어느 정도 취약성, 당혹감, 수치심을 느낀다. 불편하고 사적인 경험을 공유하는 데는 위험성이 따른다. 그렇지만 경험적 접근, 공감적 조율, 진정한 공감과 존중의 관계는 사람들이 일반적으로 타인들과 공유하지 않는 불편한 정서와 경험을 탐색할 수 있게 하는 수용과 안전을 제공한다.

하지만 때로는 내담자가 수치심, 분노, 절망과 같은 부정적인 정서와 관련된 두려운 경험에 접근할 때 취약성의 감각이 매우 강해질 수 있다. 일부 내담자에게는 정서가 완전히 경험되면 압도적일 것이라는 두려움이 있다. 그러한 경우, 핵심 요소가 되어야 하는 것은 치료자와의 대인관계 경험이다. 그러한 순간에 진정한 공감적 지지는 치료자가 그 느낌을 최대한 강렬하게 감지하고 있고, 비판적이지 않으며, 주저함 없이 내담자를 계속해서 소중히 여기고 있음을 분명하게 보여 주는 것이다.

이러한 심각한 취약성을 나타내는 지표에는 일반적으로 4가지 측면이 포함된다.

1. 그 사람은 강렬하고 자기 관련된 부정적 정서를 표현하고 있으며 그 순간 분명히 취약함을 느끼고 있다. 이러한 취약성은 치료자의 비판과 거부에 대한 두려움, 심지어는 그 느낌에 압도당하는 것에 대한 두려움을 포함할 수 있다.
2. 특정 사건이나 경험으로 정서가 유발되더라도 그 정서는 다양한 경험을 물들이듯 더 넓게 퍼지며 스며드는 것처럼 보인다.
3. 위험에 처한 느낌, 느낌을 표현하는 것을 깊이 꺼리는 느낌이 있다. 목소리와 태도에는 주저하는 느낌이 있고 종종 처음 표현되는 듯한 느낌이 있다.
4. 말로 설명하기 어려운 측면이 하나 더 있는데, 이는 어투, 자세, 한숨, 표정에서 드러난다. 이러한 징후는 취약성의 강도, 심지어 '막다른 길'에 있다는 느낌과 자신이 매우 위험에 처해 있다는 느낌을 나타낸다. 이에 대한 몇 가지 예는 다음과 같다.

- "친구들과 대화할 때 제가 기분이 나쁘다는 말조차 하지 않았어요. 그들은 이해하지 못할 거예요." (죽어 가는 목소리)
- "완전히 절망감을 느끼지만, 그것에 대해 말해 봤자 아무 소용없어요. 아무것도 변하지 않을 거예요."
- "제가 깊이 반성해야 할 일들을 너무 많이 저질러 정말 후회스러워요. 그리고 이제 나에게 남은 건 그 결과뿐이에요."
- "아무한테도 얘기한 적이 없어요. 누구한테도 알리기가 너무 두려웠어요."

변화는 어떻게 일어나는가: 변화 모델

취약성 사건 모델(The model for vulnerability events)은 [그림 13-1]에 제시되어 있다. 내담자의 변화는 2가지 형태로 나타날 수 있다. 내담자가 이 표식을 잘 이해하고 가치 있게 여기면 내담자는 자신의 두려운 부정적 정서를 치료자가 완전히 수용하고 그 관계가 안전함을 빠르게 경험하게 된다. 따라서 비록 부정적 정서나 자신의 두렵거나 부끄러운 측면에 여전히 관여하고 있음에도 불구하고 내담자는 정서와 그 개인적인 내용에 대해 실제 탐색을 하기 시작한다.

이는 내담자의 심각한 취약성이 완화되었으며 이제 관련 정서 도식을 포함하는 탐색 과정을 시작할 수 있음을 보여 준다. 그 사람은 이해받고 지지받고 있다고 느끼며 이제 그 정서의 근원을 탐색할 준비가 되었다([그림 13-1]의 단계 2B 및 3B).

반면에, 치료자의 초기 공감적 지지 이후, 내담자는 진술 내용뿐 아니라 목소리와 태도에서 두려움, 수치심 또는 절망감의 강도나 깊이로 인해 여전히 방해받거나, 그 정서를 억압하고 있을 수 있다. 만약 그렇다면, 부정적인 자기 경험에 대한 불안이 여전히 주요한 정서인 것이 분명하다. 이때 치료자의 공감적 이해와 가치관은 매우 중요한 요소가 된다. 그런 다음 이러한 공감적 이해는(3A~5A 단계의 [그림 13-1]에서 볼 수 있듯이) 부정적인 자기 경험의 강렬한 표현, 그다음에는 가장 고통스러운 측면의 표현, 그리고 마지막으로 더 차분하고 통합된 느낌으로 이어진다.

<table>
<tr><th colspan="4">표식
내담자는 자신과 관련된 극심한 부정적 정서 경험을 하고 있으며,
이로 인해 혼란스러워하고 있다.</th></tr>
<tr><td>2A</td><td>치료자의 공감적 확인에 대한 반응으로 정서가 깊어진다.</td><td>2B</td><td>공감적 확인은 불안감 감소로 이어진다.</td></tr>
<tr><td>3A</td><td>부정적 자기 경험에 대한 점증하는 강렬한 표현</td><td>3B</td><td>불안감이 감소함에 따라 내담자가 탐색에 참여할 준비가 되었음을 보여 주는 징후가 나타난다.</td></tr>
<tr><td>4A</td><td>내담자가 밑바닥에 도달한 것 같다. 두려운 느낌이나 고통스러운 측면을 최대한 경험한다. 경험의 가장 두렵거나 고통스러운 측면을 표현하고 있는 것 같다.</td><td></td><td></td></tr>
<tr><td>5A</td><td>좀 더 차분해지기 시작한다. 더 이상 분열하지 않는다. 더욱 주체적인 자기감과 자신의 가능성에 대한 감각 ("나는 있는 그대로 나를 받아들인다.")</td><td></td><td></td></tr>
</table>

[그림 13-1] 취약성 표식에서 공감적 지지: 내담자 실행 모델

정서 표현이 깊어지고 치료자가 끊임없이 공감적으로 수용하므로 내담자는 이전에는 완전히 받아들일 수 없는 것으로 여겼던 경험을 이해하고 인간적이라면 누구나 경험할 수 있는 정서로 받아들이기 시작한다. 이러한 경험을 공유하지 못하도록 방해했던 불안은 줄어들고, 이러한 경험은 최대한 강렬하게 표현될 수 있다. 그것은 마치 가장 밑바닥까지 내려가서 경험을 온전히 느끼고 그것에 압도당하지 않는 경험은 내담자를 다시 시작하고 개인적인 성장을 향해 나아갈 수 있도록 돕는다. 따라서 전체 회기의 주요 초점은 내담자의 경험에 대한 공감적 이해와 일관된 가치 평가에 있으며, 이는 결국 더 긍정적이고 주체적인 자기 감각을 형성하게 한다. 이제 내담자는 전체 경험을 최대한 강렬하게 느낄 수 있으며, 이는 안도감과 수용으로 이어지고 전체 경험을 자신의 자기감에 통합시킨다. 부정적인 정서를 물리치는 데 사용되었던 에너지는 이제 보다 긍정적이고 건설적인 자기 탐색을 위해 사용될 수 있다. 회기는 약간의 탐색으로 끝날 수 있지만 일반적으로 전체 회기의 초점은 안도감과 온전함이 뒤따르는 정서의 완전한 경험과 표현에 있다.

모델의 각 단계에서 치료자의 역할

우리가 말했듯이, 치료자가 취약성 표식을 인식하고 그것이 나타날 때마다 주의를 기울이는 것이 매우 중요하다. 우리의 견해로는, 진정한 취약성 표식이 내담자가 다른 작업에 참여하는 동안에 드러나도 이를 그 작업보다 더 우선시해야 한다. 과정-경험적 접근의 전체 구조는 치료자의 공감적 조율과 자신이 온전히 수용되고 가치 있음을 느끼는 내담자의 경험에 달려 있기에 더욱 중요하다.

내담자가 취약할 때 치료자의 공감적 반응은 특별한 특성을 갖는다. 이는 일반적으로 추가 탐색을 자극하는 '개방형' 탐색의 특성을 보이지 않는다. 또한, 내담자의 진술을 앵무새처럼 기계적으로 '되풀이(parroting)'해서도 안 된다. 치료자는 정서를 약화하려고 하지 않으며 정서를 확장하려고도 하지 않는다. 치료자는 내담자 경험의 특별한 맛을 감지하고 이것이 내담자의 경험임을 확인하며 내담자에게 수용적이고 수용적인 태도를 전달하려고 노력한다. 취약성 표식에서 치료자가 내담자의 메시지를 반영하는 것은 더 깊은 탐색이나 설명을 위한 시도가 아니다. 오히려 내담자가 표현한 메시지를 완전한 공감과 일관된 존중으로 받아들였다는 명확한 자각의 표현이다.

치료자는 초기 표식뿐만 아니라 치료자의 공감적 반영에 대한 내담자의 반응에도 반응해야 한다. 내담자가 그 정서를 억압하고 후퇴하는 느낌이 든다면 치료자는 그 정서를 지나치게 강렬한 형태나 방식으로 인정하고 반영한 것일 수 있다. 이 시점에서 치료자의 진정한 공감적 지지는 계속되어야 하지만 과도한 정서적 흥분은 없어야 한다. 내담자가 더욱 통합되었다고 느끼기 시작하고 주체감이나 새롭게 발견된 에너지가 나타나면 치료자는 이를 자각하고 새로운 가능성의 감각을 알아차리는 성장 지향적 반영을 한다.

모델의 3B 단계([그림 13-1])에서와 같이 내담자가 탐색하기 시작하면 치료자는 좋은 공감적 탐색 경로를 뒤따르기 시작한다. 내담자가 이 탐색에 들어가면 계속해서 공감적으로 조율하고 명백하게 존중하는 것이 특히 중요하다. 왜냐하면 이는 분명히 탐색하기 어렵고 취약한 영역이기 때문이다.

모델의 경로 B에 대한 간략한 예는 다음에 나와 있다.

내담자: 할 말이 별로 없는 것 같아요. 아무것도 생각나지 않아요.

치료자: 특별히 얘기하고 싶은 거 없어요?

내담자: 아니, 별로 없어요. (평탄한 목소리)

치료자: 잘 모르겠어요……. 기분이 우울해요……? [공감적 추측]

내담자: 그래요. 더 이상 목표가 없다는 것을 깨닫고 있었던 것 같아요. Sam이 살아 있는 동안 그를 돌보았어요. 쉽지는 않았지만 해야 한다는 걸 알았어요.

치료자: 힘들었지만, 내 생각엔 당신을 필요로 했고, 당신이 해냈다고 말하는 것 같네요.

내담자: 그래요. 그랬죠. 하지만 이제 끝났어요. 하고 싶은 게 없어요.

치료자: 시간이 있어요. 하지만 무엇을 위해? 무슨 상관이에요?

내담자: 그래요. 난 더 이상 필요가 없어요. 살아갈 이유가 아무것도 없어요. [취약성 표식]

치료자: 어허, 그냥 계속 가지고 다니는 게 무슨 소용이 있는지. 난 더 이상 누구에게도 필요하지 않네요.

내담자: 그래요. 가끔은 할 일이 생각나기도 하는데, 그때 기분이…… 왜 귀찮게 하지?

치료자: 잠시 동안 하고 싶은 일이 생각날 수도 있지만…… 잘 모르겠네요……. 일이 너무 많아서요?

내담자: 그게 할 만한 가치가 있을까?

치료자: 음, 그냥 느낌…… 노력해 볼 가치가 있을까?

내담자: 그래요, 내가 이미 써 버린 것처럼, 줄 것이 아무것도 남지 않았어요. [밑바닥까지 닿음]

치료자: 응, 그냥 기운이 다 빠졌네요. 그냥…… 이제 그만…… 더 이상 줄 게 없네요.

내담자: 그래요. (한숨, 숨을 깊이 들이쉼) 내가 쓰고 싶은 이야기에 대한 아이디어가 있고, 흥미를 느끼기도 하지만, 그때 잘 모르겠어요. 나는…… 아…… 에너지가 있어요.

치료자: 많은 에너지가 필요하겠지만, 당신이 그것에 흥미를 느끼는 것처럼 들려요. [성장 지향적 반영]

내담자: 네, 약간 흥분되기도 해요.

이 상황에서 치료자는 내담자의 '바닥' 지점을 예측하려고 하지 않고 그곳에 서둘러 가려고 하지도 않는다. 하지만 내담자가 이 지점에 도달한 시점을 자각하고 최악의 상황을 표현했으며 이에 부담을 덜 느끼기 시작한 것을 치료자와 공유하는 것이 중요하다. 내담자의 안도감이 직접적으로 표현되거나 목소리에 분명하게 나타난다면 내담자의 새로운 정서와 새롭게 나타나는 주체 의식을 공유할 수 있다.

내담자의 부정적인 자기 경험이 더 깊어지면 치료자는 지속적이고 진정한 존중의 태도로 이러한 정서에 대한 공감적 감각을 계속 느끼도록 표현한다([그림 13-1]의 A쪽). 우리는 내담자의 강도 수준을 계속해서 살피며, 그것을 낮추거나 강화하려고 시도하지 않고 이러한 정서에 공감적으로 조율된 상태를 유지한다.

Rogers가 내담자 Miss Mann과 함께 작업한 공감적 지지의 요약된 예가 다음에 나와 있다(Rogers, 1983).

내담자: 나는 며칠 전 밤을 생각하고 있었는데…… 내 기분이 아주 우울했어요. 난 생각했어요, 음, 아마도……엄마가 전처럼 여기 계셨으면 좋겠어요. 왜냐하면 내가 아팠을 때 엄마가 계셔서 안심이 되곤 했거든요. 그리고…… 엄마는 약간의 일을 했어요……. 커스터드(custard) 같은 특별한 요리를 만들곤 했어요. 엄마가 곁에 있어서 안심이 되었어요. 물론 더 이상 그럴 수 없다는 것도 알아요……. 그게 뭘 의미하는지는 모르겠지만…… 잠깐 생각해 봤는데…… 음, 정말 보고 싶고, 이 시점에 엄마가 필요한데…… 그건 불가능해요.

치료자: 하지만 현실적으로 불가능하긴 하지만, "아, 엄마가 보고 싶다. 엄마가 나를 여기 있으면서 나를 돌봐줬으면 좋겠다"라고 느꼈군요. (잠시 멈춤)

내담자: 하지만 동시에 생각했어요, 음…… 잠시 후 내게 필요했던 건 그게 아니라고 생각했어요……. 아마도 그것은 엄마라기보다는 좀 더 어른스러운, 일종의…… 친구였어요. 하지만 난 무언가 그리고 누군가가 필요했어요.

치료자: 당신은 정말 스스로를 확신하지 못했군요……. 당신이 원했던 것이 엄마 역할을 해 줄 사람이었는지 아니면 좀 더 성숙한 관계였는지.

내담자: 음. 다른 의미에서는, "글쎄요…… 내가 혼자 겪어야 하는 일일지 몰라"라고 생각했어요.

치료자: 어쩌면 누군가와 사귀기를 바라는 것은 절망적일지도 몰라요……. 누구와 함께…… 나 혼자 있어야 할지도 몰라요.

[내담자와 담당 의사의 진료 약속에 관한 짧은 내용은 생략함]

내담자: 그리고 두려워요……. 암이 아닌지 확인해야 한다고 생각하기 때문이에요. 그래서 정말 무서워요. [치료자: 음] 끔찍하게…… 그리고…… 그런 생각이 떠올랐을 때…… "그럴지도 몰라, 만약 그렇다면 어쩌지"…… 그때 나는 너무 무섭게 외로웠어요. [취약성 표식]

치료자: 음. 그럼…… 정말 그렇다면…… 당신은 무척 외로울 거예요. (잠시 멈춤)

내담자: 정말 무섭게 외로울 거예요……. 왜냐하면 당신과 함께 있을 수 있는 사람이 누군지 모르거든요. (이해할 수 없음)

치료자: 당신이 말하는 게 이건가요? 나와 함께 할 사람이 있을까…… 두려울 때…… 아니면 그렇게 외로울 때?

내담자: (눈물을 흘림, 잠시 멈춤)

치료자: 정말 깊게 베이는 상처군요.

내담자: (긴 침묵) 어떤 기분일지 모르겠어요……. 내 주변에 누군가 있다면…… 어떤 의미에서는 기댈 수 있는 누군가가 있다면, 그게 기분을 좋아지게 할지 아닐지는 모르겠지만, "글쎄요, 이건 네 자신 안에서 성장해야만 하는 거야"라고 생각하려고 노력했어요……. 서서 지탱하기 위해…… 생각만으로요. 2주 후에야 알게 될 거예요. 주변에 누군가가 있으면 도움이 될까요? ……아니면 정말 혼자 있어야 하는 건가요? 그건…… 음, 난 이번 주에 그냥 그렇게 느꼈어요……. 너무 끔찍하게…… 모든 걸 나 혼자서.

치료자: 당신은 지독하게 외롭다고 느꼈군요……. 우주에서 혼자 있는 것 같은, 거의…… 그리고 [내담자: 음] 심지어…… 누가 도와줄 수 있는지…… 의지할 사람이 있는지 없는지조차…… 당신은 몰라요.

내담자: (긴 침묵) 내 생각엔 기본적으로…… 혼자 해야 하는 부분도 있을 거예요……. 내 말은 당신

이 어떤 느낌으로 아무도 데려갈 수 없다는 거예요……. 하지만…… 내 생각에는…… 혼자가 되지 않는 것은 일종의 위안이 될 거예요. 내 생각에는…… 혼자가 아니에요.

치료자: 당신이 누군가를…… 당신의 외로움과 두려움 속으로…… 데려갈 수 있다면 분명 좋을 거예요.

내담자: (잠시 멈춤) 그냥 가지고 있는 것 같아요. (잠시 멈춤)

치료자: 아마 그게 지금 당신이 느끼고 있는 정서일 거예요.

내담자: (긴 침묵) 편안함이라고 생각해요. (긴 침묵) 지금 내 느낌은…… 뭐랄까…… 아마도 가장 어두운 부분을 보고 있는 것 같아요. 그럴 필요가 없을지도 몰라요. 나를 안심시키는 데 시간이 걸릴지도 몰라요. 이 모든 것은 중요하지 않을 거예요. [치료자: 음]…… 비록 그것은 (웃음) 내가 잊지 못할 일이지만, 나는 확신해요. [치료자: 음. 음]…… 그 경험을. [치료자: 음] (잠시 멈춤) 하지만 낙관하기는 좀 어려웠어요. 보통 때는 밝은 부분을 볼 수 있어요. 이 일이 나를 당황하게 했던 것 같아요.

치료자: 당신은 사실이 완전히 다른 것으로 밝혀지더라도 당신이 정말로…… 가장 어두운 가능성과 함께 살았다고 느끼는 것 같아요. [내담자: 음] 하지만 힘들었어요.

여기서 Rogers는 내담자를 안심시키거나 두려움을 누그러뜨리려고 시도하지 않았다. 그는 그녀의 깊은 두려움을 최대한으로 인정하였다. 내담자가 이 극심한 공포의 순간에 혼자라는 끔찍한 느낌에 빠져들 때, 여기서도 치료자는 그녀를 안심시키려고 시도하지 않았다. 하지만 그녀의 두려움과 외로움의 강도를 충분히 감지하고 그의 목소리와 태도에서 진정한 공감적 배려를 그녀에게 전달했으며 그녀는 이를 분명히 받아들였다. 그녀는 여전히 두려움을 갖고 있지만 그것을 관리할 수 있다. 그녀는 더 이상 혼자가 아니다.

때때로 이러한 상황에서 내담자가 두려운 측면이나 두려운 정서를 완전히 표현하였다는 느낌이 들어도 회기 중에 상향 이동(upward move)은 일어나지 않을 수 있다. 그러한 때 치료자는 내담자가 이 어려운 경험을 완전히 공유할 용기를 가졌다는 점에 진정한 존경심을 표현할 수 있다. 진정한 상향 이동은 다음 회기까지 이루어지지 않을 수 있으며, 여기서도 치료자는 내담자의 새로운 가능성을 공유하나 그것을 강요하지는 않는다.

내담자 자신의 불안하고 겉보기에 용납할 수 없는 정서를 치료자가 공감적으로 들어주고 가치를 인정해 주는 경험은 매우 중요한 변화 경험이 될 수 있다. 이는 더 큰 자기 수용과 함께 이전에 단절하였던 경험을 자기에 통합시켜, 변화되고 더 강한 자기감을 끌어낸다.

Facilitating Emotional Change

Part IV

결론

제14장 과정-경험적 접근법 적용

이 장에서는 과정-경험적 접근법이 실제로 어떻게 적용되는지 설명하고자 한다. 첫째, 실제 임상 장면에서 이 접근법을 구현할 때 고려해야 하는 중요한 여러 임상 이슈가 있다. 우리는 다음과 같은 질문에 답하고자 한다. 어떤 내담자가 이 치료법에 더 (또는 덜) 적합한가? 치료자는 어떻게 치료를 시작하는가? 관계와 작업 사이, 그리고 작업 간에 어떤 혼합이 발생하는가? 일반적으로 어떤 문제가 발생하는가? 이러한 문제는 어떻게 처리하는 것이 가장 좋은가? 과정-경험적 접근법을 위해 치료자는 어떤 수련을 받아야 하는가? 이다. 그리고 우리는 치료 작업 개입과 치료 원칙이 특정 내담자와 어떻게 통합되는지를 보여 주는 2가지 사례 연구를 제시하고자 한다.

내담자 선택 및 적합성 여부

일부 내담자는 경험적 치료에서 매우 중요한 공감적 탐색과 경험적 탐색 과정에 바로 참여할 수 있는 준비성을 보이며 치료에 임한다. 이러한 내담자는 그 순간의 내면 경험에 즉각적으로 초점을 맞추지 못할 수는 있지만, 내면으로 향하고 탐색함으로써 공감적 개입에 신속하게 반응한다. 이는 그들이 가지고 있는 활용 가능한 자원이나 성향을 암시한다. 하지만 이러한 내담자들은 임상적으로는 우울, 불안, 낮은 자존감, 내적 갈등, 중요한 타인에 대한 지속적인 원한 등 다양한 문제를 나타낼 수 있다. 따라서 탐색 자원을 결정하는 것은 진단 범주나 문제 분류가 아니라 일부 개별 처리 스타일이라는 점을 강조하고자 한다.

우리의 경험에 따르면, 모든 내담자가 자기 경험에 집중하고 경험의 진입로를 찾아내는 능력을 갖추고 치료에 임하지 않는다. 실제로, 과정-경험적 접근법의 많은 도전과 기술은 다양한 처리 스타일을 가진 다양한 내담자의 요구를 충족시키기 위해 치료 개입을 유연하게 적용하는 데 있다. 예를 들어, 일부 내담자는 내면에 집중하도록 돕는 치료자의 최선의 노력에도 불구하고 자신을 지지하지 않는 타인이나 재정적 또는 의학적 문제와 같은 외부 요인에 끊임없이 초점을 두는 것 같다. 그들은 자신의 주의를 내면으로 돌리는 데 어려움을 겪고 종종 '나쁜', '화가 난' 또는 '좌절스러운'과 같은 포괄적인 용어 외에는 자신의 정서를 설명하지 못한다.

다른 내담자들은 전문가의 지도나 조언을 듣기 위해 치료를 시작한다. 이러한 내담자는 과정-경험적 치료자가 조언을 제공하지 못하거나 문제의 원인에 도움을 주지 못하는 것으로 경험할 수 있다. 치료자가 내면에 집중하도록 격려하고 노력했음에도 불구하고 그들은 거의 자동으로 전문가의 조언이나 지도를 듣기 위해 치료자에게 다시 의지하는 모습을 보인다.

하지만 과정-경험적 접근법은 일반적으로 외부적이거나 대인 의존적인 스타일을 가진 내담자에게도 여전히 성공적으로 사용할 수 있다. 이러한 내담자를 위해 치료자는 부분적으로는 계속해서 내적 경험을 공감적으로 탐색하고, 또 다른 부분적으로는 경험적 교육을 사용하여 관심을 내부로 향하게 함으로써 점차 내적 초점을 만들어 가야 한다. 또한, 이러한 내담자들과의 치료는 시간이 지남에 따라 더 깊은 경험을 자극하기 위해 주의(집중) 및 능동적 표현(의자 작업)을 활용하는 과정-지시적인 작업을 추가할 수 있다. 이러한 기술은 내담자가 공감적으로 촉진된 탐색만으로는 내적 경험에 접근할 수 없을 때 내담자가 내적 경험에 접근하는 데 도움이 된다.

이 치료법은 상담실을 방문하여 치료받는 내담자[1] 문제에 가장 적합하다. 반대로 이 치료에 적합하지 않은 대상자는 주요 인지 장애, 조현병, 심각한 경계성 또는 반사회적 성격 패턴을 보이는 내담자다. 과정-경험적 접근법의 일부는 이와 유사한 심각한 행동 문제를 가진 내담자에게 유용할 수 있다. 그러나 매뉴얼에 설명된 치료에 대한 주요 조정은 관계에 대한 강조를 강화하고 특정 작업 표식 및 특정 집단에 적합한

1) 통원 치료를 받는 내담자를 의미한다. 입원 치료를 받는 내담자와 다르다.

개입에 초점을 맞추는 것을 기반으로 이루어져야 한다. 예를 들어, 경계선 성격 패턴을 보이는 내담자는 특히 치료 초기에 특정 작업을 사용하기보다 관계 형성과 공감적 존중에서 더 많은 혜택을 받는다.

또한, 우리는 내적 탐색과 치료의 자기 자율성 초점에 대해 강한 부정적인 반응을 보이며, 조언도 해석도 하지 않는 치료자의 비지시적 입장을 받아들일 수 없다고 생각하는 소수의 내담자에게 이 치료를 강요할 의향이 없다. 세 번째부터 다섯 번째 회기까지 초기 작업 협력이 확립되지 않은 경우, 우리는 그러한 내담자에게 자신의 필요에 더 잘 맞는 다른 형태의 치료를 찾고 더 적합한 치료 형태를 추천할 것을 권장한다. 하지만 이러한 상황은 우리 경험상 거의 발생하지 않는다.

치료 매개 변수

치료 기간

과정-경험적 접근법은 외래 상담실 또는 개인 상담실을 운영하는 치료자가 경증 혹은 중증 수준의 임상적 고통과 증상을 호소하는 내담자를 대상으로 활용하는 것이 가장 적합하다. 여기에서 설명한 바와 같이, 과정-경험적 접근법은 단기 치료 또는 장기 치료로 적합하지만, 작업과 관계 요소 사이의 균형은 아마도 치료 기간에 따라 달라질 수 있다. 단기 치료로 접근할 때는 더 적극적이며 내담자에게 적합한 작업 중재를 강조한다. 반면, 만성적인 성격 문제 또는 대인관계의 어려움으로 장기 치료로서(50회기 이상의 회기) 과정-경험적 접근법이 적절한 경우, 작업 개입이 확실히 사용되더라도 관계 측면을 더 강조하는 경향이 있다.

치료를 3단계 구성으로 보는 것 유용할 수 있다. 첫째, 내담자와 치료자는 과정-경험적 접근법이 내담자에게 유익할지를 결정하기 위해 치료 초기에 대략 세 번의 회기를 가져볼 것을 정한다. 세 번째 회기에서는 치료에 대한 내담자의 견해를 논의하는 것이 중요하다. 이 시점에서 내담자가 치료자를 신뢰하거나 안전하다고 느낄 수 없거나 치료 접근법을 원하지 않거나 필요치 않다고 느끼면 다른 곳으로 의뢰될 수 있다. 치료자는 이러한 내담자의 경험을 존중하고 결정에 있어 내담자의 자율성을 지지하는 것이 중요하다. 또한 내담자가 자유롭게 결정하도록 허용하면 치료에 대한 헌신과 참여가 강화된다.

다음으로, 내담자와 치료자는 내담자가 제시하는 문제에 적합한 회기 수에 대해 잠정적으로 합의할 수 있다. 합의된 회기 횟수가 완료된 후 내담자와 치료자는 이 시점까지 내담자의 치료 진행 상황과 경험을 확인한다. 내담자의 문제가 주로 급성이거나, 증상이 있거나, 상황에 의한 것이라면, 일반적으로 치료는 내담자가 문제를 극복하도록 성공적으로 도울 수 있다. 그리고 기껏해야 몇 번의 추가 치료가 '느슨한 끈을 묶는' 데 필요한 전부일 것이다. 반면에 문제가 주로 만성적이거나 그 사람의 스타일에 관한 것이거나 성격에 기반한 것이라면 내담자는 여전히 치료가 더 필요하다고 느낄 것이며, 더 회기를 늘리거나 회기 수를 제한하지 않는 치료 과정에 동의할 수 있다.

회기 시간 및 빈도

과정-경험적 접근법에서 표준 회기 길이와 빈도는 일주일에 한 번, 50~60분이 일반적이다. 많은 작업 개입에 필요한 시간이 길고 시간이 길수록 치료 작업 완료 가능성이 커지기 때문에 표준 치료 시간보다 짧은 회기는 권장하지 않는다(작업 완료 원칙, 제6장 참조). 일부 상황에서는 치료 작업을 완료할 수 있도록 50~90분 범위의 유연한 회기 길이(즉, 1시간 30분 간격으로 회기를 예약하여)를 사용하는 것이 바람직하다.

회기는 일반적으로 연속성을 유지하기 위해 매주 진행되며, 특히 단기 치료에서는 더욱 그렇다. 하지만 치료자는 유연해야 하며 일정에 따라 부과된 한도 내에서 내담자 자율성을 허용한다. 정규 회기 사이에 위기가 발생할 경우, 가능한 경우 추가 회기를 예약할 수 있다. 장기간 치료 중이거나 치료가 끝날 무렵에는 내담자의 자율성을 장려하고 치료가 제공하는 지원을 줄이기 위해 내담자의 요청에 따라 회기 빈도를 줄일 수 있다.

치료 시작

치료를 시작할 때 과정-경험적 접근법의 일반적인 입장은 '치료 시작 전 만남'이다 (Gendlin & Beebe, 1968). 즉, 첫 번째 회기에서 치료자가 내담자의 경험과 연결하고,

내담자와 정서적 유대를 형성하여 내담자가 자신의 문제를 탐색하도록 돕는 것이 가장 중요한 작업이다. 따라서 공감적 조율, 치료적 유대감, 작업 협업의 관계 작업이 최우선이다. 내담자의 상황, 현재의 문제, 증상에 대한 정보는 일반적으로 공감적 탐색을 통해 드러난다. 내담자가 제공한 것 외에 어떤 정보가 필요한 경우, 내담자와 치료자 사이의 공감적 접촉과 자기 자신과의 경험적 접촉이 이루어진 후 회기가 끝날 무렵에 이를 요청하는 것이 좋다.

첫 번째 회기에서 치료자는 내담자가 자기의 경험에 대한 전문가로 여겨지며 치료자의 임무는 내담자가 이러한 내적 경험에 집중하도록 이해하고 돕는 태도와 반응을 전달하는 것이다. 회기가 끝나면 치료 진행 방법에 대해 간략하게 논의한 후 일반적으로 내담자가 회기에 어떻게 반응했는지 확인하고 치료에 대해 가질 수 있는 질문이나 우려 사항에 답하는 것이 좋다.

초기 회기

일반적으로 치료 초기 단계에서 치료자는 거의 독점적으로 공감적 탐색의 '기본 방식'으로 작업하며 작업동맹이 잘 확립될 때까지 가능한 작업 개입의 사용을 피한다. 이 외에도 처음 두세 회기 동안 치료 목표에 관해 내담자와 치료자 사이의 일반적인 합의를 탐색하고 확립하는 것이 중요하다. 명시적인 목표는 설정되지 않지만, 치료의 초점이나 내담자가 제시하는 우려 사항에 대해 종종 논의하고 작업에 대한 합의를 이루어 낸다. 따라서 치료 초기에 치료자는 내담자의 목표에 대한 이해를 탐색하고 암시적 또는 명시적으로 전달한다. 치료자는 현재의 문제에 대해 내담자와 협력하기로 동의하였으나, 동시에 치료자는 이러한 문제의 진화적 특성(문제가 계속해서 바뀌고 변화한다는 뜻, 그리고 그것이 문제의 본질적 특성이라는 점)에 익숙해야 한다.

세 번째 또는 네 번째 회기에서는 내담자가 정서를 경험하고 탐색하는 치료 작업에 대해 적어도 일시적으로 편안함을 느끼고 능동적 표현 및 경험적 탐색과 같은 다양한 형태의 치료 활동에 참여하려고 하는 것이 중요하다. 치료가 진행됨에 따라 치료자는 종종 새로운 작업을 제안하는 맥락에서 질문이나 문제가 발생할 때 명확한 정보를 제공하도록 한다.

내담자에게 적합한 치료

과정-경험적 접근법의 목표는 내담자를 공감하고 그의 새로운 자기 인식을 지원하는 것이다. 따라서 치료자는 조언, 해석 또는 대결과 같은 지시적 개입을 피하고 일반적으로 상당히 제한된 범위의 반응 방식을 사용한다. 이는 주로 다양한 형태의 반영, 공개 질문, 과정 제안이다. 선호되는 반응은 기본 및 작업 개입의 형태를 지닌 매우 다양한 변형의 방식들을 폭넓게 사용하는 것이다. 이를 통해 치료자는 자신이 하는 일을 다양한 내담자에게 적용할 수 있다.

예를 들어, 인본주의적 및 경험적 치료법에 관한 연구는 내담자의 내부 자원과 처리 스타일, 그리고 내담자가 치료에 가져오는 대인관계 스타일이 치료 결과를 예측하는 가장 중요한 요인이라고 밝혔다. 이러한 요인들은 다양한 형태의 경험적 치료와 차별적으로 상호작용한다(Beutler et al., 1991; Greenberg, Elliott, & Lietaer, in press). 연구 및 임상 관찰에 따르면, 경험적 치료에 대한 내담자 반응에 영향을 줄 수 있는 내담자 변화에는 최소한 3가지의 일반적 차원이 있다. 여기에는 내담자의 내적 초점 vs 외적 초점, 대인관계 독립성 정도, 내담자 고통 정도가 포함되며, 일반적으로 내담자는 지시를 덜 선호하고 의존적 내담자는 구조를 선호한다. 우리는 다양한 상황에 대한 차등적 개입을 강조하지만 이러한 일반적 특성도 고려해야 한다. 이러한 스타일은 과정 지시 정도, 제안된 내담자 참여 방식, 정서 자극 및 촉발 정도를 다양하게 변경해가며 해결해 나간다.

우리는 내담자의 개인차를 지속적이고 불변하는 성격 특성으로 여기지 않는다. 대신 같은 내담자가 회기마다 다를 수 있으며 심지어 회기 내에서도 한번에 달라질 수 있다. 치료자는 이러한 차원에서 내담자를 '비난'하지 않고 내담자가 항상 같은 방식으로 반응하거나 같은 종류의 개입이 필요하다고 기대하지 않는다. 예를 들어, 외부 지향적인 내담자라도 어떤 순간에는 내부로 눈을 돌려 가슴 아픈 경험적 탐색에 참여할 수 있다. 이러한 차원을 생각하는 가장 좋은 방법은 처음에 다양한 내담자에게 무엇이 필요한지를 안내하는 유용한 지표들을 사용하는 것이다. 일반적으로 여러 다른 참여 방식을 시작하기 전 치료 초기에 내담자의 강점과 성향을 보완하는 방식으로 내담자와 '결합'하는 것이 중요하다.

치료 구성

치료 구성 요소의 상대적 비중에 대한 단일 특성화를 제공해야 한다면, 순수한 공감적 탐색과 작업-중심(task-focused) 작업 간의 50/50 분할이 치료의 풍미를 가장 잘 전달할 수 있다고 제안한다. 물론 이는 내담자 및 치료 단계에 따라 다르며, 각 치료의 초기 단계와 후기 단계는 훨씬 더 공감 지향적이다. 이는 회기에도 적용된다. 작업은 일반적으로 처음 20분에 소개되며, 충분한 시간을 가지고 완료하기 위해 회기 중간 이전에 작업을 시작한다. 순수한 공감적 반응과 작업-중심 개입 사이의 50/50 분할 특성에서 우리의 의도는 관계와 작업 해결이 치료 변화에 동일하게 기여한다고 보는 우리의 믿음을 전달하는 것이다. 또한, 이 설명은 평균적으로 치료의 다양한 방식에서 사용한 시간의 실제 비율을 대략적으로 나타낸 것이다.

이미 말했듯이 처음 두세 회기는 일반적으로 공감적 탐색에 중점을 둔다. 하지만 세 번째 회기부터 작업이 시작된다. 진행 중인 회기는 매우 다양하며, 일부 회기는 순전히 공감 중심으로 진행되고 다른 일부는 주로 작업 지향적으로 진행된다. 내담자의 표식 제시와 치료의 성격에 따라 치료의 중간 단계는 순수한 관계 회기보다 더 많은 작업 회기로 진행된다. 작업 대 비작업 회기의 비율은 치료의 전개 성격에 따라 크게 달라지며 강조점은 확실히 어느 방향이든 될 수 있다. 또한, 각 작업 회기 내에서 처음 10분은 일반적으로 내담자와 치료자 사이에 그리고 내담자 자신의 내부 경험에 주의를 기울여 내담자가 내부적으로 접촉이 이루어질 때까지 공감적 탐색을 진행한다. 마지막으로, 치료의 후기 및 종료 단계는 다시 작업 지향적이지 않게 되며 마지막 회기는 일반적으로 더 공감적인 방식이 된다.

다양한 작업이 혼합되면 3가지 기본 패턴이 발생한다. 하나는 하나의 작업이 지배적이지 않고 모든 작업이 동일하게 이루어지는 패턴이다. 다른 하나는 시간이 지나면 하나의 특정 작업이 지배적으로 되는 패턴이다. 이는 내담자와 가장 관련성이 높고 가장 많이 일어나는 패턴이다. 세 번째 패턴은 다양한 치료 단계가 다양한 작업에 초점을 맞추는 패턴이다.

일반적으로 과정 진단 접근법의 첫 번째 단계에서는 작업의 임상적 적절성을 판단한 후 드러나는 모든 표식에 반응하는 것이 중요하다. 다양한 유형의 과정을 살짝 맛본 내담자는 가장 관련성이 높은 일부 특정 표식/작업에 자발적으로 참여하는 경우가 많다. 따라서 설명할 수 없는 반응으로 인해 특히 고민하고 당혹스러워하는 내담자는 자신의 문제 반응에 대한 표식을 생성한다. 갈등이나 끝나지 않은 일로 고민하는 내담자들은 이것에 집중할 것이다. 또한, 치료자는 내담자가 다양한 과제에 어떻게 참여하는지 관찰한 후 특정 문제의 표식에 선택적으로 초점을 맞출 수 있다. 예를 들어, 집중하기가 특히 도움이 된 것 같다면 내담자가 불분명한 느낌을 느낄 때 이 작업을 정기적으로 사용할 수 있고, 내담자가 자기의 경험 표현을 반복적으로 차단하는 것처럼 보이면 자기 차단 과정에 특히 초점을 맞출 수 있다.

어려움과 딜레마

다양한 작업을 제시할 때 작업이 어떻게 작동하는지에 대한 모델로 성공적인 작업 개입의 명확한 예가 제공되었다. 물론 모든 개입이 즉각적인 단일 회기 해결로 이어지는 것은 아니다. 또한 모든 개입이 반드시 큰 변화를 가져오는 것도 아니다. 많은 경우 작업은 부분적으로만 해결될 수 있으며 내담자는 각 작업의 해결 경로를 따라 여러 지점에서 정체될 수 있다. 이 시점에서 치료자는 어려움과 장애를 극복하기 위해 공감적 반응의 기본 방식에 의존하고 내담자의 경험을 이해하려고 시도하며 그 순간 내담자에게 가장 살아 있는 것이 무엇인지 경청하도록 한다.

다양한 작업에서 다양한 유형의 어려움이 다르게 처리된다는 점에 유의하는 것이 중요하다. 작업에 대한 초기 참여의 어려움은 발생할 수 있는 주요 문제 중 하나이다. 작업 장에서 언급했듯이 작업을 어느 정도 구조화하는 것이 필요하다. 하지만 내담자가 주저하거나 꺼리는 경우 치료자는 약간의 부드러운 격려가 필요할 수 있다. 따라서 중요한 문제와 관련되어 있고 내담자와 동맹이 충분히 강해 보일 때 치료자는 공감적 지원을 제공함으로써 시작할 수 있다["처음에는 그것이 어리석거나 어색해 보일 수 있다는 것을 압니다…….". 그런 다음, 활동의 목적에 대해 약간의 교육을 제공할 수 있다["그러나 이것을 시도해 보는 것이 종종 유용합니다."]. 그런 다음, 치료자는 적절하고 온화하게 수용적이지만 자신감 있는 어조로 내담자에게 그 활동을 시도해 보라고 제안한다["나는 이것이 중요할 수 있다는 느낌을 받습니다. 아마도 우리는 그것을 조금 시도해 보고 그것이 어디로 가는지 볼 수 있을 것입니다."].

치료자와 내담자는 치료동맹 상태라도 내담자가 강렬한 탐색에 참여하거나 유지하는 능력의 한계를 느낄 때 물러서야 한다고 결정할 수 있다. 이는 치료자가 치료 초기에 작업 개입을 시도했거나 내담자가 너무 심한 괴로움을 느끼거나 취약함을 느끼는 경우 특히 그렇다. 이럴 때 항상 내담자 선택에 대한 반응으로 공감적 존중이 제공되어야 한다.

내담자가 작업에 참여하기로 동의하면 다음은 작업에 대한 경험적 참여를 촉진하는 것이다. 본질적으로 모든 작업은 처음에 제시된 표식과 관련된 의도적인 탐색 또는 실연에 내담자를 참여시킨다. 외부에 집중하는 내담자는 작업이 요구하는 대로 내부에 집중하기를 어려워할 수 있다. 내담자가 현재 가장 생생하게 경험하고 있는 것을 듣고, 보고, 감지하는 데 치료자가 자신의 모든 기술을 사용해야 하는 곳이 바로 여기이다. 치료자는 내담자가 내적 경험에 공감적으로 반응하거나 내담자의 주의를 내적 경험에 집중하도록 도와야 한다. 내담자의 어감과 표현 스타일은 종종 현재 가장 가슴 아프거나 살아 있는 것이 무엇인지 나타내는 최고의 지표이다. 경우에 따라, 일부 내담자와 함께 능동적 표현을 사용하면 충분한 내부 각성을 자극하여 경험을 더욱 두드러지게 할 수 있는 반면 다른 내담자의 경우, 포커싱을 사용하면 경험을 상징하는 데 필요한 주의 집중을 생성할 수 있다.

위기

다양한 종류의 위기는 내담자의 요구에 대한 존중과 유연성으로 처리되지만, 내부적 경험에 초점을 맞추는 일반적인 과정-경험적 접근법에서는 벗어나게 된다. 예를 들어, 내담자가 자살 충동을 느끼는 경우 치료자는 이러한 경험을 탐색하기보다는 내담자에게 외부 자원을 지원받거나 혹은 활용하는 방법에 대해 조언하는 등 적절한 조치를 위해야 한다. 또는 치료자와 계약을 맺어 내담자가 자신에게 해를 끼칠 것 같다면 치료자에게 연락하도록 요청하는 등 적절한 조치도 취해야 한다.

동맹 균열

내담자나 치료자가 치료가 도움이 되지 않는다고 느끼거나 내담자가 치료자를 좋아하지 않거나 신뢰하지 않음으로써 발생하는 주요 혼란은 치료동맹의 균열이며, 과정-경험 틀 안에서 이를 다루도록 노력해야 한다. 즉, 치료자는 내담자가 문제를 설명하도록 격려하고 문제에 대한 자신의 역할이나 책임에 대해 치료자가 정직하게 확인하고 오픈하며 상황에 대한 상호 탐색을 촉진한다.

동시에 치료자는 내담자가 치료를 계속하도록 설득하지 않는다. 이는 내담자의 자율성을 침해할 위험이 있다. 이와 같은 시점에서 내담자는 일반적으로 치료를 계속하는 것에 양가적인 태도를 보이며, 문제의 양쪽 측면을 탐색함으로써 이익을 얻을 수 있다는 사실을 간과한다. 치료를 지속하도록 설득하지 않는 것이 내담자가 편안한 상태에서 결정을 내리도록 도울 수 있다.

과정-경험적 접근법에서 치료자 훈련

교육은 일반적으로 일련의 모듈로 분류된다. 기본적인 공감적 반응(존중 작업 포함) 훈련이 핵심이다. 다른 모듈의 교육은 참여(attending) 능력과 존중 및 진실성에 대한 공감적인 관계적 태도에 의존하기에 이것이 없다면 아마도 매우 어려울 것이다. 각 모듈 내의 교육과 연상 전개, 주의, 두 의자 대화/실연 및 빈 의자 작업은 여러 수준에서 진행된다. 전반적인 관계 태도에 관한 교육과 과정 진단 및 과정 지시에 의한 변화 촉진 교육 외에도 3가지 교육 요소가 강조된다. 즉, 성공적 해결 위한 기본 이론과 내담자 단계에 관한 강의, 교재 중심의 학습, 표식, 경험적 상태와 새롭게 발견된 해결의 신호를 알아차리는 자각 훈련 등이다. 숙련된 실행 사례(예: 모델링)와 관련된 기술 교육. 여기에는 영화 감상 및 시연, 다양한 개입의 미시적 기술 훈련, 가장 중요한 것은 훈련의 일부로 치료자와 내담자 역할 모두에 참여하는 경험적 학습이 있다(Greenberg, 1979; Greenberg & Sarkissian, 1984). 작업 개입을 학습하는 데 있어 치료자로서의 경험만큼이나 내담자로서의 과정을 경험하는 것도 도움이 된다. 마지막으로, 교육에는 관리 감독하에 이루어지는 현장 실습이 필요하다.

치료의 각 주요 구성 요소에 대한 훈련은 이론과 기술에 대한 읽기 및 토론, 시청각 자료 활용을 포함한 교훈적인 구성 요소부터 시작한다. 다음에는 동료 치료 형식의 기술 실습이 이어진다(즉, 수련생들이 서로 연습한다). 워크숍 형식이 자주 사용되는데, 여기서 훈련자(trainer)는 중재 기술을 연마하기 위한 실습 그룹들을 옮겨 다니며 수련생들(trainee)이 소그룹에서 미세 기술과 기술 단계를 연습하도록 돕는다. 또는 수련생들이 서로 독립적으로 연습한 다음 훈련자와 함께 소그룹 지도·감독 시간에 자신들의 연습 녹화 영상을 검토할 수 있다. 위에서 언급한 바와 같이, 훈련의 중요한 측면은 수련생이 내담자 역할을 경험해 봄으로써 수련생 '내면'에 중재 기술이 충분히 체득되도록 하는 것이다.

기술을 심화하고, 미세 조정하고, 통합하려면 실제 내담자와의 실무 경험도 필수적이다. 그러므로 치료자가 과정-경험적 스타일의 치료를 진행하려면 최소한 2가지 훈련 사례를 보는 것이 필수적이라고 본다. 어떤 경우에는 치료자가 적절한 교육을 받기 위해서 더 많은 사례가 필요할 수 있다.

과정-경험적 접근법의 사례

이 장의 마지막 회기에서는 이전 장에서 제시된 치료 원칙과 작업 중재를 설명하는 2가지 사례를 제시하고자 한다. 이를 통해 치료의 다양한 요소가 실제 치료에 어떻게 통합되는지 보여 주고자 한다. 각 회기의 간략한 요약은 다양한 개입이 전체 치료에 어떻게 통합되는지에 대한 밑그림을 그릴 수 있도록 하는 수단으로 제시되었다.

두 치료에 대한 회기별 설명을 읽을 때 치료는 현재 상태의 과정 진단에 따라 진행됨을 기억하는 것이 중요하다. 따라서 각 회기는 어떤 면에서는 독립적인 사건(event)이며, 회기를 하나로 엮어내는 실은 내담자의 경험이다. 내담자가 회기 중 작업을 기반으로 초점을 형성하는 경우, 이는 치료에 초점을 맞추는 역할을 한다. 치료자의 초점은 내담자의 준거 틀에 들어가 회기 중에 나타날 수 있는 모든 표식에 조율하는 것이다. 이러한 이유로 사례는 주로 내담자의 경험과 내담자의 어려움에 대해 내담자와 치료자가 공유한 이해를 통해 함께 엮인 일련의 사건으로 읽어야 한다. 첫 번째 경우는 내담자의 문제를 다양한 측면으로 처리하기 위해 다양한 작업이 어떻게 사용되는지에 대한 예를 보여 준다. 두 번째 경우에는 서로 다른 작업이 사용되었지만, 치료는 내담자의 자기비판 문제를 다루는 데 적합한 두 의자 대화의 사용에 초점을 맞추었다.

Sharon: 임상적 우울증을 앓고 있는 내담자와 단기 과정-경험적 치료

이혼한 회사원이자 아르바이트생인 31세 Sharon은 신문 광고에서 본 우울증 치료 연구에 참여하였다. 선별 검사 결과, 그녀는 현재 심각한 우울증 증세를 겪고 있는 것으로 진단받았고, 16회기 치료 과정에 들어왔다. 그녀는 자기의 주요 문제를 삶에 대한 부정적 시각, 미루는 것과 동기 부족, 외모에 대한 불만, 사회적 고립 및 남자들과의 관계에서의 다양한 문제로 설명하였다. 그녀는 연구에서 치료받는 최초 내담자 중 한 명이었기 때문에 치료자는 흥분과 불확실성을 가지고 첫 번째 회기에 임하였다.

1회기

첫 회기에서 치료자는 주로 내담자의 참조 체계(공감적 조율)에 들어가서, 공감하고, 진실하며 지지적인 관계를 형성하고, 내담자가 자기 탐색 과정을 시작하도록 돕는 데 집중하였다. Sharon은 치료에 실패하는 것에 대해 불안해했고, 몇 개월 동안 만난 남자와 막 헤어졌기 때문에 검진 때보다 더 기분이 안 좋다고 밝혔다. 둘의 관계는 함께 술을 마시는 것에 초점이 맞춰져 있었는데, 그녀의 아버지처럼 알코올 중독자가 되지 않을까 걱정하였다. 그런 다음 그녀는 일련의 연관된 갈등—그녀의 절망감과 그녀의 삶에서 무언가 성취하고자 하는 욕망 사이, 그녀의 부모에 대한 증오와 부모에 대한 충성심 사이, 그녀의 의무와 책임감에서 벗어나고 싶은 욕구 사이, 그리고 남자와 함께 있고 싶어 하는 것과 혼자 있고 싶어 하는 것에 대한 경쟁적인 욕구 사이의 갈등—에 관한 탐색을 시작하였다.

그런 다음, 그녀는 자신이 실패자라는 것과 무언가 잘못되었다는 자기 느낌을 탐색하였다. 그녀는 이전에 잘못된 치료를 받았고, 바로 그 점 때문에 이번 치료도 실패할까 봐 두려웠다. 그녀는 단기 치료하기에는 자신의 문제가 너무 많은 것이 두려웠다. 첫 회기가 끝났을 때, 치료자는 그녀와 함께 작업하는 것에 흥분감을 드러냈다. Sharon은 처음보다 기분이 나아졌고 회기 평가지를 작성할 때, 치료자를 매우 따뜻하고 신뢰할 수 있다고 평가하며 이러한 느낌이 본 회기에 가장 강하게 남았다고 하였다. 서술형 치료 유용 평가지(HAT)에서 그녀는 이 회기에서 가장 도움이 된 부분은 “내가 주로 미루고 무시했던 자신에 대한 정서들을 마주한 것”이라고 적었다.

2회기

Sharon은 기분이 좋아지고 있으며 할 이야기가 없을까 봐 두렵다고 걱정하면서 회기를 시작하였다. 이에 치료자는 공감 반응을 한 후, 그녀가 치료의 초점을 찾는 데 도움을 주기 위해 포커싱을 해 보도록 제안하였다. 집중 단계를 진행하면서 Sharon은 내면의 고독, 무거움, 남자를 동경하는 내적 감각을 다루고 싶은 작업으로 분류할 수 있었다. 그녀는 이러한 정서를 탐색하기 시작하면서 전남편 Jerry를 향한 해소되지 않은 그리움과 원망의 정서로 빠르게 옮겨 가며 울기 시작하였다. 치료자는 이를 미해결 과제의 표식으로 자각하고, 그녀에게 빈 의자에 앉아 있는 Jerry를 상상하고 이야기해 볼 것을 제안하였다. 그렇게 제안하자 Sharon은 화를 내다가 갑자기 화를 멈췄다. 이러한 자기 차단적 분열은 미해결된 일에서 흔히 발생한다. 따라서 치료자는 그녀가 자기 차단을 탐색하도록 유도하였다. Sharon은 Jerry가 재혼했더라도 그녀에게로 돌아올 것이라고 확신하는 마음 때문에 그녀의 분노가 억제되고 있다고 밝혔다.

회기가 끝날 때, Sharon은 허전함을 느꼈고, 왜 Jerry를 놓지 못했는지 어리둥절하였다고 보고하였다. 치료자는 이것이 추가 작업에 도움이 될 수 있다고 제안하였다. HAT에서 Sharon은 자기 차단을 언급하였다.

> 어느 순간 상처를 주는 이야기가 시작되자 그만하고 싶었다. 하지만 내 치료자는 부드럽게 재확인하는 방식으로 질문을 해서 나를 극복하게 했고, 나는 내 정서를 이야기하고 이를 털어놓을 수 있었다.

3회기

회기 초반에 치료자는 그녀가 이전 회기를 끝냈을 때 느꼈던 당혹감을 다시 언급하면서 그녀에게 그 작업을 계속할 것인지 아니면 다른 작업을 할 것인지(성장/선택 원칙)를 선택하도록 제안하였다. 그녀는 Jerry를 정서적으로 놓아 주기 어렵다는 것을 머리로는 이해하였다. 치료자는 포커싱의 ‘확인’ 단계를 사용해 이러한 이해를 평가하도록 제안하였다. 내담자와 치료자는 포커싱을 통해 일련의 단계를 거치면서 갈등 분열—모험적인 것과 안전한 것 사이의 갈등—로 Jerry와의 어려움을 상징화하였다. 치료자의 제안에 따라 내담자는 두 의자 대화를 시작하였다. 하지만 모험심이 강한 쪽은 빠르게 굴복했고, 그녀의 모험적인 측면을 격려해 줄 타인이 얼마나 필요했는지에 대한 공감적 탐색이 이루어졌다. 두 의자 대화로 복귀하면서, 갈등은 모험적인 부분과 그녀의 내면에 완벽을 요구하는 비판적 요구 사이의 투쟁으로 심화하였다("모든 게 제대로 되길 원해요. 그렇지 않으면 아무것도 필요 없어요."). 이로 인해 혼란과 탈진 상태로 회기가 끝났다. 하지만 Sharon은 치료자에게 이제 문제를 훨씬 더 분명하게 이해하게 되었다고 이야기했으며, HAT에 다음과 같이 적었다. "제가 정말로 변화를 원한다는 것을 깨닫게 해 주었고, [변화를 원하지 않는] 부분이 정말로는 강하지 않다는 것을 깨닫게 해 주었습니다."

4회기

치료자의 관점으로 볼 때, 이 회기는 중심 초점이 부족하였다. 회기 초기에 내담자는 Jerry가 새 아내와 함께 운전하는 것을 보고 화가 났다고 보고하였다. 치료자는 Sharon이 그녀의 반응을 자세히 살펴보도록 도왔다. 이는 그녀가 여전히 그와 결혼하였다는 느낌과 그가 그녀에게 돌아올 것이라는 환상을 분명하게 표현하도록 이끌었다. 그녀는 이것을 얘기하면서 손이 떨리는 걸 알았다고 말하였다. 치료자의 포커싱 탐색에 대한 반응으로 그녀는 떨림을 모험과 안전 사이의 갈등에 얽매인 새장에 갇힌 좌절감으로 상징화하였다. 이 갈등에 대한 추가 토론에서 Sharon은 안전-지향적인 부분과 재정적 책임을 비롯한 다른 책임에서 벗어나고자 하는 그녀의 욕구를 탐색하였다. 회기 종료 후, 그녀의 HAT 기록은 이 회기가 실제로 내담자에게 긍정적인 영향을 미친 것처럼 보였다. "전남편과의 문제가 내가 다루어야 하는 문제에서 가장 큰 문제가 아니라는 것을 깨달았습니다."

5회기

본 회기는 단일 작업과 일련의 문제를 중심으로 진행되었으며, 치료는 주요 '작업' 단계로 접어들었다. 치료 초기에 Sharon은 충동적으로 차를 몰아 Jerry의 집을 지나치는 그녀의 습관에 혼란스러워하는 PRP를 보였다. 내담자와 치료자가 특정 사건을 함께 전개해 가면서, 그녀는 일련의 사건을 이해하게 되었다. 처음에는 피곤함과 외로움을 느꼈고, 다음에 Jerry가 생각났고, 어떤 희망의 흔적을 찾기 위해 갑자기 그의 집으로 차를 몰고 간 것이었다. Sharon의 탐색은 남자 없이는 온전하지 않거나 실재하지 않는다는 그녀의 감각에 관한 생각으로 확장되었다. 이것은 이전의 남성들과의 관계, 특히 친밀하고 완전한 느낌을 얻기 위해 섹스를 하는 것과 "내가 이런 식으로 느끼는 것은 뭔가 문제가 있다"는 감각에 대한 탐색으로 이어졌다. 그녀는 HAT에 다음과 같이 기록하였다. "치료자와 이야기하면 할수록 내 생각에 더 깊이 빠져드는 것 같다. 그래서 피상적인 문제가 아니라 실제 문제들이 나타난다."

6회기

내담자와 치료자는 이 회기가 치료의 전환점이라는 데 동의하였다. Sharon은 Jerry의 집으로 가는 운전을 멈췄다고 보고하면서 시작했지만, 그와의 관계에서 "무언가가 끝나지 않은 것으로 느껴진다"는 심정을 남겼다. 치료자는 그녀가 여전히 Jerry를 되찾고 싶어 하는 부분에서 이야기를 시작하도록 한 다음, 빈 의자에 앉아 있는 Jerry를 상상하고 그에게 말하도록 제안하였다. 나머지 회기 내내 Sharon은 Jerry와 대화하고 신체적 학대에 대한 끔찍한 에피소드를 포함하여 Jerry와의 관계를 설명하며 탐색하였다. 그녀는 그가 떠난 이유에 대한 분노와 비통함과 당혹감뿐만 아니라 많은 울음으로 상처를 표현하였다. 이 기간 동안 치료자는 Jerry와의 탐색과 대화를 격려했지만, 내담자의 취약성이 드러난 여러 지점에서는 공감적 지지를 제공하였다.

회기가 끝나갈 무렵 치료자는 Sharon에게 그녀에게 행동했던 그에게 말하는 것이 아니라 그녀가 사랑했던 '진짜 내면의 Jerry'에게 말하도록 제안함으로써, Sharon이 빈 의자에 앉아 있는 Jerry를 실제 Jerry와 동일시하도록 촉진하였다. Sharon은 이제 '진짜 Jerry'라고 말하면서 그에게 학대를 끝내라고 요구했고, Jerry가 관계에 지루해하며 '그것이 정말 재미있지 않았기 때문에' 떠났다고 밝혔다. Sharon은 이런 상황에 대한 통찰에 큰 충격을 받았고 회기가 끝날 때 생각에 잠겼다. 그 후, 그녀는 다음과 같이 적었다. "이런 질문을 하기가 망설여진다. 그것이 정말 내 잘못이었을까, 아니면 어느 정도(또는 대부분)는 정말로 그의 미성숙함과 자기중심적 태도이지 않았을까?"

7회기

Sharon은 이제 Jerry와 관계가 끝났다고 느꼈다, 이 이혼이 대부분 그의 잘못임을 알게 되었다고 말하면서 본 회기를 시작하였다. 그 결과, 그녀는 다른 남자를 찾는 것이 절실하지 않음을 알게 되었다고 말하였다. 치료자는 이에 공감하며 반응했고 그녀의 안도감을 짧게 탐색하였다.

그녀는 치료에서 다음에 무엇을 해야 할지 확신이 서지 않았다고 말하였다. 치료자는 이것을 불분명한 감각으로 받아들이면서 그녀가 작업할 문제를 선택하는 것을 돕기 위해 포커싱의 초기 '공간 정리' 단계를 제안하였다. 그 결과, Sharon은 '게으름' 습관에 대한 그녀의 당혹감을 해결해야 할 작업으로 자각하였다. 치료자가 그녀에게 특정한 예를 들어 줄 것을 제안했을 때, 그녀가 헬스클럽에서 운동하는 것을 멈췄다는 것을 확인하였다. 그런 다음, 내담자와 치료자는 이 PRP를 흥미롭게 펼쳐 그녀가 특정 사건을 이해한다는 의미 연결에 도달하였다. 하지만 Sharon은 다른 상황에서 여전히 자신이 게으른 것에 대해 당혹스럽기에, 치료자와 함께 그녀가 아무것도 하지 않는 '게으른 일요일'을 계속 전개해 갔다. 그녀가 단순히 '게으른 것'을 즐기고 또 누군가를 위해 아무것도 할 필요가 없다는 것을 깨달았다는 점에서 이 PRP를 위한 의미 연결이 이루어졌다. 이 과정이 서로 다른 2가지 맥락에서 진행되는 것을 깨달은 그녀는 자기가 자신의 보스가 되는 즐거움과 책임감으로부터 자유로워지는 시간에 관해 탐색하기 시작하였다. 이 치료 회기는 90분 동안 진행되었기 때문에, 능동적인 '무언가를 하는' 부분과 '게으른' 부분 사이의 분열이 몇 분 뒤 나타났을 때 두 의자 작업을 진행할 수 있었다. 회기의 중요한 순간은 Sharon이 갑자기 '비판자'를 그녀의 어머니로 자각했을 때였다. 다음은 그녀의 기록이다.

> 어느 순간, 엄마가 내가 해야 할 일을 말씀하시는 모습을 상상할 수 있어요. 한 번쯤 그 일을 하는 대신 난 하지 않을 거야라고 생각한 적이 있어요. 일을 미루고 있기는 하지만, 마음속으로는 엄마, 아빠, 전남편에 대해 '반항'하고 있기 때문일 수 있죠.

8회기

이 회기를 시작할 때 Sharon은 기혼 남자 친구인 Tom이 그녀와 함께 있고 그녀의 여성 동료들이 이 일에 대해 그녀를 인정하지 않는다고 이야기하였다. 그녀가 치료에서 작업하기를 원했던 것은 그들의 불인정에 대해 괴로워하는 것이었다. 그녀는 다음과 같이 썼다. "나와 함께 일하는 여성들이 내 성적 견해에 대해 공격할 때 그들에게 매우 화가 난다. 두 의자 치료를 통해 내 분노의 일부는 그들에 대한 것이 아니라 자신에 대한 것임을 발견하였다."

따라서 초기 귀인 분열은 규칙을 따르는 자기와 반항적이고 성적으로 난잡한 자기 사이의 갈등으로 발전하였다. 이 갈등은 회기 중에 해결되지 않았지만 명확하게 밝혀졌다.

9회기

본 회기에서 Sharon은 계속해서 그녀의 성적 행동을 탐색하고 그녀의 아버지와의 관계를 살펴보기 시작하였다. 그녀는 아버지와의 미해결 과제를 얘기하면서 치료를 시작하였다. 그러나 치료자가 빈 의자에 앉아 있는 아버지를 상상해 보라고 제안하자 그녀는 거절했으며, 나중에 이것을 방해 사건으로 묘사하였다. "내 치료자가 아버지를 의자[작업]에 앉히려고 했을 때 나는 얼어붙어 아버지와 이야기할 생각을 전혀 할 수 없었습니다."

대신, 그녀는 아버지와의 관계에 관해 이야기해 주었고, 아버지의 알코올 중독과 정서적 부재, 특히 Sharon과 그녀의 어머니, 일반 여성에 대한 그의 경멸적인 성적 발언 등을 언급하였다. 치료자가 공감하는 반응을 보이자 Sharon은 섹스를 통해 얼마나 남성의 관심과 인정을 원하는지에 대한 의식을 포함하여 자신의 유혹(flirting)과 성적 행동 등을 탐색하였다. 치료가 끝날 때 샤론은 아버지와의 관계와 남성에 대한 일반적인 태도 사이의 연관성에 대해 곰곰이 생각하였다. 내담자와 치료자는 이 문제에 대해 더 연구하기로 동의했으며 치료자는 이 작업에 대한 의자 작업의 잠재적 유익을 제안하였다.

10회기

Sharon은 아버지에 대한 그녀의 정서를 탐색해야 하는 것에 대해 너무 긴장했기 때문에 치료자는 그녀가 기꺼이 그것을 할 의사가 있는지를 잠시 탐색하였고, 그렇게 하기로 그녀가 결정하였다. 치료자는 그녀가 그와의 최근 상호작용을 상상하고 설명하도록 제안함으로써 그녀가 탐색을 쉽게 하도록 도왔다. Sharon은 여전히 빈 의자에 앉아 아버지에게 그녀의 해결되지 않은 정서를 직접적으로 표현하지 못했기 때문에, Sharon은 처음에 치료자에게 자신이 아버지에게 느끼고 원하는 것을 이야기하였고 치료자는 대신 아버지에게 이를 표현하였다. 그러고 나서 아버지의 '좋은' 면과 '나쁜' 면을 구분한 후, Sharon은 아버지의 이런 부분들에 대한 상처와 분노를 직접적으로 표현할 수 있었다. 회기가 끝날 무렵 Sharon은 아버지를 돕고 싶은 마음과 아버지를 완전히 피하고 싶은 마음 사이의 갈등으로 고민했지만, 아버지에게 덜 화가 난 것처럼 보였다. 그녀는 깜짝 놀란 목소리로 "나는 분명히 나 자신에게 이걸 숨기고 있었다."고 말하였다. 그녀는 이제 그녀가 아버지에게서 얻을 수 없었던 것을 다른 남자들로부터 얻으려고 노력하는 것을 보았다고 말하였다.

11회기

Sharon이 아버지와의 문제가 이전 회기 뒷부분에서 대부분 해결되었음을 보고하는 것으로 치료를 시작하였다. 그녀는 치료자가 그녀와 아버지 사이에서 어느 편도 들지 않은 것이 특히 도움이 되었다고 보고하였다. 치료자가 공감하는 반응을 보이자 Sharon은 아버지를 어떻게 대해야 하는지를 놓고 두 자매 사이에 갈등이 빚어지는 과정에서 자신이 얼마나 힘들었는지 탐색하였다. 이어서 Sharon은 그녀의 주요 문제가 해결되었다고 느꼈음을 보고하였다. 그리고 그녀는 이제 더 커질까 두려워하는 비교적 작은 문제(예: 남자 친구가 과음하는 것에 대한 불편함)를 '미세 조율(fine tuning)' 하는 작업을 하고 싶어 하였다. 치료자는 치료가 끝날 때까지 이를 돕겠다고 밝혔으며, 그녀는 자신의 만족을 위해 작은 문제를 해결하는 작업을 진행하는 것이 올바른 결정인지에 대한 갈등 탐색을 시작하였다.

12회기

Sharon은 본 회기에 완전히 '명랑한' 상태로 임했으며, 자신이 치료에 더 있어야 하는지 확신하지 못하였다. 이제 그녀는 친밀하고 낭만적인 관계로 발전한 친구 Tom과 집에 있는 것이 좋다고 말하였다. 치료자는 공감하면서 경청하고 남아 있는 문제들을 탐색했지만, Sharon은 단순히 기분 좋은 경험을 즐기고 있다는 것이 분명해 보였다. 치료자는 그녀의 좋은 정서를 공감하면서 확인하였고, 그녀는 이 관계를 좋지 않았던 이전 관계와 어떻게 비교할 수 있는지 탐색하였다. 치료는 이전 회기보다 덜 형식적인 방식으로 진행되었으며, 내담자와 치료자는 학술적 조언 문제에 대해 논의하였다. 마침내 치료자는 그녀의 행복에 대한 본인의 기쁨을 밝혔다. HAT에 Sharon은 다음과 같이 기록하였다. **"그냥 치료자와 거의 '친구'처럼 이야기하였다. 내가 얼마나 행복한지 그에게 알리고 싶었다."**

13회기

Sharon은 그녀가 미뤄 온 문제, 특히 학교 공부를 하고 싶다는 이야기를 꺼내었다. 치료자는 Sharon이 이 일을 미루게 된 특별한 사건을 탐색하도록 도왔다. 이것은 비판적이고 지적하는 '잔소리가 심한 여자(nagger)'와 '잔소리를 심하게 당하는 여자(naggee)' 사이에 내재하는 갈등 분열이 존재함을 명확히 드러냈다. 두 의자 대화에서 그녀는 현재 대학 전공에 대한 불만과 직업 계획에 대한 탐색으로 이어졌다. 회기가 끝날 때까지 이 문제는 해결되지 않았지만, Sharon은 다음과 같이 기록하였다. **"공부하지 않는 이유를 정리하는 과정에서 공부 이상의 더 중요한 문제가 있다는 것을 알게 되었고 내 삶과 일에서 행복한 것이 얼마나 소중한지 깨닫게 하였다."**

14회기

이것이 치료의 마지막 회기이었다. Sharon은 자신이 딱히 할 일이 없고 기분이 좋다는 말로 시작하였다. 내담자와 치료자는 미루는 습관이 변하지 않았지만 그녀의 삶에 크게 문제가 되지 않는다는 느낌과 현재 치료가 끝났다는 느낌을 탐색하였다. 이어서 치료자는 내담자가 삶의 변화와 성장을 자각하도록 돕기 위해 사용되는 그때-지금 탐색(Then-Now Exploration)의 개입을 그녀에게 안내하였다. 즉, 내담자와 치료자는 그녀가 현재 느끼는 것과 치료 전의 느낌, 그리고 둘 사이의 정서적 차이를 교대로 탐색하였다. 예를 들어, 그녀는 더 이상 자신의 책임에 '압박'을 느끼지 않았다.

그 후, 치료자는 그녀에게 나머지 치료를 위한 다양한 선택권을 주었고, Sharon은 그녀가 두 회기 일찍 끝낼 준비가 되어 있다고 결정하였다. 치료자는 그녀에게 치료를 끝내는 것에 대해 어떻게 생각하느냐고 물었고, 그녀는 이전 치료와는 달리 치료자가 자신을 이해하고 있고, 그를 기쁘게 해 줄 일이 더 이상 없으며, 이제 그녀는 내면이 변하였다고 느꼈기 때문에 성공적이었다고 말하였다. 치료자는 그녀가 얼마나 잘했는지에 대한 만족감을 나타냈으며 치료를 마쳤다.

치료의 임상 상태 및 유용한 측면

치료 중반(8회기 이후) 때부터 18개월 지점의 후속 인터뷰까지, Sharon의 모든 주요 변화 측정(예: BDI, SCL-90) 점수는 그녀가 더 이상 우울하거나 임상적으로 괴로워하지 않고, 당면한 문제를 해결했으며, 매우 긍정적인 자존감으로 발전했으며, 친구, 일 및 가족관계에서 적절하게 기능하고 있음을 보여 주고 있다. 종결 후, 6개월 지점의 후속 인터뷰에서 샤론은 전반적으로 더 행복한 인생관과 인내심을 갖게 되었고, 그녀에게 일어난 일에 관심을 두게 되었다고 보고하였다. 그녀는 이 모든 변화를 치료 덕분이라고 생각하였다.

Sharon은 종결 후 6개월과 18개월 지점의 후속 인터뷰에서 가장 도움이 되었던 치료 측면을 설명해 달라고 요청받았을 때 다음을 가리켰다.

- 아버지에 대한 정서를 다루어야 했고, 그 정서를 예전처럼 묻어 둘 수 없었던 회기들
- 어머니가 마음속에 떠올랐던 회기
- 내 치료자의 비판단적 태도
- 내 말과 느낌에 대한 반영이 내 얘기를 통해 나를 돌아보는 데 도움이 되었다.
- 치료자와의 친밀감, 그가 정말로 관심을 가졌다는 느낌

논평

Sharon의 사례는 과정–경험적 접근법의 몇 가지 일반적인 어려움과 장점을 보여 준다. 접근법의 한 가지 원칙은 작업 완료를 촉진하는 것이다. 하지만 이 치료에서 새로운 표식이 나타나면 치료자와 내담자는 때때로 이전 작업을 완료하지 못한 채 작업을 전환하기도 하였다. 그런 다음 작업 해결의 상당 부분을 내담자에게 맡겼다. 작업 완료와 새로운 표식을 따르는 것 사이의 올바른 균형을 달성하는 것은 과정 경험 치료자에게 어려운 문제이다. 하지만 이 사례는 포커싱이 연상적 전개 또는 두 의자 대화 기법 단계와 연결되면서 다양한 작업 개입의 창의적인 조합과 상호 조화를 보여 준다. 치료의 과정적 본질은 치료자가 치료에 초점을 맞추는 것이 아니라 내담자에

게 나타나는 것에 초점을 둔 각각의 회기를 통해 빛을 발한다.

Margaret: 미루기, 불안, 우울증이 있는 내담자와의 단기 과정-경험적 치료

역사 작가이자 미취학 아동을 둔 36세의 기혼 엄마 Margaret은 미루기와 우울증으로 치료에 참여하였다. 그녀는 자신의 주된 문제를 무기력하고 삶을 통제할 수 없는 것, 그리고 3년 동안 계속해서 쓰고 있던 책을 끝내지 못한 것이라고 설명하였다. 목표 불만 측정에서 그녀의 문제는 자기비판적인 태도를 버리고, 무기력을 극복하고 행동할 수 있으며, 어린 시절을 기억하고 이를 그녀의 성인 생활로 통합하는 것이었다.

1회기

첫 번째 회기는 녹음되지 않았지만 내담자가 치료 시작을 탐색하고 연구에 사용할 수 있는 비용 절감 치료에 대해 협상하는 회의를 하였다. 이 회기에서는 내담자의 현재 문제에 대한 치료자의 공감적 반응을 통해 치료적 유대감을 형성하였다. 즉, 내담자가 현재 글을 쓸 수 없고, 극도로 자기비판적이어서 어떤 행동도 할 수 없다고 느끼는 문제에 대해 치료자가 공감하였다. 그녀는 최근에 좋은 평을 받은 한 권의 책을 썼지만, 이제 그녀는 글을 쓸 수 없으며 이를 결단할 때가 왔다는 느낌을 받았다. 그녀는 책을 쓰거나 포기해야 했다. 그녀의 고통과 어려움을 처음 공감한 후 최소 12주의 단기 치료에 참여하기로 계약하였다.

2회기

두 번째 회기는 자신이 한 번 긍정적인 느낌을 받았다고 Margaret이 보고하면서 시작되었다. 그녀는 한 주 동안 자신이 막힌 것이 글을 쓰는 것 때문이 아니라 책상에 앉아 있는 자체가 큰 투쟁이었다고 말하였다. 그녀는 무엇이든 해야 하는 것(예: 메일에 답장을 보내거나 전화 메시지에 답하는 것)에 대한 두려움을 공감적으로 탐색한 후 가까운 친구의 편지에 답장할 수 없는 것에 당혹감을 표현하였다 치료자는 이것을 문제 반응으로 인식하고 그녀의 당혹감을 반영한 다음, 문제 반응을 전개하기 위해 체계적인 연상적 반응을 사용하였다. 일단 책상에 앉아 편지에 답장을 보내는 장면이 살아나자, 그녀는 타인들을 실망시키지 않도록 자신을 보호해야 할 필요성을 깨달았다.

이것을 실패에 대한 두려움 탐색으로 확장한 뒤, Margaret은 타인들을 실망시키는 것에 대한 두려움을 가족과 연결하였다. 그녀의 여동생과 아버지는 매우 자기비판적이었고 그녀에게 높은 기대를 하였다. 이것은 자신에 대한 부분적인 새로운 관점이었다. 그 후, 그녀는 어린 시절 이야기를 하며, 어머니를 잃은 지 1년 후 아버지가 재혼하였다고 설명하였다. 그녀는 계모로부터 사랑받지 못한다고 느꼈고, 이에 대처하기 위한 수단으로 자신을 비난하기 시작하였다. 그녀는 사랑받지 못하고 무시당하는 고통을 느끼기보다는 아무것도 요구하지 않고 포기하였다. 치료자는 그녀의 깊은 취약성과 자포자기를 공감적으로 확인해 주면서 이에 반응하였고 치료는 끝이 났다. 그녀가 문제 되는 반응 내에서 자기 평가적 분열과 미해결 과제 둘 다를 제시했지만, 치료자는 다른 작업 개입에 참여함으로써 PRP 탐색에서 벗어나는 것을 하지 않기로 하였다. 대신 그는 PRP 해결에 초점을 맞추기로 하였다. 또한 치료자는 안전하며 공감할 수 있는 소중한 환경을 구축하는 데 초점을 맞췄다.

치료가 끝난 후, 내담자와 치료자는 작업동맹 목록(Working Alliance Inventory), 협력동맹(Helping Alliance) 설문지 및 Barret-Lennard의 공감 척도를 작성하였다. 모든 점수가 높게 나타났다. 즉, 치료 목표와 과제에 대한 협업뿐만 아니라 공감대가 잘 형성되었다는 것을 보여 주었다.

3회기

Margaret은 이전 회기에서 그녀가 가져온 지금 그녀를 가로막는 강한 이미지, 즉 그녀의 자기 비난과 포기가 처음에는 생존을 위한 매우 긍정적인 전략이었다고 말하면서 회기를 시작하였다. 하지만 이제 그것은 그녀를 위한 것이 아니라 그녀와 반대로 작용하고 있었다. 그녀는 사춘기 이전에 자신이 문자 그대로 어떻게 말하는 것을 멈추었는지 설명하였다. 그녀는 아버지의 무관심에 항의하는 방법으로 의도적인 저항 행동을 시작하였다. 치료자는 이것이 얼마나 고통스러웠을 것인지를 반영한 후 그녀의 아버지와 대화를 제안하였다. 그녀는 빈 의자에 앉아 있는 아버지와 빠르게 대화를 시작했고, 12세 소녀가 되어 아버지에 대한 욕구와 반항심을 모두 표출하였다. 그러고 나서 그녀는 아버지가 등을 돌린 것에 대해 버림받은 느낌과 자신의 무가치함을 표현하였다. 그녀는 빈 의자에 그녀의 아버지를 앉히며, 아버지가 사람들을 실망시켰고, 그와 가까운 사람들에게 불길한 사람이 되어 그녀에게 해 줄 수 있는 게 아무것도 없었고, 그녀 스스로 아버지를 필요로 하지 않기를 바랐다는 것을 그의 감각으로 확인하였다. 이 시점에서, 그녀는 깊이 울며 자신의 충족되지 않은 욕구를 표현하였다. 그녀는 자신의 욕구가 아버지로부터 받은 느낌처럼 수용할 수 없는 역겨운 것이 아니라고 말하였다. 그녀는 단지 아버지가 그녀를 사랑해 주길 원했을 뿐이다. 이것은 그녀의 아버지와의 미해결 과제를 해결하기 위한 분명한 움직임이었다, 이는 그녀가 욕구를 느낄 자격이 있는 사람이라는 자각과 함께 새로운 시각으로 아버지를 보았다는 것을 의미하였다.

4회기

이 회기는 그녀가 글을 쓸 수 없는 것에 초점을 맞췄다. Margaret은 지난주처럼 자신의 과거에 대해 말하는 것은 개의치 않지만, 치료자가 그녀의 현재 삶의 어려움을 이해하도록 하는 것은 어렵다고 말하였다. 내담자는 자신의 문제에 대해 얼마나 어리석은 생각을 하는지 밝혔고, 치료자는 진심으로 그녀를 바보로 보지 않는다고 반응했으며 그녀가 바보 같은 기분을 느꼈던 경험을 탐색하도록 격려하였다. 그런 다음 지난 회기에서 이야기한, 받아들일 수 없는, 도움이 필요한 부분을 다시 언급하였다. 그녀는 이런 정서들에 갇혀 있다고 하였다. 그녀는 남편이 떠나서 얼마나 힘든 시간을 보내고 있는지로 이야기를 이어갔다. 또 매일 딸을 학교에 데려다준 후 스스로 삶을 꾸려 나가야 한다는 압박감에 대해 어떻게 느끼고 있는지 이야기하였다. 그녀는 딸을 내려준 후 집에 가고 싶지 않았고 집이 마치 자신이 만든 감옥처럼 느껴졌다고 말하였다. 이유를 몰랐지만, 집에 혼자 있는 것이 싫었다. 이는 빈집에 들어가는 장면이 생생하게 되살아나는 문제 반응으로 분석되었다. 그녀는 자신의 반응을 무기력으로 묘사하였다. 이 무기력 경험을 어머니가 돌아가신 후 침대 밑에 숨어서 몸을 숨겼을 때 버림받았다는 느낌과 동일시하였다. 그리고 이 무기력 경험을 버림받았다고 느껴 자신의 존재를 보호하기 위해 사춘기 이전에 말을 멈춘 것과 동일시하였다. 그녀는 현재의 무기력이 거절과 비판으로부터 자신의 창조적 자기를 보호하는 일종의 철회라는 것을 깨달았다. 그녀는 철회 문제가 더 자주 발생하는 것 같이 느낀다고 말하였지만, 이러한 위협에 맞닥뜨려 뭔가를 할 수 있다고 결심하였다. 이것은 무기력 상태에서 그녀의 기능에 대한 새로운 관점을 제시하였다.

5회기

Margaret은 바쁘게 지내면서 내적 생활을 회피하며 일주일을 보냈다고 말하며 회기를 시작하였다. 이 회기의 전반부에는 더 깊고 창의적인 삶 대신 바쁘고 피상적인 삶을 사는 것의 의미를 공감적으로 탐색하였다. 이어서 그녀는 '본격적으로 덤비자(buckle down)'라고 말하는 목소리와 빈둥거리고, 돌아다니고, 수다를 떨고, 소설을 읽고, 뜨개질을 좋아하는 부분 사이의 분열을 보여 주었다. 그녀는 두 의자 대화에 참여했지만, 그녀는 실망스럽다고 말하는 가혹한 비판자가 되었다. 이 대화에서 그녀는 약속을 지키지 않아 타인들의 눈의 비친 자신을 파괴한 자기를 경멸한다고 말하였다. 그녀는 자기 의자에서 도망치고 싶다고 대답했고, 다시는 그런 사람들과 마주하고 싶지 않다고 말하였다. 그녀는 절망과 외로움을 느꼈다. 그녀는 이 의자에서 거의 영웅적이고, 비극적으로 외롭고 버림받은 느낌이 들었다고도 하였다. 절망에 빠진 그녀는 자신이 실패하지 않았다고 누군가 얘기해 주고, 자신이 맞닥뜨린 도전에 얼마나 용기를 냈는지 자각해야 한다는 판단의 목소리가 필요하다고 이야기하였다. 그녀는 "당신은 결코 평가할 수 없어"라는 부분과 "나는 평가를 받아서 무기력하게 되었어", "나는 당신이 너무 비난하지 말고 나를 사랑하거나 최소한 중립을 유지하기를 바랍니다"라는 부분 사이의 갈등으로 끝났다. 이것은 그녀가 비판자에게 맞선 첫 번째 단계이었다.

6회기

이 회기에는 내담자가 부당하다고 느끼는 투쟁에 대한 공감적 반응과 그녀의 비판자와 그녀 사이의 분열에 대한 작업이 포함되어 있다. 이 대화는 수행해야 할 요구와 기대, 임박한 운명과 무력감에 대한 그녀의 느낌에 초점을 맞췄다. 그녀의 내적 비판자는 "네가 완벽할 거라 기대한다"와 같이 극도로 거칠고 완벽주의적인 태도를 보였고, 반면 그녀 자신은 "도망쳐야 한다. 몸을 숨길 블랙홀이 필요해"라고 자책하였다. 내담자에게 매우 고통스러웠던 회기는 비판적인 측면이 어떻게 자신에 대한 감각을 약화시켰고, 그녀를 매우 나약하고 혼란스럽게 만들었는지에 대한 토론으로 끝이 났다. 회기가 끝날 무렵, 이 분열이 내담자의 핵심 문제라는 것이 분명해졌다. 치료자는 Margaret이 일주일 동안 자기 내면의 비판자가 자신을 깎아내리는 일에 어떻게 관여했는지 자각하도록 과제를 부과하였다.

7회기

이 회기는 Margaret의 취약성에 대한 공감적 지지가 포함되어 있다. 비록 마지막 회기가 끝날 때 과제가 주어졌더라도 치료자는 내담자가 있는 곳에서 회기를 시작하고 내담자에게 가장 중요한 것으로 여겨지는 모든 것을 따른다는 점에 유의해야 한다. 내담자는 가족의 장례식에 참석하고 돌아와 자신의 딸을 공항에서 처음 봤을 때 딸이 '너무 멍청하다'고 판단했기 때문에 즉시 알아보지 못한 것에 대해 얼마나 죄책감을 느꼈는지 이야기하면서 시작하였다. 그녀는 자기의 딸이 기억했던 것보다 덜 완벽했기 때문에 자기의 딸을 알아보지 못한 것에 충격과 부끄러움을 느꼈다. 치료자는 공감적으로 지지하는 태도로 반응하였다. 이 때문에 그녀는 자신이 완벽하지 못한 것에 대한 깊은 연약함과 자신이나 타인을 받아들일 수 없는 것에 대한 두려움을 드러냈다. 이런 생각을 말로 표명하고, 치료자가 이를 수용해 주자, Margaret은 더 희망적으로 느끼기 시작하였고, 자신을 더 진지하게 받아들이고, 자기 자신이 될 수 있고, 일을 할 수 있고, 남편으로부터 분리 개별화될 수 있다는 느낌을 받으며 회기를 마쳤다.

8회기

Margaret은 '슈퍼(super)'가 아니라 '평범(regular)'한 것도 괜찮다는 것을 받아들이게 되어 기쁘다고 말하면서 회기를 시작하였다. 이것은 그녀에게 중요한 변화였다. 이어서 그녀는 세상에 자신을 증명하는 것과 관련된 귀인 분열 작업을 진행하였다. 여기서 그녀는 자신을 주목하고 판단하는 역할을 했던 자신의 직업 세계 속에 있는 상상 속의 사람들, 즉 과거와 미래의 면접관, 대본 제작자를 연기하였다.

그녀는 귀책 판결을 자신의 내부 판사로 의식하였다. 그리고 곧 그녀를 무력화시키고 그녀의 느낌을 공허하게 만드는 것은 그녀의 부정적인 기대였다는 것을 자각하였다. 그녀는 자신의 내부 비판자에게 불가능한 것을 기대하지 말고 자신을 지지하라고 요구하는 태도로 맞섰다. 그녀는 자신을 보호하기 위해 얼굴에 철판을 깔려고 노력 중이지만 아직은 자신을 방어하기에 충분히 얼굴이 두껍지 않다고 말하면서 끝을 맺었다. 왜냐하면 그녀는 이 부분에서도 완벽해지고 싶었기 때문이다.

9회기

Margaret은 이전 회기가 다음과 같은 이유로 정말 좋았다고 말하면서 회기를 시작하였다.

> 지난주에 했던 일은 마치 전에 깨진 기록처럼 여러 번 해 왔던 일이었어요. 이런 일이 여전히 일어나고 있다는 것을 알게 되어 좋았고, 제가 이 일을 통해 얻은 가장 중요한 것은 제 모든 부분이 흠이 없길 바라고, 흠이 없거나 완벽해야 한다는 거예요. 그게 얼마나 어리석은 함정인지 알기 시작했어요. 이번 주 내내 제가 갖고 다녔던 것 중 하나는 자신에게 이렇게 말하는 거였어요. "완벽하지 않아도 된다면 어떨까?"

그녀는 잠재적인 글쓰기 직업에 지원하는 이야기를 하면서 흥분을 느꼈다고 말하였다. 치료자가 그녀에게 흥분된 상태에서 말하라고 요청했을 때 그녀는 두려움에서 말하기가 더 쉬울 것이라고 하였다. 치료자는 그녀에게 두려움에 집중하라고 요구하였다. 그녀는 자신을 드러내는 것을 두려워한 채 두려움의 탐색에서 벗어났다. 또 한 번의 두 의자 대화가 이어졌다. 비판적인 측면에서 그녀는 두려워했고 그 후 자신이 얼마나 겁에 질렸는지를 경멸하였다. 경험적인 측면에서는 그녀는 경멸로부터 자신을 보호하기 위한 벽을 쌓고 행동하였다. 그녀는 아버지의 유기와 계모의 방치에 대항하기 위해 선택한 침묵으로 자신이 강하다고 믿었던 생각이 얼마나 잘못되었는지 깨달았다. 그녀는 빈 의자에 앉아 있는 아버지와 대화를 마쳤고, 부분적으로는 자신을 보호하면서도 아버지를 보호하기 위해서 그에 대한 자신의 정서를 억압하였음을 깨닫게 되었다. 그녀는 평생 그를 보호하려고 노력했지만, 더 이상 그렇게 할 필요가 없다는 것을 깨달았다.

10회기

이 회기에서 내담자는 나쁜 습관을 갖고 있고, 여전히 일을 미루는 편이며, 집중할 수 없고 에너지가 부족한 자신에 대해 비판적이라고 말하였다. 비록 그녀는 글을 쓰기 시작했고 좋은 초고를 완성했지만, 자신은 실패자라고 말하였다. 치료자는 공감적으로 그녀의 경험을 탐색했으며 그녀가 자신을 너무 세밀하게 감시하여 자신의 작업을 방해한다는 진술에 대한 대안으로, 감시자와 그녀 자신 간 두 의자 대화를 제안하였다. Margaret은 "넌 해야 한다"와 "난 할 수 없어"의 대화를 시작하였다. 치료자의 안내를 통해 이 대화는 그녀가 썼거나 쓰려고 시도했던 모든 것을 완벽주의적으로 감시하는 것을 비판하고 평가하는 차별화된 행동으로 발전하였다. 따라서 그녀는 무기력한 느낌을 받았다. 치료자는 그녀에게 의도적으로 자신을 완벽하게 비판하고 다음 주에 자신의 작업을 어떻게 모니터링하고 평가하는지 알도록 숙제를 내주었다.

11회기

내담자는 그녀가 그녀 내부의 비판적인 판사를 이겨내고 글을 쓸 수 있었다고 말하였다. 이 회기는 그녀의 판사가 그녀에게 정신력이 없다고 비난하는 대화에 다시 초점을 맞췄다. 그녀는 판사의 말에 응하여 물러나고 다시 상자 안으로 들어가 뚜껑을 닫았다고 말하였다. 이 상황이 진행됨에 따라 그녀는 상자 안에서 폐쇄 공포증을 느꼈으며, 마치 감옥에 있는 것처럼 느꼈다고 말하였다. 그녀는 판사가 그녀를 가두었던 수많은 실패에 직면하는 것을 두려운 마음으로 회피하였다. 그녀는 자신을 방어하기를 거부하였다고 말하였다. 자신을 제대로 방어하지 못한 걸 얼마나 강렬하게 느끼고 있는지 다시 언급하였다. 자신을 방어하면 기력을 잃을 것 같아서 뒤로 물러서서 잠드는 것이 낫다고 말하였다.

12회기

이번 회기에서 그녀는 자신의 작업에 관해 이야기하며 자신감이 생겼고, 자신의 두 측면을 합치기 위해 자신이 열 수 있는 문이 마음속에 있는 것 같다고 말하였다. 이 이미지는 분열로 작업하였다. 양쪽 문에 있는 부분에 일시적으로 접촉했는데, 자기는 밖으로 나와서 더 커지는 것이 무섭고 자신의 혼란이 두려우며 구조와 통제를 제공하는 반대편이 필요하다고 말하였다. 이것은 틀에서 벗어나고 싶어 하는 그녀의 창조적인 자기와 그녀의 창조적인 측면에 압도되는 것을 두려워하는 통제자 사이의 대화가 되었다. 또한 창조적인 부분도 지배하는 쪽에 의해 파괴되거나 차단되는 것에 대한 두려움을 표명하였다. 지배적인 비판자는 그녀가 창조적인 면을 허용할 때 그녀의 삶에서 발생하는 혼란이 두렵다고 말한 다음, "생명을 주는 당신을 필요로 하지만 내가 쌓아 온 아내와 어머니로서의 내 삶을 파괴하는 위치에 나를 두지 않는 방법을 찾아야 해."라고 말하였다. 그리고 그녀는 덧붙였다, "어느 한쪽이 사라지기를 바라는 강한 욕구가 내 안에 있어." 창조적 자기는 대답하였다. "나의 이쪽 면은 위협적이지 않아. 네가 나를 너무 막고 있어서 마침내 나를 들여보내 줬을 때 내 설렘이 너무 강해서 나도 모르게 넋이 나가고, 그러다가 네가 나를 두려워하게 되어 우리 둘 모두에게 상처를 주게 돼."

13회기

내담자는 마지막 회기가 정말 중요하다고 생각했으며 상당한 돌파구가 만들어졌다고 말하면서 시작하였다. 치료자는 공감적 이해로 이에 반응했으며, 내담자의 희망적 발견에 대한 흥분을 진심으로 공유하였다. 내담자는 이 회기에서 그녀가 자신의 어두운 면에 들어갈 수 있도록 스스로 허용했을 때 돌파구를 찾았으며, 그것이 그녀가 즐거웠던 측면이었다고 말하였다. 그녀는 자신의 책에서 가장 독창적인 것을 발전시킨 것이 바로 이쪽이고 자신의 '원천(sources)'이라는 것을 깨닫기 시작했고, 감시자 측면에서 일하려고 했을 때 자신의 의미를 표현하기는커녕 흉내만 내고 있을 뿐임을 깨닫기 시작하였다. 이를 통해 그녀의 어두운 면에 대해 '괜찮다'라고 느끼고 그것에 대해 더 이상 두려워하지 않게 되었다. 이어서 그녀는 지난 8년간의 투쟁과 이제 어떻게 자신의 미래와 마주할 준비를 했는지를 되돌아보았다. 그녀는 이제 글을 쓸 수 있었고 그녀의 피상적인 사회적인 면과 그녀의 '어둡고' 창의적인 면을 통합할 수 있었다. 이제 그녀는 후자를 적당한 양으로 허용하여 둘 중 하나 또는 둘 중 하나의 상황을 만들지 않게 되었다. 이전에 그녀는 전혀 일을 할 수 없거나 완전히 은둔 생활에 빠져들게 되었다. 글을 쓰기 위해 1년이 걸렸고, 그 결과 그녀는 마치 세상이 존재하지 않는 것처럼 너무 고립된 느낌을 받아서 "참을 수 없었다". 치료자는 두 사람 모두에게 이번 여행이 얼마나 즐거웠는지, 어떻게 지난 회기의 효과를 완전히 깨닫지 못했는지, 그리고 그녀가 이런 결심을 하게 되어 얼마나 기뻤는지에 대해 언급하면서 끝을 맺었다.

14회기

이 회기에는 내담자가 지난 회기에서 접촉했던 양쪽 측면에 초점을 맞추고 싶다고 말한 마지막 두 의자 대화가 포함되었다. 이 대화에서 비판자는 "나는 당신이 무서워서 당신을 억압해 왔어요."라고 말하였다. 그녀는 자신의 '검은 면'('black side')을 안으로 초대했고 그것이 자랄 수 있도록 내버려 두었다. 그녀의 '검은 면'을 전에는 두려워했지만, 지금은 더 이상 일곱 살이나 열두 살이나 스물두 살이 아니라, 더 성숙해졌고 어떻게 살아야 하는지에 대한 삶의 철학을 발전시켰다고 말하였다. 이어서 그녀의 사회적이고 피상적 측면이 그녀의 '검은' 면이 필요로 하는 어떤 기술을 가지고 있고 양측이 어떻게 협력할 것인지에 관해 치료자와 이야기하였다.

15회기

치료는 내담자가 자신의 진행 상황을 검토하고 자신이 '다시 절망에 빠질 것'이라는 것을 알고 있지만 이제는 자신의 절망을 의식하고 그것이 실제로 생명을 주는 것임을 알게 되었다고 말하면서 종료되었다. 그녀는 비록 어느 쪽이 옳은지에 대한 생각을 바꾸곤 했지만, 전에는 항상 한쪽이 옳고 다른 쪽이 틀렸다고 느꼈지만, 이제는 양쪽이 모두 중요하다는 것을 깨달았다고 말하였다. 그녀는 이제 자신의 문제를 처리할 수 있는 도구가 있다고 느꼈고 자신의 문제를 다른 관점에서 들여다보고 있다.

종결 및 후속 관찰

내담자는 대상 불만 사항, 대인관계 문제 척도, 자존감 척도에서 눈에 띄게 변화하였다. 종결 후 5개월 지점에서 이루어진 연구원과의 후속 인터뷰에서 그녀는 자신이 얻은 수확을 그대로 유지하고 있었다. 그녀는 자신의 비판자를 극복하고 자신의 양면 사이에 문을 열어 변화된 자신을 개념화하였다. 그녀는 치료자가 그녀를 얼마나 잘 이해하고 있다고 생각하는지, 그리고 그녀가 공포에 직면할 때 그가 도와줄 것이라고 믿었는지에 대해 언급하였다. 또 그녀는 의자 대화가 어렵다는 것을 알았지만 그것이 가장 도움이 되었고 치료자의 친절한 안내도 도움이 되었다고 말하였다.

논평

이 사례는 치료에 어떻게 다양한 개입이 사용되었는지, 내담자가 어떻게 자기 평가적이고 완벽주의적인 과정에 집중하기 시작했는지 보여 주며, 이는 두 의자 대화 기법의 도움으로 해결되었다. 치료의 과정적 성격은 각 회기가 시작될 때 치료자가 구조적 형식을 강요하거나 치료에 초점을 맞추는 대신 내담자의 새로운 경험을 따르는 방식의 예를 보여 준다. 초점은 발전하지만 이것은 내담자와 치료자의 분열 과정 촉진과 협력에서 더 많이 나타난다. 내담자는 이것이 자기의 경험을 이해하는 방법으로 도움이 된다고 생각하고 치료에 집중하는 방법으로 이를 채택하였다.

제15장

과정-경험적 접근법
개요, 연구, 이론 및 미래

이 마지막 장에서 우리의 목적은 3가지 관점(체계적 연구에서의 경험적 관점, 경험적 변화 과정의 일반적 모델 가능성을 탐구한 이론적 관점, 그리고 새로운 미래 발전에 대한 전망)에서의 과정-경험적 접근법 개요를 제공하고자 한다.

경험적 관점

과정-경험 접근법과 관련된 연구의 전체 범위를 검토하는 것은 이 장의 범위를 벗어난다(Greenberg et al., in press; Rice & Greenberg, 1984 참조). 따라서 우리는 임상 집단을 대상으로 한 명시적인 과정의 경험적 치료의 결과, 과정 및 유용한 요소에 관한 연구를 요약하는 것으로 제한할 것이다.

결과 및 과정-결과 연구

과정-경험적 접근법의 결과는 임상 집단을 대상으로 한 6개의 개별 연구의 주제가 되었다(Clarke & Greenberg, 1986; Elliott et al., 1990; Greenberg & Webster, 1982; Lowestin, 1985; Wiseman, 1986; Paivio & Greenberg, 1992). 일반적으로 이러한 연구에서는 전체 치료 및 회기 결과뿐만 아니라 결과의 과정 예측 변수도 조사하였다.

이러한 연구의 초기에 Greenberg와 Webster(1982)는 심각한 의사결정 갈등을 겪고 있는 31명의 내담자를 치료하기 위해 게슈탈트 두 의자 기법을 통합한 6주간의 단기 경험 치료를 사용하였다. 갈등을 해결하지 못한 사람도 임상적으로 개선되었지만, 해결자들(resolvers)은 해결하지 못한 사람(nonresolvers)에 비해 치료 후 결정의 어려움과 불안감을 훨씬 덜 느끼는 것으로 나타났다. 해결자들은 또한 목표 불만 사항에 대해 훨씬 더 큰 변화와 더 많은 행동 변화를 보였다. 비판자가 누그러진 특정 회기 후, 해결자들은 해결하지 못한 사람들보다 훨씬 더 큰 갈등 해결, 불편함 감소, 분위기 변화 그리고 더 큰 목표 달성을 보고하였다.

다음으로, Clarke와 Greenberg(1986)도 의사결정 갈등을 두 의자 대화 기법을 중심으로 단기 과정-경험 치료와 문제 행동 해결(D'Zurilla & Goldfried, 1971)과 비교 분석하였다. 이를 위해 정서적으로 심각한 진로 결정 갈등을 겪고 있는 내담자들을 행동 문제 해결, 두 의자 대화 작업, 무치료 통제라는 3가지 처치에 무작위로 할당하였다. 결과적으로 우유부단함을 줄이는 데에는 두 의자 대화 기법이 문제 행동 해결이나 무치료보다 더 효과적인 것으로 나타났다.

Lowenstein(1985)은 불안과 대인관계 문제가 있는 12명의 내담자를 치료할 때 연상적 전개를 중심으로 단기 과정-경험 치료를 진행하였다. 치료자는 연상적 전개를 사용하여 세 번째 또는 네 번째 회기에서 PRP 표식에 반응하였다. 연상적 전개 회기는 깊이-가치(Depth-Value)(Stiles, 1980)에서 다른 두 중간 회기보다 내담자에게 상당히 높은 평가를 받았다. 최종 결과에서 내담자는 일반적으로 상당한 임상적 개선을 보였지만 PRP를 성공적으로 해결한 내담자는 일반적으로 더 많은 개선을 보였다.

추가 연구에서 Wiseman(1986; Wiseman & Rice, 1989 참조)은 연상적 전개를 중심으로 하는 유사한 과정-경험 치료의 10~15회기를 진행한 5명의 여성 내담자를 집중적으로 분석하였다. 첫째, 내담자들은 치료 전에 비해 전반적인 호전을 보였다. 둘째, 연상적 작업 집중 회기는 치료에서 유사한 비작업 회기보다 훨씬 더 깊고 더 가치 있는 회기로 평가되었다(Stiles, 1980). 내담자들은 또한 연상적 회기가 관점, 새로운 자기 이해 및 향상에 있어 현저한 변화를 가져왔다고 평가하였다. 전개 회기에서는 수행된 일련의 순차적 분석에서 PRP 작업의 특정 단계에 특정한 치료자 개입이 내담자 경험에 차별적 영향을 미치는 것으로 확인되었다.

중요한 타인과의 미해결 과제 수행을 위해 빈 의자 대화를 사용한 12~14회기의 과정-경험적 치료(Paivio & Greenberg, 1992)에서 치료 집단의 내담자들은 증상, 목표 불만, 대인관계 문제 및 자기 수용에서 정신교육적 통제 집단보다 훨씬 더 향상된 것으로 나타났다. 또한, 치료 집단은 대인관계 척도에서 중요한 타인에게 더욱더 우호적이 되었다고 보고하였다.

마지막으로, Elliott 외 그의 동료들(1990) 및 Jackson과 Elliott(1990)은 우울증 치료에 대한 통합적인 과정-경험적 접근법을 고찰하였다. 이 치료는 포커싱, 다양한 형태의 의자 작업 및 기본적인 내담자 중심의 경험적 관계 내에서의 전개를 통합하였다. 치료 중 상당한 임상 변화가 관찰되었고, 치료 후와 6개월 지점 후속 인터뷰 사이의 유의미한 임상 변화가 관찰되었다. 변화의 양은 인지치료와 역동적 치료의 병행 연구에서 보고된 것과 비슷하다(Shapiro & Firth, 1987). 내담자들이 묘사한, 가장 흔한 치료 후 변화는 전반적인 기분과 낙관주의의 개선, 독립성이나 주장의 증가, 대인관계에서의 개방성이나 친밀감의 강화, 자존감 증진, 그리고 삶의 상황에 대처하는 능력 향상이었다.

기술적 과정 연구

대부분의 작업 개입에 대해 부착성 측정 도구[1)](Adherence measures)가 개발되었다. Greenberg와 Rice(1991)와 Goldman(1991)에 의해 개발된 이러한 척도들은 이러한 개입을 서로 구별하고, 공감적인 반영과 이를 구별하는 것으로 나타났다. 특히, Goldman(1991)은 작업 개입이 약간의 중복이 있더라도 개입마다 특정한 특징을 가지고 있음을 입증하였다. 연상적 전개는 두 의자 대화와 유사한 개입의 0~3%와 빈 의자 대화와 유사한 개입의 3~6%만을 활용하였다. 예상대로 두 의자와 빈 의자 작업 개입 간에 더 많은 중복이 있었지만, 중복은 그들 개입의 7~17%에 불과하였다.

또한 Goldman(1991)은 평가자가 특정 치료자 개입과 좀 더 포괄적인 경험적 관계 기술 모두에서 과정-경험적 접근과 단기 역동적 또는 인지-행동적 접근을 구별할 수 있음을 입증하였다. 더 포괄적인 경험적 관계 기술은 치료자의 순간순간의 경험 추적 및 정동의 공감적 조율과 같은 것이다.

내담자 과정의 측면에서, Horton과 Elliotts(1991)의 자기 보고 연구에서 치료자들

1) 각 개입에 딸린 측정 도구를 의미한다.

은 내담자들이 거의 모든 회기에서 적어도 하나의 특정 작업 표식을 나타내고(96%), 가장 일반적으로 갈등 분열과 불분명한 느껴진 감각 표식을 보인다고 제시하였다. 또한, 치료자들은 내담자의 정서 표현이 모든 치료의 회기의 약 2/3에 존재한다고 보고하였다.

치료의 유용하고 방해가 되는 측면

Elliott, Clark 그리고 Kemeny(1991)는 과정-경험적 치료에서 가장 유용한 사건(events)에 대하여 내담자의 회기 후 설명에 관한 내용 분석 연구를 수행하였다. 그들은 내담자-치료자 행동 및 치료적 영향과 관련된 유용한 요인의 범주를 끌어냈다. 지금까지 가장 일반적인 유형의 영향은 내담자 자기 인식(경험의 중요도 증가)이었으며, 또한 내담자들은 종종 자기 통찰력, 문제 명확화 및 긍정적인 자기 영향을 경험하였다. 가장 일반적으로 설명된 유용한 행동은 내담자 자기 설명과 치료자 기본 기법(즉, 공감적 반영과 같은 경험적 반응 양식)이었다. 하지만 Elliott과 그의 동료들(1990)은 같은 연구의 정량적 평가 척도 자료를 사용하여 내담자와 치료자가 상당히 유용한 치료 사건의 영향을 평가했을 때, 두 가지 모두 관계 영향, 특히 이해받는 느낌에 대해 가장 높게 평가한다는 것을 발견하였다.

Mancinelli(1992)는 우울증에 걸린 내담자들로부터 16회기의 과정-경험적 치료를 통해 중간에 도움이 되는 요인과 방해가 되는 요인에 대한 진술을 수집하였다. 질적 분석의 형태를 사용하여, 그녀는 과정-경험적 접근법에서 내담자의 도움이 되고 방해가 되는 경험을 뒷받침하는 것으로 보이는 '최적의 유용한 경험(Optimal Helped Experience)' 도식을 확인하였다. 내담자는 이런 인지적·정서적 도식과 관련해서 치료 경험을 평가하는 것으로 보인다. 이 도식은 다음에 설명된 특징 3가지를 중심으로 순차적으로 구성되었다. 내담자 경험을 방해하는 것은 덜 일반적이지만 3가지 기능 중 하나 이상이 없을 때 발생하는 것으로 보인다.

과정-경험적 치료 중 최적의 도움이 되는 경험에서, 내담자는 먼저 안전하고(예: 신뢰할 수 있는, 지지적인, 공감적인) 내담자와의 의사소통을 촉진하는(예: 내담자가 대화할 수 있도록 허용하거나 반응적으로 과정을 안내하는 치료자를 통해) 2가지가 있는 작업 환경으로서 치료적 맥락을 경험한다. 둘째, 이러한 작업 환경은 일련의 내담자 과정을 촉진한다. 가장 중요한 것은 내담자가 치료의 안팎에서 정서(예: 역할 연기, 표현, 풀어냄)와 접촉하고 작업하는 것이다. 셋째, 내담자는 작업 환경에서 자신의 노력으로부터 생겨나는 향상된 느낌을 경험한다. 여기에는 문제 명료화(어떤 문제를 해결해야 하는지 명확해짐), 경험의 재구성(도식 변화: 예: 통찰력, 타인에 대한 관점의 변화), 문제 해결 및 완화(solution and relief)가 포함된다(Lietaer, 1992 참조). 본 연구의 결과와 이전 연구 결과의 일부는 이 장의 다음 단락에 제시된 과제 해결 과정의 일반 모델에 반영되어 있다.

통합 이론적 관점: 변화 과정의 일반적 모델

이 책에 설명된 작업 개입은 다양한 중요 변화 사건에 관한 연구에서 나온 것이지만 여기에는 몇 가지 중요한 공통 요소가 있다고 믿는다. 우리는 이러한 공통 요소가 과정-경험적 접근법의 일반적인 변화 과정 모델의 근간이라고 믿는다. 이 일반 모델에 대한 설명은 부분적으로 이 책의 많은 중요한 주제의 요약을 제공하기 위한 것이지만, 제8장부터 제13장까지 설명된 다양한 작업의 기본 통일성을 이해하는 것이 독자의 이해를 심화하는 데 도움이 될 것이다. 일반적인 과정 경험적 접근법과 특정 작업 개입 모두에 대한 것이다. 하지만 이 모델은 특정 작업을 해결할 때 필요한 내담자 단계 및 치료자 작업에 대한 특정 설명을 대체하기 위한 것은 아니다.

과정-경험적 작업의 변화 과정에 대한 7단계 모델은 [그림 15-1]에 제시되어 있다.

관계적 유대 단계

이 모델은 내담자가 일련의 일반적인 심리적 어려움을 겪고 치료에 임한다고 가정한다. 치료자는 내담자와 진정한 공감, 소중한 정서적 유대를 형성함으로써 치료를 시작한다. 또한, 내담자의 목표에 대한 공유된 헌신과 목표와 치료와의 관련성에 대한 내담자의 인식을 바탕으로 내담자와 치료자 사이에 일반적인 협력 감각이 구축된다. 유대감 형성은 치료의 처음 몇 회기 동안 더 중요하지만, 치료 전반에 걸쳐 특히 각 회기가 시작될 때 내담자와 치료자가 다시 한번 서로 접촉할 때 발생한다.

1. 관계 단계(유대 및 협업)
2. 공감적 탐색 단계(참여)
3. 작업 시작 단계(표식 식별, 작업 협업)
4. 연상/각성 단계(생생한 진입, 도식의 시작)
5. 경험적 탐색 단계(차별적 참여, 상징화, 변증법적 구성)
6. 도식 변경 또는 해결 단계(의식, 이해 또는 긍정적 재평가)
7. 해결 후 또는 진전 단계(의미 있는 관점, 계획/약속)

[그림 15-1] 과정-경험적 작업 개입의 변화 과정에 대한 일반적 모델

공감적 탐색 단계

내담자와 접촉한 후 치료자는 내담자의 내적 참조체계에 들어가 자신의 이해를 내담자에게 전달하는 데 집중한다. 치료자는 가장 가슴 뭉클하게 표현되고 내담자의 의미에서 가장 생생하고 핵심적인 메시지 부분에 선택적으로 주의를 기울인다. 최고의 표식이 나타나는 것은 바로 내담자 내면에 초점을 맞춘 탐색에서 비롯된다. 따라서 자신의 반응에 대한 진정한 당혹감, 반대편 사이의 내부 갈등에 대한 느낌, 중요한 타인에 대한 나쁜 감정, 깊은 취약성 또는 무언가에 대한 불분명한 느낌은 내담자가 자기의 경험에 대해 공감적으로 촉진된 탐색에서 가장 분명하게 나타난다.

작업 시작 단계

관계적 접촉이 만족스럽게 확립되고 공감적 탐색이 진행되면 치료자는 작업 표식이 나타날 때 이를 듣고 반응한다. 다양한 작업에 대한 표식의 내용과 형태는 매우 다양하지만 몇 가지 공통된 특징을 공유한다. 첫째, 내담자의 일반적인 경험적 어려움을 다룬다. 둘째, 표식은 경험적 어려움을 이를 해결하기 위해 치료 작업을 수행할 준비가 되어 있는지 내부 상태를 나타낸다. 어떤 의미에서 내담자는 어떤 식으로는 성공적으로 해결될 수 있는, 문자 그대로 혹은 함축된 경험적 질문을 제시하는 것으로 볼 수 있다. 따라서 표식은 치료자에게 도움을 요청하는 직접적 또는 간접적인 내담자의 요청이기도 하다. 요청된 도움이 반드시 즉각적인 '답변'의 형태일 필요는 없다.

그러나 내담자의 관점에서 보면 이는 단순히 치료자의 관심을 요청하고 내담자가 자신의 질문을 탐색하려는 노력을 촉진하는 것일 수도 있다.

따라서 작업 시작 단계에서 치료자의 첫 번째 임무는 내담자의 작업 표식을 듣고 주의를 기울이는 것이다. 그런 다음 치료자가 표식/난이도에 대한 자신의 이해와 이에 대한 내담자의 관심을 확인하는 협력 과정이 있다. 다음 단계에는 작업 개입을 제안하는 것이 포함된다. 세 번째는 내담자가 작업에 들어갈 수 있도록 준비하는 것이다.

연상/각성 단계

작업 시작 이후 모든 작업 개입은 2가지 보완 과정이 발생하는 시작 단계를 거친다. 한편으로, 내담자와 치료자는 내담자가 어려움을 더욱 강력하고 명확하게 연상하도록 돕기 위해 협력한다. 이는 다양한 작업에서 다양한 방식으로 수행된다. 전개에서 내담자는 어려움이 나타났던 상황에 있는 것을 생생하게 재경험한다. 두 의자 대화 기법에서 내담자는 자신의 또 다른 측면을 비판하도록 요청받는다. 포커싱에서 내담자는 전체적인 느낌에 주의를 기울이도록 요청받는다. 공감적 존중에서는 내담자가 취약성에 빠지는 것을 허용하고 촉진한다. 이러한 연상은 정서 도식을 활성화하여 재처리가 가능하도록 만드는 역할을 한다.

이 단계의 일부로 치료자는 내담자의 각성을 방해하고 어려움에 다시 진입하는 것을 방해할 수 있는 과정에 내담자가 참여하지 않도록 돕는다. 일반적으로 이러한 간섭 과정은 내담자가 어려움을 해결하는 데 필요한 처리 유형에 참여하는 것을 방해한다. 치료에서는 각성을 강화하고 내담자를 생산적인 처리 과정에 집중시키기 위해 여러 가지 요소가 작용한다. 첫째, 이전에 확립된 치료적 유대는 내담자가 안전함과 지지를 느끼도록 돕고, 이는 작업에 참여하는 데 더 많은 주의 자원을 제공한다. 둘째, 작업 개입 자체는 일반적으로 방해가 되는 자기비판, 당혹감 또는 자동적인 자기차단 과정을 극복하기 위한 작업을 제공한다. 따라서 포커싱에서 내담자는 잠시 자기비판을 '제쳐 두도록' 요청받을 수 있다. 전개에서는, 간략하게 인식된 후 '반응에 대한 반응'에 초점을 맞추지 않고, 치료자가 주의를 기본 반응으로 다시 돌림으로써 내담자의 주의를 작업으로 부드럽게 전환한다. 마찬가지로 두 의자 대화 작업에서는 비판자에 대한 자기의 반응적 반항과 순응, 그리고 빈 의자 작업에서는 비난과 불평이 집중되거나 발전되지 않는다. 대신에 내담자의 관심은 일차적인 정서로 향하게 된다. 또한 두 의자 대화와 실연에서는 비판자나 부정적인 타인이 경험하는 부분과 자신을 조심스럽게 분리하여 둘 다 동등한 위치에 놓이게 된다. 이는 역설적으로 비판자를 '포함'하는 동시에 경험을 자극하고 각성을 강화하기 위해 사용된다.

경험적 탐색 단계

과정–경험 접근법의 변화 과정 핵심 단계는 내담자의 새로운 경험이 나타나고 핵심 정서 도식이 변화하는 지점까지 경험을 구체화하고 심화시키는 데 도움이 되는 변증법적 건설적인 탐색 과정(제3장 참조)이다. 모든 과정–경험 작업에서 치료자의 전략은 내담자가 다양한 순간에 내적 경험의 다양한 특정 측면에 주의를 기울이고 집중하도록 도와줌으로써 경험 처리를 촉진하는 것을 포함한다. 경험의 특정 측면에 관한 차등적 관심 할당은 점점 더 깊은 자기 탐색을 촉진하며, 이는 내담자의 본질적 경험에 대한 변증법적 구성을 가능케 하고 궁극적으로 핵심 조직 도식의 재구성으로 이어진다.

따라서 경험적 작업 개입이 성공하면 일반적으로 정서 도식으로 생성된 내부 경험에 차등적으로 주의를 기울이고 이러한 의미를 자신에게 상징화하는 과정이 발생한다. 다음에는 새로운 의미가 생성된다. 각 치료 작업에는 서로 다른 주의 할당 과정이 포함되며 과정은 작업 내에서 서로 다른 순간에 따라 다르다. 우리는 참여, 경험적 탐색, 능동적 표현 및 대인관계 접촉의 4가지 참여 방식을 식별하였다. 이 모든 것에는 내담자가 즉각적인 주관적 반응과 경험을 의식적으로 상징화하고 이 경험을 통해 자신과 세상에 관한 새로운 관점을 구성하는 것이 포함된다. 제3장에서 논의된 개념과 경험의 최종 변증법적 종합의 내용은 예측할 수 없다. 이것은 진실로 건설적이며 새롭게 드러나는 경험적 탐색의 본질을 보여 준다. 따라서 이 모든 수행의 공통점은 특정한 주관적 경험과 정서 도식으로 발생하는 자동적 반응에 주의를 기울이고, 이를 의도적으로 자신에게 표현하고, 그 표현을 반영적으로 검토하는 과정이다.

도식 변경 또는 해결 단계

앞에서 설명한 경험적 탐색 과정에서 새로운 경험이 나타날 때 내담자의 자기 도식과 타인 도식이 바뀌기 시작한다. 이것이 탐색의 영향이다. 새로운 경험의 특성에 관한 연구(Elliott et al., 1991)에 의하면, 이러한 영향은 다음과 같은 형태를 취할 수 있다. 예를 들어, 세계 내 자기에 대한 새로운 시각 또는 타인에 대한 새로운 관점, 더 큰 이해, 더 큰 자기 수용과 같은 새로운 의식 등이다.

따라서 첫 번째 과정에서 자기에 관한 어떤 것이 더 두드러지고, 명백해지며, 의식할 수 있게 된다. 이제 세계 내 자기에 관한 어떤 것의 중요성이 자각되었다. 이제 그것은 중요한 것으로 경험된다. 자기의 한 측면은 이제 더 큰 정도로 '소유'된다. 마치 내담자가 이제 "그게 바로 나야!"라고 말하는 것과 같다. 또는 "그게 지금 일어나고 있는 일이야!" 두 번째 형태의 변화는 세계 내 자기 또는 타인과의 일부 과정에 대한 새로운 이해의 형태로 새로운 인식에서 나타날 수 있다. 내담자는 자신이 어떻게 해석하고 반응했는지, 또는 타인(예: 부모)이 어떤 일(예: 그들을 무시하는 것)을 자신에게 하고 있는지를 어떻게 인식하고 있는지를 이해할 수 있다. 마치 내담자가 마침내 "이제 어떻게 그런 일이 일어나는지 알겠습니다"라고 말할 수 있는 것과 같다.

도식은 또한 긍정적인 재평가를 통해 변경된다. 따라서 내담자는 자신이나 타인을 평가하는 방식에 변화를 경험할 수 있다. 내담자는 더 자립적이거나 자기 수용적으로 될 수 있다. 그들은 특정 방식으로 느끼고 행동할 자격이 있다고 느낄 수도 있고 권한을 부여할 수도 있다. 그들은 자신이 "결국 그렇게 나쁘지는 않았다"는 것을 발견할 수도 있다. 그것은 마치 내담자가 "좋아요/괜찮아/맞아요!"라고 말하는 것과 같다. 또는 성공적인 빈 의자 작업에서 흔히 볼 수 있듯이 내담자는 중요한 타인을 덜 부정적이거나 더 긍정적인 시각으로 보게 될 수 있으며 그 사람을 용서하거나 적어도 그를 덜 미워할 수 있게 된다.

도식의 변화는 경험적 질문이나 어려움에 대한 반응으로 알아차려지는 경우가 많다. 그러나 이는 원래 질문에 대한 반응인 경우도 있지만 원래 질문은 도중에 수정되거나 대체되는 경우가 많다. 즉, 변화 과정의 결과는 본질적으로 예측할 수 없는 경우가 많다.

해결 후 또는 전진 단계

경험적 과제 개입의 마지막 단계는 일어난 일의 영향에 대한 일종의 검토이다. 따라서 내담자는 변화의 다양한 의미를 탐색하고, 그것에 대한 의미 있는 관점을 만들려고 시도하고, 회기가 끝난 후 그것에 대해 곰곰이 생각하고, 종종 잠정적으로 변화를 일반화하거나 자신의 치료 외 생활에 더 광범위하게 적용하기 시작한다.

내담자는 회기 중 작업 해결을 '더 나아가기' 단계로 이월할 수도 있다. 좀 더 구체적으로 말하자면, 그들은 자각이나 새로운 이해를 추가 목표 또는 추구할 인생 프로젝트(문제 설명)로 전환하거나 변화를 향해 방향을 바꾸고 헌신하기 시작하면서(문제 해결) 새로운 참여 계획/헌신으로 전환한다. 또한 증상이나 신체적 안도감도 경험할 수 있다. 따라서 작업 해결의 여파로 불안과 우울의 감소, 이와 관련된 신체적 경험과 가벼움이 분명하게 경험될 수 있다.

사후 해결 과정은 다양한 형태를 취할 수 있다(Elliott et al., 1990). 따라서 내담자가 추진하는 주요 변화는 일반적으로 효과적인 경험 처리에 참여하는 것이다. 여기에는 자기의 경험을 신뢰하고, 더 넓은 범위의 정서 정보를 활용하며, 자신의 해석 방식에 관한 '분리된' 관점(Classen, 1991)을 개발하는 것, 즉 자신의 관점을 보는 방식을 개발하는 것이 포함된다.

마지막으로, 치료 외부에서 치료 작업을 성공적으로 해결한 내담자는 일반적으로 자신의 정서적 경험과 관련된 일반적인 변화를 실행하면서 진행 과정을 계속할 것이다. 그들은 종종 자기의 행동과 관계에 특정한 변화를 구현하고 일반적인 증상 완화를 경험한다.

미래 방향

추가적 경험 작업 개입

추가적인 경험적 어려움과 그 표식, 작업 개입 및 해결 경로에 대한 지정 및 연구가 절실히 필요하다. 그 예로 Clarke의 의미 창조 개입(Creation of Meaning Intervention)

을 간략하게 설명하겠다.

실존치료자의 관심과 일치하게, 의미-창조 사건은 내담자가 정서적 경험이나 위기의 의미를 이해하려고 노력할 때 발생한다(Clarke, 1989, 1991). 이 작업에는 높은 정서적 각성이 존재할 때 정서적 경험을 언어적으로 상징하는 작업이 포함된다. 사건 연구를 위한 작업 분석 절차에 따라 Clarke(1989)는 이 사건에 대한 표식이 다음 3가지 지표를 포함하는 것으로 보았다. 강한 정서적 각성(긍정적 또는 부정적 감정)의 존재, 소중한 신념에 직면했거나 도전받았음, 혼란, 놀라움 또는 이해 부족이다. 여기에는 종종 상실, 실망 또는 기타 삶의 위기가 포함된다.

이러한 지점에서 의미 구성을 촉진하는 치료자 작업 개입에는 일련의 의미-상징 개입이 포함된다. 여기에는 은유의 사용, 정서를 단어와 상징으로 응축, 생각과 감정의 관계 통합, 소중한 믿음과 경험 간의 불일치 상징, 이러한 불일치에 대한 정서적 반응 상징 등이 포함된다. Clarke(1991)는 다른 경험적 작업 개입에 관해 이 책에서 설명한 것과 유사한 내담자 작업 해결 단계 및 관련 치료자 개입 모델을 개발하였다. 이 작업은 또한 이 장의 앞부분에서 설명한 일반 모델에도 적합한 것으로 보인다. 추가로 관심 있는 작업은 작업동맹 파열 복구(Safran, Crocker, McMain, & Murray, 1990) 및 오해에 대한 공감적 이해(Rhodes, Greenberg, Geller, & Elliott, 1992) 작업이다.

과정-경험적 접근법의 유용성

우리는 과정-경험적 접근법이 심리치료에서 이론, 실제, 연구를 통합하는 모델로서의 가능성을 보여 준다고 믿는다. 이 책에서 설명한 작업 개입과 해결 과정은 관련 연구를 기반으로 하며, 일반적인 인간 기능, 특정 변화 과정, 치료자가 내담자의 특정 경험적 어려움을 해결할 때 도움이 될 만한 방법에 관한 이론을 개발하였다. 더욱이, 비록 광범위하지는 않지만, 다양한 연구들이 그 결과를 통해 과정-경험 접근이 임상적 우울, 대인관계 어려움, 의사결정 갈등 및 미해결된 관계의 치료에 효과적임을 보여 주고 있다. 또한, 기타 관련된 경험적 치료법에 관한 연구에서는 이러한 치료법이 광범위한 임상 장애를 치료하는 데 효과적일 수 있음을 시사한다(Greenberg et al., in press).

경험적 치료는 현재 다수의 치료자가 선호하는 우선적 접근방식은 아니지만 통합-지향적 치료자들이나 스스로를 절충적 또는 통합적이라고 부르는 많은 치료자가 인정하는 2차 지향적 접근이라는 증거가 있다(Watkins, Lopez, Campbell, & Himmell, 1986). 이 책에서 설명된 이론, 치료 원칙 및 작업 중재는 아마도 이러한 치료자들에게 가장 직접적인 관심사 및 관련 영역이 될 것이다.

하지만 우리는 이러한 접근법이 치료자의 공감적 조율의 역할에 점점 더 관심을 두고 있는 역동적 치료자, 정서적 과정을 가치 있게 여기는 인지행동 치료자와의 관련성도 증가시키지 않을까 생각한다. 그리고 과정-경험적 접근법을 통해 자기에 대한 관계적 관점, 내담자 권한 부여 옹호, 평등한 내담자-치료자 관계를 공유하는 페미니스트 치료자들과의 관련성도 증가할 것이다.

결론

약 7년 전 우리가 이 책에 대해 생각하기 시작했을 때, 우리는 다년간의 연구와 임상 경험에서 발전한 통합 경험 요법을 묘사하고 싶었다. 우리는 이 접근법이 내담자들에게 도움이 된다는 것을 알았고, 우리가 치료에 대해 배운 것을 기록하고 싶었다. 왜냐하면 그것은 우리가 보기엔 독특한 훈련의 공식이 있는 것 같았기 때문이다.

그 이후로 우리는 지난 몇 년을 보내며, 치료를 시험하고 정제하고, 추가적인 치료 작업을 개발하고 명확하게 하고, 기능과 역기능의 기본 이론을 분석하고 명료하게 하며, 기본 원칙과 기본적인 하위 과제를 연구하고 공식화하며, 서로 다른 과제의 공통 요소를 설명하기 시작하였다.

우리는 또한 지정해야 할 추가 과정 경험 작업과 작업 내 변형이 많고, 개발해야 하는 특정 내담자에 대한 조정이 필요하며, 추가 연구가 필요한 많은 가설이 있다는 것을 알고 있다. 훨씬 더 많은 연구가 필요하겠지만 변화 과정을 검증하고 과정-경험적 접근법의 효율성을 지원하는 과정 및 결과 연구가 점점 더 많아지고 있다.

가장 주목할 만한 관찰은 지난 10년 동안 심리학, 특히 심리치료자가 인간의 기능과 변화 과정에서 정서의 중심적 역할에 대한 새로운 인식과 내담자의 변화를 돕는 경험적 방법의 유용성에 대한 인식을 향해 폭넓게 이동하고 있다는 것이다. Lazarus(1991b), Oatley(1992), Teasdal(in press)과 같은 사회/성격 및 인지심리학자들은 정서가 인간 대처와 변화의 핵심 요소라고 선언하였다. 인지치료자들도 내담자가 미해결된 정서적 문제 처리를 돕기 위해 의자 작업을, 갈등을 다루기 위해 두 의자 작업을 사용하기 시작하였다. 또한 내담자가 그들의 정서를 받아들이도록 돕는 새로운 '급진적 행동주의자' 치료법이 개발되었다(Hayes, 1987). 간단히 말해서, 정서가 어려움의 원천이 아니라 복잡한 인지적/정동적-동기 부여 과정으로 재정의되는 심리학의 큰 변화가 진행 중인 것으로 보인다.

변화 과정에서 정서에 대한 새로운 강조가 '정서적 조정의 새로운 기술'(예: 현재 광고에 존재하는 것처럼)이 되지 않는 것은 우리에게는 중요하다. 심리학자들과 심리치료자들이 Kierkegaard, Buber, Rogers, Perls, Maslow 등의 인간 촉진 전통과 다시 연결하여, 인간적이고 과학적이며 전인적이고 특별한 것의 종합을 발전시키는 것이 이러한 위험을 피하는 핵심 전략이라 생각한다. 우리가 노력한 것은 이 목적을 위해서이다.

참고문헌

Anderson, J. R. (1990). Cognitive psychology *and its implications* (3rd ed.). New York: W. H. Freeman. Arnold, M. B. (1960). *Emotion and personality* (Vols. 1-2). New York: Columbia University Press.

Arnold, M. B. (1970). *Feelings and emotions.* New York: Academic Press.

Barrett-Lennard, G. T. (1962). Dimensions of therapist response as causal factors in therapeutic change. *Psychological Monographs, 76*(43), Whole No. 562.

Barrett-Lennard, G. T. (1981). The empathy cycle: Refinement of a nuclear concept. *Journal of* Counseling *Psychology, 28,* 91-100.

Barrett-Lennard, G. T. (1986). The Relationship Inventory now: Issues and advance in theory, method, and use. In L. S. Greenberg & W. M. Pinsof (Eds.), *The psychotherapeutic process* (pp. 439-476). New York: Guilford Press.

Barrett-Lennard, G. T. (1988). Listening. Person-Centered *Review, 3,* 410-425.

Bartlett, F. C. (1932). *Remembering.* Cambridge: Cambridge University Press.

Basch, M. (1976). The concept of affect: A re-examination. *Journal of the American Psychoanalytic Association, 24,* 759-777.

Basch, M. (1983). Empathic understanding: A review of the concept and some theoretical considerations. *Journal of the American Psychoanalytic Association, 31,* 101-126.

Basch, M. (1988). *Understanding psychotherapy: The science behind the art.* New York: Basic Books.

Beck, A. T. (1976). *Cognitive therapy and the emotional disorders.* New York: International Universities Press.

Benjamin, L. S. (1979). Use of structural analysis of social behavior (SASB) and Markov chains to study dyadic interactions. *Journal of Abnormal Behavior, 88,* 303-319.

Berkowitz, L. (1990). On the formation and regulation of anger and aggression: A cognitive-neoassociationistic analysis. *American Psychologist, 45,* 494-503.

Beutler, L. E., Engle, D., Mohr, D., Daldrup, R. J., Bergan, J., Meredith, K., & Merry, W. (1991). Predictors of differential response to cognitive, experiential, and self-directed psychotherapeutic procedures. *Journal of Consulting and Clinical Psychology, 59,* 333-340.

Blaney, P. H. (1986). Affect and memory. A review. *Psychological Bulletin, 99,* 229-246.

Bock, M., & Klinger, E. (1986). Interaction of emotion and cognition in word recall. *Psychological Research, 48,* 99-106.

Bohart, A. (in press). Experiencing: A common factor. *Journal of Psychotherapy Integration.*

Bohart, A., Humphrey, A., Magallanes, M., Guzman, R., Smiljanich, K., & Aguallo, S. (in press). Emphasizing the future in empathy responses. *Journal of Humanistic Psychology.*

Bordin, E. S. (1979). The generalizability of the psychoanalytic concept of the working alliance. *Psychotherapy: Theory, Research and Practice, 16,* 252-260.

Bowlby, J. (1982). *Attachment and Loss:* Volume I. *Attachment* (2nd ed.). New York: Basic Books. (Original work published 1969).

Brenner, C. (1976). *Psychoanalytic technique and psychic conflict.* New York: International Universities Press.

Brewer, W. E, & Nakamura, G. V. (1984). The nature and functions of schemas. In R. S. Wyer & T. K. Srull (Eds.), *Handbook of social cognition,* Vol. 1 (pp. 119-160). Hillsdale, NJ: Lawrence Erlbaum.

Broadbent, D. E. (1977). The hidden pre-attentive process. *American Psychologist, 32,* 109-118.

Buber, M. (1958). *I and thou.* New York: Charles Scribner's Sons.

Buck, R. (1985). Prime theory: An integrated view of motivation and emotion. *Psychological Review, 92,* 389-413.

Butler, J. M. (1952). The interaction of client and therapist. *Journal of Abnormal and Social Psychology, 47,* 366-378.

Campos, J. J., Campos, R. G., & Barrett, K. C. (1989). Emergent themes in the study of emotional development and emotion regulation. *Developmental Psychology, 25,* 394-402.

Case, R. Hayward, S., Lewis, M., & Hurst, P. (1988). Toward a neo-Piagetian theory of affective and cognitive development. *Developmental Review, 8,* 1-51.

Cicchetti, D., & Sroufe, L. A. (1978). An organizational view of affect: Illustration from the study of Down's syndrome infants. In M. Lewis & L. A. Rosenblum (Eds.), *The* development *of affect* (pp. 309-360). New York: Plenum Press.

Clark, C. A. (1990). A *comprehensive process analysis of focusing events* in *experiential therapy.* Unpublished doctoral dissertation, Department of Psychology, University of Toledo.

Clarke, K. M. (1989). Creation of meaning: An emotional processing task in psychotherapy. *Psychotherapy: Theory, Research, and Practice, 26,* 139-148.

Clarke, K. M. (1991). A performance model of the creation of meaning event. *Psychotherapy, 28,* 395-401.

Clarke, K. M., & Greenberg, L. S. (1986). Differential effects of the gestalt two-chair intervention and problem solving in resolving decisional conflict. *Journal of Counseling Psychology, 33,* 11-15.

Classen, C. (1991). *Self-disembedding: A constructivist view of insight in psychotherapy.* Unpublished doctoral dissertation, York University, Toronto.

D'Zurilla, T. J., & Goldfried, M. R. (1971). Problem solving and behavior modification. *Journal of Abnormal Psychology, 78,* 107-126.

Eagle, M. N. (1984). Recent developments in *psychoanalysis: A critical evaluation.* New York: McGraw-Hill.

Ekman, P. (1984). Expression and the nature of emotion. In K. Scherer & P. Ekman (Eds.), *Approaches to emotion* (pp. 329-343). Hillsdale, NJ: Lawrence Erlbaum.

Ekman, P., & Friesen, W. V. (1975). *Unmasking the face.* Englewood Cliffs, NJ: Prentice Hall.

Elliott, R. (1985). Helpful and nonhelpful events in brief counseling interviews: An empirical taxonomy. *Journal of* Counseling *Psychology, 32,* 307-322.

Elliott, R., Clark, C., & Kemeny, V. (July, 1991). *Analyzing client's postsession accounts of significant therapy events.* Paper presented at Society for Psychotherapy Research, Lyon, France.

Elliott, R., Clark, C, Wexler, M., Kemeny, V., Brinkerhoff, J., & Mack, C. (1990). The impact of experiential therapy of depression: Initial results. In G. Lietaer, J. Rombauts, & R. Van Balen (Eds.), *Client*-centered *and experiential psychotherapy in the nineties* (pp. 549-577). Leuven, Belgium: Leuven University Press.

Elliott, R., Hill, C. E., Stiles, W. B., Friedlander, M. L., Mahrer, A., & Margison, F. (1987). Primary therapist response modes: A comparison of six rating systems. *Journal of Consulting and Clinical Psychology, 55,* 218-223.

Elliott, R., James, E., Reimschuessel, C, Cislo, D., & Sack, N. (1985). Significant events and the analysis of immediate therapeutic impacts. *Psychotherapy, 22,* 620-630.

Ellis, A. (1962). *Reason and emotion in psychotherapy.* New York: Lyle Stuart.

Epstein, S. (1990). Cognitive-experiential self-theory. In L. A. Pervin (Ed.), *Handbook of personality: Theory and research* (pp. 165-192). New York: Guilford Press.

Fischer, K. W., Shaver, P. R., & Carnochan, P. (1990). How emotions develop and how they organize behavior. *Cognition and Emotion, 4,* 81-127.

Flavell, J. H. (1985). *Cognitive development.* Englewood Cliffs, NJ: Prentice-Hall.

Foa, E. B., & Kozak, M. J. (1986). Emotional processing of fear: Exposure to corrective information. *Psychological Bulletin, 99,* 20-31.

Foa, E. B., & Kozak, M. J. (1991). Emotional processing: Theory, research, and clinical implications for anxiety disorders. In J. D. Safran & L. S. Greenberg (Eds.), *Emotion, psychotherapy, and change* (pp. 21-49). New York: Guilford Press.

Fodor, J. A. (1983). The *modularity of mind.* Cambridge, MA: MIT/Bradford Books.

Foerster, F. S. (1991). *Refinement and verification of a model of the resolution of unfinished business.* Unpublished master's thesis, Department of Psychology, York University, Toronto.

Frijda, N. H. (1986). *The emotions.* Cambridge: Cambridge University Press.

Frijda, N. H. (1987). Emotions, cognitive structure and action tendency. *Cognition and Emotion, I,* 115-144.

Gazzaniga, M. S. (1985). *The social brain: Discovering the networks of the mind.* New York: Basic Books.

Gendlin, E. T. (1962). *Experiencing and the creation of meaning: A philosophical and psychological approach to the subjective.* New York: Free Press of Glencoe.

Gendlin, E. T. (1967). Therapeutic procedures in dealing with schizophrenics. In C. R. Rogers, E. T. Gendlin, D. J. Kiesler, & C. B. Truax (Eds.), *The therapeutic relationship and its impact: A study of psychotherapy with schizophrenics* (pp. 369-400). Madison: The University of Wisconsin Press.

Gendlin, E. T. (1968). The experiential response. In E. Hammer (Ed.), *Use of interpretation in therapy* (pp. 208-227). New York: Grune & Stratton.

Gendlin, E. T. (1974). Client-centered and experiential psychotherapy. In D. A. Wexler & L. N. Rice (Eds.). *Innovations* in *client-centered therapy* (pp. 211-246). New York: Wiley.

Gendlin, E. T. (1981). *Focusing* (2nd ed.). New York: Bantam Books.

Gendlin, E. T. (1984). The client's client: The edge of awareness. In F. R. Levant & J. M. Shlien (Eds.), *Client-centered therapy and the person-centered approach: New directions* in *theory, research and practice* (pp. 76-107). New York: Praeger.

Gendlin, E. T. (1990). The small steps of the therapy process: How they come and how to help them come. In G. Lietaer, J. Rombauts, & R. Van Balen (Eds.), *Client-centered and experiential psychotherapy in the* nineties (pp. 205-224). Leuven, Belgium: Leuven University Press.

Gendlin, E. T. (1991). On emotion in therapy. In J. D. Safran & L. S. Greenberg (Eds.), *Emotion, psychotherapy, and change* (pp. 255-289). New York: Guilford.

Gendlin, E. T., & Beebe, J. (1968). Experiential groups. In G. M. Gazda (Ed.), *Innovations to group psychotherapy* (pp. 190-206). Springfield, IL: Charles C. Thomas.

Gilligan, C. (1982). In *a different voice: Psychological theory and women's development.* Cambridge, MA: Harvard University Press.

Gilligan, S. G., & Bower, G. H. (1984). Cognitive consequences of emotional arousal. In C. Izard, J. Kagan, & R. Zajonc (Eds.), *Emotions,* cognitions, and *behavior* (pp. 547-588). Cambridge: Cambridge University Press.

Goffman, E. (1959). *The presentation of self in everyday life.* New York: Doubleday.

Goldfried, M. R., Greenberg, L., & Marmar, C. (1990). Individual psychotherapy: Process and outcome. *Annual Review of Psychology, 41,* 659-688.

Goldman, R. (1991). *The validation of the experiential therapy adherence measure.* Unpublished master's thesis, Department of Psychology, York University, Toronto.

Goldstein, K. (1939). *The organism.* New York: American Book.

Goodman, G., & Esterly, G. (1990). *The talk book: The intimate science of communicating in close relationships.* New York: Ballantine.

Goodman, G., & Dooley, D. (1976). A framework for help-intended communication. *Psychotherapy: Theory, Research and Practice, 13,* 106-117.

Greenberg, J. R., & Mitchell, S. A. (1983). *Object relations in psychoanalytic theory.* Cambridge, MA: Harvard University Press.

Greenberg, L. S. (1975). A task analytic approach to the study of psychotherapeutic events. Doctoral Dissertation, York University, Toronto. *Dissertation Abstracts* International, 1977, 37, 4647B.

Greenberg, L. S. (1979). Resolving splits: The two-chair technique. *Psychotherapy: Theory, Research and Practice, 16,* 310-318.

Greenberg, L. S. (1983). Toward a task analysis of conflict resolution in Gestalt therapy.

Psychotherapy: Theory, Research and Practice, 20, 190-201.

Greenberg, L. S. (1984). A task-analysis of intrapersonal conflict resolution. In L. N. Rice & L. S. Greenberg (Eds.), *Patterns of change:* Intensive analysis *of psychotherapy process* (pp. 67-123). New York: Guilford Press.

Greenberg, L. S. (1986). Change process research. *Journal of Consulting and Clinical Psychology, 54,* 4-9.

Greenberg, L. S. (1990). Integrative psychotherapy. Part V. A *demonstration with Dr. Leslie Greenberg.* Corona Del Mar, CA: Psychological and Educational Films, an Everett L. Shostrom Company.

Greenberg, L. S. (1991). Research on the process of change. *Psychotherapy Research, 1,* 14-24

Greenberg, L. S., Elliott, R., & Foerster, F. S. (1991). Experiential processes in the psychotherapeutic treatment of depression. In D. McCann & N. Endler (Eds.), *Depression:* Developments in *theory, research and practice* (pp. 157-185). Toronto: Thompson.

Greenberg, L. S., Elliott, R., & Lietaer, G. (in press). Research on humanistic and experiential psychotherapies. In A. E. Bergin & S. L. Garfield (Eds.), *Handbook of psychotherapy and behavior change* (4th ed.). New York: Wiley.

Greenberg, L. S., & Goldman, R. (1988). Training in experiential psychotherapy. *Journal of* Consulting and Clinical *Psychology, 56,* 696-702.

Greenberg, L. S., & Johnson, S. M. (1988). *Emotionally focused therapy for couples.* New York: Guilford Press.

Greenberg, L. S., & Rice, L. N. (1991). *Change processes in experiential psychotherapy.* NIMH Grant 1R01MH45040, Washington, DC.

Greenberg, L. S., & Safran, J. D. (1981). Encoding and cognitive therapy: Changing what clients attend to. *Psychotherapy: Theory, Research and Practice, 18,* 163-169.

Greenberg, L. S., & Safran, J. D. (1984a). Integrating affect and cognition: A perspective on the process of therapeutic change. *Cognitive Therapy and Research, 8,* 559-578.

Greenberg, L. S., & Safran, J. D. (1984b). Hot cognition: Emotion coming in from the cold. A reply to Rachman and Mahoney. *Cognitive Therapy and Research, 8,* 591-598.

Greenberg, L. S., & Safran, J. D. (1987). *Emotion in psychotherapy; Affect, cognition, and the process of change.* New York: Guilford Press.

Greenberg, L. S., & Safran, J. D. (1989). Emotion in psychotherapy. *American Psychologist, 44,* 19-29.

Greenberg, L. S., & Sarkissian, M. (1984). Evaluation of counselor training Gestalt methods. *Counselor Education and Supervision, 23*, 328-340.

Greenberg, L. S., & Webster, M. (1982). Resolving decisional conflict'by means of two-chair dialogue and empathic reflection at a split in counseling. *Journal of Counseling Psychology, 29*, 468-477.

Guidano, V. F. (1991). Affective change events in a cognitive therapy system approach. In J. D. Safran & L. S. Greenberg (Eds.), *Emotion, psychotherapy, and change* (pp. 50-79). New York: Guilford Press.

Harman, J. I. (1990). Unconditional confidence as a facilitative precondition. In G. Lietaer, J. Rombauts, & R. Van Balen (Eds.), *Client-centered and experiential psychotherapy in the* nineties (pp. 251-268). Leuven, Belgium: Leuven University Press.

Hayes, S. C. (1987). A contextual approach to therapeutic change. In N. S. Jacobson (Ed.), *Psychotherapists in clinical practice: Cognitive and behavioral perspectives* (pp. 327-387). New York: Guilford Press.

Hermans, H. J. M., Kempen, H. J. G., & van Loon, R. J. P. (1992). The dialogical self: Beyond individualism and rationalism. *American Psychologist, 47*, 23-33.

Hinterkopf, E. (1984). An interview with Elfie Hinterkopf on "Asking". *The Focusing Connection, 1*(3), 1-3.

Horney, K. (1966). *Our inner conflicts: A constructive theory of neurosis.* New York: W. W. Norton.

Horton, C., & Elliott, R. (1991). *The experiential session form: Initial data.* Paper presented at meeting of North American Society for Psychotherapy Research, Panama City, FL.

Horvath, A., & Greenberg, L. S. (1986). The development of the Working Alliance Inventory. In L. S. Greenberg & W. M. Pinsof (Eds.), The *psychotherapeutic process: A research handbook* (pp. 529-556). New York: Guilford Press.

Horvath, A., & Greenberg, L. S. (1989). Development and validation of the Working Alliance Inventory. *Journal of Counseling Psychology, 36*, 223-233.

Iberg, J. R. (1990). Ms. C's focusing and cognitive functions. In G. Lietaer, J. Rombauts, & R. Van Balen (Eds.), *Client-centered and experiential psychotherapy in the nineties* (pp. 173-203). Leuven, Belgium: Leuven University Press.

Izard, C. E. (1977). *Human emotions.* New York: Plenum Press.

Izard, C. E. (1984). Emotion-cognition relationships and human development. In C. E. Izard, J. Kagan, & R. B. Zajonc (Eds.), *Emotions, cognition, and behavior* (pp. 17-37). New York: Cambridge University Press.

Jackson, L., & Elliott, R. (June, 1990). *Is experiential therapy effective in treating depression?: Initial outcome data.* Paper presented at Society for Psychotherapy Research, Wintergreen, VA.

James, W. (1950). *The principles of psychology.* New York: Dorer. (Original work published 1890).

Johnson, M. (1987). *The body in the mind: The bodily basis of meaning, imagination, and reason.* Chicago: University of Chicago Press.

Johnson-Laird, P. (1988). *The computer and the mind.* Cambridge, MA: Harvard University Press.

Jourard, S. M. (1971). *The transparent self.* Princeton, NJ: Van Nostrand Rheinhold.

Kahn, E. (1985). Heinz Kohut and Carl Rogers: A timely comparison. *American Psychologist, 40,* 893-904.

Kahneman, D., Sbvic, P., & Tversky, A. (1982). *Judgement under uncertainty: Heuristics and biases.* Cambridge: Cambridge University Press.

Kernberg, O. F. (1976). *Object relations theory and clinical psychoanalysis.* New York: Jason Aronson.

Kernberg, O. F. (1982). Self, ego, affects and drives. *Journal of the American Psychoanalytic Association, 30,* 893-917.

Kihlstrom, J. F. (1990). The psychological unconscious. In L. A. Pervin (Ed.), *Handbook of personality: Theory and research* (pp. 445-464). New York: Guilford Press.

King, S. (1988). *The differential effects of empty chair dialogue and empathic reflection for unfinished business.* Unpublished master's thesis, University of British Columbia, Vancouver.

Kohut, H. (1977). *Restoration of the self.* New York: International Universities Press.

Kohut, H. (1984). *How does analysis cure?* Chicago: University of Chicago Press.

Kuiper, N. A., & Rogers, T. B. (1979). Encoding of personal information: Self-other differences. *Journal of Personality and Social Psychology, 37,* 499-514.

Lakoff, G. (1987). *Women, fire and dangerous things: What categories reveal about the mind.* Chicago: University of Chicago Press.

Lakoff, G., & Johnson, M. (1980). *Metaphors we live by.* Chicago: University of Chicago Press.

Lang, P. J. (1983). Cognition in emotion: Concept and action. In C. Izard, J. Kagan, & R. Zajonc (Eds.), *Emotion, cognition, and behavior* (pp. 192-226). New York: Cambridge University Press.

Lang, P. J. (1984). The cognitive psychophysiology of emotion: Fear and anxiety. In A. H. Tuma & J. D. Maser (Eds.), *Anxiety and the anxiety disorders.* Hillsdale, NJ: Lawrence Erlbaum.

Laing, R. D. (1969). *The divided self: An existential study in sanity and madness.* London: Penguin.

Lazarus, R. S. (1984). On the primacy of cognition. *American Psychologist, 39,* 124-129.

Lazarus, R. S. (1991a). Cognition and motivation in emotion. *American Psychologist, 46,* 352-367.

Lazarus, R. S. (1991b). Progress on a cognitive-motivational-relational theory of emotion. *American Psychologist, 46,* 819-834.

Le Doux, J. E. (1989). Cognitive-emotional interactions in the brain. *Cognition and Emotion, 3,* 267-289.

Leijssen, M. (1990). On focusing and the necessary conditions of therapeutic personality change. In G. Lietaer, J. Rombauts, & R. Van Balen (Eds.), *Client-centered and experiential psychotherapy in the nineties* (pp. 225-250). Leuven, Belgium: Leuven University Press.

Leventhal, H. (1979). A perceptual-motor processing model of emotion. In P. Pliner, K. Blankstein, & I. M. Spigel (Eds.), *Perception of emotion* in self and *others* (Vol. 5, pp. 1-46). New York: Plenum Press.

Leventhal, H. (1984). A perceptual motor theory of emotion. In L. Betkowitz (Ed.), *Advances in experimental social psychology* (pp. 117-182). New York: Academic Press.

Lewinsohn, P. M., Hoberman, H. M., Teri, L., & Hautzinger, M. (1985). An integrative theory of depression. In S. Reiss & R. R. Bootzin (Eds.), *Theoretical issues in behavior therapy* (pp. 331-359). New York: Academic Press.

Lewis, M. (1990). Self-knowledge and social development in early life. In L. A. Pervin (Ed.), *Handbook of personality: Theory and research.* New York: Guilford Press.

Lewis, M. & Michalson, L. (1983). *Children's emotions and moods. Developmental theory and measurement.* New York: Plenum Press.

Lietaer, G. (1984). Unconditional positive regard: A controversial basic attitude in client-centered therapy. In R. L. Levant & J. M. Shlien (Eds.), *Client-centered therapy and the person-centered approach* (pp. 41-58). New York: Praeger.

Lietaer, G. (1991, July). The *authenticity of the therapist: Congruence and transparency.* Paper presented at Second International Conference on Client-Centered and

Experiential Psychotherapy, Stirling, Scotland.

Lietaer, G. (1992). Helping and hindering processes in Client-Centered/Experiential psychotherapy: A content analysis of client and therapist post-session perceptions. In S. G. Toukmanian & D. L. Rennie (Eds.), *Psychotherapy process research: Theory-guided and phenomenohgical research strategies* (pp. 134-162). Beverly Hills, CA: Sage.

Lowenstein, J. (1985). *A test of a performance model of problematic reaction points and an examination of differential client performance in therapy.* Unpublished master's thesis, Department of Psychology, York University, Toronto.

Mahoney, M. (1991). *Human change* processes: *The scientific foundations of psychotherapy.* New York: Basic Books.

Mahrer, A. R. (1989). *How to do experiential psychotherapy: A manual for practitioners.* Ottawa: University of Ottawa Press.

Mancinelli, B. (1992). *A grounded theory analysis of helpful factors in experiential therapy of depression.* Unpublished masters thesis, Department of Psychology, University of Toledo.

Marcus, E. (1976). Saying goodbye. In C. Hatcher & P. Himelstein (Eds.), *Handbook of Gestalt therapy.* New York: Jason Aronson.

Martin, D. C. (1983). *Counseling and therapy skills.* Prospect Heights, IL: Waveland Press.

Maslow, A. H. (1954). *Motivation and personality.* New York: Harper.

Maslow, A. H. (1971). *The farther reaches of human nature.* New York: Viking Press.

Mathieu-Coughlan, P., & Klein, M. H. (1984). Experiential psychotherapy: Key events in client-therapist interaction. In L. N. Rice & L. S. Greenberg (Eds.), *Patterns of change: Intensive analysis of psychotherapy process.* New York: Guilford Press.

McGuire, K. N. (1991). Affect in focusing and experiential psychotherapy. In J. D. Safran & L. S. Greenberg (Eds.), *Emotion, psychotherapy, and change* (pp. 227-251). New York: Guilford Press.

Mitchell, S. A. (1988). *Relational concepts in psychoanalysis:* An *integration.* Cambridge, MA: Harvard University Press.

Neisser, U. (1976). *Cognition and reality.* San Francisco: Freeman.

Oatley, K. (1992). *Best laid schemes: The psychology of emotions.* New York: Cambridge University Press.

Oatley, K., & Jenkins, J. M. (1992). Human emotions: Function and dysfunction. *Annual Review of Psychology, 43,* 55-85.

Paivio, S., & Greenberg, L. S. (1992). *Resolving unfinished business: A study of effects.* Paper presented at Society for Psychotherapy Research, Berkeley, California.

Panksepp, J. (1989). The psychobiology of emotions: The animal side of human feelings. *Experimental Brain Research, 18,* 31-55.

Pascual-Leone, J. (1969). Cognitive development and cognitive style: A general psychological integration. Unpublished doctoral dissertation, University of Geneva.

Pascual-Leone, J. (1970). A mathematical model for the transition rule in Piaget's developmental stages. Acta *Psychologica, 32,* 301-345.

Pascual-Leone, J. (1976a). Metasubjective problems of constructive cognition: Forms of knowing and their psychological mechanisms. *Canadian Psychological Review, 17,* 110-125.

Pascual-Leone, J. (1976b). On learning and development, Piagetian style. 11. A critical historical analysis of Geneva's research programme. *Canadian Psychological Review, 17,* 289-297.

Pascual-Leone, J. (1976c). A view of cognition from a formalist's perspective. In K. F. Riegel and J. A. Meacham (Eds.), *The developing individual in a changing world* (Vol. 1, pp. 89-100). The Hague: Mouton.

Pascual-Leone, J. (1980). Constructive problems for constructive theories: The current relevance of Piage's work and a critique of information-processing simulation psychology. In R. Kluwe & H. Spada (Eds.), *Developmental models of thinking.* New York: Academic Press.

Pascual-Leone, J. (1983). Growing into human maturity: Toward a metasubjective theory of adulthood stages. *Life Span* Development and *Behavior, 4,* 117-156.

Pascual-Leone, J. (1984). Attentional, dialectic and mental effort: Toward an organismic theory of life stages. In M. L. Commons, F. A. Richards, St C. Armon (Eds.), *Beyond formal operations: Late adolescent and adult cognitive development.* New York: Praeger.

Pascual-Leone, J. (1987). Organismic processes for neo-Piagetian theories, a dialectical and causal account of cognitive development. *International Journal of Psychology, 33,* 410-421.

Pascual-Leone, J. (1988). Affirmations and negations, disturbances and contradictions in understanding Piaget: Is his later theory causal? *Contemporary Psychology, 33*, 420-421.

Pascual-Leone, J. (1990a). Reflections on life-span intelligence, consciousness and ego development. In C. N. Alexander & E. Langer (Eds.), *Higher stages of human development* (pp. 258-285). New York: Oxford University Press.

Pascual-Leone, J. (1990b). An essay on wisdom: Toward organismic processes that make it possible. In R. J. Sternberg (Ed.), *Wisdom: Its nature, origins and development* (pp. 244-278). New York: Cambridge University Press.

Pascual-Leone, J. (1991). Emotions, development, and psychotherapy. A dialectical-constructivist perspective. In J. D. Safran & L. S. Greenberg (Eds.), *Emotion, psychotherapy, and change* (pp. 302-335). New York: Guilford.

Pascual-Leone, J., & Goodman, D. (1979). Intelligence and experience: A neo-Piagetian approach. *Instructional Science, 8,* 301-367.

Pascual-Leone, J., Goodman, D., Ammon, P., & Subin, I. (1978). Piagetian theory and neo-Piagetian analysis as psychological guides in education. In J. McCarthy & J. A. Easley (Eds.), *Knowledge and development* (Vol. 2, pp. 243-289). New York: Plenum Press.

Pascual-Leone, J., & Johnson, J. (1991). Psychological unit and its role in task-analysis: A reinterpretation of object permanence. In M. Chandler & M. Chapman (Eds.), *Criteria for competence:* Controversies in *the assessment of children's abilities.* Hillsdale, NJ: Lawrence Erlbaum.

Patterson, C. H. (1990). On being client-centered. *Person-Centered Review, 5,* 425-432.

Perls, F. S. (1947). *Ego, hunger, and aggression.* London: George Allen &. Unwin.

Perls, F. S. (1969). *Gestalt therapy verbatim.* Lafayette, CA: Real People.

Perls, F. S. (1973). *The Gestalt approach and eye witness to therapy.* Palo Alto, CA: Science and Behavior Books.

Perls, F., Hefferline, R., & Goodman, P. (1951). *Gestalt therapy.* New York: Dell.

Piaget, J. (1970). *Structuralism.* New York: Basic Books.

Piaget, J. (1981). *Intelligence and affectivity: Their relationship during child development.* T. A. Brown & C. E. Kaegi (Eds & Trans.). Palo Alto, CA: Annual Reviews.

Piaget, J. (1985). *The equilibration of cognitive structures: The central problem of intellectual development.* Chicago: University of Chicago Press.

Piaget, J., & Morf, A. (1958). Les isomorpismes partiels entre les structures logiques et les structures perceptives. In J. S. Bruner, F. Bresson, A. Morf, & J. Piaget (Eds.), *Logique et perception* (pp. 83-108). Paris: Presses Universi-taires de France.

Piper, W. E., Debanne, E. G., Bienvenu, J., Carufel, E., & Garant, J. (1986). Relationship between the object focus of therapist interpretations and outcome in short-term individual psychotherapy. *British Journal of Medical Psychology, 59,* 1-11.

Polanyi, M. (1966). *The tacit dimension.* Garden City, NY: Doubleday.

Polster, E., & Polster, M. (1973). *Gestalt therapy integrated.* New York: Brunner/Mazel.

Posner, M. I., & Snyder, C. R. R. (1975). Facilitation and inhibition in the processing of signals. In P. M. A. Rabbitt & S. Dornic (Eds.), *Attention and performance* (Vol. 5, pp. 55-85). New York: Academic Press.

Raaijmakers, J. G. W., & Shiffrin, R. M. (1992). Models for recall and recognition. In M. R. Rosenzweig & L. W. Porter (Eds.), *Annual Review of Psychology* (Vol. 43, pp. 205-234). Palo Alto, CA: Annual Reviews.

Rennie, D. (1990). Toward a representation of the client's experience of the psychotherapy hour. In G. Lietar, J. Rombauts, & R. Van Balen (Eds.), *Client-centered and experiential therapy in the nineties* (pp. 155-172). Leuven,

Belgium: Leuven University Press. Rhodes, R., Greenberg, L., Geller, J., & Elliott, R. (1992). *Investigation of misunderstanding events.* Paper presented at the Society for Psychotherapy Research, Berkeley, California.

Rice, L. N. (1974). The evocative function of the therapist. In L. N. Rice & D. A. Wexler (Eds.), *Innovations in client-centered therapy* (pp. 289-311). New York: Wiley.

Rice, L. N. (1983). The relationship in client-centered therapy. In M. J. Lambert (Ed.), *Psychotherapy and patient relationships* (pp. 36-60). Homewood, IL: Dow-Jones Irwin.

Rice, L. N., & Greenberg, L. (Eds.). (1984). *Patterns of change: Intensive analysis of psychotherapy process.* New York: Guilford Press.

Rice, L. N., & Greenberg, L. S. (1992). Humanistic approaches to psychotherapy. In D. Freedheim (Ed.), *History of psychotherapy: A century of change* (pp. 197-224). Washington, DC: American Psychological Association.

Rice, L. N., & Kerr, G. P. (1986). Measures of client and therapist vocal quality. In L. S. Greenberg & W. M. Pinsof (Eds.), *The psychotherapeutic process: A research handbook* (pp. 73-105). New York: Guilford Press.

Rice, L. N., & Saperia, E. (1984). A task analysis of the resolution of problematic reactions. In L. Rice & L. S. Greenberg (Eds.), *Patterns of change: Intensive analysis of psychotherapy process* (pp. 29-66). New York: Guilford Press.

Rogers, C. R. (1951). *Client-centered therapy.* Boston: Houghton-Mifflin. Rogers, C. R. (1957). The necessary and sufficient conditions of therapeutic personality change. *Journal of Consulting Psychology, 21,* 95-103.

Rogers, C. R. (1958). A process conception of psychotherapy. *American Psychobgist, 13,* 142-148.

Rogers, C. R. (1959). A theory of therapy, personality, and interpersonal relationships as developed in the client-centered framework. In S. Koch (Ed.), *Psychology: The study of a science* (Vol. III, pp. 184-256). New York: McGraw Hill.

Rogers, C. R. (1961). *On becoming a person.* Boston: Houghton-Mifflin.

Rogers, C. R. (1975). Empathic: An unappreciated way of being. *Counseling Psychologist,* 5(2), 2-10.

Rogers, C. R. (1983). Miss Munn (AAP Tape Library Catalogue, Tape No. 5). Salt Lake City: American Academy of Psychotherapists.

Rummelhart, D. E., & McClelland, J. L. (Eds.). (1986). *Parallel distributed processing: Explorations in the microstructure of cognition,* Vol. 1. Cambridge, MA: MIT Press/ Bradford Books.

Safran, J. D., Crocker, P., McMain, S., & Murray, P. (1990). Therapeutic alliance rupture as a therapy event for empirical investigation. *Psychotherapy, 27,* 154-165.

Safran, J. D., & Greenberg, L. S. (1988). The treatment of anxiety and depression from an affective perspective. In P. C. Kendal & P. Watson (Eds.), *Negative affective condition.* New York: Academic Press.

Safran, J. D., & Greenberg, L. S. (Eds.). (1991). *Emotion, psychotherapy, and change.* New York: Guilford Press.

Sandler, J., & Sandler, A. (1978). On the development of object relationships and affects. *International Journal of Psychoanalysis, 59,* 285-296.

Scherer, K. R. (1984). On the nature and function of emotion: A component process approach. In K. R. Scherer & P. Ekman (Eds.), *Approaches to emotion* (pp. 293-317). Hillsdale, NJ: Lawrence Erlbaum.

Schneider, W. & Shiffrin, R. M. (1977). Controlled and automatic human information processing. I: Detection, search, and attention. *Psychological Review, 84,* 1-66.

Shapiro, D. A., & Firth, J. (1987). Prescriptive vs. exploratory psychotherapy: Outcomes of the Sheffield psychotherapy project. *British Journal of Psychiatry, 151,* 790-799.

Shiffrin, R. M., & Schneider, W. (1977). Controlled and automatic human information processing. II: Perceptual learning, automatic attending, and a general theory. *Psychological Review, 84,* 127-190.

Stem, D. N. (1985). *The interpersonal world of the infant: A view from psychoanalysis and developmental psychology.* New York: Basic Books.

Stiles, W. B. (1980). Measurement of the impact of psychotherapy sessions. *Journal of Consulting and Clinical Psychology, 48,* 176-185.

Stiles, W. B. (1986). Development of a taxonomy of verbal response modes. In L. S. Greenberg & W. M. Pinsof (Eds.), *The psychotherapeutic process: A research handbook* (pp. 161-199). New York: Guilford Press.

Teasdale, J. (in press). *Affect and cognition in change.* Hillsdale, NJ: Lawrence Erlbaum.

Tobin, S. A. (1990). Self psychology as a bridge between existential-humanistic psychology and psychoanalysis. *Journal of Humanistic Psychology, 30,* 14-63.

Tobin, S. A. (1991). A comparison of psychoanalytic self psychology and Carl Rogers's person-centered therapy. *Journal of Humanistic Psychology, 31,* 9-33.

Tomkins, S. (1962). *Affect, imagery and consciousness.* New York: Springer.

Tomkins, S. (1970). Affect as the primary motivational system. In M. B. Arnold (Ed.), *Feelings and emotions* (pp. 101-110). New York: Academic Press.

Toukmanian, S. (1986). A measure of client perceptual processing. In L. S. Greenberg & W. M. Pinsof (Eds.), *The psychotherapeutic process: A research handbook* (pp. 107-130). New York: Guilford Press.

Trilling, L. (1972). *Sincerity and authenticity.* Cambridge, MA: Harvard University Press.

Tronick, E. (1989). Emotions and emotional communications in infants. *American Psychologist, 44*(2), 112-119.

Vanaerschot, G. (1990). The process of empathy: Holding and letting go. In G. Lietaer, J. Rombauts, & R. Van Balen (Eds.), *Client-centered and experiential psychotherapy in the nineties* (pp. 269-294). Leuven, Belgium: Leuven University Press.

Varela, F. J., Rosch, E., & Thompson, E. (1991). *The embodied mind: Cognitive science and human experience.* Cambridge, Mass.: MIT Press.

Watkins, C. E., Lopez, F. G., Campbell, V. L., & Himmell, C. D. (1986). Contemporary counseling psychology: Results of a national survey. *Journal of Counseling Psychology, 33,* 301-309.

Werner, H. (1948). *The comparative psychology of mental development.* New York: International Universities Press.

Werner, H. (1957). *Comparative psychology of mental development.* Chicago: Follett.

Wexler, D. A., & Rice, L. N. (1974). *Innovations in client-centered therapy.* New York: Wiley.

White, R. W. (1959). Motivation reconsidered: The concept of competence. *Psychological Review, 66,* 279-332.

White, R. W. (1966). *Lives in progress.* New York: Holt, Rinehart and Winston.

Whitehead, A. N. (1929). *Process and reality: An essay in cosmobgy.* Cambridge: The Cambridge University Press.

Williams, J. (June, 1992). *Recovery from depression: Effective* problem solving needs *effective autobiographical recollection.* Paper presented at the World Congress on Cognitive Therapy, Toronto.

Williams, J., Watts, E., McLeod, C., & Matthews, A. (1988). *Cognitive psychology and the emotional disorders.* New York: Wiley.

Wiseman, H. (1986). *Single-case studies of the resolution of problematic reactions in short-term client-centered therapy: A task-focused approach.* Unpublished doctoral dissertation, York University, Toronto.

Wiseman, H., & Rice, L. N. (1989). Sequential analyses of therapist-client interaction during change events: A task-focused approach. *Journal of Consulting and Clinical Psychology, 57,* 281-286.

Yalom, I. D. (1980). *Existential psychotherapy.* New York: Basic Books.

Zajonc, R. B. (1980). Feeling and thinking: Preferences need no inferences. *American Psychobgist, 35,* 151-175.

Zeigarnik, B. (1927). Ueber das Behalten von erledigten und unerledigten Handlungen. *Psychobgische Forschung, 9,* 1-85.

찾아보기

인명

내용

저자 소개

Leslie S. Greenberg 박사는 캐나다 York University의 심리학 교수이자 Psychotherapy Research Center 소장이다. 그는 여러 권의 책을 집필했으며, International Society for Psychotherapy Research 학회의 회장을 역임한 바 있다.

Laura N. Rice 박사는 캐나다 York University 심리학 명예교수이다. Society for Psychotherapy Research 학회로부터 우수 연구 경력상을 수상한 바 있으며, Leslie S. Greenberg와 함께 『변화의 패턴(Patterns of Change)』의 공동 편집자이다.

Robert Elliott 박사는 오하이오주에 위치한 Toledo University의 심리학 교수이자 Clinical Training 책임자이다. 그는 『Journal of Psychotherapy Research』의 편집장이자 North American Society for Psychotherapy Research의 학회장을 역임한 바 있다.

역자 소개

홍지선(Hong, JiSeon)
서울대학교 교육학과 교육상담 박사
현) 백석대학교 상담대학원 조교수
백석대학교 백석상담센터 소장

김희숙(Kim, HeeSook)
백석대학교 기독교전문대학원 상담학 박사
현) 백석대학교 상담학과 외래교수
미소담심리상담센터 전문상담사

백은영(Baek, EunYoung)
백석대학교 기독교전문대학원 상담학 박사
현) 백석 신학원격평생교육원 운영교강사
브릿지심리연구소, 진솔 심리상담센터 심리상담사

이준선(Lee, JunSun)
백석대학교 기독교전문대학원 상담학 박사
현) 백석대학교 상담학과 외래교수
마음이온 심리상담소 소장

임인혜(Lim, InHye)
백석대학교 기독교전문대학원 상담학 박사
전) 한국외국어대학교 글로벌캠퍼스 교양학부 및 백석대학교 상담대학원 외래교수
현) 부부가족상담센터 전문상담심리사

정서 제대로 다루기
과정-경험적 접근방식
Facilitating Emotional Change
The Moment-by-Moment Process

2024년 9월 10일 1판 1쇄 인쇄
2024년 9월 20일 1판 1쇄 발행

지은이 • Leslie S. Greenberg · Laura N. Rice · Robert Elliott
옮긴이 • 홍지선 · 김희숙 · 백은영 · 이준선 · 임인혜
펴낸이 • 김진환
펴낸곳 • ㈜학지사
04031 서울특별시 마포구 양화로 15길 20 마인드월드빌딩
대표전화 • 02-330-5114 팩스 • 02-324-2345
등록번호 • 제313-2006-000265호

홈페이지 • http://www.hakjisa.co.kr
인스타그램 • https://www.instagram.com/hakjisabook

ISBN 978-89-997-3006-1 93180

정가 25,000원